JN251759

南摩羽峰と幕末維新期の文人論考

小林修 著

八木書店

南摩羽峰肖像（八十五歳）

天運循環窮則通
寒威消處暖東風
看来萬物皆生意
柳是深青花是紅
八十五叟羽峰

筆蹟1　八十五歳 七言絶句

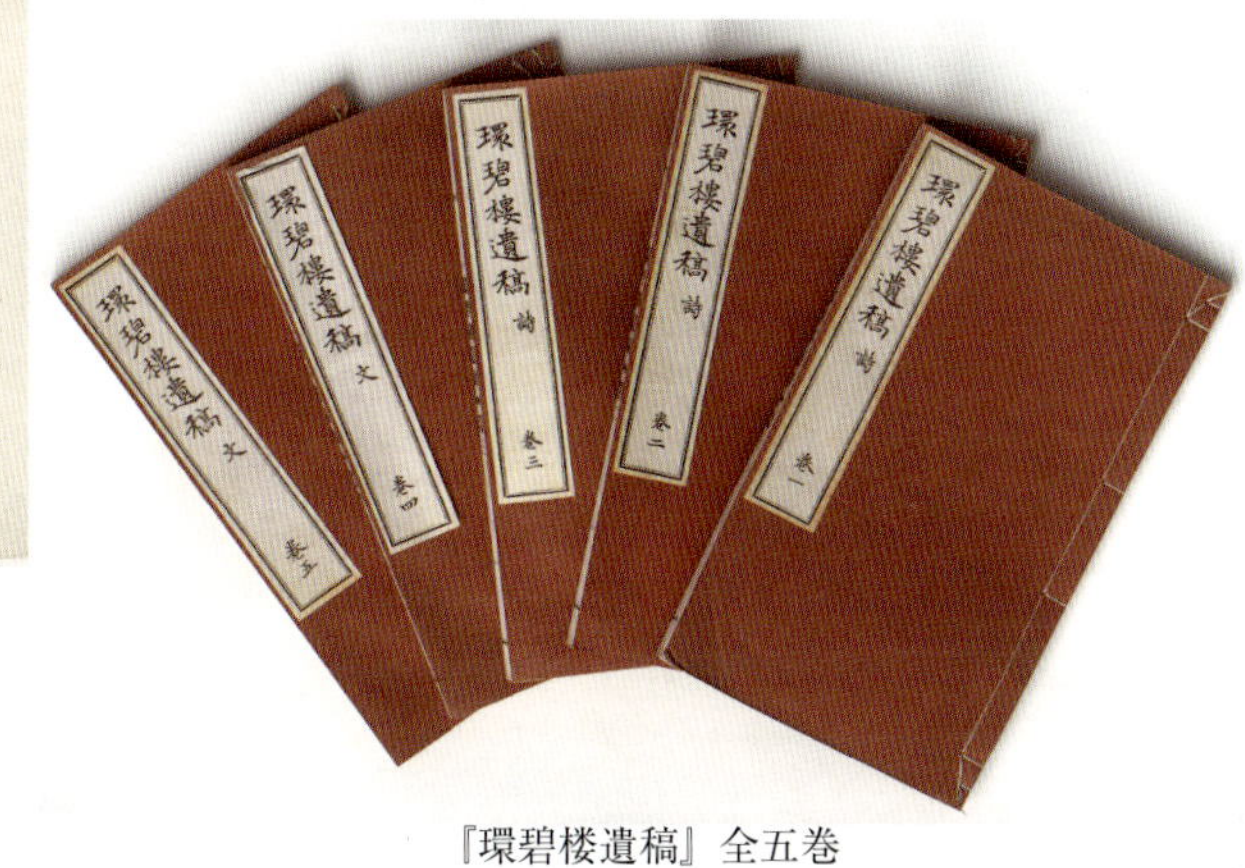

『環碧楼遺稿』全五巻

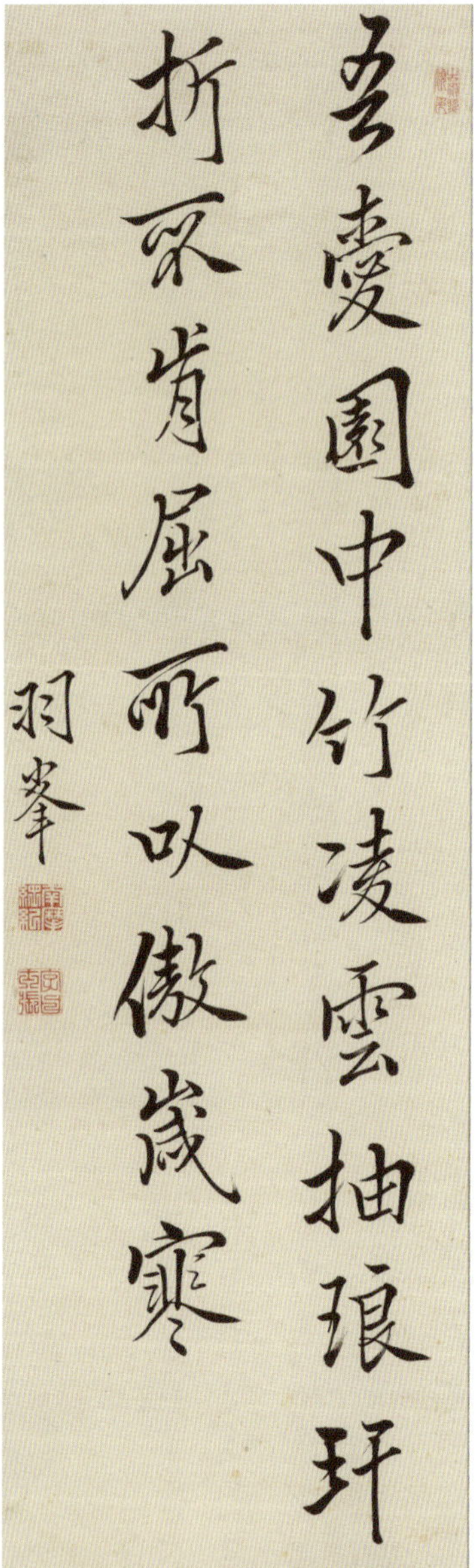

筆蹟２　五言絶句

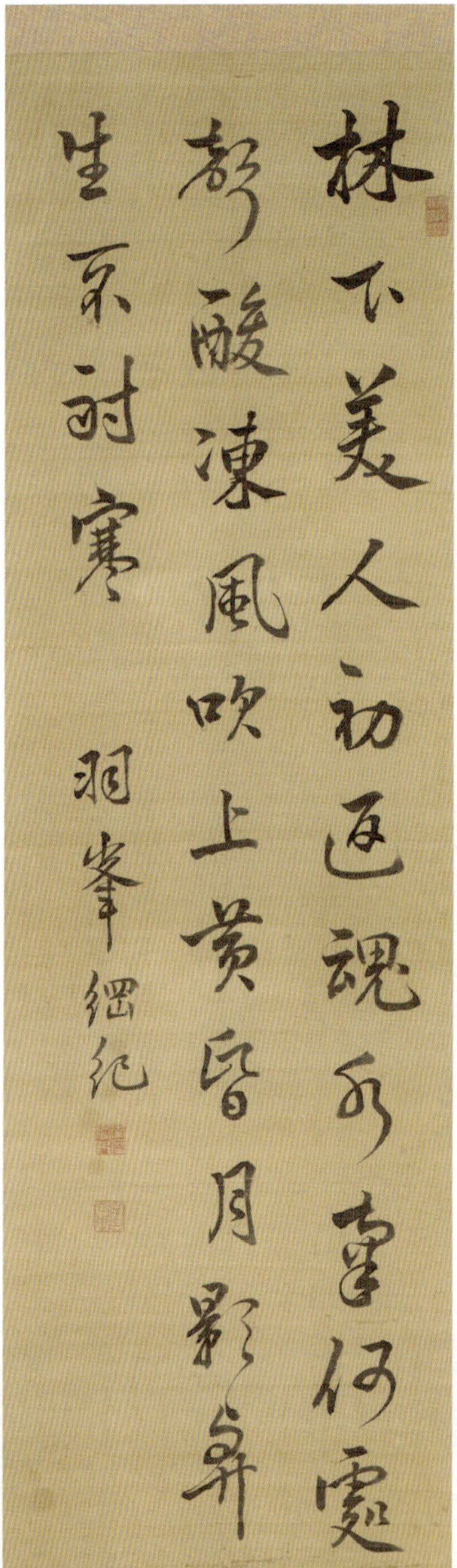

筆蹟３　七言絶句

南摩羽峰と幕末維新期の文人論考　目次

第一部　南摩羽峰　考証と論究……1

第二部　羽峰の周辺……159

第一部　南摩羽峰　考証と論究

一　羽峰・南摩綱紀論

一

南摩羽峰（なんまうほう）（一八二三～一九〇九）、諱（いみな）は綱紀（つなのり）、字は士張（しちょう）。三郎のち八之丞と称す。羽峰はその号である。文政六年（一八二三）十一月二十五日、会津藩世臣南摩舎人助綱雅の三男[1]として、会津若松城下[2]に生まれた。その祖は藤原秀郷に出、秀郷十八世の孫郷綱（さとつな）が下野国都賀郡南摩城を居としたことにより、これを氏としたと言う。因みに、羽峰の著書に『追遠録』（明治十八年八月）というものがあるが、これは〝一名下野紀行〟とある如く、南摩城址を訪ねた紀行文である。この郷綱十二世の孫を後綱（あとつな）と言い、初めて会津侯保科正之に仕え、爾来南摩氏は会津の世臣として綱雅に至った。羽峰は十歳の時、藩学日新館に入り、学業儕輩（せいはい）を抜くとともに弓馬槍剣の術をも修め、後に皆な奥を窮めたと言う。この後、藩命により江戸昌平坂学問所（昌平黌）に学ぶ。時に羽峰二十三歳である。岡鹿門（ろくもん）（千仭（せんじん））旧蔵書中に『書生寮姓名簿』と題する写本がある。弘化三年（一八四六）以来、慶応元年（一八六五）十月まで、昌平黌書生寮（諸生寮）に在籍した五百十四人の姓名が記された貴重なものである。『書生寮姓名簿』によれば、

松平肥後守
古賀門[3]

弘化四入 嘉永四退　南　摩　三　郎　　未二十五

とある。

羽峰と時を同じくして書生寮に在籍した者を挙げれば、会津藩では、長坂常次郎（弘化二年入）、秋月悌次郎（弘化三年入）、安部井中八（弘化四年入）、武井源三郎（弘化四年入）、高橋誠三郎（嘉永二年入）、土屋鉄之助（嘉永五年入）である。他藩では、尾張の鷲津郁太郎（弘化二年入）、薩摩の重野厚之丞（嘉永元年入）、高橋祐次郎（嘉永四年入）、土浦の木原雄吉（嘉永三年入）、三河の松本謙三郎、仙台の岡啓輔、佐倉の続徳太郎（共に嘉永五年入）などである。長坂は後の小笠原午橋、秋月は羽峰の生涯にわたる心友韋軒秋月胤永である。高橋誠三郎は有常・古渓と号す。土屋は士礪、河井継之助の『塵壺』にもその名が見える。鷲津は毅堂、永井荷風の母恒は毅堂の次女。重野は成斎重野安繹である。高橋祐次郎は但馬生野に兵を挙げ没した美玉三平、松本は天誅組総裁松本奎堂、岡は鹿門岡千仞である。羽峰はこうした諸藩の俊英たちと起居を共にして青春を過ごすこととなる。

昌平黌は幕府直属の最高学府であり、本来、旗本の子弟を教育する機関であったが、後、諸藩の書生も受け入れるようになった。旗本の子弟を収容する宿舎を寄宿寮と言い、諸藩の書生を収容する宿舎を書生寮もしくは諸生寮と呼んだ。書生寮には南寮と北寮の二棟があり、廊下で接続していたが、二棟合せて四十四名が定員である。二棟共に八畳と六畳二間続きの部屋に分けられ、八畳に三人、六畳に二人が紙塀で区切って起居した。書生寮には自治制が敷かれ、書生の中から学業人徳共に優れ、在学して久しい者が〝舎長〟に挙げられ、寮中一切の事務を担当する。これに〝助勤〟が二名あり舎長を補佐した。舎長、助勤には学生ながら幕府から五人扶持、三人扶持がそれぞれ支給された。その他、嘉永年間より〝詩文掛〟と〝経義掛〟とが置かれ、各二名ずつがそれにあたり、これも年末には筆墨紙料が給せられた。幕府儒官の講義は月二度しかなく、書生寮は自修を旨として輪読会などを組織して互いに切磋した。書生自身が教師であり生徒であった。その規則は厳しく、月十度の外出（朝六時〜夜六時）と

〝結髪〟という半日の外出が六度あったが、門限に一度遅れれば追放された。他方、寝るのを見たことがないと言う程熱心に読書する者（秋月韋軒などはそうであったらしい）を誰もほめもせず、月に二、三頁も本を読まぬ者を誰もとがめもしないという自由な雰囲気もあったと言う。羽峰は重野成斎と共に最初の詩文掛[4]に選ばれるのであるが、これは諸生の詩文を添削する故、天分を要する。したがって入寮の新旧を問わず任命されるので、この掛になるのは非常に名誉のこととされたと言う。この後、羽峰は退寮するまで詩文掛をつとめた。

書生寮在籍中の羽峰の事蹟を窺えるものは乏しい。『追遠録』に重野成斎の附評があるが、それによれば、昌平黌時代、書生達数人で富士登山をしたことがあったらしい。足柄の関所を過ぎる時、関吏が彼等を誰何したので、〝諸友〟は各々得意の技を奏した。〈羽峯兄乃起演槍法。〉羽峰は得意の槍（宝蔵院流であろうか）を使った。その顔夜叉の如く、関吏は色を失って懼（おそ）れたと言う。その後、彼等は富獄の山頂を極め、〈吟嘯徹暁。踞頂観日出。〉と成斎は記している。羽峰にとって、この時代が最も楽しい時代ではなかったか。だが、嘉永六年（一八五三）、ペリーの浦賀来航を機に、彼等の青春にも次第に動乱の波が寄せ始める。

森銑三は『松本奎堂』を執筆するにあたり、岡鹿門の『在臆話記（ざいおくわき）』を最大限に活用した。氏がその奎堂伝の自序に次の如く記したのは昭和十八年である。〈奎堂の第一の親友で、肉親の人々以上に奎堂を熟知していた仙台の岡鹿門に、『在臆話記』と題する幕末維新当時の回想録がある。その内容は同時代の側面史をも成して居り、そうした点からも、同書は極めて貴重な資料を成しているのであるが、それにも拘らず、同書はまだ研究家の使用するところとなっていず、原本十六冊がただ岡家に秘蔵せられたままでいる。〉と。こうした事情は現在に至るもさほど変っていない。『在臆話記』は、当時出版の計画もあったらしいが、戦争のため実現せず、未だに稿本[※]のまま、現在では都立中央図書館特別文庫に所蔵されている。南摩羽峰に関しても、この『在臆話記』を通読することによって、多くの貴重な事実を知ることができた。

『在臆話記』は、嘉永六年の黒船来航の緊張と混乱を次の如く記している。

> 此年六月、米艦浦賀ニ入ル。府下戒厳、幕府三百年鎖国ノ大法行ハレズ。幕威ノ地ニ墜ル、之ヲ始メト為ス。各藩ニ命シ、房相沿岸ヲ警衛。頓ニ都下百万兵間ニ在ル者ノ如シ。武岡（ママ）台場ハ会津藩警衛ノ地、南摩羽峯、其警衛人数中ニ加ヘラレ夜中出発。在員四十余人、皆生還不可期トテ互ニ生訣ヲ告クルニ至ル。
>
> （句読は適宜補った）

会津藩では、早く文化七年（一八一〇）から文政三年（一八二〇）まで、幕命により三浦半島の警備にあたり、観音崎や城ヶ島に砲台を構築し、多くの藩兵を派遣していた。さらに弘化四年から安房、上総の江戸湾警備を命ぜられ、高津、竹岡に陣屋を設置し警備にあたっていた。それから六年目にペリー来航を迎えたわけである。この年十月には会津藩は房総警備に代えて、品川第二砲台の警備を担当することになったから、南摩羽峰は黌休をとる形で、房州警備に出発したものと思われる。この房州警備を通して、黒船を目のあたりに見た体験は、羽峰の思想に大きな影響を与えることとなる。この年の作とみられる羽峰の詩に〝除夜有感〟と題するものがある。その序に言う。〈余学茗黌数年。今茲甲寅。米使至浦賀。魯人至長崎。朝野頗有戒心。余謂外国日開。政教月新。我藩独守旧株。難立于也。故傍学洋書。〉云々と。羽峰にとっての黒船体験は、彼をして洋学を学ばしめたのである。この年を契機に昌平黌もその雰囲気を一変することになる。『在臆話記』によれば、〈在寮書生ハ攘夷論ニ熱狂シ〉藤田東湖、佐久間象山、安井息軒、羽倉簡堂、塩谷宕陰など諸大家や幕府の要路にある人物を訪問、意見を聴したり、その著作などを捜索して各自の藩へさかんに報告した。あるいは武芸大いに盛行、清河八郎は千葉道場、常川才八は斎藤弥九郎道場（練兵館）、高橋祐次郎は岡田十松道場へ通い、桜井純三は佐久間象山へ砲術を学ぶために通学。

さらには借馬を雇って構内で騎馬を習う者もあらわれるといった様相を呈した。このような殺気を帯びた状況の中で、〈原南摩ナトハ箕作[5]ニ通学蘭文典ヲ学フ。聖賢ノ書ヲ講スル聖堂ニ於テ蟹行字ヲ学フハ以テノ外ノ事トテ大議論トナリ、舎長協議ニテ博士ニ告ケ蟹行書翻閲ヲ禁ス。〉と『在臆話記』は記している。偏狭な攘夷論は昌平黌で横文字を読むことを禁止するに至ったのである。こうした事実を裏付ける羽峰自身の回想[6]がある。〈我輩は蘭学を杉田成卿[7]という医者に学びました。書生寮の方には沙汰なしにして、唯他行をすると云ふ事にして通学したものでありますす。その時に書生寮へ帰ってからは、その本を披くことが出来ませぬ故、復習が出来ない。折角骨を折って学びて来た処をサッパリ忘れて仕舞ふ。翌朝になってやはりまた同じ所を教へて貰はねばならぬというやうなことで、是には大きに閉口いたしたことがございます。〉このように周囲の偏狭な攘夷論は、彼の洋学学習をさまたげたが、羽峰は逆に単純な開国論者でもなかった。彼は駸々として逼り来る〝黒船〟に象徴される諸外国を外威ととらえ、それ故にこそ日本の主体を守るために西洋の長所を学ばねばならぬと考えたのである。したがって、先の如き障害にもかかわらず、羽峰は洋学を断念してはいない。おそらく、当初箕作塾に通ったことが、昌平黌での洋書翻読禁止に至る大議論に発展したため、今度は内密に杉田成卿のもとに通学したものと思われる。そればかりでなく、石井密太郎、大坂の緒方郁蔵[8]にも師事して、洋学を究めている。『在臆話記』によれば〈会藩神田孝平[9]ヲ聘シ欧学ヲ開ク羽峰退寮シテ就キ学フ、不幾ナラスシテ孝平開成校教官ト為ル羽峰ハ西国游歴。〉とある。羽峰は昌平黌書生寮を退寮、一時神田孝平に師事したが、間もなく神田が開成所教官となったので、羽峰はこの後西国遊歴に出たとされるが、神田に師事したというのは、岡の記憶違いであろう。

さて、先に『書生寮姓名簿』により、南摩羽峰の昌平黌退寮を嘉永四年と記しておいたが、これも誤謬であろう。これ迄の叙述で明らかな如く、少くとも嘉永六年迄は在寮していたことは確実だからである。さらに『安達清風日記』（安達は鳥取の人。安政元年四月に昌平黌書生寮に入寮）によれば、安政元年七月二十二日の項に、〈舎長薩摩人重野厚之丞退寮願済にて、会津人秋月悌二（ママ）郎舎長に被命、助勤木原雄吉、津軽人葛西処一と両人也。詩文方佐倉人続徳太郎被命、会津人南摩三郎と両人也。〉とあり、続く八月十二日の項に〈今日、会津人南摩三郎詩文方退寮願出ス。経義方一関人森文之助退寮、跡役会津人武井源三郎被命〉とある。さらに十四日〈今日吾送二兄于鯉店皆同盟会者二十有二人。〉二兄は森と南摩である。上野山下の鯉店（こいみせ）で送別会が催されたものと見られる。続いて二十四日の項に〈今日南摩退寮。又鯉店迄参ル。〉とある。これにより南摩羽峰の昌平黌退寮は安政元年八月二十四日と見る方が妥当であろう。こうして凡そ八年に亘る羽峰の昌平黌時代は終りを告げる。羽峰時に三十二歳である。この後も引き続き江戸に滞在するが、安政二年藩命により西国遊歴に出立する。関西から姫路、長崎などを遊歴、諸国の風俗国情を視察、有識者を歴訪、藩治の得失を考え、『負笈管見』（二冊）を著し、藩主に提出した。大坂で緒方郁蔵に師事したのもこの時であろう。土屋鳳洲によれば[10]〈余年十四。事先師九方相馬子於岸和田藩学。一日有客通刺曰南摩三郎。年齢三十余。欣然偉丈夫。三郎者羽峰先生通称云。〉と当時の羽峰の姿を伝えている。

少し遅れて同じ会津藩から土屋鉄之助、秋月悌次郎も同様に西国遊歴に出ている。二人が同じく遊歴中の長岡藩河井継之助に出会って交友していることは、河井の日記『塵壺』にもみられる。この後、幕末にかけて諸藩の書生の諸国遊歴が流行するが、南摩らの西国遊歴が〈探鑿周旋ノ元祖〉（『在臆話記』）と鹿門は述べている。帰国した羽峰は、安政四年、藩主に建議して西洋学館を創設。しかし会津に於ける偏見はさらに激しく、攻撃難詰一時に起こり、旧知すら道に会うに反目疾視したと言う。そうした風潮の中で、羽峰は慍（いか）らず沮（くじ）けず率先して指導にあたり、次第に理解を得て行った。同じ洋学者に、佐久間象山に砲術を学んだ砲術師範山本覚馬がいる。後、鳥羽伏見の戦乱の折、捕えられて薩摩藩邸に幽閉され、赦されて維新後京都府顧問となるが遂に失明する。その後、新島襄（新島は山本の妹八重と結婚）と同志社を設立する異色の人物である。維新後高田藩に幽閉されていた羽峰が、淀藩督学を経て、京都府学職となったのは、山本覚馬のひきによるものと推測される。この京都府学職時代、羽峰は『会津藩庁記録』を発見するが、これは後の問題である。

さて、この後六年にわたる羽峰の北海道時代に触れねばならぬのだが、さらに資料は乏しい。

安政二年、蝦夷地を再直轄した幕府は、ロシアの脅威に備え、その警衛を仙台・秋田・南部・津軽・松前の五藩に命じた。さらに安政六年、蝦夷地を分割、仙台・会津・秋田・庄内・南部・津軽の六藩に領地として与え、その開発及び警備にあたらせた。会津藩は、標津・斜里・紋別の三場所を領地とし、あわせて幕領網走を警衛した。こうした中で、文久二年（一八六二）、南摩羽峰は藩命により、北蝦夷（樺太）の警戍にあたり、続いて代官として斜里や標津にとどまった。『斜里漁業史』[11]によれば、〈文久二年には、藩の儒者南摩綱紀が藩兵を率いて北蝦夷地の警衛に赴いたが、任終るとともに蝦夷地における藩領の代官として斜里の本陣に移り、駐在すること六年におよび、慶応三年（一八六七）帰国した。この間綱紀は、余暇あるごとに領内を巡視して漁業を奨励、またアイヌを集めて人倫を説き『孝経』をアイヌ語に訳して、教化の資料としたという。〉と記している。こうした事実は、土屋鳳洲撰文による「南摩羽峯先生伝」や三島中洲撰文による羽峰の墓碣銘（在谷中墓地）も記すところである。

また谷沢尚一の「蝦夷地の栗本鋤雲」[12]によれば、鋤雲の『南轅録』（自筆本）文久三年六月四日の記事に〈〇四日　晴　渡海七里　以十二時達野付旅舎　宿　此日得四月十四日公書及家書　会津藩南摩綱紀迎祝予無事速帰〉とあるという。当時、箱館奉行として蝦夷地にあった栗本鋤雲が、エトロフ、クナシリ両島の巡見を終え、野付に帰着したのを羽峰が出迎えている記事である。栗本鋤雲と羽峰との関係は、さらに調査しなければならぬのだが、現在の私にはその準備が無い。

この他、既に京都にあって会津藩公用方として活躍していた友人秋月悌次郎[13]（韋軒）が、慶応元年蝦夷地代官として派遣され、相ともに分治した。しかし秋月は一年ほどで再び京都に呼び戻される。秋月の蝦夷地派遣に左遷的色彩があったことは推察できるが、羽峰にもそうした意味あいがあったか否かは判断する根拠に乏しい。この当時の心境を詠じた詩がある。

三棹三潮険　　三たび三潮の険に棹さし
五踰五峻山　　五たび五峻の山を踰ゆ
往来千里路　　往来す千里の路
身老楫蹄間　　身は老ゆ楫蹄の間

荒涼たる北辺の地で、営々と任務を励行しながら、時として徒らに齢を重ねてゆく憂愁はおさえがたい。

慶応三年、漸く蝦夷地代官の任を終えて会津へ帰った羽峰は、同年八月、京都藩邸学職としていよいよ動乱の地を踏むこととなる。これより先、会津藩主松平容保は、再三の固辞を曲げて、文久二年、藩の命運をかけて京都守護職就任を受諾、幕末動乱の京都の治安を守っていた。会津藩の悲劇の発端である。羽峰上洛の前年、松平容保を厚く信頼していた孝明天皇は突如崩御（毒殺説もある）、この年一月には明治天皇が践祚（せんそ）していた。そして十月には徳川慶喜が大政を奉還、新帝による王政復古の詔（みことのり）が出されようとしている。そして翌年一月には鳥羽伏見の戦いが勃発、戊辰の内乱へと時代は激流のように奔ろうとしていた。羽峰は、こうした幕末動乱のるつぼの中へ上洛したのであるが、この後の彼の事蹟は後節において記したい。特に会津戦争の悲劇と辛酸については、この時の羽峰はまだ知るよしもない。

二

『京都守護職始末』[14]は山川浩著として明治四十四年十一月に刊行されたが、この出版をめぐって興味深い逸話がある。本書の扉には〝山川浩遺稿〟とあり、本文冒頭にも〝山川浩未定稿〟とある他、凡例には明治三十年と記されている。したがって、この年には一応の成稿を見ていたとも見られるが、翌三十一年山川浩は没した。浩の弟、山川健次郎の伝記『男爵山川先生伝』[15]（花見朔巳著）によれば『京都守護職始末』の執筆動機は二人の発意によるものであり、それは明治三十年の孝明天皇三十年祭の折、二人で京都守護職時代を回顧したことに始まると言う。ところが間もなく浩が没したため健次郎の手で成稿を見たとある。実際は、池田晃淵（帝国大学文科大学史料編纂係員）の協力を得て山川健次郎の手により、明治三十三年に脱稿したと見られている。いずれにしても、遅くとも明治三十三年には成稿を見た本書の出版が明治四十四年まで遅れた理由は何か。山川兄弟と同じ旧会津藩士北原雅長の『七年史』[16]（明治三十七年）に序文を寄せた健次郎は次の如く記している。〈我邦維新史の多くは排幕勤王家の手に成れるを以て、事の真相を得ざるもの少なからず。亡兄去二堂先生之を慨し、京都守護職始末の著あり。故ありて未だ之を公にせず。〉と。すなわち〝故ありて〟稿本のまま、山川健次郎のもとに秘蔵されていたのである。言う迄もなく『京都守護職始末』は松平容保と会津藩の誠忠を明らかにし、戊辰戦争における〝朝敵〟の汚名がいかにいわれなきものであるかを主張しようとしたものである。出版遅延の事情が本書の内容にかかわるものであることは容易に推察できよう。この事情を『男爵山川先生伝』は以下の如く伝えている。戊辰戦争後逆境にあった旧藩主松平家の家政顧問になった健次郎は、松平家の経済救済のため、宮中から下賜金を得る画策をした。健次郎が働きかけたのは、三浦梧楼（ごろう）、土方久元、谷干城らであり、やがて伊藤博文の尽力もあり、三万五千円の下賜をみた。

この過程で、三浦梧楼は孝明天皇が松平容保に与えた宸翰や、それを収めた『京都守護職始末』稿本を見せられ、その出版の中止を求めたと言う。三浦の伝記『観樹将軍回顧録』[17]（小谷保太郎）にも、この経緯が興味深く記されている。すなわち下賜金と引き換えに出版中止を求めたのである。問題の孝明天皇宸翰は、極秘に松平容保に与えたものであり、当時の宮廷政治がいかに天皇の意に反し、偽勅まで発して動かされているかという苦衷などが切々と披瀝され、さらに天皇が容保一人をいかに信頼しているかということなどが綿々とつづられている。〝朝敵〟の汚名を雪ごうとする『京都守護職始末』の主張に最大の武器となるものである。他方、長州出身の三浦にしてみれば、この宸翰の公表により、天皇の意に反し倒幕した長州藩の順逆が問われることになりかねない。そればかりか薩長を中心とする明治政府の歴史的根拠をも問われることになり、深刻な政治的動揺をひきおこすことになる。三浦が出版の見合わせを求めたのは、そうした危惧を抱いたからにほかならない。それから時を隔てた明治四十四年同好の士に頒つという形（非売品）で本書が出版された時も、三浦は満腔の不満をもらしたと言う。一方、大隈重信は〈山川（浩）という男は死後迄面白い芝居を打った。〉と笑ったと伝えられる。因みに山川浩は、戊辰戦争時、敵軍包囲の鶴ヶ城に、会津の彼岸獅子を奏させて、堂々と敵前を通過、城内へ援軍を入れた、会津の智将と言われる山川大蔵であることは言う迄もない。だが、問題の宸翰を三浦梧楼らに見せて、松平家に下賜金を与えさせた山川健次郎も、兄に劣らず〈面白い芝居を打った〉と言わねばなるまい。

さて『京都守護職始末』中の圧巻は、問題の孝明天皇宸翰数通の公表であるが、この宸翰はこの時初めて公表されたものではない。前記北原雅長『七年史』に既に公表されているからである。会津史談会編『会津戦争のすべて』[18]所収の宮崎十三八「東軍人物事典」〝北原雅長〟の項にも〈この書は文久二年正月の坂下門の変から明治元年十二月の戊辰戦争終結までを詳記したもので、容保の孝明天皇に忠節をつくしたため宸翰をいただいたことも初めて公表した。〉と書かれている。北原は、鳥羽伏見の戦後、恭順論を主張した故に切腹させられた神保修理の実弟である。維新後、長崎市長、下谷区長などを歴任。『七年史』は北原が心血を注いだ労作であり、下谷区長辞任後の明治三十七年刊行された。三浦梧楼が問題の宸翰を見て驚き『京都守護職始末』の出版中止を求めたのは明治三十五年のことである。したがって、この時点では、この宸翰の存在は全く世に知られていなかったと考えられる。だが北原は『七年史』以前にその原型と見られる『守護職小史』[19]をまとめ、小部数だが関係者に配布している。時に明治三十二年のことである。通説では、この『守護職小史』が孝明天皇宸翰を最初に公表したとされている。だが、私見によればこの宸翰の最初の公表者は南摩綱紀であると思われる。南摩は明治二十九年七月十一日の史談会席上に於いて、既にこれを公表しているからである。この談話が「史談会速記録」第61輯として刊行されたのは明治三十年十一月のことであった。北原の『七年史』が刊行された時、北原は不敬罪容疑で警察に拘引され、出てきた時はシラミだらけで困ったという妻の話が遺族に伝えられているが、[20]最初に問題の宸翰を公表した南摩綱紀への風当りがどのようなものであったかもある程度想像される。南摩は史談会で一連の談話を始める冒頭に、〈初めに一寸申します事は、旧藩の事計りを御話を申上る積りでありますが、段々其れに就て関係の事もあり、諸藩の事に渉る事がある。且又中には有の儘の御話を致しまして、事に拠れば一寸不敬に渉る事が有るかも知れぬ〉と断っている。(「史談会速記録」第47輯)さらに問題の宸翰を読み上げる前に〈之は私からして今申上ては少し如何敷(いかがわし)ゐ様でござりますが、最早朝廷始め天下形勢も如斯異なつた事であり且つ過ぎ去つたことでござります。又その当時の様子が細かに分ります故申上げます〉(「史談会速記録」第61輯)と述べている。61輯の南摩綱紀談話の末尾には当日臨席した依田百川(学海)の応答が収録されているのみだが、これによっても、当日の史談会席上の驚きをわずかにうかがうことができる。依田は、〈唯今御宸翰を御読みになりまして始て伺ひまして恐入りました事でござります〉とか〈私はドウモ感慨に堪へませぬ。斯う云ふ事は世間の人も存しませぬで実に必(ママ)しい事でござります。之は充分調べて見たいのでござります〉などと述べている。

さて、南摩が公表したのは次の三通である。

　極密々書状遣候抑昨年来滞京万々精忠深感悦之至ニ候実ニ不容易時勢ニ付テモ其方カ忠勤深悦服候ニ付テハ深頼之存念モ存不寄義乍別極密々認入披見深依頼候寔ニ不容易時節柄ニ付従来深苦心之義ニ候此義一分深苦心ニ候へ共迚モ申出存分貫徹ハ無之事向鏡如見ニ候へハ衆評ニハ不掛候何分廻策ニナクテハ迚モ不出来候如前文其方誠忠ニ候へハ為密事共朕望義貫徹致シ呉候半哉ト相察シ其上何分多人ヲ令承知義兵権ニナクテハト深存込候へハ其方へ依頼候兼而朕へ万事内密之義腹心ニ成候へハ爾来之処モ深満足之事ニ候依別紙ニ認候義深推察一周旋有之度候事何分密話之義六ヶ鋪候へ共密々面会モ難成候へハ筆談候仍急速互ニ会得モ難出来哉故度々往反致シ度候深聞込詰リ成功候ハ丶無此上満足ニ候事兹ニ申候別紙ニモ認候通此義漏脱候而ハ実ニ失望候間堂上参預之中タリ共無洩十分勘考附策略出来之上朕モ申聞指図候迄ハ秘置貰度猶度々之往反申合度事猶宜鋪深依頼候事呉々モ不存寄義トハ存候半偏ニ密談候也宜鋪頼置候也
　書通往返廻計ハ成丈不因循致度候也
　　文久四年二月
　　　　　　松平肥後守江
　　　　　　　極密々禁他聞

これは二月八日夜、ひそかに与えられたものであるが、同時に次の一通が別紙として添えられていた。

天下之形勢不容易万事痛心不過之候抑嘉永六年以来ヨリ殆至安政頃弥増加深苦心之件々難筆紙尽候倩考ニ実以

愚鈍之朕在位奉対天神地宗恐慄之事ニ候へハ及丈ハ尽力之所存ニ候処追々誠忠之輩精勤深令感悦候猶追々及評談候義ハ表向申出候既去廿一日（大樹一橋）廿七日諸藩等へ以朕書状申渡候義猶厚可心得候事扨茲ニ申聞深厚ニ極密秘他聞依頼候義宜聞取無相違之周旋深頼入候実ニ打明申候所元来其方事至今日誠忠之段徹心骨感悦不斜候既ニ昨年暴論之為ニ守護職ヲモ止東下又ハ帰国ニモ可相成処実ニ誠忠無疑段深察惜念難止何卒在役滞京之段断然申出所存之処何分暴論朕所存ヲ矯我意ノ振舞ノミ行ヒ当職モ失権両役モ被誣候而朕へ勤仕ハ名計却テ暴人へ諂己迚モ朕所意不貫微候間内密以尹宮前関白等ヲ極密書状遣シ候程克聞取呉万々手続キ調ヒ至只今守護職誠忠深安慮喜悦之至ニ候去八月十八日之奮発於朕ハ就中悦心即国事随而朝廷之幸重畳ノ悦不過之候如此之忠厚思慮宏遠以テ国家之枢機ヲ任スルニ足ル人ト深愛臣之事ニ候依之茲ニ極密他聞依頼之事有之候カ何卒極密之以計略朕之心底貫徹致シ呉候事成間舗哉此義深呑込周旋成功之時ハ朕之憂憤ヲ散霽シ実以感悦候併事ヲ包只依頼ト計ニテハ可否ノ答モ難出来トハ存候へトモ深存意有之関白以下へモ一言モ不申直ニ其方へ依頼候モ一了簡有之候間先契約致シ候間領掌之可否答書貰度候右弥承知ニ有之時ハ深密之書状可遣候其時ハ開見ニテ意外之事ト存候半哉乍実ニ深存込候義故篤ト文意会得ニ而不審儀之周旋頼入候但此義評議之様成事ニ而ハ迚モ不成就候同輩相語ヒ突掛候奮発之計略所望ニ候事

一度之書ニテハ迚モ難弁解ト存候へハ不日立幾返ナリトモ尋呉候存分認為見候間呉々成功頼入候也

先ハ此段極密ニ依頼候少シモ漏洩無之様開見之上篤ト呑込有之度候也何レ於周旋之場ハ関白尹宮三条前大納言野宮宰相中将阿野宰相中将久世前宰相広橋右衛門督右ヲ先頓ト引寄候様ト存候然首尾行届計略出来之上可至其迄ハ仲人野宮へモ秘置候様ト存候茲ニ又存慮モ候へ共猶勘考之上他藩へ不申様先ハ其方丈ニテ勘考有之度候也呉々追テ之通書開見之上之心得方兼テ頼置候也

文久四甲子年春二月

続いて二月十六日の宸翰である。

又候極密書状遣候過日拙書送候処返書逐一令熟覧深悦入候就而ハ右依頼之趣意可遣存候乍日日ト用繁不得寸暇至只今未得書取候然処去十一日関白来会承候所長州之一件ニ付其方為副将之由仍守護職免替為春岳之趣逐一承候甚残懐之至他藩ト申候へ共何分重大之儀天下之事ニ者不被替ト一橋モ申決定ノ旨其モ尤之儀何分其方藩中兵威克調候ヨリ登用ニ成候段ハ賞悦之至ニ候併守護職免候段ハ深残懐ニ候就而ハ内尋候ハ過日内頼之件々迚モ依頼候期トハ不存候併出立迄ハ程モ候半宜乍依頼周旋候カラハ一両日或ハ四日五日位ニ相済候共不存候へハ迚モ六ヶ舗ト存候併其方ノ所如何候哉尋候上事済ノ上ハ更ニ守護職ニ任役ハ成間舗哉此段内々申聞候間相含勘考依頼候事且前文依頼之件々ハ猶復職之上ニ不致哉際限之程モ不相分哉戦場ニモ及候半哉之事柄故元来重大之事件故見通モ不相附候猶相談候事呉々モ復職之段深入魂致置候事

右二箇条内密談話候事

猶返書如過日申置候也秘々

別紙ニ認候依頼之儀ハ守護ナラハ重畳乍又右役ニモ不限候半ニハ故復職有程候へハ不任職共周旋モ可相成歟又一向春岳へ通書可致試哉尚内密打明尋候へハ無腹蔵存意申聞依頼候也

同舗者一端依頼候事故其方へ申聞度候至急筆ニモ難成候得ハ自然日数モ経候半方々内密談候右書状者元来厳重ノ取扱ニモ無之候へハ左承知頼置候也

三

この宸翰の存在が如何に重大な意味をもつものであったかは、その後、この宸翰を収録した北原雅長『七年史』（明治三十七年）、山川浩『京都守護職始末』（明治四十四年）出版をめぐる逸話として先に記したごとくである。しかし、史談会当日における衝撃は、「史談会速記録」[21]に抄録された依田百川（学海）との応答により、僅かにこれを窺えるのみである。だが尨大な日記を残した依田学海が当日の感銘を書き止めていないはずはあるまい。無窮会図書館に保存されている『学海日録』[22]※を閲読したところ、予測通り、依田は史談会当日の出来事を丹念に日記に書き記していた。明治二十九年七月十一日の日記を引用する。（なお、仮名の古体、変体、合字などは通行の字体に改め、句読も適宜これを切った他、濁点もこれを補った。漢字も適宜通行の字体に改めたが、送り仮名は原本を踏襲した。）

十一日　翳。桜雲台の史談会にて阿部弘蔵彰義隊の談あり。官軍賊軍の説なり。尤も人聴を動かせり。又、南摩羽峯先君松平肥後守容保ぬしに孝明帝より賜はりたる密詔三通をよみきかせたり。この密詔の意を案るに、左右近習の臣にも秘密にせさせ給ひ、容保にのみ托させ給はんとの聖意と見えたり。その言反覆丁寧にして、殆と一字一涙ともいう可き文字なれども、何ゆゑにや、その頼ませ給ふ御主意を明にし給はず、唯この頼み給ふことを担当するに於てはこれを明かにすべしと詔出さるゝのみ。惜ゐかな、容保ぬしかゝる聖意をよく奉じ奉らず、たゞ畏れ入るかしこしとのみ御答申て、終に聖意を伺ひてこれを断行し給はざることを。按ずる、聖意左右近習及び当路公卿を憚り給ふこと明かにみゆれば、必ず武臣に命じてこれを駆逐せしめんとの御心にや。さらばこれ幕府の為に大に喜ぶべき事なるを、容保この機に乗じ君側の幕府に害あるものを除かず、因循して遂に浮浪の為に乗ぜられて幕政を失ひしはいかにぞや。きくに、この密詔を出し給ひしは長州征伐を行はせ給ふの日に在り。いくほどもなく帝崩御なりしかば聖意は何にありしやと問ふによし無しといふ。惜むべし。

『学海日録』の右の記述には、ほぼ全文に亘り圏点や傍点が付されている。もって学海の関心の深さを窺うに足る。さて、依田学海も書き記す如く、まさに〝一字一涙〟とも言うべき宸翰である。この一連の宸翰からは、意外にも朝廷内部で孤立し、一人懊悩する天皇の姿が鮮明に浮き彫りにされてくる。左右近習にも打ち明けられず、当路公卿を憚り、一大名に過ぎぬ松平容保のみを厚く信頼し、必死にすがろうとする弱々しい天皇の姿である。しかも、当時一大名に宸翰を与えること自体異例である上に、〝極密々禁他聞〟とまで記し、自らの苦衷を切々と披瀝すると共に、ただならぬ決意をもって何事かを依頼しようとしているのである。依田学海ならずとも強い興味を喚起されずにはおかない。その上、これほどまでに天皇から厚い信頼を受けた松平容保は、数年後には〝朝敵〟とされ、罪一等を以て征伐の標的とされるに至る。会津こそ君側の奸と目していた長州の三浦梧楼[23]ならずとも衝撃を受けるに足る宸翰である。他方、南摩羽峰にしてみれば、この宸翰の公表が不敬に問われる可能性があることも、政治的動揺をひき起こす微妙な問題を含んでいることも充分承知の上で、これだけは公表しておきたかったものと思われる。余談だが、維新政府から逆賊として遇された松平容保は明治二十六年十二月五日寂しく世を去った。五十九歳であった。一説によれば、晩年の容保は肌身離さず竹筒を首から下げていたという。彼の死後遺族が中を調べてみると孝明帝の宸翰が入れられていたと伝えられる。逆賊の汚名を着せられた容保にとって、この宸翰だけが自己の忠誠の証しであり余生の支えであったものと思われる。会津藩の京都守護職時代の文書は総て二通りの控が作られ、一通は京都藩邸に、他の一通は会津に送られていたが、京都藩邸の文書は鳥羽伏見の戦いに至る混乱に紛れて所在不明となり、国許の文書も熾烈な会津戦争の中で湮滅したかに見えた。しかし『男爵山川先生伝』[24]によれば、京都藩邸の文書は維新後京都府学職として赴任した南摩羽峰が京都大槌屋に於て入手、後に松平家に献上したという。京都藩邸退去の折、あの混乱の中で宸翰だけは神保修理が持ち出したとも伝えられるから、羽峰が入手したのは写しの方であったかも知れない。兎も角、この宸翰の存在は羽峰によって初めて公表され、後に他の文書と共に

『七年史』、『京都守護職始末』へと吸収された。さらに言えば、長州の思惑をよそに『京都守護職始末』が非売品としてではあるが明治四十四年漸く日の目を見たことを契機に、山県有朋などの意向により文部省に維新史料編纂会が設置され、薩長の観点から官製維新史が編纂されることとなる。こうした事情を伝える山川健次郎の興味深い書簡が『男爵山川先生伝』に収録されている。

本日出発赴任仕候。過日拝見候本多辰次郎氏著維新史御差支無之候はゞ拝借相願度候。過日送別会の折大沼親光の話に、今回文部省に置かるべき維新史料編纂会は守護職始末が動機となりし旨の由に候ひしが、余り突飛なる事に付、深くも心に止め候はで聞候ひき。然るに昨日池田晃淵氏の話を承るに、其説真なるが如し。甚だ面白く感じ申候。三浦梧楼が大隈（重信）に話したる説にて、山県（有朋）などが、始末（京都守護職始末）によれば、先帝の御時代には、長州は凡て違勅の行動を為し来れるものにて、後世に至り大に誤解さるゝ恐あれば、先長元老生前に後世の誤解を防ぐに足るべき様なし置かざる可からずと、今回の事に相成候由、大隈より池田に語りたる由に御座候、大隈が山川（浩男爵）という男は死後迄面白い芝居を打つたと申笑候由に候。果して然らば実に愉快に存候。匆々。

車内動揺中

健　次　郎

四月六日

飯　沼　殿

日付は明治四十四年四月六日（この日、山川健次郎は九州帝大総長として赴任）のものと推定されており、宛名は会津松平家々令飯沼関弥である。

さて、宸翰の内容に立ち帰れば、あの一連の宸翰で孝明帝が松平容保に依頼しようとしたものは何か。それを打ち明けるのに大きなためらいを見せ、〈一度之書ニテハ迚モ難弁解ト存候ヘハ不目立幾返ナリトモ尋呉候〉と慎重に伝達しようとしている如く、事の重大さを窺うに足る。しかし、その内容は孝明帝の突然の崩御により永遠の謎と化した。『学海日録』に倣って〝惜むべし〟と言う他はない。だが推測することはできる。これらの宸翰の日付は文久四年であるが、前年の文久三年、羽峰の心友秋月悌次郎（韋軒）と薩摩藩士高崎佐太郎（正風）の画策により、薩会同盟が秘かに結ばれ、所謂七卿落ちに至る〝八月十八日の政変〟と呼ばれるクーデターが成立していた。そして孝明帝は〈これまで勅命に真偽の不分明の儀これあり候えども、去る十八日以来申し出し候儀は、真実朕の存意の候間、この辺、諸藩一同にも心違いあるべからず。〉という詔勅を出している。即ち、これ迄は自分の意志に反して七卿等により偽勅まで出されて朝廷政治が動かされていたが、八月十八日以降の詔勅こそ真実の聖意であると発表した翌年の宸翰だけに、孤立した天皇の姿は意外である。依田学海は先の日記の欄外に次の如く書きつけている。〈憚り給ふこと何とも知りかたけれども恐くは攘夷を名として幕府を倒さんと謀れるなるべし。もしこれをきかせ給はずば害し奉らむなどおほけなき事を申せし人などありしにや。そを恐れさせ給ひて、かくはたのませ給ひしなるべし〉と。学海の推測の如く天皇に〈これをきかせ給はずば害し奉らん〉などと恫喝を加えるほど権勢を握った人物を駆逐することにあると見るのは妥当であろう。しかも〈兵権ニナクテハト深存込候〉と孝明帝も述べる如く容易ならぬ企てである。『京都守護職始末』は〈御内頼とは、朝廷革新の外助の外察せられ難きに似たり〉という推察にとどめているが、この時期これほど天皇を恐れさせ孤立させた人物は誰か。三条実美以下七卿は長州に落ちたままであり、岩倉具視は洛北岩倉村に蟄居の身である。臼井吉見は大河小説『獅子座』[25]第二部―王政復古のこと―〈中〉に於て、〈天皇の胸のうちにあったものが、朝廷の弊風とか、廷臣の旧習とか、そんな一般的な朝廷改革であったとは思えない。もっとしぼって、そもそもの天皇のねらいは、中川宮を側近から斥けることにあったものと思われる〉との説を提出した。前年、薩会同盟の上に立ち朝廷内の主力として〝八・一八クーデター〟を成立させ、天皇の信頼も絶大であったと伝えられる中川宮[26]であるだけに、この見解は一見大胆な推測とも目されるが、冷静に的を絞って行けば、私もまた臼井説に同意せざるを得ない。確かに〝八・一八クーデター〟は天皇を深く満足させ、中川宮への信頼は絶大であった。したがって八・一八以降の中川宮の権勢は愈々巨大なものと化すのだが、この宸翰が書かれた時期、仮に天皇の信頼も絶大であったとするならば、その中川宮をさしおいて、何故に天皇は秘密裡に松平容保に何事かを依頼しようとしたのか、不自然と言う他ないからである。逆に言えば、他ならぬ中川宮駆逐という重大事ゆえに天皇はあれほどまでに恐れ、ことを打ち明けるのを逡巡したのではあるまいか。だが、奔流と化した時代の流れは激変を加えつつもとどまることを知らない。京都での政治的失地回復をはかる長州藩の行動は〝蛤御門の変〟から〝長州征伐〟へと転回するが、第二次征長のさなか、十四代将軍徳川家茂が大坂城本営で俄かに薨じ、続いて孝明帝も突如として崩御。毒殺説も流れる異常事態を迎えることとなる。極秘宸翰によって松平容保に依頼しようとした何事かも、孝明帝の死によって永遠に打ち明けられずに終った。同時に時代は急旋回しようとしている。

　六年に及ぶ蝦夷地代官の任を終えて、南摩羽峰が上洛したのはこの頃である。

四

健児半死計空違　　健児半ば死して計空しく違ふ
九族分離何所依　　九族分離何の依る所ぞ

古寺寒燈孤対寡　　古寺寒燈孤寡に対し
荒村積雪凍兼飢　　荒村積雪凍飢を兼ぬ
原頭白骨無人斂　　原頭の白骨人斂むる無く
雲外青山有夢帰　　雲外の青山夢帰る有り
誰向九天明曲直　　誰か九天に向ひて曲直を明かにせん
回思家国涙沾衣　　思して家国を回り涙は衣を沾す

〝乱後客中雑詩〟中の一詩である。六年に亘る蝦夷地代官の任を終えて、上洛後僅か一年。激越な政治の季節の中で羽峰のひたすらな一年が過ぎた時、亡国の惨を傷む右の愴然たる七律は遠く庄内の僻村で書かれることとなる。だが今は上洛後の羽峰の足跡を辿らなければならない。しかし当然ながらこの時期とて一としてまとまった資料があるわけではない。『復古記』に断片的に引用されている「南摩綱紀筆記[27]」・山川健次郎監修『会津戊辰戦史[28]』を軸に平石弁蔵『会津戊辰戦争[29]』・「小野権之丞日記[30]」・「史談会速記録」など南摩羽峰に関しては片々たる記録を総合して、ともかく羽峰の足跡をトレースしてみたい。

慶応三年八月、南摩羽峰は京の地に足を踏み入れた。日付ははっきりしない。既に前年七月、徳川家茂は第二次征長のさなか、幕軍不利の戦局に苦悩しつつ大坂城中に薨じ、続いて十一月には京都守護職松平容保を厚く信頼していた孝明天皇も突如として崩御、毒殺説も流れる異常事態を迎えていた。江戸・大坂には打ちこわし、各地には一揆が頻発、騒然とした時代である。羽峰は政局の中心である京都に入って、いよいよ時代がただならぬ局面に立ち到ったことを痛感したに違いない。六年に亘り、蝦夷地代官として遠く斜里や標津の地にあって、緊迫した北溟の警備と蝦夷地開発に営々と努力しながらも、めまぐるしく変貌する政局の動向は、やはり充分に知ることはできなかった。そうした中で、慶応元年、京から心友秋月悌次郎が同役として赴任して来た時、詳しく京の政情を聞くことが出来たが、それから二年足らずの中に、政局はまた大きく変転した。衰微した幕府と、それを支えねばならぬ会津藩の立場に思いを致した時、羽峰は暗然とならざるを得なかったと思われる。さらに、わずか数年を振り返って見ても、かつて昌平黌で共に学んだ友人たちも、数人は既に亡い。浪士組を組織した清河八郎は文久三年四月、佐々木只三郎らによって江戸で暗殺。続いて同年八月、松本謙三郎（奎堂）も吉村寅太郎らと天誅組を組成、侍従中山忠光を奉じて大和に挙兵したが、事成らず自刃。これに呼応して但馬生野に挙兵した高橋祐次郎（美玉三平）も、敗れて農兵の銃弾に斃れた。慶応三年一月には松林飯山も勤皇運動のため佐幕派に暗殺されている。羽峰と立場は違っても、皆政治的な死である。さらに羽峰と共に昌平黌から箕作塾に通学、蘭学を学んだ原任蔵（市之進）は、その後一橋慶喜の側近となり、慶喜の将軍職就任に奔走するなど辣腕をふるっていたが、慶応三年八月十四日、幕臣鈴木某らに暗殺されている。京で発生したこの事件は、羽峰が上洛した直前か直後の出来事のはずである。

さて、京都藩邸学職として上洛した羽峰であるが、こうした緊迫した政局の中では、学職としての任務を充分に果す暇はなかったと見られる。それよりも、昌平黌在学八年、続く三年に亘る西国遊歴を通しての諸藩に対する知友の広さを買われ、秋月悌次郎と同じく公用方的役割を兼ねていたのではなかろうか。山川健次郎監修『会津戊辰戦史』（昭和八年）にも〈南摩八之丞、綱紀公用方か〉と記されている。もって羽峰の行動を幾分かは推察することが出来る。

羽峰上洛が八月。十月には岩倉具視らによって薩長に対して討幕の密勅が出されている。しかし、時を同じくして徳川慶喜による大政奉還がなされ、討幕の名目は失なわれたが、十二月九日、ついに王政復古の宣言がなされると同時に、御所は薩摩長州土佐など五藩兵により固められ、政局は一気に逆転した。会津（守護職）、桑名（所司代）、および幕兵は二条城に集結、まさに戦端が開かれようとしたが、朝敵となることを恐れた慶喜は全軍に大坂城へ退去することを命じた。幕軍は完全に京都政局から追放されたのである。明けて慶応四年正月、「討薩表」を書いた慶喜は京都への進軍を命ずる。これを阻止せんとする薩長土の藩兵との間についに戦端が開かれる。鳥羽伏見の戦である。

　鳥羽伏見の開戦に先立つ十二月二十八日、大坂城には江戸薩摩藩邸焼き打ちに至る報告が届き、幕兵の怒りは頂点に達していた。慶喜が「討薩表」を書くに至った所以である。折から上洛して、徳川救解に腐心していた長岡藩河井継之助は、同日大坂城に赴き、老中板倉勝静に慶喜の幕兵上京策は適切ではない旨を述べ、関東へ引き揚げ内政充実をはかり時機至るを待つべきであると論じた。さらに会・桑の諸将にも出兵の得策でないことを説き、どうしても武力廓清を決行せんとするならば、大津口、丹波口など京への要路を絶ち、糧食欠乏して敵の自滅を待つが得策と論じた。だが諸兵は既に進発しており、河井の提言は容れられずに終った。羽峰はこの河井の提言を〈蒼龍（河合の号）、真に東北の一豪傑、もし大将軍をしてその説に従わしめば、兵を伏見に出さず、人民死傷せず、貨財濫費せず、国力衰耗せざるなり。しかしその説行なわれず。ああ命か、惜しいかな。此の嘆あるもの、あに独り羽峰のみならんや。〉と後年回想[31]している。

　だが河井の努力も空しく、鳥羽伏見の開戦となり、幕軍は緒戦に破れた。大坂では会津藩は東本願寺を本営としていたが、正月六日、土佐山内容堂の密使坂井藤蔵、野崎糺が奈良路を経て密かに本願寺を訪れ、羽峰らに面会している。緒戦に破れたとは言え、大坂にはまだ大軍がある。慶喜の意が恭順にあるか再挙にあるかを知れば、中間にあって宜しく周旋しようというものである。また、薩長の兵は皆鳥羽伏見で死力を尽しているが、在京諸藩の兵はその意ばらばらで日和見である。まして京都は金穀弾薬に乏しい。速かに大坂の大軍を挙げて京を衝けば、戦わずして事は成るであろうと告げた。羽峰も河井と同じく、事ここに至っては、その策しかないと考え、これを大坂城から帰った藩重役に告げ、勇断を迫ったが、当日の大坂城中の評議で幕軍東下に決定したと言う。おそらくこれは翌七日のことであろう。何故ならば、六日夜大坂城では思いもよらぬ事態が発生していたからである。それは徳川慶喜はじめ老中板倉勝静、酒井忠惇ら側近と会津藩主松平容保、桑名藩主松平定敬ら幕軍主脳部の姿が忽然として消えていたからである。朝敵となったことに恐怖した慶喜は、幕軍将兵には自ら陣頭指揮を執り出陣する旨を述べ、その決意に全将兵が狂喜して出陣準備にかかる混雑の中に、主戦派の容保・定敬兄弟を強引に随従させ、側近と共に夜陰にまぎれ密かに逃亡したのである。『徳川慶喜公伝』[32]によれば、大坂城を脱出したのは六日夜亥の刻ばかり（十時頃）と言う。徳川慶喜はじめ主脳部が将兵を見捨て密かに逃亡したという事実は信じ難い事態であったに違いない。残された幕将たちがそれを知ったのは七日早朝であったと言う。城内は大混乱となり、幕軍の惨胆たる退却が始まる。羽峰はもはや奈何ともなし難いことを知り、土佐藩の密使には東下のことを告げ、今後とも公武間の周旋を願うより他なかった。〈共に嘆息して別る〉と「大坂記」[33]は記している。この後、羽峰はさらに大坂に滞まり、状況を探索しようと決意、藩重役の許可を得た。撤退の混乱の中で、城中の傷兵を榎本武揚艦隊で江戸に送ることに協力し、さらに藩兵が紀州から東下するのを見送った後、大坂に潜伏した。かつて諸国遊歴の折、大坂に滞在したこともあり、地の理には明るい。又、西国諸藩に知友も多い。当初、諏訪常吉、大野英馬等と共に唐津藩（藩世子小笠原長行[34]は幕府老中）の山田勘右衛門宅に潜伏し、情勢を探ったが、敵軍の探索厳しく長くとどまるを得ず、姫路藩邸[35]に至り、星野乾八に謀った。星野等も大坂藩邸を引き払い姫路に帰るところであり、星野の言により諸物を満載した船に乗り、姫路に向うこととした。姫路も諸国遊歴の折滞在した地である。しかし姫路城下にも入ることは出来ず、漁舟をやとって淡路紀伊の間を漂迫することとなる。この間さらに京摂の情勢を探りつつ、漸く脱するを得、東海道を経て江戸に帰った。時に二月十六日早朝である。折しも藩主松平容保は和田倉藩邸を発して会津に帰国の途につかんとしている時であった。羽峰らは直ちに藩公に面謁、京摂の情勢を詳しく上言した。この後、羽峰はしばらく江戸にとどまり東征軍への対策に奔走した。三月一日には大槌屋にて在京諸藩重臣による会合が開かれたが、これといった結論も出なかった。河井継之助も出席〈王師ヲ箱根ニ拒ムニ若カズ〉と激しく論じたが、衆議決せず、羽峰らは失望して、もはや会津へ帰って対策を講ずる他ないと判断した。

この後、会津へ帰国した羽峰は迫り来る東征軍への対策のため東北諸藩を文字通り東奔西走することとなる。

四月九日、羽峰は藩主の密命を帯びて佐久間平助と共に庄内に赴き、藩相石原平右衛門、松平権十郎等と会談、会庄同盟を成立させ、続いて米沢を説くことを議し、やがて佐久間は庄内の戸田文之助と共に米沢へ赴き同盟を謀る。羽峰は暫く庄内に滞在、なお議を重ねた後、庄内藩士菅秀三郎、本多安之助を伴い四月二十六日帰藩した。そして相互に家臣を滞在させ密議に参画させることを裁定した。これと併行し、四月十二日白石に会した仙台、米沢他二十四藩の老臣は、会津寛宥を乞う連判書（「会津藩寛典処分嘆願書」「奥羽各藩家老連名嘆願書」会津藩家老連名による「嘆願書」三通）を奥羽鎮撫総督九条道孝に提出、続く二十日横暴を極めた参謀世良修蔵誅殺事件を機に奥羽情勢は一変する。二十三日、仙米両藩主の提唱により白石城（仙台本営）に参集した奥羽二十五藩の重臣は同盟、いわゆる〝奥羽列藩同盟〟が成立した。後に、長岡、新発田など越後六藩も加盟、奥羽越三十一藩による大軍事同盟へと発展、いよいよ奥羽状勢は緊迫を加えることとなる。これより先、四月二十日、既に会津藩は寛典に望みを絶ち戦端を開いていた。先ず白河城を攻略、二十五日そこを拠点に奥州街道を北上した新政府軍と熾烈な攻防戦を開始していた。

この間、羽峰は越後方面へ出張、戦線に出たり軍事工作に奔走していたと見られる。米沢藩越後総督「色部長門日記」（色部は後に越後口で戦死）によれば、六月十六日新潟で会議が開かれたことを記し、出席人名を列挙している。

会　南摩八之丞
　　金子忠之進

西川友喜
婦留町二丁目　大坂屋次郎兵衛
平松武兵衛
和泉屋
梶原兵馬

若干の注を加えれば、平松武兵衛はヘンリー・スネル(36)の日本名である。戊辰戦争がはじまるや会津に居住、平松武兵衛と名乗り軍事顧問的存在として、この頃越後戦線をかけまわっていた。弟のエドワード・スネルは武器商人であり、河井継之助を介して東北諸藩に肩入れし、当時新潟に在留、武器輸入の周旋をしていた。この時の会議は東北諸藩の生命線とも言うべき新潟港防衛に関するものであったと思われる。

六月、上野戦争から江戸をのがれた輪王寺宮（公現、のちの北白川宮能久親王）は、日光覚王院（義観）を伴い奥羽に赴き会津に滞在、やがて乞われて奥羽列藩を督して薩長に抗せんと、仙台へ赴いた。会津からは小野権之丞らがこれを供奉した。続いて七月一日、同じく会津に逃れていた元老中板倉伊賀守（備中松山藩主板倉勝静）、元閣老小笠原壱岐守（唐津藩世子小笠原長行）が同盟列藩に乞われて白石城に赴いた。越後戦線より帰藩した羽峰は両侯を供奉し白石城に入ることとなる。やがて十二日、仙台より輪王寺宮も白石城に着し、こうして白石城内に軍議所を設置、公議府と称する奥羽越列藩同盟の中枢が開かれたのである。時に七月十四日のことと言う。公議府は輪王寺宮を東武帝と称する新政府構想を打ち出し、諸外国にも通告、ここに日本列島は、二国に分裂抗争する様相を呈したが、奥羽越列藩同盟が崩壊する時は意外に早かった。因みに会津藩の公議府会議人は次の七名である。

諏訪伊助（藩相）　小野権之丞　諏訪常吉　南摩八之丞　井上金庫　山田貞助　山内喜佐太

以降、羽峰は白石公議府を中心に、仙台、福島などへ奔走、戦線をかけまわることとなる。〝死に瀕すること数々なり〟と「南摩羽峯先生伝」[37]は伝えている。

「小野権之丞日記」には、白石公議府を中心とする緊迫した動向が断片的ながらも記されている。例えば八月九日の項には、羽峰の動向を窺える記述もある。既に三春藩、新発田藩などが新政府軍に寝返り、二本松城も落城、〝相馬変心之旨報告有〟（六日）などの記述もあり、公議府にも動揺が見られる時期である。

○同九日

早朝仙侯当城御出記○上ノ山藩泉水増戸来仙台如斯不振加之宇和島老侯ヨリ和議之密使再居（ママ）由越地其外藩々変心ニ付而ハ恐怖を懐き変心も難計仍而ハ何卒仙城下へ罷越異心等気遣無之様致度旨密話致す○南摩福島方出起川俣方へ棚倉兵出起之筈

（傍点小林）

若干の注を加えれば、南摩羽峰の福島出起は、既に敵軍に占領された二本松城の奪回計画を企図したものであった。「南摩綱紀筆記」にこれと照応する記述が見られる。

八月九日、三好君（原註、三好寛介、山中静翁ト称ス、即チ旧閣老小笠原壱岐守侯）、諸人ト共ニ福島ニ至リ、二本松城ヲ進撃スルヲ議ス、三瓶梶助、南摩八之丞等飯坂ニ至リ、棚倉侯ニ謁シ又二本松兵ノ屯集セル庭坂村ニ至リ藩相丹羽丹波等ト議シテ出兵ヲ約シ、諸藩士ノ間ニ周旋シテ部署粗備リ、十二日二本松城ヲ進撃スルコトニ決セシカ、此日故アリテ之ヲ止ム、是ヨリ日々福島軍議所ニテ軍議アリ（以下略）

この計画が決行されたのは十六日夜半である。諸兵を三道に分けて進発、〈霖雨泥濘歩行便ナラス〉と羽峰は記している。八町目駅迄進出した時、既に夜が明け、山上から敵の銃撃が始まった。仙台兵と二本松兵が先ず潰れ、山形、上山兵が続いて潰走、米沢など間道の兵の援軍もなく、この日は完全な負け戦となり福島迄退却する。三好寛介（閣老小笠原長行の変名）が道に踏み止まり、敗走する諸兵を留めんとしたが一人も留まる者がなかったと羽峰は記している。八月から九月に至るまで白河口ではこうした一進一退の戦いが続く。

他方、会津の主力部隊は全て遠く国境へ出陣している中で、新政府軍の若松城下への侵入は予想外に早かった。土佐藩兵を先鋒とする部隊が石莚口（母成峠）を衝いて一気に若松城下へ侵入したのは八月二十三日である。白石公議府にいた南摩羽峰がこの急報を知ったのは翌二十四日夜半と思われる。福島に出向していたとすればもう少し早かったかも知れない。「小野権之丞日記」には〈豈計廿四日夜半過石莚口之破承知驚愕〉と記されており、もってその衝撃を知るに足る。輪王寺宮には直ちに暇を願い、国許へ帰還せんと考えたが、僅か数人で帰国しても何程の奉公も尽し難い。国情を察するに遺憾此上ないが、隣国諸藩に援兵を乞い、寸刻も早く若松城下へ差向けるよう周旋致す他ない、と小野権之丞は記している。小野は二十五日夕刻白石城を発ち翌朝仙台に着き、直ちに仙台藩相松本要人に援兵を申し入れている。南摩羽峰は福島に在って諸藩士の間を奔走周旋し、二本松城を進撃し、猪苗代より会津城の囲師を攻撃しようと腐心していた。しかし新政府軍が大挙して三方から来襲するという噂に前線の諸藩兵は浮き足立ち、福島城下は遁来った諸藩兵で騒然としていた。小笠原長行は〈諸藩兵勢振ハサルコト如此、進撃スルコト能ハス〉と判断、羽峰等と共に仙台へ赴き、改めて策を講ずることになる。折しも江戸品川沖を脱走した榎本武揚率いる旧幕海軍艦隊が八月二十八日仙台領寒風沢東名浜沖に着いていた。三十一日、羽峰は老中板倉勝静らを伴い寒風沢に赴き、開陽艦に至り榎本に面会、援兵を請うている。「南摩綱紀筆記」に語らせよう。

開陽艦ニ至リ、榎本武揚ニ面シテ曰、諸藩ト謀テ二本松城ヲ進撃シ、若松城ノ囲師ヲ撃ントス、兵寡シ請フ援兵ヲ出セト、榎本曰ク、余、江戸海ヲ発シテヨリ、鹿島海ニテ大風浪ニ値ヒ、開陽艦ハ梶ヲ折リ、回天艦ハ檣ヲ折リ、両艦ニテ率キ来レル咸臨船及某船ハ、牽縄ヲ絶チテ之ヲ放ツ、今其存亡ヲ知ラス、右ノ二船ニ、陸軍隊及砲弾薬諸器械ヲ載置タリ、今、此両艦ハ、艦中所用ノ人ト器械而已ナリ、陸兵少々乗来レトモ、皆不錬ニシテ事ヲ成スニ足ラスト、余強テ之ヲ乞フ、榎本曰、然ラハ五十人ヲ撰ヒテ、艦中所用ノ砲及ヒ金ヲ貸シテ出スヘシト

南摩羽峰らの必死の要請に榎本は決死の士五十人(38)を特に選んで砲や金を添えて割いてくれることを約束した。翌九月一日仙台城下軍議所に於て同盟諸藩による軍議がなされている。榎本もフランス人ブリューネ大尉やカズヌーブ伍長（元軍事顧問団）らを従えてこれに参画している。二本松藩代議人安部井磐根（いわね）が後に史談会で回想(39)したところによれば、〈榎本等は海軍の服でキンモールを美々しく飾り双刀を挟んで来られて云ふには皆様はとんだ御窮屈なことでありますな。左うでなく脇差でも脱いて斯う丸くなつて御相談をなされてはどんなもので御座ると云うやうな都合。又当人には出て来るや双刀を一束に脱いて床の上に投げ遣つて、皆様御早うと云ふやうな有様故僅か一両日にして席順も無くごちやごちやに成つて話をするように成つて見れば、最初は上座の人と仙台の家老との問答位で済んだ会議だが、小藩の人も追々口を聞くやうに成りました。〉（変体仮名は通行の仮名に改め、句読も適宜これを切った。）と、その様子を伝えている。榎本の面目躍如たるものがある。さらに榎本は奥羽越列藩同盟は軍事的に指揮系統があいまいである故に規律に欠ける。事ここに至っては三軍を指揮する総督を選ぶべきであり、それも門閥に依るのではなく技量によってこれを選ぶべきであると主張、土方歳三を推挙したと云う。列藩同盟もこれを承認したが、程なく仙台藩の降伏に伴い列藩同盟も崩壊、その実現に至らなかった。安部井の土方の印象は〈色は

青い方、軀体も亦大ならず、漆のやうな髪を長がう振り乱してある、ざつと云へば一個の美男子と申すべき相貌〉と回想している。さて「南摩綱紀筆記」によれば、この日ブリューネは、会津を救助するは眉を焚くの急なり。速かに兵を出し囲城を救い、陥らざるの策をなし、其の間に大軍を発して大事を成すべしと論じた。羽峰はこれを受けて即夜福島に赴き諸藩士の間を周旋、三日には永岡敬次郎[40]が榎本の出した五十人の兵と共に福島に到着した。しかし米沢兵三百人余が福島に至って降謝を説き、諸藩士は皆米沢人の説に従い同盟軍は解体した。庄内隊頭中村七郎右衛門は、たとえ中途に死するも進撃せんと主張したが、奈何ともなし難く、羽峰は再び仙台城下へ馳せて増兵を議せんと即夜出発した。しかし仙台城中にても既に降謝の議起り、議論沸騰しているさなかであった。

この頃崩れゆく列藩同盟への感慨をうたった永岡敬次郎（久茂）の七絶がある。

独木誰支大廈傾
三州兵馬乱縦横
覊臣空灑包胥涙
落日秋風白石城

独木誰か支えん大廈の傾くを
三州の兵馬乱れて縦横たり
覊臣空しく灑く包胥（ほうしょ）の涙
落日秋風白石城

羽峰の憂憤と焦燥もまた同様であったであろう。かくして九月十四日仙台藩主伊達慶邦は降伏の歎願書を発す。榎本艦隊は北海道に去ることになる。『会津戊辰戦史』によれば、当時仙台に在った会津藩士は、南摩羽峰の他、小野権之丞、永岡敬次郎、大庭恭平、安部井政治、雑賀孫六郎など三十四名である。他方、会津では絶望的な籠城戦がなお続けられていた。羽峰らの焦燥はつのるばかりだが、道路は梗塞、会津に至る能わず、徒らに道路に屍を晒すも笑を残すのみと榎本艦隊に投じ北海道に行く者、陸路庄内へ行く者と半々に決した。「小野権之丞日記」によれば、〈〇十八日　開陽始附属之船々へ不残乗組之儀中入候得共右船ニハ限り有り而不相叶候ニ付庄内行と半々ニ相成候様申談〉云々とその事情を記している。列藩同盟の中でなお独り奮戦している庄内藩に最後の望みを託すためである。榎本艦隊に投じたものも箱館を経て海路庄内へ入ることを企図していた。こうして南摩羽峰は陸路庄内へ向うこととなる。

さて羽峰が会津救援を期して必死の奔走を続けている頃、会津若松では南摩一族の悲惨な殉難が次々と起こっていたのだが、羽峰はまだこれを知らない。

八月二十三日、新政府軍が若松城下に侵入した時、南摩家（甥弥三右衛門綱輝が当主）には、弥三右衛門の母勝子（42歳）、妻房子、弟佐野荘司（21歳）、壽（たもつ）（9歳）、辛（かのと）（4歳）、万之助がいた。房子は前日男の子を産んだばかりで、まだ産褥にあった。荘司は七月二十七日白河の戦で左股に負傷、歩行することができず、家に在って治療していた。新政府軍が城下に迫った時、荘司は家人に対し、皆敵を避けよ、自分は自刃すると言ったが、勝子は荘司一人残してはゆけない、一同ここで自刃しようと言う。荘司はやむなく自分も駕籠で避難するからと従僕らにかつぎ出させた。勝子は壽、辛、万之助を伴い、房子は赤子を懐に入れて屋敷を出たが、既に敵兵が城下に侵入、城中へ入ることが出来ない。方角を変えて西隣の日向家の境に来た時、荘司が駕籠を止めて、水をくれと言う。勝子が行って見ると既に自刃していた。川の水を掬して死水としたと言う。時に荘司二十一歳である。遺骸を諏訪神社の境内に移したが、敵兵が迫ったため、さらに西方の郊外へと遁げた。村人からも新政府軍を憚って宿泊を断わられ、古寺や空家に臥し、飢えて食を得ず、昼は臥し夜は行くという悲惨な逃避行を重ねた。途中、町野源之助の母きと子（47歳）と源之助の妻やよ子（24歳）が、姉ふさ子（31歳）と長男源太郎（3歳）、長女なを子（7歳）を連れて避難してくるのに出会った。きと子は勝子の姉である。共に大沼郡勝方村の寺院に宿していた時、町野家の従僕が来て、鶴ヶ城は陥落、こちらへも敵兵が迫っていると告げた。きと子は敵に辱められるより寧ろ自刃しようと主張。勝子もこれに従い、房子に言うには、弥三右衛門は傷を負って城中にあると聞く。お前は二子を携え行きてこれに従え。家系を絶ってはならないと。房子は共に敵を避けようと言ったが聞き入れられず、壽と辛を伴いたいと頼んだが、これも聞き入れられなかった。やむなく万之助と赤子を伴い涙をぬぐって訣別、城に向った。九月六日のことである。翌七日、南摩、町野両家族は山中に入り、やよ子は源太郎及びなを子を刺し、きと子、ふさ子と共に自刃した。勝子も手ずから壽、辛を刺した後これも自刃した。壽は死に臨み、同じく死ぬのならば敵と戦って死にたい、空しく母の手にかかって死にたくないと主張したが、勝子はこれを諭して死に就かしめたと言う。町野家の従僕からこの事実を聞いた南摩家の従僕が寺僧と共に遺骸を求め寺中に葬ったと言う。城に向って去った房子と二子のその後は詳らかでないが、会津若松天寧寺に〈南摩綱輝前妻小野田氏墓　明治二年四月廿五日歿〉という墓石がある。

悲劇はこれだけにとどまらない。城中では悲惨な籠城戦が続けられ、弥三右衛門（負傷して治療中）、数（砲兵隊士）、節（白虎隊士）兄弟も防戦に努めていた。『会津戊辰戦争』の著者平石弁蔵が、後年新島八重子[41]からの聞き書きとして、次の挿話を収録している。

敵の総攻撃は慶応四年九月十四日の早朝六時に始まり、毎日夕の六時頃迄は、実に凄まじい勢いで砲撃をしました。総攻撃中であったが、南摩綱紀の甥節（通称左近）は暁霧に乗じ、副食物の捜索に城南に出で、南瓜を沢山集めて帰城の途中、南門附近に於て小田山の砲弾のため右大腿骨を粉砕され、人に担がれて来ましたが、腰が立たぬので妾は大き（ママ）石に倚りかゝらせ、草鞋をとり袴を脱がせ手当をしてやりましたが、少しも泣かず又痛いとも言いません。其時櫓の所より見て居た南摩家譜代の従僕が大いに驚き馳せ来り、此惨状を見ると声を放ち泣き出しました。然るに節は此時十五歳でしたが僕に向ひ、「見苦しい泣くな、武士は仕方がないじゃないか。」と、謹厳な元気ある声にて之を戒めてあつた。然し此勇敢な節も出血多量のため遂に死亡しました。

私も此子の元気には感心してあつた。

（『会津戊辰戦争』八章）

また、『会津戊辰戦史』は「若松記[42]」を典拠とし次の如く記している。

白虎隊士南摩節は砲兵隊組頭南摩弥三右衛門綱輝の弟なり。城に在りて防戦に力めたり、弥三右衛門は曩に傷を負ひて城中に治療したるが、節は大に兄の負傷を憂ひ、一食を得る毎に必ず之を贈れり、次兄数は砲兵隊士たりしが、此の日城外に進撃せんとするに当り、節は味噌漬の大根を得て之を贈り、陣中定めて食物に乏しからん故に之を呈すと云へり、既にして弾丸節が腹部を貫き佩ぶる所の双刀も亦砕けて散じたり、傍人其の名を問ひたるに節神色自若として南摩弥三右衛門が弟節なりと言ひ了りて瞑せり、時に年十五。

（『会津戊辰戦史』）

因みに、南摩節綱林の墓石[43]には「明治元年九月十日歿」と刻まれている。

こうした南摩一族の悲劇を知るよしもなく、羽峰は仙台を発って遠く庄内へと向かった。しかし、一ヶ月にわたる籠城の末、会津落城、松平容保父子は妙国寺に謹慎する。九月二十二日のことである。続いて九月二十六日、庄内藩も鼓鼙（こへい）を斂めて開城する。「南摩綱紀筆記」によれば、〈藩士本田安之助来リ曰、今夜中、城南二里余ノ丸岡村ニ避ケヨト、我藩諸子皆之ニ従フ、廿七日、八之丞丸岡村ニ至リ諸子ト共ニ天澤寺ニ寓ス〉とある。羽峰は佐久間平助、水野又四郎と共に天澤寺に寓し、他の会津藩士も村の肝煎宅や寺院に入った。酒田参謀局より会津藩士に帰国謹慎の命が届くのは十二月十三日である。十六日庄内城下を発し、新発田を経て会津若松に着いたのは明治元年も押し迫った十二月二十八日であった。その夜のうちに塩川に護送せられ幽閉の身となる。明けて明治二年正月十三日、再び護送されて塩川を発し、越後高田藩に錮せられることとなる。時に南摩羽峰四十七歳である。

土屋鳳洲からその詩境殆ど杜甫に迫るとまで評された[44]「乱後客中雑詩」をはじめとする数々の詩篇は、庄内天澤寺に在った時から生み出される。〈道路梗塞、郷信不通、仰念君、俯懐妻孥、腸断魂銷[45]〉という状況の中で、羽峰の詩魂は頂点に達し初めて口を衝いたと言うべきである。自ら〝残生を愧づ〟と言い〝寄食天涯亦厚顔〟と評し、惨憺たる亡国の悲しみがうたわれる。漸く羽峰の文業に触れ得るところまで辿り着いたが、もはや続稿に譲る他はない。今は〝途上〟と題する七律のみをかかげておく。塩川から護送される途上の一詩である。

国亡家破不禁情
也載南冠向北行
白日在天無片照
丹心報主有公評
風雲惨澹束松嶺
雨雪依稀棲鶴城
重拝先塋定何日
幾回回首哭呑声

国亡び家破れて情に禁(た)へず
また南冠を戴きて北に向ひて行く
白日天に在りて片照なく
丹心主に報ずる公評有り
風雲惨澹たり束松嶺
雨雪依稀たり棲鶴城
重ねて先塋を拝するは何れの日ぞ
幾回か首を回(めぐ)らし哭して声を呑む

【注】

(1)　長男とする説もあるが『在臆話記』に〈サテ午橋モ羽峰モ古渓モ吾ト同一冷飯ナリ鼾笠(スネカジリ)ナリ〉とか〈午橋四十余ニテ聖堂退寮、儒員ニ擢(あ)テラル藩法士人ノ次三男文武二芸ニ秀出シタル者始メテ抜擢一家ヲ為ス、南摩秋月モ冷飯ナレハ皆四十以上始メテ抜擢、但游学中ハ学資ヲ給ス、此レ何レノ藩モ同様ナルニ四十迄游学ハ他藩ニナシ〉とあり、長男ではないことが確認される。

※〔追記〕『在臆話記』は、本稿執筆の前年に当たる昭和55年に中央公論社より『随筆百花苑』第一、二巻に飜刻されていたが、執筆中はそれに気付かなかった。したがって、本稿の引用は稿本から直接引用したものである。

(2)「戊辰若松城下明細図」によれば、本一ノ丁の通りに面して、〝三百石南摩弥三右衛門〟の屋敷がある。両隣は日向内記（七百石）と高橋豊次郎（百石）である。因みに弥三右衛門綱輝は羽峰の甥。彼が南摩家を嗣いだものと見られる。

(3) 古賀謹堂、茶渓とも号す。父は侗庵である。

(4)『在臆話記』に〈舎長助勤ヨリ詩文掛ヲ栄選ト為ス、其訳ハ経史ノ学ハ人々勉メテ至ルヘキモ詩文ノミハ天才アル者ニ非サレハ能ス可ラサレハナリ。故ニ四十員中最俊秀ヲ擢テ詩文掛ト為ス〉とある。

(5) 原伍軒である。『書生寮姓名簿』には〈嘉永六入、安政二卯退、水戸殿、古賀門　原任蔵〉とある。市之進とも言う。藤田東湖の甥である。

(6)「書生時代の修学状態」と題する講演筆記。明治40年4月28日東京高等商業学校講堂でおこなわれた。孔子祭典会主催。同会々報第一号別冊収載。

(7) 杉田玄白の孫。安政6年四十三才で没。本邦最初の聴診器使用者でもある。

(8) 緒方研堂。緒方洪庵の適塾を助け、兄弟の約をなす。後北久太郎町に塾を開き、洪庵と共に南北緒方と称された。

(9) 天保元年生。後の明六社同人。地租改正の建言者としても有名。因みに神田は杉田塾の同学で、神田に師事したというのは岡の記憶違いである。

(10) 羽峰の遺稿集『環碧楼遺稿』（全五巻・明治45年3月・南摩綱夫発行）に収載の「南摩羽峯先生伝」。

(11) 昭和54年3月刊。中嶋芳正氏から教示を得た。

(12)『伝記』第二輯（昭和54年3月）三古会発行。
(13) 南摩羽峰撰文の秋月韋軒墓碑銘（在青山墓地）に〈慶応元年転蝦地代官、挙家移舎利、乃設漁場闢草萊、居一年藩命赴京、時厳寒積雪裂肌堕指、人或勧緩行期、子錫不肯曰事急豈臣子安逸之日邪、十二月発程備嘗難苦、明年三月達京師〉云々とある。
(14) 明治44年11月刊。非売品。発行者　沼澤七郎・黒河内良。
(15) 昭和14年12月、岩波書店刊。
(16) 明治37年4月、啓成社刊。同書には南摩綱紀の序文がある。
(17) 大正14年3月、政教社刊。
(18) 昭和55年2月、新人物往来社列。
(19) 明治31年8月の「序」の後に「かきすてしもじのあと〳〵見かへればうつつのゆめをふむかとぞおもふ」の一首が添えられている。
(20)『会津戦争のすべて』（前出、注18に同じ）所収、「会津藩の記録者たち」（早川喜代次）による。
(21) 明治29年7月11日午後3時よりなされた南摩綱紀談話。「史談会速記録」第61輯として、明治30年10月13日発行。
(22) 幕末から明治に至る五十冊余の日記が無窮会図書館に所蔵されている。他にも南摩羽峰との交友を記した部分があるが省略。※『学海日録』が岩波書店から刊行されたのは一九九〇年からで、本稿執筆時の八年後に当たる。したがって本稿の引用は無窮会図書館蔵の原本から直接引用したものである。
(23) 青厓国分高胤監修・小谷保太郎編『観樹将軍回顧録』（前出、注17）に、「今日会津を捨て置くと、順逆が立たぬと云ふことになるんだ。実は乃公は会津の屋敷に往つて、色々事実を調べたが、先帝の御宸翰が大分ある。此れを拝読して見ると、ハッキリとは分らぬが、兎に角会津が最後に至るまで、一糸乱れずに奮闘したことは、何うも此御宸翰が本になつて居るやうに思はれる。若し今日斯う云ふ御宸翰が表面に出ると、変なことにはなりはせぬか。忌憚なく申せば、先帝の御存世が続いたならば、御維新は出来なかつた。これは明らかな事実だ。強いて言へば、陛下の御孝道如何と云ふことになりはせぬかと思ふ。此れを会津が出さぬと云ふことは幸ひだが、若し出したら如何にするか。」などとある。

(24) 花見朔巳編『男爵山川先生伝』（昭和14年12月、男爵山川先生記念会発行）に「南摩綱紀（羽峰）翁が維新後間もなく淀藩の招聘に応じて赴任し、尋で京都府に勤務せられた折、京都大槌屋に於て入手せられたものがあつて、後之を松平家に献上せられた。是は実に当時の会津藩の立場を最も端的に示すに足る屈竟の史料である。」とあり、羽峰の発見した史料が『京都守護職始末』にも吸収されたことがわかる。

(25) 昭和56年2月、筑摩書房刊。現在第二部まで全五冊が刊行。

(26) 朝彦親王。青蓮院宮、尹宮、賀陽宮とも称す。中川宮に関しては、長文連『皇位への野望』（昭和55年5月、図書新聞社）、広瀬仁紀『青蓮院の獅子』（昭和52年11月、學藝書林）などを参照した。

(27) 東京大学史料編纂所編纂『復古記』第十二冊～第十四冊（昭和五年）に断片的に「南摩綱紀筆記」が引用されている。原本は維新後書かれたものと思われるが詳かにしない。

(28) 昭和8年8月　会津戊辰戦史編纂会発行。

(29) 『会津戊辰戦争　増補白虎隊娘子軍高齢者之健闘』大正6年5月、丸八商店出版部刊。

(30) 明治元年6月～11月と明治2年2月～12月の日記。日本史籍協会叢書の『維新日乗纂輯』(四)に所収。原本は関東大震災で焼失したと言う。

(31) 安藤英男『河井継之助』（昭和48年4月、新人物往来社）より引用。出典は（もと漢文『追遠録』）とある。『追遠録』は〃一名下野紀行〃とある如く漢文による紀行文。明治18年8月刊。岸田貢次郎発行。

(32) 渋沢栄一編。大正7年1月刊。全八冊。渋沢編『昔夢会筆記』（大正4年4月）にも慶喜自身の回想がある。

(33) 『会津戊辰戦史』（前出）より引用。

(34) 王政復古後も抗戦を主張。会津に亡命、三好寛介という変名を使い奥羽列藩同盟にも加担、箱館戦争にまで参加して新政府軍に対抗した。

(35) 藩主酒井忠惇は老中首座。鳥羽伏見戦後慶喜に随従して江戸へ遁げた。
(36) 新潟に於けるスネル兄弟に関しては、「史談会速記録」第91輯に会津藩士柴太一郎による談話がある。(明治33年4月14日談)
(37) 羽峰の遺稿集『環碧楼遺稿』に収録された。土屋鳳洲撰文。
(38) 「小野権之丞日記」に〈榎本氏遺所之援兵五十人渋沢精一郎総括ニ而著〉とある。渋沢は成一郎（喜作）。栄一の従兄。
(39) 「史談会速記録」第1輯（明治25年9月刊）談話は同年7月11日。
(40) 永岡久茂。磐湖と号す。昌平黌にも学び、維新後斗南藩少参事となるが、明治九年、前原一誠や奥平謙輔らの〝萩の乱〟に呼応、所謂〝思案橋事件〟を起こし、重傷を負い、間もなく獄死。
(41) 山本覚馬の妹。新島襄夫人。なお山本覚馬の伝記としては青山霞村著『山本覚馬』（昭和3年12月、同志社刊）がある。
(42) 平石弁蔵『会津戊辰戦争』の参考書類の中に〝「若松記」南摩綱紀所蔵〟とある。原本未詳。
(43) 梁島恵一氏主宰『郷史興隆』（昭和57年度版・登戸郷土史研究会）は、南摩一族の墓碑の丹念な掃苔記録である。参考にさせていただいた。
(44) 「南摩羽峯先生伝」（前出注37）
(45) 〝雑感〟と題する七律の前書『環碧楼遺稿』（前出）所収。

【附記】

本稿を成すにあたり、鹿沼市立図書館、広厳寺、大貫哲良氏にお世話になった。大貫家は旧南摩城時代の南摩家家老を勤めた。広厳寺は南摩家菩提寺である。記して謝意を表したい。

〈戊辰戦争前後の南摩一族系図〉

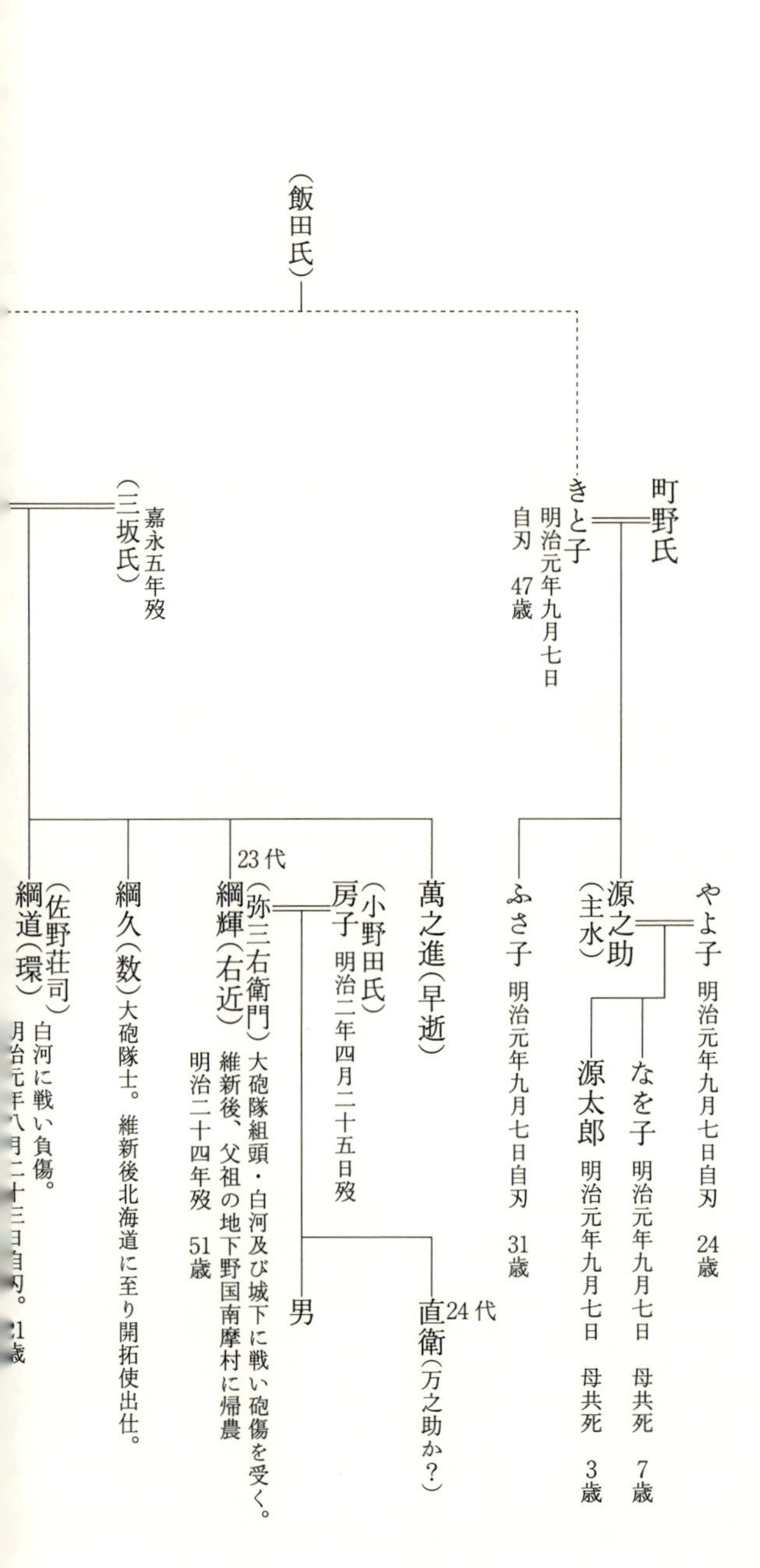

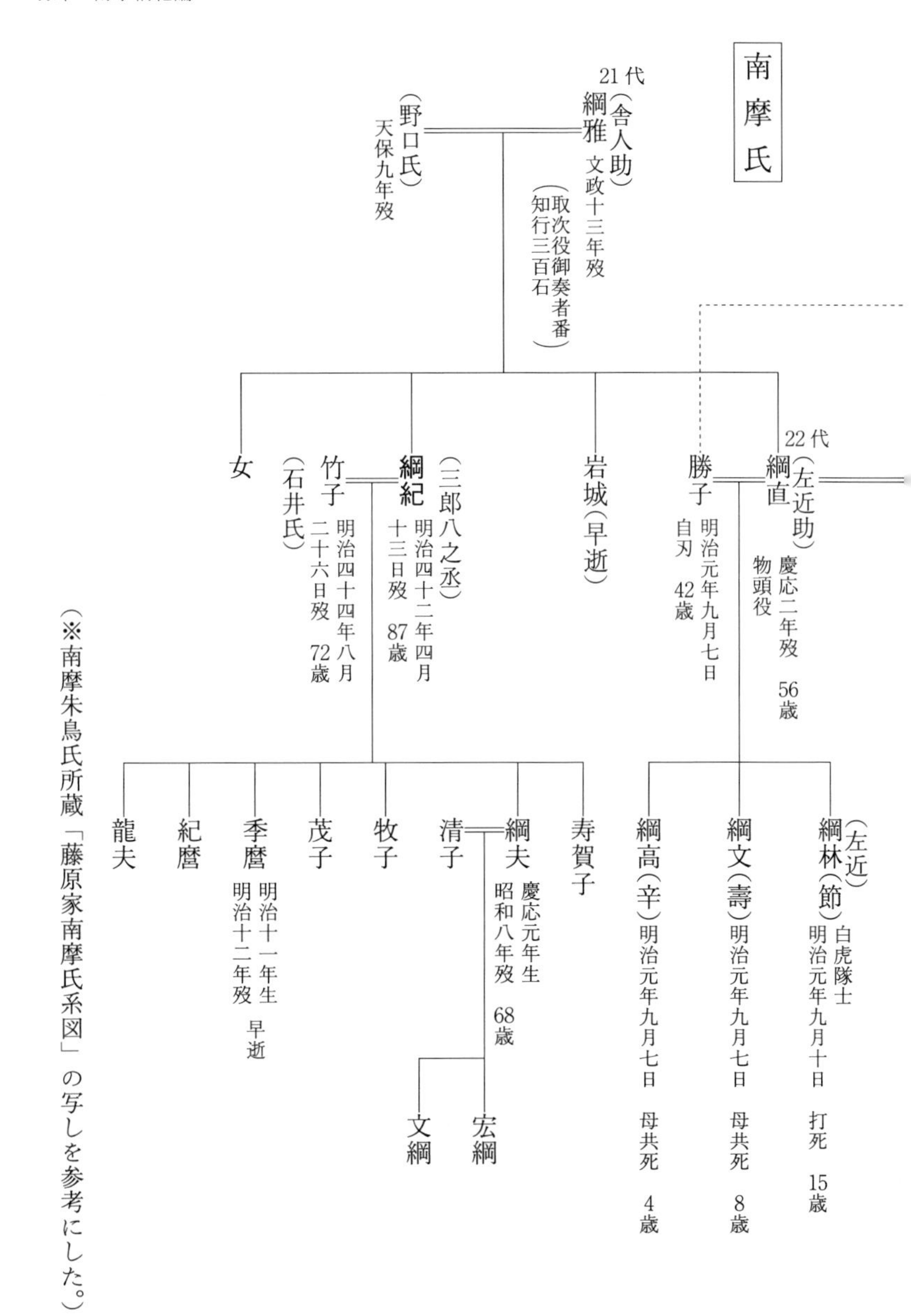

（※南摩朱鳥氏所蔵「藤原家南摩氏系図」の写しを参考にした。）

二　幕末維新期の南摩羽峰

はじめに

明治十六、七年頃のことと思われる。小石川の路上で時々南摩羽峰等を見かけた一人の幼児が、はるか後にその印象を日記に書き残している。後年の荷風散人永井壮吉である。即ち昭和二年正月六日の項に言う。〈竊(ひそか)に余が幼時のことを回想するに、礫川の街上に於て余は屢芳野世経中村敬宇南摩羽峰等諸先生を見しことあり、余は猶文字を知らざる程の年齢なりしかど敬虔の情自ら湧来るを覚え首を垂れて路傍に直立するを常とせり。〉と。この日、荷風は敬愛する成島柳北の「硯北日録」を漸く写し終え、薄暮銀座へ赴く途上、一群の児童から一斉に嘲罵された。〈其状さながら狂人或は乞食の来るを見て嘲罵するものと異る所なし。〉と怒りを押えかねて記している。幼時に見かけた羽峰等を想起した所以である。学識徳望共に往時の「諸先生」に及ばぬにしても、苟も文筆に従事するの士に対して、かかるガキ共の所業は何事かというわけである。続けて荷風は、文教の廃頽救うべからざることを歎き、父兄の罪か国家教育の罪かは知らぬが、自分に子孫の無いことを喜ばざるを得ないと、ほとんど呪咀に近い言葉を吐き出している。この夜、銀座風月堂で一人黙々と食事を終え、帰途例の如くカフェー・タイガーに立ち寄って酒杯を傾けた荷風の苦々しい想いと孤独感は日記の行間に滲み出している。荷風の慨歎はさておき、自ずと「敬虔の情」を喚起させられたという「諸先生」の一人南摩羽峰の当時の風貌はどのようなものであったのか。因みに荷風の外祖父鷲津毅堂は昌平黌書生寮に於て羽峰と同窓であり、禾原（かげん）と号した父永井久一郎も羽峰と交流があった。幼時の荷風が羽峰を見知っていたとしても不思議ではない。

＊

南摩羽峰が八年にわたる江戸昌平坂学問所での遊学を終え、さらに三年に及ぶ西国遊歴を終えて会津に帰国する途上、白河の関を越えた感慨を詠んだ七絶がある。安政四年（一八五七）秋、時に羽峰三十五歳である。

白河路上

京城花月鎮西山
三歳遊蹤一夢間
今日帰来無限感
秋風独度白河関

京城の花月　鎮西の山
三歳の遊蹤　一夢の間
今日帰り来り無限の感
秋風独り度（わた）る白河の関

意味は明らかだろう。十一年を経て郷国会津のある奥羽路の入口に立った羽峰の感慨は想像に難くない。だがこの白河の地はその後の羽峰にさらに重い記憶を刻印することとなる。この時からほぼ十年の後、戊辰の内乱が勃発、東北戦争の序曲として奥羽の関門とも言うべき白河城は激しい攻防戦にさらされることとなる。そして羽峰自身もその渦中に立たされるに至るのだが、この時は未だそれを知るよしもない。さらに会津落城を含む熾烈な奥羽戦争の後、生き残った自らを次の如く詠じた時、羽峰は遠く庄内の地に在った。「乱後客中雑詩」と題する連作の一つである。

地崩天墜国家傾　　地崩れ天墜ち国家傾く
夢裏聞来醒更驚　　夢裏聞き来り醒めて更に驚く
鬼哭腥風吹曠野　　鬼哭し　腥風曠野を吹き
孤啼残月照空城　　孤啼き　残月空城を照らす
鉄心已逐東流砕　　鉄心已に東流を逐うて砕け
剣気徒衝北斗横　　剣気徒らに北斗を衝いて横はる
傲骨未枯余一死　　傲骨未だ枯れず　一死を余す
山河有異愧残生　　山河異なる有り　残生を愧づ

国破れて死ぬことを得ず、故郷の山河すら望むことを得ない〝亡国の遺臣〟のかなしみは〈残生を愧づ〉という結語にあざやかである。この時羽峰は既に四十六歳である。残生を恥ずる身に、この後さらに四十一年にも及ぶ余生が待ち受けていることなど、まして知るよしもない。ともかく、こうして羽峰は明治元年という年を兵馬の間に生き、賊軍の汚名を着て虜囚の身として終えたのである。

　さて冒頭の挿話に立ち戻れば、幼い永井壮吉が路上でしばしば羽峰を見かけた頃に当たる明治十七年五月、白河の地に一基の銷魂碑が建立された。白河城攻防戦に死した三百五十一名の会津藩士を弔ずるためである。この時、羽峰は請われてその碑文を撰している。

吁嗟綱紀与此諸士　嘗同生而不能同死　今又列朝臣之後　豈能無愧於心　為者何忍銘文　雖然銘則顕不銘則晦

銘之或足以酬死者　乃揮涙銘之曰（後略）

生き残り一人新政府に仕えることの負い目の意識はなお消え難い。かつて白河口の攻防戦に於て、生を同じうして死を同じうするあたわざりし自分が、今生きて朝臣に列してあることを恥とする意識に耐えつつ、明治という時代を生きている羽峰の姿がある。旧幕臣成島柳北の如く、自らを無用の人となし、洒脱な中に新時代への痛烈な諷刺の矢を放つのでもなく、世代は異なるが、厭世と現実嫌悪の中に江戸文明の余光を追い求めた荷風とも異なり、こうした恥の意識を内包しつつ一見謹直温厚な漢学者として明治を生きたかに見える南摩羽峰の生の軌跡もまた興味深い。

既に前章「羽峰・南摩綱紀論」に於て幕末期に至る羽峰の事歴を論じたが、明治期に入る前にいくつかの補足をしておきたい。

一

かつて岡鹿門（千仞）の『在臆話記』(1)稿本を閲読した折、次の記述に目を止め、ノートに抄出しておいたが前章では触れるに至らなかった。しかし、羽峰の人間関係を通して若き日の思想形成を知る上で興味深い事実と思われるので、あらためてここに触れておきたい。

吾、在聖堂ノ時寅二（ママ）郎奥羽游ヨリ帰リタルトテ南摩羽峰ヲ訪来ルニ、吾、望テ其偉丈夫タルヲ知ル。（第三集巻九）

聖堂は言う迄もなく昌平坂学問所であり、寅二郎（ママ）（寅次郎）は吉田松陰である。松陰があえて脱藩の罪を犯して東北遊歴から江戸に戻り、鳥山新三郎宅に投じたのは嘉永五年四月五日のことである。この直後に昌平黌書生寮に羽峰を訪ねたらしい。だがどのような訪問であったのか。羽峰はもとより鹿門もこれ以上語ってはいない。松陰は東北遊歴中、会津に於て井深茂松・高津平蔵・馬島瑞園（ずいえん）等と交わり、井深・馬島に贈った詩が『東北遊日記』にも録されている。因みに松陰が井深に贈った詩は後に高嶺秀夫の蔵するところとなり、維新後高嶺は羽峰にその詩幅(2)の跋を請うている。羽峰に「吉田松陰詩幅跋」なる一文がある所以である。

嗚呼松陰誅。象山下獄。与幕府仆。王政復古。皆余所目撃。今観此幅。回顧当時。有不勝感慨者。因跋一語云。

こうした跋文にも往時を知る者の感慨は窺われるにしても、直接松陰との交友に関しては語ってはいない。松陰が会津で最初に訪問した人物は井深蔵人であり、この時既に没していた。紹介はかつて会津に行ったこともある練兵館斎藤弥九郎(3)の長男新太郎であったという。そうとすれば、こうした人脈形成から見て東北遊歴以前に羽峰と相識っていた可能性は少ない。逆に井深等からの紹介で江戸に在った羽峰を訪ねたのではなかろうか。いずれにしても、羽峰と松陰の邂逅はこの時を限りとして相別れたと推測された。前章に於てこれに触れなかった所以である。しかし思いがけない人物を軸として二人はその後も互いに人生を交錯させている。北方探険家として名高い松浦武四郎である。断片的ではあるが、武四郎には日記体の『自筆松浦武四郎自伝(4)』が残されている。その中に二人の名が散見される。

○嘉永七年一月
三日。　此比時々吉田寅次郎、木原雄治（ママ）、児島七五郎、南摩三郎なる者時々来らる。又高橋三平ぬしもしば〳〵来る。
十七日。朝南摩、秋月、大金、鷲津等来りぬ。
十八日。鳥山、小沢、児玉、大沼、鷲津、南摩、吉田来る。

羽峰、松陰の他、右に名の見える中、木原、児島、高橋、秋月、鷲津等は孰れも昌平黌書生寮に在った人物である。『書生寮姓名簿』(5)を閲するに、木原（雄吉であろう。号老谷）は嘉永三年入同七年退、児島七五郎は嘉永元年入同六年退、高橋三平（祐次郎、美玉三平であろう）は嘉永四年入同六年退、秋月（悌次郎であろう。号韋軒）は弘化三年入安政退（ママ）、鷲津（郁太郎であろう。号毅堂）は弘化二年入嘉永元年退と知られる。他に小沢は友之助（弘化四年入安政五年退）とも見られるが断言し難い。以上は既に退寮していた者も含め孰れも昌平黌書生寮を軸として形成された交友関係と見られる。他の鳥山は新三郎、大沼は又三郎（下田奉行手附）であろう。詩人大沼枕山の従弟。鷲津郁太郎は甥である。因みに羽峰は弘化四年(6)に書生寮に入り、安政元年八月二十四日に退寮している。

さて、羽峰や松陰等が頻繁に松浦武四郎を訪うた嘉永七年（一八五四）一月は、前年六月に続き二度目のペリー艦隊が来航した時と重なる。羽峰は前年のペリー来航に際し、徴されて房州竹岡台場警備(7)に出陣しているが、松陰は既に松浦を訪問(8)、面晤を得ている。他方『有隣舎と其学徒』(9)によれば『毅堂丙集詩稿』の評注に〈北海曰、癸丑之夏、余同吉田松陰訪翁、翁識松陰是為始〉とある。北海は松浦の号、翁は毅堂、癸丑が嘉永六年であることは言う迄もない。とすれば、鷲津毅堂も前年には松浦を介して松陰と相識となり、共に画策することがあったと見られる。こうした事実から判断すれば、羽峰と松陰は既に嘉永五年に面晤を得ているゆえに、松陰の交際圏は羽峰、毅堂を通じて書生寮の諸士に拡大し、羽峰等も、松陰や毅堂を軸に松浦武四郎と相識ったらしい。当時松浦武四郎は下谷竹町の矢部金三郎の長屋に一間を借り、六畳の畳を敷き並べ、机一つに手行李、土鍋一つで暮らしていた。しかしペリー来航を機に海防問題の専門家として俄かに注目を浴び、藤田東湖、藤森弘庵（天山）等とも親交を結んだ一個の志士的存在でもあった。羽峰や松陰等の度重なる訪問もペリー来航を機に緊迫する海防問題を論ずるためであったことは想像に難くない。松陰が下田踏海の挙に出たのもやがて安政と改元されるこの年三月のことである。熱情的行動家吉田松陰に比して、羽峰のこの頃の思想的位相はどのようなものであったのか。この年の作として次の一詩がある。

長大息行

米使至浦賀　魯人長崎及北蝦　故有此作

仰天長大息　天を仰ぎて長大息す
白日何黯黒　白日何ぞ黯黒なる
俯地長大息　地に俯して長大息す
江山無顔色　江山顔色なし
心遠憂自遠　心遠ければ憂ひも自ら遠し
坐臥席常仄　坐臥　席常に仄く（かたぶ）
朣塵飛崎西　朣塵　崎西に飛び
狂瀾起蝦北　狂瀾　蝦北に起る

憩糖而及米　　糖を憩りて米に及び
駸駸来相逼　　駸々として来り相逼る
魯人計不魯　　魯人　計　魯ならず
墨使心如墨　　墨使　心　墨の如し
茫茫天地裏　　茫々たる天地の裏
接武鬼更蜮　　武を接す　鬼　更に蜮
豊公不可起　　豊公起すべからず
誰続弘安策　　誰か弘安の策を続ぐものぞ
空以華山涙　　空しく華山の涙を以て
灑向子平臆　　灑ぎて子平の臆に向ふ

土屋鳳洲は、これを〈憂思難忘　発為大息　自然動人〉[10]と評しているが、外圧の衝撃に対する憂悶と危機感は推察するに難くない。しかし、この詩の中に見られる攘夷的発想を単なる排外主義と見なすことは正確ではない。既に前章に於ても触れたが、同じ年の作と見られる「除夜有感」と題する詩の「序」に言う。〈余学茗釁数年。今茲甲寅、米使至浦賀、魯人至長崎、朝野頗有戒心、余謂外国日開、政教日新、我藩独守旧株、難以立于也、故傍学洋書〉（傍点小林）云々と。前年ペリー来航に際し、徴されて会津藩兵と共に房総竹岡台場に出陣した羽峰は、初めて黒船を目のあたりにし海防問題に目覚めたと見られる。同時に松浦武四郎や吉田松陰等との交友の中で、西洋文明との圧倒的落差に衝撃を受け、書生寮の友人達が攘夷論に熱狂し、俄かに武道に熱中し始めた中で、洋学を学び始めたのである。そして聖賢の書を講ずる聖堂に於いて蟹行の書を学ぶ異端的存在として反目の的となり、校内での洋書翻読を禁止されるに至ったことも前章で記した。偏狭な攘夷論と次元を異にすることは明瞭である。先の「除夜有感」に於て洋学を学ぶ意図を〈明我暗彼無全勝〉と述べ、〈学而不溺世所貴。楚材晋用誰昔然。嗟夫世間幾人眼如炬。皆言戎是狗鼠。愁絶半夜眠不得。自剔寒燈与影語〉と記す。徒らに外国を〝狗鼠〟の如く見なして排斥するのではなく、昔楚国の長所を敵国晋が採り入れた例を引き、西欧の長所を学び自らの暗きを明らかならしむることによって侵略を防ぎ自立せんとする意図が窺われる。既に片岡啓治に秀れた攘夷論の考察[11]があるが、羽峰のこうした位相は氏の言う〈攘夷のための開国〉と言えるだろう。そうした意味では松陰の位相に近いとも言える。だが、松陰は下田踏海に失敗、獄中の人となり、羽峰は昌平黌書生寮を退き、やがて西国遊歴に出発する。この間、羽峰が洋学を学んだのは杉田成卿[12]・石井密太郎[13]、緒方研堂[14]（郁蔵）等である。このように吉田松陰、松浦武四郎等との交友を通して、羽峰に洋学への目が開かれたことは注目に価するが、北方探険家としての松浦との交友は、後に羽峰が樺太警備を経て六年にわたる蝦夷地代官に転じた折、大いに稗益するものがあったことも想像に難くない。因みに安政五年、松浦が樺太から蝦夷地の踏査を終えて江戸に戻る途中、仙台で羽峰と再会していることが松浦の日記に見える。文久二年から蝦夷地に渡る羽峰にとって何か因縁めいたものが感じられる。ともかく先に引用した「吉田松陰詩幅抜」中の〈回顧当時。有不勝感慨者〉の一句には背後に羽峰のこのような記憶が込められていたのである。

二

羽峰が蝦夷地代官より転じて京都藩邸学職として京師に上ったのが慶応三年八月、年が改まるや早々に所謂鳥羽伏見の戦が勃発している。この間わずか半年に満たない。とすれば、緊迫した情況の渦中に在って、藩邸学識として上洛した羽峰はその職務を充分に果たす暇もなく、激動する政局に巻き込まれた筈である。それ故前章に於て、昌平黌在学八年、諸国遊歴三年という経歴から見て、諸藩に対する知見知友の広さを買われ、親友秋月悌次郎と同じく公用方的役割を兼ねていたのではないかと記した。『会津戊辰戦史』(15)も〈南摩八之丞、綱紀公用方か〉と記している所以である。こうした推測は現在も変らないが、学識としての羽峰の一端を窺うに足る資料がある。田崎哲郎の『在村の蘭学』(16)に収録された吉田藩（三河）「春田道之助手記」がそれである。その冒頭に意外にも羽峰の名が見える。

慶応三年十一月、藩主大阪（ママ）御城代ノ役ニ就カレ、藩主始下臣百余名、幕府ノ軍艦翔鶴丸ニ投乗、品海ヲ解纜ス。予ハ京都南摩先生ノ門ニ入学ヲ志シ、兄ノ従僕ノ名ニテ随従ス。同一ノ目的ヲ以テ同行ノ少年、村雨吉三郎アリ。姻戚ノ間柄ナルカ故ニ、常ニ相提携ス。（以下略。傍点引用者）

吉田藩主大河内信吉（ひさ）が大坂城代に任ぜられたのは、文久二年から慶応元年迄であり、これは春田の錯覚であるが、この時速かに大坂に上り将軍を保護せよとの幕命に接し、急拠幕艦翔鶴丸に臣下と共に投乗、海路大坂に赴いたのである。この艦に春田道之助と村雨吉三郎が京都の南摩羽峰の門に入学を志し便乗したことが窺われる。時に春田十五歳、村雨十九歳の少年であった。手記によれば、途中暴風雨に防げられ、大坂天保山に到着したのは実に十二月十一日夜のことであった。〈廿九日、大阪城京橋口ノ役宅ニ仮寓、京都ヲ鶴首ツ（ママ）〉とあり、入門を待ち望んでいる。しかし〈其年モ早ク過キ慶応四年一月ヲ迎フ、市ノ内外殺気立チ何トナク騒々シ。〉と記された如く、一月三日鳥羽伏見の戦端が開かれる。幕軍は緒戦に敗れ、徳川慶喜はわずかの側近と共に夜陰にまぎれ大坂城を脱出、天保山より軍艦に投じ江戸へ帰った。〈我カ藩ハ京橋口ノ警護ニ当タリタレトモ、幕兵瓦解、再戦ノ勇気ナシ。諸藩協議ノ結果、遂ニ翌七日夕刻大阪城ヲ引揚グ。〉と春田の手記は記す。幕軍の惨憺たる敗走が始まる。この時羽峰もまた会津藩兵と共に大坂に在ったことは既に記した如くである。

このように幕府崩壊という政変に防げられ、結果的に実現に至らなかったとは言え、他藩の書生が羽峰のもとに入門を志した事実は興味深い。彼等が奈何なる経緯で上洛間もない羽峰への入門を志したかは詳らかではないが、羽峰がこの年八月京師に上り学を講じていたことが他藩士にまで知られていたことは明瞭である。この時羽峰が蘭学漢学孰れを講じていたかは必ずしもこれを明らかにしないが、春田道之助が洋学書生であった事実から推測すれば、蘭学者としての羽峰に入門を希望したものと見られる。青山霞村『山本覚馬』[17]によれば、元治元年京に上った会津藩砲術師範山本覚馬の建議により、会津藩に洋学所が設置され、当初英学は横山謙助、蘭学は蘭医栗原唯一が担当し、他藩士にも門戸が開かれていたと言う。山本とはかつて羽峰が建議して会津に西洋学館が設置された折、共に固陋な周囲の反目に抗して洋学を講じた仲である。そうとすれば、この時も京の会津藩洋学所で蘭学を講じたと見るのが自然であろう。あるいは別に漢学も講じていたかも知れぬが、孰れにしても公務の傍らこうした講義が数ヶ月は続けられたものと見られる。明治期以降謹直な漢学者として終始したかに見える羽峰の洋学者としての一面を窺うに足る資料であろう。因みに羽峰への入門を果せなかった春田、村雨の二人は敗走する幕軍と共に山中の逃避行を重ね、伊勢から海路吉田に逃れ、さらに江戸に帰り脱藩して彰義隊に加っている。田崎氏によれば、その後の春田は貢進生として官僚畑を歩み、村雨は三河地方の自由民権運動に投じたと言う。

幕軍敗走後の羽峰の動向に関しては前章に触れたので繰り返さないが、新たに目に触れた紀伊での足跡を補足しておきたい。『和歌山県串本町誌』[18]中に〝会桑の戦士通過〟として、鳥羽伏見の戦の後〈其敗走の将士等帰東の途当地に立寄り各家に分宿した。中には重、軽傷を負ふてゐるものもあれば、血醒い戎衣を纏ふたのもある。血刀を竹筒に挿してゐるのもあつた。其の光景殺気漲り浦人は皆戦慄恐怖した。所が戦士等は尚官軍の追撃をおそれて十幾艘のイサバ船を雇ひそれに分乗して近きは志州的矢浦(まとやうら)、遠きは三州吉田までも落ち延びたといふことであつた。〉

と述べ、次の資料を紹介している。

于時慶応四年戊辰正月西京伏見之合戦ニテ会津様御家来御留守方大野英馬様南摩八之亟様右御両人同月十九日昼九ツ時頃ニ梅田屋長兵衛発袋浦ヨリ同道ニテ参リ我家ニテ宿ス同廿四日迄滞留ニ相成リ其節南摩八之亟様此書御認メ置被下候事同廿二日廿三日六七百人モ当浦へ追々参リ同廿四日船ニテ三州吉田迄被参候事

即ち大正期に『串本町誌』編纂に際し、同町神田安松家に所蔵されていた羽峰の書に関する同家の記録である。負傷兵を含む幕兵の撤退に尽力していた羽峰の足跡が知られて興味深い。土屋鳳洲によれば〈明治元年正月三日伏見鳥羽の戦起り、東兵敗る。羽峰命を受けて、大阪に潜匿し竊に形勢を観る。時に官軍街衢(がいく)を塡め、譏察(きさつ)極めて厳しく、羽峰身を容るゝ地なし。航して姫路に赴く。亦入るを得ず。乃ち漁舟を傭(やと)うて淡路紀伊の間に漂泊し、幸ひにして脱るゝを得、東海道を経て三月会津に達す。[19]〉（原漢文）とある。この時羽峰は藩兵の送還に携わる傍ら、残留諜報の任務を託されていた。幕兵始め会桑の敗兵が和歌山に落ち延びて来たのは一月八日からと伝えられるが、そうとすれば、これは最終的な送還であったと思われる。羽峰が江戸和田倉の会津藩邸に帰着し、藩主松平容保に京摂の情況を報告したのは二月十六日早朝のことである。この時、徳川慶喜から江戸退去を命ぜられた容保は正に会津に発とうとしていた時である。この後羽峰はしばらく江戸に残り、新政府軍への対策を講ずるが、間もなく帰国する。やがて戊辰の内乱が東北に及び、羽峰は東奔西走つぶさに辛酸を嘗めるに至ることは前章で記した如くである。

さて、この後明治初年代の羽峰に関してもいささか触れておきたい。

三

『明治十三家詩文』なる刊本がある。今下巻を欠くゆえに刊行年月を詳らかにしないが、〝卬須社〟なる文会から刊行されたものと見られる。羽峰の他、山田楳東、岡本黄石、菊池三溪、頼支峰、石津灌園等十三家の詩文を集めたものである。孰れも〝寓京師〟もしくは〝住京師〟とあるところから判断すれば、当時京に在った文人により結成された文会と思われる。菊池三溪が京都に居を定めたのが明治七年、他方羽峰が京都府学職から転じて正院十等出仕として「官員録」の末端に名を連ねたのも明治七年である。さらに卬須社の一人石津灌園の『近事紀略』[20]に序を寄せた羽峰は、〈明治七年甲戌第二月二十八日識于西京環碧楼　南摩綱紀〉と記している。とすれば『明治十三家詩文』の刊行も明治七年と見るのが妥当だろう。遅くともこの年二月迄は京師に在ったことは確実である。〝卬須社約言〟によれば毎月七日を以て定期的に文会が開催されたものらしい。羽峰の詩文は戊辰戦争時の旧作を含め、文四篇詩十六首が採録されている。この中に『環碧楼遺稿』（全五巻）に未収の「帰農吟」と題する七律がある。

帰農吟

大刀買牛小刀犢　　大刀は牛を買ひ小刀は犢
火耕水耨相追逐　　火耕水耨相追逐す
人間富貴果何物　　人間富貴果して何物ぞ
二頃於我衣食足　　二頃我に於て衣食足る
昨夜渓南雨一犁　　昨夜渓南に雨一犁

布穀声中春田緑　　布穀の声中春田緑なり

「犢」は子牛、「頃」は田の広さ、「布穀」はフフドリ（カッコウの古名）である。刀を捨て富貴を望まず、わずかの田を耕して自足する田園の静かな隠棲を詠じたこの七律は何時頃の心境であろうか。

＊　＊　＊

戊辰の内乱の後、越後高田藩に錮され浄土真宗本誓寺に在った羽峰は〈余輩幽于后越高田也。我両公在東京。親族則会津。千里隔絶。俯仰銷魂。情感切内、而発詩。〉と「闘詩巻序」（高田幽囚中作）に述べる如く、主君、親族と隔絶された情況の中で、同囚の会津藩士と共に詩を作ることがわずかに生きている証しであったようである。やがて明治三年春赦されて自由の身になるのだが、その折の心境は自ら「龍耳軒之記」に記している。

天恩隆渥。至庚午春。遇赦。得再仰天日接人間。乃不自量。欲興学以報皇恩致涓埃。挈家赴東京。途有越後僧秀海関峰者。苦請曰欲開学於郷里。而病無師。願淹留垂帷。意極懇到。余以謂普率生霊。孰非王臣。苟開学教育。豈有都鄙之別哉。乃仮設正心学舎於横曾根。以教授遐邇之生徒。地僻村陋。日夜唯耳咿唔之声与桑麻之談而已。而又聾於世事矣。故名読書之処聾耳也』（ママ）（略）（傍点原文）

はからずも自由の身となった羽峰は、会津にも帰らず、新たに立藩された斗南（となみ）へも帰藩しなかった。わずか三万石に満たない寒冷不毛の地に多くの家臣が帰藩することは主君に対してかえって迷惑をかけることになると判断したと伝えられる。東京に出て私塾でも開いて余生を送ろうと考えたようである。だが家を挙げて上京せんとする途次、越後の僧秀海関峰という者に請われ、越後に滞り横曾根の地に正心学舎を設けたと述べている。横曾根の地は現在に至るも広々とした田園地帯である。四方山に囲まれた会津に生まれ育った羽峰にとって、こうしたのびやかな景観は幽囚後の心を幾分かなごませたであろう。「帰農吟」と題する詩はこの頃の心境を詠じたものであろうか。或いは、会津落城に際し、南摩一族の自刃、打死(21)といった悲劇を背負い、自らも負傷した身である甥南摩綱輝(22)は、明治四年父祖の地下野国南摩村に帰農しているが、羽峰もまた一時この地に帰農したことがあったかも知れない。〝渓南〟という表現は平野の横曾根よりも南摩の地にふさわしいように思われるが確証を得ない。孰れにしても正心学舎時代も同様な心境であったろうと思われる。

さて、こうした静かな隠棲の心境に支えられて羽峰が営んだ正心学舎の実態はどのようなものか。横曾根に本願寺派八起山勝見寺という寺院があり、その墓域に「釈蓮成」と刻まれた一基の墓石がある。裏にも「俗名大滝秋太郎　明治十四年九月廿七日」と記されてあるのみだが、先代住職の書かれたと言うベニヤ板の小さな説明板により凡そこの人物の概略を知ることが出来る。

> 大滝秋太郎米峰と号す。弘化二年横曾根に生る。文久年間十四五歳の頃親戚の上増田岡田又平が塾を開きしとき塾生として学んだ。明治維新になり教育熱が各地に始まり上増田岡田保を中心にして会津藩の儒者南摩羽峰と云ふ学者を招聘し米峰宅に郷学校正心学舎を創設し近郷の教育に力を尽し遠近の門弟多く来った。正心学舎で学んだ米峰はやがて医術に志し羽峰の紹介により遠く長崎に行き医学を研究し帰郷して自宅で開業するに至った。（以下略）

右の説明文により、正心学舎が大滝秋太郎（米峰）宅に開設されたことが知られる。そして現在子孫はその地にはいないが、米峰宅跡は道を隔てて勝見寺のほぼ正面に位置している。この地に寓居した心境を羽峰自身は次の如く述べている。〈余応越後諸子之請。下帷於横曾根。名曰正心学舎。遠近淄素。来学者頗多。楼雖小。望則濶。遠之雲山煙海。近之稲田菜畦。皆入座。講学之余。呼酒喫茶。俯仰優遊。殆有世外之思。〉（「正心学舎雑詩」序）広々とした田園地帯の中で「帰農吟」に詠われた静かな心境を以って学を講じている羽峰の姿がある。だが正心学舎も短命に終ったようである。経緯は詳らかではないが、明治四年羽峰は淀藩の聘に応じ藩校明親館督学に転じている し、翌五年廃藩により明親館が閉鎖されるや間もなく京都府学職に転じている（これは京都府顧問山本覚馬の聘によるものと思われる）からである。また明治五年の学制発布により廃止統合などを余儀なくされたことも想像に難くない。

ここに正心学舎跡に隣接する地に住む内藤隆太氏宅で思いがけず披見することを得た「正心学舎規則」を紹介しておきたい。学制施行以前の郷校の実態を知る貴重な資料であると共に、羽峰の教育観を知る上にも極めて興味深いものと思われる。詳しい解説は略すが、漢学を主軸にしていながら、七級に「万国公法」「泰西国法論」「気海観瀾」「舎密開宗」など採り入れている所に蘭学者としての羽峰の一面が窺われる。短命に終わったとは言え、正心学舎が極めてユニークな存在であったことは左掲の規則を見れば明らかであろう。漢学を主体にしつつも、羽峰の目が若き日に蘭学を学んで以来、広く世界に向けて開き続けていたことの証左でもある。

＊　　＊　　＊

正心学舎規則

学門ノ道ハ心ヲ正フシ身ヲ脩メ人ヲ治メテ以テ家国齊治ノ事業ヲ成シ人ノ人タル道ヲ尽スニ在ル而已　忠孝

ヲ本トシ五倫ノ道ヲ明ニシ日用行事動作威儀ヲ謹ミ篤実謙譲ヲ旨トシ聊モ軽浮傲慢釣名飾外ノ悪習ニ染ム可カラス

一、経義ハ固ヨリ研究ス可キナレトモ畢生末疏ヲ穿鑿シ徒ニ蠹魚トナルハ無益ナリ　先ツ我国典ヲ明ニシ支那及ヒ海外万国ノ政刑伎芸ニ至ル迄博ク兼学ヒ互ニ相資ケ孜々勉励シテ有用ノ器ヲ成スヲ期ス可シ

一、初学ノ者ハ皇国ノ大要ヲ知リ支那ノ経書ヲ読テ其道ト教トノ大意ヲ会シ史ヲ読テ其制度変遷治乱興廃ノ大略ヲ知リ又外国ノ諸飜訳書ヲ読テ諸藩歴代ノ変革隆替政治兵制法則風俗情態等ノ大略ヲ知リ以テ宇内ノ大槩ヲ知ル可シ是ヲ入門ノ学トス

一、或ハ経史或ハ詩文或ハ軍学或ハ民法商法刑法伎芸医術書等天文地理測量舎密ノ術器械ノ製其他諸般ノ学科数十而已ナラス其中ニ就テ一二科若クハ四五科ヲ専精ニ研究シテ実地事業ニ施スハ各其人ノ期望スル所ト其才ノ高下トニ随テ可ナリ是ヲ上堂ノ学トナス

一、初学ヨリ詩文書等ヲ兼学フ可シ

一、坐席ハ業ノ巧拙ヲ以テ上下ヲ班ツ門地貴賤ヲ論ス可ラス

一、素続ハ書生中順次ニ之ヲ授ク

一、書生怠惰放肆規則ヲ犯ス者ハ互ニ鳴鼓規諫シ改メサル者ハ師長ニ告ケ師長之ヲ教戒ス猶改メサル者ハ学舎ヲ退ク

日　課

一、朝六時起キ盥嗽洒掃シテ九時迄読書
　右時刻中吟詩閒話他出ヲ禁ス若シ已ムコトヲ得ス他出スル時ハ必ス其故ヲ告ク

一、九時ヨリ八時迄随意勉業
一、八時ヨリ七時迄諸会
　　但会ニ預ラサル者ハ随意勉業
一、七時ヨリ六時迄休業
　　右時刻中或ハ散歩運動或ハ会話或ハ勉業各其欲スル所ニ随フ
一、夜六時ヨリ五時迄随意勉業
一、五時後寝ニ就ク迄笑語喧呶ヲ禁ス
一、一六終日休業
一、諸会ハ臨時之ヲ定ム

等　級

一級　素読　孝経　四書
　　右素読了テ之ヲ試ミ二級ニ進ム
二級　素読　小学　五経
　　右上条ニ準シテ三級ニ進ム
　　附、余力アル者ハ左ノ書ヲ読モ可ナリ
　　　唐詩選　三体詩
三級　独看　四書註　小学註　国史略　左氏伝　十八史略
　　右上条ニ準シテ四級ニ進ム

附、余力アル者ハ左ノ書等ヲ渉猟ス可シ
太平記前々篇ヨリ以下　源平盛衰記　北条記　足利記　織田真記　信長記　太閤記　烈祖成蹟　藩翰譜正続　古文前後集　唐詩正声

四級　独解　国史略　日本外史　保建大記　論語　孟子　小学　十八史略　蒙求　元明史略　西洋事情
右上条ニ準シテ五級ニ進ム
附、余力アル者ハ左ノ書等ヲ渉猟ス可シ
和蘭政典　英政如何　西洋軍制　経済小学等ノ諸飜訳書類

五級　独解　本朝通鑑　皇朝史略　日本政記　十三朝紀聞　近思録　左氏伝　史記　漢書前後　三国志　通鑑攬要　綱鑑補　綱鑑易治録　文章軌範
右上条ニ準シテ六級ニ進ム
附、余力アル者ハ左ノ書ヲ渉猟ス可シ
本朝通紀　新論　通語　政談　大東世語
世説　国語　魯斯亜志　遠西紀略　蕃史　洋外紀略ノ類

六級　独解　六国史　大日本史　神皇正統記　読史余論　国史纂論　大学　中庸　五経　資治通鑑　宋元通鑑　通鑑綱目　明紀綱目
八大家読本正続　瀛環史略　地理全志前後　地球説略ノ類
右上条ニ準シテ七級ニ進ム

七級　独解　律疏　令義解　三代格　延喜式　内裡式　職原抄　王代一覧　唐律　明律　清律　二十一史
東華録　七書　三朝実録　諸子類　戦国策　家語　説苑　大学衍義補　唐鑑　万国公法　泰

西国法論　気海観瀾　舎密開宗　諸外国書類
右ノ外随意博ク群書ヲ渉猟ス可シ
但寒境書ニ乏シキ時ハ必シモ右ノ書目ニ拘ラス
学舎在越後頸城郡横曾根村四方之人来共成蛍雪輔仁之業焉可也
明治三年庚午秋八月　　羽峰書屋蔵

【注】

（1）東京都立中央図書館特別文庫所蔵。永く稿本のまま保存されて来たが、昭和55年『随筆百花苑』第一巻、第二巻に収録され中央公論社より刊行された。

（2）「書画真玩具　詩歌亦閑事」云々の詩。「高嶺秀夫先生伝」（大正10年12月、培風館・非売品）に写真がある。ちなみに、高嶺の母きのは井深茂松の妹である。

（3）松陰とは毛利藩邸に剣道の教授に通った折相識となった。因みに斎藤は単なる剣客にとどまらず、多くの有識者と交わり、江川坦庵（太郎左衛門）を助け台場築造にも従事したことで知られる。

（4）明治42年『世界』98号〜116号に分載。本稿は吉田武三『定本松浦武四郎』下巻（昭和48年1月、三一書房）に拠った。

（5）東京都立中央図書館特別文庫所蔵。岡鹿門旧蔵写本。

（6）『書生寮姓名簿』によれば、〈松平肥後守　古賀門　弘化四入嘉永四退　南摩三郎　未二十五〉とあるが、『安達清風日記』を参酌するに、羽峰の退寮は安政元年八月二十四日であることが確認できる。

（7）『在臆話記』に〈此年六月米艦浦賀ニ入ル府下戒厳幕府三百年鎖国ノ大法行ハレズ幕威ノ地ニ墜ル之ヲ始メトナス。各藩ニ命シ房相沿岸ヲ警備。頓ニ都下百万兵間ニ在ル者ノ如シ。武岡台場ハ会津藩警衛ノ地、南摩羽峰其警衛人数中ニ加ヘラレ夜中出発。在員四十余人皆生還不可期トテ互ニ生訣ヲ告ケルニ至ル。〉とある。

（8）『自筆松浦武四郎自伝』前出。

（9）大正14年12月刊。編集兼発行者、石黒万逸郎。

（10）『環碧楼遺稿』（全五巻・明治45年3月、南摩綱夫発行）附載評注。

（11）『攘夷論』（昭和49年11月、イザラ書房）、『維新幻想』（昭和51年2月、田畑書店）等参照。

（12）杉田成卿に師事したことは羽峰自身の回想「書生時代の修学状態」（「孔子祭典会々報」第一号別冊のち『諸名家孔子観』収録。明治43年4月、博文館）により知られる。

（13）石井密太郎に師事したことは土屋鳳洲撰の「南摩羽峯先生伝」（『環碧楼遺稿』附載）による。しかし、この人物の事歴は管見の及ぶところこれを明にしない。わずかに、勝海舟が蛮書調所翻訳用にと取調べ手記にしたものと伝えられる安政二年のメモに「江戸在住蘭学者」として挙げている五十八名中にその名が見える。これは大槻如電『日本洋学編年史』で知るを得たのだが、増訂者により〈藤堂和泉守家来　当時薩州行不在〉と附記されている。羽峰が師事したのは薩州行以前と見られる。本書「羽峰と埋もれた洋学者石井密太郎」参照。

（14）土屋鳳洲による。羽峰が西国遊歴中に師事したものと見られる。緒方郁蔵（研堂）は適塾から独立し弘化元年独笑軒塾を開いた。羽峰遊歴中の安政二年から四年頃、独笑軒は北久宝町三休橋筋にあった。独笑軒塾の「門生姓名」簿が残されているが、文久年間以降のものであるため羽峰の名は見られない。

　緒方郁蔵に関しては、古西義麿「緒方郁蔵と独笑軒塾」（有坂隆道編『日本洋学史の研究』Ⅳ　昭和52・7、創元社）に詳しい。

（15）山川健次郎監修。昭和8年8月、会津戊辰戦史編纂会刊。

（16）昭和60年2月、名著出版刊。「吉田藩脱藩彰義隊参加者をめぐって——「春日道之助手記」洋学書生から貢進生

〜」
（17）昭和3年12月、同志社発行。前章註（41）にも記した如く、山本覚馬は後年新島襄と共に同志社を設立。また妹八重は新島に嫁した。
（18）大正13年8月刊。
（19）『環碧楼遺稿』附載「南摩羽峯先生伝」（前出）。
（20）全四巻。官許開版、明治6年10月、西京石津発三郎著。京都の三書房合同出版。
（21）第一章で詳しく触れた。
（22）上南摩広厳寺所在の南摩氏墓域に羽峰撰文の「南摩弥三郎君碑銘」があり、文中に〈吁嗟天何奪吾姪之早速吾無所頼也姪諱綱輝初称右近又弥三右衛門後改弥三郎〉と述べ〈明治元年之役為砲兵隊組頭激戦白河于会津飛丸中腰殆死而蘇及乱平為藩士取締総裁進班准大監察四年帰農于南摩村〉と記している。

【附記】

本稿をなすにあたり上越市の勝見寺・内藤隆太氏・渡辺慶一氏から御教示を得た。記して謝意を表したい。

三　高田藩謹慎と赦免後の正心学舎

一

南摩羽峰は明治元年（一八六五）という年を兵馬の間に生き、敗れて賊軍の汚名を着せられ、虜囚の身として終えた。越えて二年正月、さらに護送されて越後高田藩に謹慎させられることになる。その護送される途上に賦した七律がある。

途　上

国亡家破不禁情
也戴南冠向北行
白日在天無片照
丹心報主有公評
風雲惨澹東松嶺
雨雪依稀棲鶴城
重拝先塋定何日

国亡び家破れて情に禁へず
また南冠を戴きて北に向ひて行く
白日天に在りて片照無く
丹心主に報ずる公評有り
風雲惨澹たり東松嶺
雨雪依稀たり棲鶴城
重ねて先塋を拝するは定めて何の日ぞ

幾回回首哭呑声　　幾回か首を回らし哭して声を呑む

高田に着くや浄土真宗本誓寺に幽閉の身となった羽峰は、同囚の会津藩士たちに経書を講ずることもあったらしい。同じく謹慎させられた荒川類右衛門勝茂の『明治日誌』(1)に〈四月廿日　南摩先生ニ経書講釈ヲ願フ。〈会日、「大学」三八の昼前、「詩経」四九の昼后)〉という記述が見られる。しかし、敗残の身を既に〈寄食天涯亦厚顔〉(「雑感」)と歎じ〈傲骨未枯余一死　山河有異愧残生〉(「乱後客中雑詩」)と詠じていた羽峰にとって、〈余輩幽于后越高田也。我両公在東京。親族則会津。千里隔絶。俯仰銷魂。情感切内、而発詩〉と「闘詩巻序」(高田幽囚中作)に述べる如く、情感切迫して口を衝く痛哭の詩を吐き出すことが生きてある唯一の証しであったと思われる。そうして明治三年春、計らずも赦に遇い自由の身となった羽峰は、新たに立藩された斗南(となみ)藩に赴こうとはしなかった。僅か三万石に満たない寒冷不毛の地に二十三万石の旧会津藩士とその家族が移住することが如何なる結果を来たすか推察するに難くない。かつて六年に及ぶ蝦夷地代官を勤め、具さに辛酸を嘗めた羽峰にとって、本州とは言え北端の下北の風土がどのようなものであるか熟知していたと思われる。斗南に於ける挙藩流罪とも言うべき惨澹たる生活は『ある明治人の記録――会津人柴五郎の遺書』(2)によって、現在ではよく知られている。そうした事態が予想される以上、帰藩者は一人でも少ない方がよい、そう羽峰は判断したと伝えられる。東京に出て私塾でも開き余生を送ろうと考えたようである。しかし越後人士の請を受け横曾根村に正心学舎を開くことになる。赦に遇いそのまま越後に留まったとも、会津に帰る途上懇請されて越後に戻ったとも伝えられるが、羽峰自身はこうした経緯を次の如く記している。

至庚午春。遇赦。得再仰天日接人間。乃不日量。欲興学以報皇恩致涓埃。挈家赴東京。途有越後僧秀海関峯者。苦請曰欲開学於郷里。而病無師。願淹留垂帷。意極懇到。余以謂普率生霊。孰非王臣。苟開学教育。豈有都鄙之別哉。乃仮設正心学舎於横曾根。以教授遐邇之生徒。（略）（「龍耳軒之記」）

即ち、明治三年春赦に遇い、家を挙げて上京せんとする途次、越後の僧秀海関峰に懇請され、学を開くに都と鄙の区別は無いと判断、再び越後に戻り横曾根の地に開学したというものである。これは一旦会津に戻った後、家を挙げて上京せんとする途次、と解すべきであろう。なぜならば、「得家書」と題する悲痛な五言古詩がある如く、既に家族と音信はとれていたとは言え、〈骨肉皆分離　托跡荒裏　相依妾与児　長女甫八歳　窮乏常訟飢　幼男僅四歳　憂愁未曾知〉或いは〈乱離宛遇時　欲死死不得　願生生難期　俯仰無所頼　半夜涕涙垂〉（「得家書」）という悲惨な状況の中で、家族や一族（既に南摩一族の酸鼻[3]を極めた自刃の報も入っていたであろう）知人の安否を確認し、前途の処置をすることなく越後に留まったり東京に赴こうとしたとは考えられないからである。これは「至会津」と題する七絶によっても推察できるのだが、この詩の制作年代が確定できないため、これを断言できないでいた。

至会津

一辞郷国歳三更　　一たび郷国を辞してより歳三たび更まる
禾黍離離連古城　　禾黍離々として古城に連なる
拝跪潸然隻袖涙　　拝跪潸然たり隻袖の涙
青山無数旧墳塋　　青山は無数の旧墳塋

すなわち〈一辞郷国歳三更〉を慶応三年京都藩邸学職に転じた時から三年経たとも、明治元年の戊辰戦争（羽峰は主に城外に在って東北諸藩の同盟工作や国境の前線を転戦したが、会津に帰ったこともあった。）から数えて三年が経過したとも判別できないからである。しかもこの詩は『環碧楼遺稿』[4]に「正心学舎雑詩」よりも後に収録されており、判断に迷った故でもある。しかし、国会図書館蔵『環碧楼遺稿』自筆稿本[5]を閲するに、欄外片隅に羽峰の筆蹟で〝明治三年〟と記された一連の詩の一首であることが判明した。さらに同題のもう一首の七絶に〈万戸焼残春草稠〉とあるところから、明治三年春の作であると確定できる。とすれば、やはり一度会津に帰国し、暫く滞在した後、上京を企て前述の如き事情で再び越後に赴いたものと確定できる。

こうして南摩羽峰は、明治三年八月（『正心学舎規則』に〝明治三年庚午秋八月〟とある）、高田からさらに離れた僻村横曾根で静かに学を講ずることとなる。「正心学舎雑詩序」に次の如くその心境を記している。

余応越後諸子之請。下帷於横曾根。名曰正心学舎。遠近淄素。来学者頗多。楼雖小。望則濶。遠之雲山煙海。近之稲田菜畦。皆入座。講学之余。呼酒喫茶。俯仰優遊。殆有世外之思。

刀を捨て富貴功名を求めず、学を講ずる傍ら僅かの田畑を耕して自足する生活は、周辺ののびやかな田園地帯の景観と相俟って羽峰をして世俗を離れた静かな心境へと導いたようである。世事に聾した故を以て書斎を〝龍耳軒〟と名づけている（「龍耳軒之記」）。それは亡国の遺臣として残生を恥ずる身にふさわしい生の形とも言える。だが彼は次の如く続ける。世事に聾しても心の耳を聾することは恥ずべきである。竜の如く無形を視、無声を聴いて海内を潤したいと思う。しかし竜の如き変化雨沢を学び得るのはいつの日であろうか、と。生き残り生を偸む以上、やはり何事かをなすべきではないかという思いも禁じ得ない。世事に聾しても戊辰の内乱に於ける死者たちの声は聞こえていたのかも知れない。ともかく羽峰は幽囚後の身をひとまずこのように落ち着けたのである。この頃の心境を賦したと見られる七律がある。

幽　居

二項荒田十笏盧
数竿脩竹一牀書
夕傾濁酒煨山芋
晨和微霜摘澗蔬
敗葉林間風策策
残荷池上雨疎疎
囑君休語功名事
咫尺青山欲笑余

二項の荒田　十笏の盧
数竿の脩牀　一牀の書
夕に濁酒を傾け山芋を煨き
晨に微霜に和し澗蔬を摘む
敗葉　林間に風策々として
残荷　池上に雨疎々たり
君に囑す語るを休めよ功名の事
咫尺の青山余に笑はんと欲す

二　正心学舎のカリキュラム（洋学）

前節に『正心学舎規則』を紹介したが、そのカリキュラムは漢学を主軸に国典（主に史書）をも含み、さらに洋学関係書をも併せ学ぶ、極めてユニークな学校であったことが窺われる。『日本教育史資料[6]』にもその存在は記録されていないが、短命に終ったとは言え、学制施行以前に、しかも僻遠の地にこのような特異な郷校が設立されたことは注目に値する。とりわけ洋学関係書の採用に見られる開明性は、羽峰の洋学受容の経歴を想起すれば容易に首肯出来るにしてもやはり興味深い。なぜならば文久二年から慶応三年迄樺太警備を経て六年に及ぶ蝦夷地代官、続いて慶応三年京都会津藩邸学職に転ずるや翌四年正月には戊辰の内乱に際会、会津落城を経て幽囚の身となり明治三年春迄高田藩に在ったという寧日無い幕末維新期を送りながら最新の洋学関係書をも採用しているからである。嘉永安政期出版のものは別にしても、辺境勤務、戦乱、幽囚という状況の中で最新の書の存在をどのようにして知り入手できたのかという問題は極めて興味深い。

とりあえず既に紹介した『正心学舎規則』のカリキュラムの中から洋学関係書を抜き出し若干の注を加えておきたい。

四級　西洋事情　和蘭政典　英政如何　西洋軍制　経済小学
五級　魯斯亜志　遠西紀略　洋外紀略　蕃史
六級　瀛環史略　地理全志　地球説略
七級　万国公法　泰西国法論　気海観瀾　舎密開宗

以上が一級から七級迄に明記された洋学関係書の全てである。

○『西洋事情』　福沢諭吉著。慶応二年初篇三冊刊。明治元年外編、同三年二編三冊刊。

万延元年の遣米使節及び翌文久元年の遣欧使節団に随行した見聞と英米の歴史・地理書の抄訳とから成る。

因みに福沢は安政二年三月緒方洪庵の適塾に入門しているが、南摩羽峰が西国遊歴に出立したのも同じ年である。[7]

他方同年八月に適塾に入門した柴秋村[8]は其処で羽峰と相識になったと伝えられる。即ち『柴秋村伝』[9]（杉山保親）に依れば、〈緒方塾には南摩三郎（羽峰）も入塾して原書を研究していたので、いつとはなしに懇意になった。〉とある。とすれば羽峰も福沢と同年に適塾に入塾したと見做されるが適塾の門生簿には記載が無い[10]。羽峰の身近に居た土屋鳳洲に依れば[11]、羽峰が洪庵の義弟緒方研堂（郁蔵。独笑軒塾を開き南北緒方と称された。）に師事したことは確実と思われるが、一時適塾に籍を置いた可能性もある。とすれば、この頃福沢と面識があった可能性も考えられる。後考を俟ちたい。

○『**和蘭政典**』　神田孝平訳　明治元年十二月刊。（明治二年説もある。）

一八四八年改正のオランダ憲法正文の翻訳。我が国最初の憲法紹介とされる。

『神田孝平略伝』[12]（神田乃武編著）に依れば、同書は〈原本ノ書名ヲ和蘭根本法律（ホロンドウエットフアンネーデルランデン）ト称ス。政典ト訳シタルハ簡古ナルニ取レリトイフ。其内容ハ国土並ニ人民ノ事ヨリ、国王・摂政・国会・上下両院・立法権・州会・邑会・刑法・教会・裁判所・会計・兵備・水利等ニ至ル。是レ蘭国ニ於テ其ノ邦土ヲ守護センガ為ニ、君民相協議シテ設ケタル条約書ナレバ、一切ノ律法ハ皆此ノ書ヨリ淵源ス。〉とある。

○『**経済小学**』　神田孝平訳。英国義里士原著。慶応三年刊（二冊）。

同じく『神田孝平略伝』に依れば、〈本書ハ英国経済学ノ大家イリス氏ノ原著ニシテ、我ガ嘉永三年之ヲ公世シ、安政二年蘭人某蘭文ヲ以テ訳述セシヲ、慶応三年孝平更ニ邦文ニ重訳シタル者ナリ。／書中載スル所ハ、文明夷俗、蓄積財本、分業、交易等ヨリ結尾ニ至ル三十章、之ヲ上下二篇ニ分説シ、巻端ニ和蘭ノ学士畢酒林ノ語ヲ訳シテ、経済ノ成功ハ智識ニ本ヅクコトヲ載セタレドモ、又本著ノ第二章ナル国民性行ヲ訳述スルニ当リ、訳者ハ最モ深キ注意ヲ以テ、智識ハ人生万業ノ根本ナリト雖、天性ト慣習ノ純良ナルニ非ザレバ、智識モ亦用フル所ナシト結論シテ、厳ニ民業道徳ヲ鼓舞シ、民ノ生業ハ必ズ斯ノ道徳ノ土台ノ上ニ建設セザルベカラズト警告セリ。〉とある。即ち英国人ウィリアム・イリス『社会経済学綱要』（William Ellis, "*Outlines of Social Economy*"）の和蘭語訳本からさらに重訳したものであり、西洋経済学の全体を系統的且つ簡明に我が国に伝えた最初のものとされる。後慶応四年『西洋経済小学』と改題再刊。

因みに神田は嘉永六年杉田成卿に蘭書を学び、翌安政元年伊東玄朴に師事している。羽峰もまたペリー来航を機に杉田成卿に蘭書を学んだことは羽峰自身の回想[13]で確実である。これは嘉永六年か七年（二度目の来航）のことと見られるが、杉田塾で神田と同窓であったと見られる。また岡鹿門『在臆話記』[14]に依れば、〈会藩神田孝平ヲ聘シ欧学ヲ開ク羽峰退寮シテ就キ学ブ、不幾ナラズシテ孝平開成校教官ト為ル。羽峰ハ西国游歴。〉と記されている。羽峰が一時神田に師事したと述べているのであるが、これが岡の記憶違いであることは既に触れた。羽峰の昌平坂学問所書生寮の退寮[15]は安政元年八月二十四日、西国遊歴が安政二年から安政四年迄である。しかし神田は安政元年には伊東玄朴に師事、安政二年には手塚律蔵の又新塾に転じている。そして会津藩に聘され会津藩邸に移ったのは安政六年、蕃所調所教授方出役となったのは文久二年のことである。従って鹿門の記述には疑問が残る。しかし神田が杉田塾、会津藩邸教授という経歴を通して羽峰周辺の存在であったことは確かである。したがって神田への関心は絶えずあったであろう。

○**『英政如何』**　鈴木唯一訳。明治元年刊。五冊。

原本はアルバニイ・ウィリアム・ホンブランク（Albany William Fonblanque）の"*How we are Governed*, 1862"である。イギリス議会の組織・議事手続などを初めて詳細に紹介したものである。

○**『西洋軍制』**　柳河春三編　明治元年九月中外堂刊。一冊。

原典未詳・林正十郎訳『法郎軍制（ふらんす）』をもとに柳河が改正したもの。フランスの軍事組織徴兵制度などを紹介したもの。

○『**魯西亜志**』　桂川甫周抄訳。寛政五年成稿。

原本 Johan Hübner *"Algemeener Geographie, 1769"*（六冊本）からロシア地誌に関する部分を抄訳したものである。

因みに前節で記した如く、羽峰は北方探険家として著名な松浦武四郎と交友があった上に樺太（北蝦夷）警備や蝦夷地代官時代を通して緊迫する北方の海防問題に苦慮した。したがってロシアに対する関心は強いものがあったと思われる。

○『**遠西紀略**』　大槻西磐著。安政二年刊。二冊。

西洋各国の治乱興亡、英雄豪傑の偉功などを述べたもの。儒者による西洋通史といえる。西磐は文政元年生まれ。昌平黌舎長を務め、後小川町に塾を開いたが安政四年四十歳で病没している。昌平黌の先輩として羽峰にとって身近な存在であったと思われる。

○『**洋外紀略**』　安積艮斎著。嘉永元年刊。全三巻。

上巻は海外諸国の歴史や現状を述べたもの。中巻はコロンブスやワシントンなどの伝記。下巻は海防論から成る。アヘン戦争に危機感を触発された警世の書。写本の形でも流布。艮斎は羽峰在学中の嘉永三年昌平黌儒官となった人物。二本松出身。

○『**蕃史**』　斎藤竹堂著。嘉永四年一月撰。写本上下二巻。慶応三年に版本有りとの説もあるが、多くは写本の形で伝わる。

漢文による西洋史書。竹堂は仙台藩出身の儒者。昌平黌にも学び下谷相生町に塾を開く。仙台藩儒に聘されるも程なく二十八歳で病没。

○『**瀛環史略**（えいかんしりやく）』　清国徐経畲著。井上春洋・森荻園・三守柳圃訓点。文久元年刊。十冊。

一八五〇年出版の原著が輸入され、井上らが訓点をつけて出版したもの。世界地誌。維新後も広く読まれた。

○『**地理全志**』　慕維廉（ボイレン）著。塩谷宕陰訓点。安政五、六年刊。全十巻。

慕維廉とは英人ウィリアム・ミュアヘッド（William Muirhead）という宣教師で、本書は漢文で著し一八五三～四年上海で出版された。岩瀬忠震が入手翻刻させたもの。漢籍地理書の中では最も秀れたもので、日本人に地理学全般の知識を与え国際観念の発達に貢献した書物。維新後も各地中学教科書として広く採用されるに至る。訓点を加えた塩谷は昌平黌で松崎慊堂に学び、後に幕府儒官になった人物。羽峰も昌平黌在学中塩谷[16]を訪い教えを請うている。

○『**地球説略**』　禕理哲著。箕作阮甫訓点。万延元年刊。三巻。

禕里哲とは米人宣教師リチャード・ウエー（Richard Quartrman Way）のことで、漢文で著し、一八五六年上海で出版したもの。同書は早く日本に渡り、日本人に世界知識を与える大きな貢献をしたが、他方宣教師の著作であるため攻撃を浴びたこともあったと伝えられる。維新後も教科書として広く使用されるに至る。箕作阮甫は洋学者として著名。

因みに岡鹿門『在臆話記』に依れば、ペリー来航に際し昌平黌書生寮は攘夷論が沸騰するが〈其中ニ原南摩ナドハ箕作ニ通学蘭文典ヲ学ブ。聖賢ノ書ヲ講ズル聖堂ニ於テ蟹行字ヲ学ブハ以テノ外ノ事トテ大議論トナリ、舍長協議ニテ博士ニ告ゲ蟹行書翻閲ヲ禁ズ。〉とあり、羽峰が原（市之進・藤田東湖の甥。一橋慶喜の側近になり慶喜の将軍職就任に奔走するが慶応三年暗殺された。）と共に箕作塾に学んだとしている。だが、箕作塾に学んだ事実は未詳である。

○『万国公法』　畢洒林氏説。西周助訳。慶応二年訳。刊本は慶応四年に官版・民間版二種類がある。共に四冊。

言うまでもなく我が国に紹介された国際公法書の先駆をなす。畢洒林はフィッセリングである。西がオランダ留学中ライデン大学の同教授から受けた講義（Volkenrege）の講義筆記を帰国後幕命により翻訳したものである。

因みに西は慶応二年九月、滞京中の将軍側近として上洛。他方私塾を開き在京の会津・桑名・福井藩士などに洋学を講じた。西が『万国公法』の訳業を終えたのもこの頃である。羽峰もまた慶応三年会津京都藩邸学職として上洛、会津藩洋学所にて学を講じている。とすれば、この頃羽峰は西と懇意になったものと思われる。同じく京に在った会津藩砲術師範山本覚馬は維新後京都府顧問となり、明治七年三月、西周の『百一新論』を出版している。この時羽峰も京都府学職に転じていたが、盲目の山本に代わり『百一新論』の序文を書している。即ち〝友人南摩綱紀書〟と記している。青山霞村『山本覚馬』[17]に〈幕府から和蘭に留学を命ぜられ、徳川慶喜公に新知識を吹き込んだ西周を京都に招いて彼が実際に見聞して来た知識を得られた。西周の百一新論に先生の序文がある。あれは先生の旨を承けて同じ会津人で京都府に出仕してゐた南摩綱紀が書いたものであるが、西とはそんな間柄であったと云ふことである。百一新論には山本蔵版の印がある。先生はこんな書籍を次々に出版せられる意図であったものと思はれる。〉と記されている。

○**『泰西国法論』**　津田真道訳。慶応二年九月訳了。明治元年春刊行。四冊。

津田も西と同じく文久から慶応にかけてオランダに留学。同様にフィッセリングの講義（Staatsrest）を幕命により帰国後訳出したものである。我が国に憲法行政法書を紹介した先駆とされている。

○**『気海観瀾』**　青地林宗著。文政九年刊。

ヨハンネス・ボイスの"*Natuurkundig Schoolbook*, 1828"を典拠に『格物綜凡』をつくり、その一部を『気海観瀾』として出版。物理学の基礎的知識を紹介した最初のものと言える。又ボイスの原著は『格致問答』と題してオランダ文を木版に彫り安政二年に刊行されている。杉田成卿も『二童問答』という題名で翻訳にあたった。この題名は原著が物理学の基礎的知識を教師と二人の児童の問答によって解説する形式をとっていることによる。杉田成卿は羽峰が師事して蘭学を学んだ人物であることは既に記した。

○**『舎密開宗』**　宇田川榕庵訳著。天保八年初篇刊。外篇は弘化四年刊と見られる。

英人ヘンリー（William Henry）の"*An Epitome of Chemistry*"の独訳増補版をさらに蘭訳したものを宇田川が訳述したものである。因みに〈舎密〉とはラテン語系オランダ語 chemie（化学）の音訳である。本書は我が国に近代西洋化学を紹介した先駆をなすものである。

【注】

（1）会津若松市立会津図書館蔵。本稿では阿達義雄『会津藩士の越後流亡日誌』（昭和59年9月、鳥屋野出版刊）により引用。
（2）石光真人編著（昭和46年5月、中公新書）
（3）本書32頁参照。
（4）羽峰の遺稿集。（明治45年3月、南摩綱夫発行。全五巻）
（5）この稿本も五冊に分冊されているが、刊本に採られなかった作品も若干含まれている他、同一作品の未定稿も幾つか含まれている。
（6）文部省総務局編。二十四巻、九分冊付図十七点。明治23年～25年刊。明治16年に〈各府県ニ達シ、府県庁及ビ学校等所蔵ノ旧記、其他前儒ノ私記、古老ノ口碑ニ資リテ、学制頒布前ニ係ル学事ノ諸項ヲ調査セシメ、又官衛及ビ旧藩主ニ照会シ、其貯蔵ノ旧記ヲ借覧スルヲ約シ、苟モ古来我ガ邦ノ教育ニ係ル書ハ細大択バズ之ヲ蒐集〉しようとしたもの。
（7）『適々斎塾姓名録』によれば〈安政二年三月九日入門　中津藩　福沢諭吉〉とある。入門番号三二八番。
（8）同じく〈安政二年八月朔入門　阿州徳島黒崎弥右衛門厄介柴六郎〉とある。入門番号三三九番。
（9）昭和26年6月発行。非売品。著者刊。因みに柴秋村には『秋邨遺稿』（明治43年8月～9月、柴直太郎編　全三巻）があるが羽峰はこれに「序」を寄せている。
（10）『緒方洪庵伝』（緒方富雄・昭和38年3月、岩波書店）に依れば〈なお注意しておきたいのは、入門したもののうちにも、署名していないものがかなり多いことである。塾生には、寄宿生のほかに通学生もあった。署名しないものは、殊に通学生に多かったのであろう。現にたしかに適々斎塾に入門している人たちで、入門帳に署名がないものが少なくない。〉とある。

（11）土屋鳳洲撰「南摩羽峯先生伝」（『環碧楼遺稿』前出、注4、所載）
（12）明治43年7月刊。本稿は本庄栄治郎編著『神田孝平――研究と資料――』（昭和48年11月、清文堂出版）所載のものに拠った。
（13）「書生時代の修学状態」（『孔子祭典会々報』第一号別冊。後『諸名家孔子観』収録。明治43年4月、博文館）により知られる。
（14）『随筆百花苑』第一巻第二巻（昭和55年、中央公論社）。稿本は都立中央図書館蔵。
（15）『書生寮姓名簿』（都立中央図書館所載。岡鹿門旧蔵写本。）に依れば、羽峰の退寮は嘉永四年とあるが、『安達清風日記』（〝日本史籍協会叢書〟所収）により安政元年八月二十四日と確定できる。
（16）「龍耳軒之記」などで塩谷宕陰・安積艮斎などを歴訪したことが知られる。
（17）昭和3年12月、同志社刊。

四　大坂滞在と西国遊歴

客路

書剣雲千里
啼鴉又落暉
長堤風不断
松子撲人衣

書剣雲千里
鴉啼きて又暉落つ
長堤の風断（たへ）ず
松子人の衣を撲（う）つ

一

南摩羽峰が凡そ八年に亘り在学した江戸昌平坂学問所（昌平黌）書生寮を退寮したのは安政元年〈一八五四〉八月二十四日である。『書生寮姓名簿』(1)に依れば、〈松平肥後守　古賀門　弘化四入嘉永四退　南摩三郎　未二十五〉と記されている。しかし安政元年に書生寮に入寮した鳥取藩安達清一郎の日記(2)を閲するに、安政元年八月の項に〈○十二日曇　今日会津人南摩三郎詩文方退寮願書出ス経義方一関人森文之助(3)退寮跡役会津人武井源三郎(4)被命　○十三

日曇　今明日森南摩二兄送別会　○十四日雨　今日吾送二兄于鯉店此日同盟会者二十有二人　○廿三日曇　今晩与南摩飲于柳川店我未能飲　○廿四日　今日南摩退寮又鯉店迄参ル〉等の記述に依り確定できる。この後、翌安政二年夏から海内遊歴に出立するが、それ迄江戸に滞在杉田成卿等に師事、[5]洋学を学んでいたものと思われる。安達の日記にも、安政元年十月〈廿三日晴　高橋誠三郎[6]と両人ニ而南摩を尋けるに不在〉と江戸滞在を窺わせる記述がある。したがって、この頃の羽峰は昌平黌在学中から秘かに通っていた杉田塾か石井密太郎[7]に師事していたと見做すのが妥当であろう。続いて記録にあらわれるのは大坂の広瀬旭荘の日記『日間瑣事備忘』[8]である。即ち安政二年の項に次の如くある。

○十月十五日　先是河埜俊蔵柬曰会津人南摩三郎将拝趨属某先容今日三郎来見

河埜俊蔵は河野鉄兜のことである。後年羽峰の昌平黌に於ける後輩松本奎堂[9]・岡鹿門・松林飯山[10]とも密接な関係を持つに至る人物である。嘉永四年林田藩儒者に挙げられ、この頃林田に家塾〝新塾〟を開き学を講じていた。因みに羽峰の『負笈管見』[11]〝林田〟の項にも〈河野俊蔵ハ阿保志村ノ者ナリ。近年儒者ニ用ヒラル。博聞強識、当世比肩スル者ナカラン。最モ詩ニ長ズ。〉と記されている。大坂滞在中の羽峰が先に林田迄足を延ばしたものか、京摂の文会で相識となったものか必ずしも確定出来ないが、鉄兜が柬（手紙）を以て近々羽峰が旭荘を訪問する旨を知らせ、先容（あらかじめ紹介）している。その羽峰が本日来見したという記事である。大坂に於ける羽峰は緒方洪庵の適塾か緒方研堂（郁蔵）の独笑軒塾に通学、洋学を究める傍ら多くの識者を歴訪、教を請うていたものと見られる。旭荘もその一人であったことは言う迄もない。因みに旭荘塾は当時伏見町心斎橋東入北側に在り、過書町の適塾とは程近い。独笑軒塾は北久宝寺町三休橋筋に在った頃と見られるが、これも左程遠い距離ではない。『日間瑣事備忘』には断片的ながら羽峰の名が散見され、大坂に於けるその動向を窺うに足る。『負笈管見』が〈京師浪華ハ人々熟知スル処ナレバ贅記セズ。其他経過ノ諸藩アレドモ記スルニ足ラザルモノハ之ヲ略ス〉と述べ、京大坂の記述はこれを欠くため『日間瑣事備忘』より羽峰に係わる記述を抄出すれば以下の如くである。

《安政二年》

○十一月二十八日　南摩三郎来飯之

○十二月二十七日　南摩三郎来示其所作識小篇序

《安政三年》

○一月三日　南摩三郎来曰讃岐人村山周助他日将来謁是某所善敢先容　飯之又約六日供牡蠣飯

○一月五日　使光太東顕蔵曰明夕招南摩三郎食請臨

○一月六日　中下牌顕蔵来小間南摩三郎来乃飲之供牡蠣飯使光太郎接戊牌去

右の如く旭荘宅を屢々訪問、詩文に関する意見を請うたり飲食を供されている。三日の項にある村山周助は羽峰の昌平黌に於ける同窓生と見られる。即ち『書生寮姓名簿』に〈松平讃岐守　古賀門　嘉永元入同四退　村山脩輔申二十二〉とある人物であろう。今度は羽峰が旭荘に先容している。羽峰の紹介通り同月十四日に開かれた旭荘の招宴に出席した人物名中に羽峰と並び《村山脩助》の名が見えるが、その事歴を詳らかにしない。顕蔵は伊藤摩斎、前年鉄兜・摩斎・柴秋村・劉冷窓（りゅうれいそう）が会盟、旭荘を盟主に仰ぎ文会を結成する動きがあったようである[12]。さて、この後も一月中は頻繁に旭荘を訪問している。即ち〈○十九日南摩三郎来乞字○二十日南摩三郎来不見○二十日南摩三郎来○二十八日南摩三郎来別〉等の記述が続く。この頃九州日田の実兄広瀬淡窓の病重しとの報に接した旭荘は急遽九州に出立した。二十八日の〝来別〟はその意味である。この日旭荘の送別宴に羽峰も列席している。したがって暫く旭荘不在の為その日記から羽峰の名も消えることとなる。次に『日間瑣事備忘』に羽峰の名があらわれるのは同年八月六日〈南摩三郎来不値〉という簡略な記述である。旭荘外出中に訪問したらしい。こうした『日間瑣事備忘』の記述から推測すれば、安政二年十月から翌三年八月頃迄、羽峰は大坂に滞在し蘭書を考究すると共に、識者を歴訪、教えを請う傍ら多くの詩友と交流するといった生活を送ったようである。

さらに二ヶ月程後、その後の羽峰の動向を窺うに足る記述が見られる。

○十月四日　暮訪八郎方話敬治来致南摩三郎柬　柬曰某自四国帰将遊九州請以柬薦我於彼地諸君

右の記述から判断するに、羽峰は八月から九月の間に四国遊歴に出ていたものと見られる。そして十月初め大坂に戻り間もなく九州遊歴を志し、旭荘に九州の諸人物への紹介状を依頼しているのである。さらに関連した記述が続く。

○十月八日　未牌与八郎至顕蔵氏主人供酒招藍田至直助南摩三郎追余主人又招西田耕作浪華才子余素聞其名始相見　日没拉三郎帰三郎将西遊為柬範治考也宗像三策山田石庵松森三朴中原国華柬薦三郎喜　善治偶来与三郎識於江戸因相見

先の依頼に応じ、この日旭荘は羽峰の為に多くの紹介状を書いている。範治（広瀬青邨、淡窓の養子）、孝也（広瀬林外、旭荘の子、淡窓没後咸宜園を継いだ）を始め宗像三策等であり、いずれも九州で羽峰が訪ねた人物と思われる。因みにこの日摩斎（顕蔵）のところで会った藍田は淡窓に学んだ藤井藍田、末尾に名の見える善治は金生善次であろう。嘉永四年から六年迄江戸遊学をしており、この時羽峰と相識ったものと見られる。旭荘の所で偶然再会したものである。さらにこの翌日の項に〈六郎来告将従村上大（ママ）三郎遊長崎〉の記述が見られる。六郎（柴秋村）、村上代三郎共に羽峰と関連のあった人物である。羽峰の九州遊歴に合わせた計画であろう。

秋村柴六郎は徳島の人。江戸で大沼枕山に師事した後、羽倉簡堂の紹介で広瀬旭荘塾に転じた旭荘門下の逸材である。この頃適塾に通い蘭学を学んでいたが、旭荘は秋村が蘭学者になることを危惧し、あまり賛成ではなかったらしい。『秋邨遺稿』に羽峰の序がある。即ち〈秋村余旧識也　余於秋村有三驚　初逢浪華也　聴其論文辞談風月雄弁蕩々如懸河観其詩奔放勁抜精敏如鶻衝天因謂風流才子当世罕匹是為一驚〉と大坂で初めて逢った印象を記している。他方、杉山保親『柴秋村伝』に依れば、安政二年十一月二十四日、京都三本木安藤桂州の別荘で文会が開催され、麻生春所（画家）・劉冷窓・頼三樹[13]・南摩羽峰・秋山周輔（拙堂門）・家里松嶹[14]が出席、秋村もこれに参加したという。この日付は羽峰が初めて旭荘を訪ねた数日後である。とすれば、この文会以前に羽峰は秋村と面晤を得たらしい。さらに『柴秋村伝』[15]に依れば〈緒方塾には南摩三郎（羽峰）も入塾して原書を研究していたので、いつとはなしに懇意になった。〉とある。『適々斎塾姓名録』に依れば〈安政二年八月朔入門　阿州徳島　黒崎弥右衛門厄介　柴六郎〉とあり、この前後に羽峰と相識となったものと見られるが、同姓名録には羽峰の名は記載されていない。もっとも緒方富雄に依れば〈入門したもののうちにも、署名していないものがかなり多い[16]〉ということであり、殊に通学生に多いと言う。とすれば、羽峰も一時適塾に学んだ可能性が強い。土屋鳳洲の一文[17]により羽峰が緒方研堂の独笑軒塾に学んだことはほぼ確実と思われるが、当初適塾に学び、後独笑軒に移ったのかも知れない。両塾が南北緒方と称され密接な関係にあったことは言う迄もない。後考を俟ちたい。

さて『柴秋村伝』の伝える所に依れば、一日羽峰は秋村の寓居を訪うて次の如く述べたと云う。

今日のような迂闊な学びようにては洋籍の研究は到底覚束なし。又、緒方の塾生は没道理的の者が多く物の役に立ち申すものとては寥々たること、其間に周旋していつ成就するともおもほえず、ここに一蘭学者あり、村上代三郎という播州加東郡木梨村の人なり。嘗ては旭荘の門人、洪庵についても少し読み、江戸にて伊藤（ママ）玄朴塾にあり、専門の兵書家なり。品川御台場など出来たる時は伊豆韮山江川太郎左衛門（坦庵）の手附にて最も尽力したる人、諸大名衆に関係多きも別に仕官を望まず、然るに浜松侯は特別の関係ありて遂に村上を聘して調練を行う。余も緒方にあれども医人の事、兵書は熟せず、とかく文酒の交り多く友道も広くなり実に困却せり。兄非常の志あり、願くば、その村上に随従して同学するは如何ん。

羽峰の洋学志向の意図がよく窺われる一節である。昌平黌在学時代ペリー来航に際会し、強烈な危機感を抱き洋学を学び始めた羽峰にとって、洋学は何よりも〈攘夷のための開国〉（片岡啓治）意識に根ざしたものであり、経国の焦眉の課題である以上何よりも軍事と直結したものでなければならなかった。それ故医者の子弟が多い適塾の塾生たちとは自ずから志向するところが異なっていたと思われる。しかも羽峰の学問の主体はあくまでも漢学であり、専門の洋学者になる志向はなかった。そうした意図に於いて柴秋村と相通うものがり、右の如き勧誘になったものと思われる。秋村の適塾入門に際し、洪庵は〈我門未だ聖学に委しき人を弟子にしたる事なし。聞及びたる秋村君の事他事なく世話の届くだけは仕るべし、拙老は療養に忙しく故（ママ）直ちに指南も行届かず門生のうち能く出来る者に申し付け厚く世話致させ申すべし。[18]〉と旭荘に伝えたと云う。秋村はこの年二十六歳である。他方羽峰も藩校日新館で学を卒え、さらに八年に亘る昌平黌在学を終えており、この年既に三十三歳である。羽峰も適塾に学んだとすれば、秋村と同様特異な存在と目された筈である。因みに福沢諭吉（二十三歳）もこの年三月適塾に入門したばかりである。『福翁自伝』[19]に適塾の実態が回想されているが、前述の如き洋学受容の目的を持つ羽峰にとって、適塾の塾風に違和感を覚えたのも推察に難くない。

さて羽峰が秋村を誘い師事しようとした村上代三郎[20]の詳しい事歴は明らかではない。昇吾とも称し文政五年生まれ、羽峰に長ずること僅かに一歳、安政二年のこの年三十四歳である。羽峰も述べる如く、適塾にも籍を置いた。同塾姓名録に入門年月は記されていないが入門番号四番目にその名が見える。また旭荘の古い門人でもあり（天保十一年五月十六日入塾）、漢学にも造詣があったものと見られる。嘉永二年に江戸に出たと思われるが、羽峰とは江戸で相識ったらしい。後年講武所の西洋兵学師範に召し出されたことはあるが、仕官を求めず眼科医として郷里に隠棲、野の遺賢として終始したらしい。

この羽峰の申し出に秋村は快諾し、共に浜松屋敷前の村上の寓居を訪ね、その志望を述べた。村上は〈南摩柴両君は倹（ひと）しく是有志の人、私は妄りに徒を聚め煩擾するを嫌う、しかしながら両君の如き有志の人は存知居るだけはお世話すへし〉（『柴秋村伝』）と応じたと云う。二人は村上の郷里播州木梨村で師事すべき計画を整えたが、羽峰は藩からの召喚状が届いた為、遊学両三年延期の願書を提出、江戸からの藩命を待つことになった。それ故秋村のみひとまず木梨村へ赴いたと云う。これは安政三年二月の事である。羽峰も藩許を待って木梨村へ赴いたと見られるが確証が得られない。そして『日間瑣事備忘』に見られる如く、八月頃四国遊歴に出、帰坂後九州遊歴を企図したものと見られる。これに合せ村上・柴も長崎行を計画したものだろう。しかし村上・柴の長崎行は障害が出来実現に至らず、羽峰のみ九州遊歴に出立する。『秋邨遺稿』[21]の羽峰「序」に依れば〈既而余歴遊南海鎮西諸州不相逢者有歳後再逢於京摂之間〉とあり、九州遊歴の帰途再び京摂の地で再会したと述べている。かくして羽峰の九州遊歴が始まる。

播摩路上
南遊始了更西遊
不極蜻洲死不休
落日平原千里路
又横長剣入榛州

南遊始めて了して更に西遊
蜻洲を極めずんば死すとも休まず
落日平原千里の路
又長剣を横たへて榛州に入る

＊　　＊　　＊

南摩羽峰が九州遊歴から帰坂した時期は必ずしも明確ではないが、遅くとも安政四年五月頃には立ち戻り、再び滞在したものと思われる。この折淡路町御霊筋に在った藤沢東畡を訪ねた。そして東畡の泊園書院に学んでいた岸田太郎という磊落な青年と意気投合する。羽峰も長身であるが岸田も堂々たる体軀である。岸田は美作の産、この年二十五歳である。既に江戸で林図書頭に師事し、その代講も勤めた俊英であるが、安政二年病を得て帰郷、病癒えた後「大坂まで」の約束で父母を説得、藤沢東畡に師事していたものである。やがて二人は共に伊勢神宮に参拝、遂にそのまま江戸まで行を共にすることとなる。『日間瑣事備忘』安政四年五月二十二日の項に以下の記述が見られる。〈令孝也光太郎善次建之助作食将食南摩三郎来告将東下乃供之。〉即ち息子や門下生に命じて食事を作らせ食せんとした時羽峰が来訪、愈々江戸に帰る旨を告げたので食事を共にしたと云うものである。とすれば岸田と共に江戸に向けて出立したのは五月下旬の事と見られる。江戸に帰着した羽峰は藩邸もしくは品川台場陣屋（『負笈管見』題言には〝江戸金杉戍営〟とある）に滞在、『負笈管見』をまとめて報告したりした後会津へ帰国している。岸田は藤森弘庵に師事するがやがて弘庵との関係から幕吏に追われることとなり、妓楼の妓夫太郎や湯屋の三助に身をやつす波乱の時代を迎えることになる。この岸田が後の岸田吟香であることは言うまでもない。羽峰に漢文二千字近い「岸田吟香伝[22]」がある所以である。諸書に吟香の再度の江戸出府を安政三年としているのは、以上の記述から見て四年とすべきであろう。羽峰もまた会津に西洋学館を創設指導に当たるが、やがて文久二年より樺太戍営を経て六年に亘る蝦夷地代官、さらに京都藩邸学職に転ずるや戊辰の内乱に際会、会津落城を経て越後幽閉と苦難の時代を迎えることとなる。吟香と再会[23]したのは明治維新後かなり経った後である。

二

南摩羽峰の西国遊歴の記録は『負笈管見』と題してまとめられ、現在会津若松市立会津図書館に写本が所蔵されている。この度その閲読の機会が得られたため、ここにその概略と一端を紹介しておきたい。この時期の諸国遊歴の記録としては、吉田松陰『西遊日記』（嘉永三年、萩～九州）『東北遊日記』（嘉永四年～五年、江戸～東北）や清河八郎[24]『西遊草』（安政二年、鶴岡～岩国）、河井継之助『塵壺』（安政六年、江戸～備中松山～九州）の存在がよく知られている。これ等は孰れも旅日記としての形式をとり、その執筆意図も私的傾向が強く、個人的側面が窺われ、それぞれに興味深い。他方、羽峰の『負笈管見』は藩命を帯びた遊歴として、その情報を藩に報告すべき義務があったと見られ、必然的に私的な側面は捨象されている。おそらく羽峰にも旅日記や私的な覚書があり、『負笈管見』はそれ等をもとに報告用のものとして新たにまとめたものと想定される。したがって構成も必ずしも遊歴の順序に従わず、日歴的記述をとっていない。それ故、羽峰の足跡を時間を追ってトレースすることは出来ないのだが、各地の観察は民情から政治に至るまで極めて鋭く、羽峰の経国済民の観点が如実に窺われて興味深い。

岡鹿門が〝探索周旋の元祖[25]〟と規定した如く、会津藩では羽峰に続いて秋月悌次郎[26]・土屋鉄之助[27]と孰れも昌平黌に在った人物を海内遊歴に派遣している。秋月と土屋は河井の遊歴と期を同じくしており、『塵壺』には二人との交友も記されている。しかし秋月がまとめたとされる『観光集』は第七巻の写本以外は不明であり、土屋に至っては遊歴記録の有無すら不明であるばかりか、維新後姿を消したらしく[28]その経歴すら明確ではない。因みに『塵壺』の中で河井は秋月の遊歴記録に多大の興味[29]を示し、とりわけ自らは入国出来なかった薩摩への関心は強く窺われる。岡鹿門に依れば〈薩士[30]ハ鎖国ナルニ、千百人の同窓友、上田藩ノ桜田純蔵[ママ][31]（後ニ宮内官）、会津ノ秋月、土屋二人ニ限ル(リ)、一ハ遊学一ハ遊歴ヲ許ス〉と述べ、昌平黌同窓生中で薩摩に入国した者はこの三名のみと記している。羽峰の名が加えられていない事情は詳らかではないが、そうした意味でも「薩摩」の見聞が含まれている『負笈管見』の存在は極めて貴重なものと言えよう。

*　*　*

『負笈管見』は乾坤二巻。「負笈管見題言」に続き、次の如き構成をなしている。

《巻之一》

○尾張　○紀伊　○小田原　○浜松　○津　○姫路　○林田　○備前　○備中松山

○福山　○広嶋　○宮嶋　○萩　○長府　○岩国　○徳山　○鳥取　○津山　○松江

○杵築

《巻之二》

○薩摩　○佐賀　○蓮池　○多久　○肥後　○中津　○筑前　○嶋原　○天草　○大村

○長崎　○高松　○徳島

以上の諸国観察記録に続き、次の附記がある。〈右ノ外京師浪華ハ人々熟知スル処ナレバ贅記セズ。其他経過ノ諸藩アレドモ記スルニ足ラザルモノハ之ヲ略ス。〉

続いて三年に及ぶ諸国遊歴を踏まえた総括とも言うべき改革案が約九頁にわたり記されている。

全文を紹介する紙幅は無いが、ここに「負笈管見題言」及び、〈巻之二〉より「薩摩」「佐賀」「長崎」「肥後」に関する部分を紹介して置きたい。因みに「薩摩」の記述にある重野厚之丞[32]（安繹。号成斎）も昌平黌に於ける羽峰の友人である。なお引用に際し、略字合字などは通行の字体に改め、句読も適宜これを切った。また送り仮名は最低限補うにとどめ、（　）で示した。

負笈管見題言

管中窺天望白雲者以天為白覩黒雲則曰天黒。甚皆僅得其一端耳。豈能識天之全髀哉。安政乙卯之夏余負笈於上国到丁巳之夏遊蹤殆周于畿甸山陽山陰四国九州。途上所覧観雑記二小冊子。以為他日之証左。然国郡之大猶天瞥見之所及管中不啻。況以余朦昧之眼豈能得弁其黒白乎。譬諸鴻鵠決起蚍蜉之捻樹。多見不知其量也。但読此編者尓知余志之所存焉

管中より天を窺い、白雲を望む者は天を以って白と為し、黒雲を覩れば則ち天は黒しと曰ふ。甚だ皆僅かに其の一端を得るのみ。豈に能く天の全髀を識らんや。安政乙卯の夏、余笈を負いて上国に到り、丁巳の夏遊蹤殆んど畿甸・山陽・山陰・四国・九州を周る。途上覧観するところ二小冊子に雑記し、以って他日の証左と為す。

然りといえども国郡の大なること猶天の如く、瞥見の及ぶ所管中に啻らず。況んや余の朦昧の眼を以って、豈に能く其の黒白を弁ぜんや。譬えば諸鴻鷁決起蚍蜉の捻樹、多見して其の量を知らざるなり。但し此の編を読む者余の志の存する所を知るべし。

安政丁巳穐七月識于江戸金杉戌営
羽峰小史南摩綱紀

薩　摩

政法極メテ簡略、呑舟魚ヲ漏ス勢アリ。故ニ国ノ元気厚ク人気正直ナリ。政ハ下ヲ冨優ニナス様ニ定メテ手当モ宜シ。君ヲ公儀ト唱フ。幕府ヲ大公儀ト云。一門四家アリ、四家ト唱フ。之ヲ第一トス。第二大身分、第三一所持（都城ヲ持、私領ヲ持タルモノヲ云。）第四一所格、第五寄合以上皆槍ヲ建テ、通行ス。第六小番、第七新番、第八小姓組以上皆士ト云。小姓組極メテ衆シ。次ハ郷士ナリ。小姓組以上ハ郷士ヲ呼捨ニス。重官ヲ呼デ大名ト云。大凡九十余人、家老職ヲモ勤ム。小番ノ頭ヲ番頭ト云。之モ時ニヨリ家老ニナル。小姓組番頭ヲ大番頭ト云。役料百八十石。家老役料千石。若者寄五百石。大目付三百石。寺社奉行百八十石、勘定奉行仝、町奉行仝、当番頭百四十石、用人仝（数十百人アリト云）。物頭七十五俵、郡奉行四十三俵、横眼銀一枚袴料ナリ。外ニ役料ナシ。朱紋付権勢極メテ盛ナリ。小番大番頭両組ノ士、大凡一万人アリト云ヘトモ実ハ少ナカルヘシ。鹿児島ハ城ナシ。宮殿様ニ造ル御屋形トモ云。大広間ノ如キ所ヲ山吹ノ間ト云。平常小番衆三十六人片側、大番衆三十六人片側ニ番ヲナスト云。小番大番両組ノ者貧キウ（ママ）ウスレバ在所住所住居ヲ願ヒ自分ノ采地へ往テ住ス。足軽ノ外ハ皆采地アリ。大名家老以下凡采地ハ皆私ニ買売ス、サレドモ家ノ格ハ変ハルコトナシ。大臣ノ者困窮スレバ官倉米ヲ賜ハル。又ハ琉球奉行或（ハ）琉球門番等之料ヲ賜ハル。琉球奉公ヲ望ム者ハ二千両許モ出シテ其役ニナル。命セラレテ行クコトヲ好マヌ人ハ病ト称シテ他人ヨリ二千両ヲ取テ其役ヲ譲ル。琉球門番ハ四五百両ト云。凡(ソ)琉球へ行ク者ハ皆買売ノ管宰ニノミ行クコトニテ戍士番卒ノ如キハ更ニナキコトト見ユ。琉球ハ昨年来払郎察(フランス)ニ属スルト云。併(シ)薩人甚秘シテ云ハヌナリ。本藩士ヲ武家ト云(ヒ)倍臣ハ家中ト云。一所持ノ僕従ヲ家来ト云。武家ノ従僕ヲ下人ト云。足軽ハ清水浦坂西田一色四所ニ住ス。合(セ)テ四千人ト云。子生ルレハ其届ケタル日ヨリ三石六斗ヅツ賜ハル。二三男皆然リ。勤ヲスレバ役ニヨリ五石モ十石モ役料アリ。此四千人中ニ死札ト云(フ)物一日ニ三枚ヅツ廻ル。命ヲ捨テ働ク公事アレバ輪番ニ直リタル者之ヲ勤ム。貧窮スルトキハ小浮免高ヲ自分持高ノ割ヲ以(テ)地方ニテ賜ハリ、皆手耕シテ職務ヲセズ作リ取ニシ、歳首三人総名代トシテ物頭宅へ出レバスムナリ。稍冨メバ本ニ返リ勤ヲナス。都城ハ百二十四所アリト云。城ナシ、皆山ニ拠リ要害ヨキ処へ本陣ノ如キ物ヲ立(テ)置ク御仮屋ト唱フ。国侯通行ノ時休息ノ館ナリ。其傍ニ住スル士ヲ郷士ト云。平日ハ耕作樵漁ヲナス。其時ハ一刀ヲ帯ブ。農業セヌ時ハ双刀ヲ佩ブ。旅人并ニ荷物往来ノ才領ト夜廻リノ外ハ勤ナシ。合セテ六万人アリト云。内ニ倍臣モアリ一石許ヨリ九百九十石許ノ者アリ。皆私ニ高ヲ買売ス。貧者ハ皆公田ヲ作リ十分ノ一年貢ヲ収ム。毎郷士年寄四人アリ。郷士ヲ司宰ス。郷士風俗極メテ素朴衣ハ短シ。僅(カ)ニ膝迄下ル袴モ然リ。一幅ノ木綿或ハ布ヲ以テ帯トス。皆自(ラ)髪ヲ結フ。油ヲ用ユル者少シ。又髪極メテ短シ。首ヲ切ラレシ時、敵ヨリ片手ヲ首ノ下ニ添ザレバ提ケラレヌ様ニセシモノナリ。大刀ハ皆相応ノモノヲ帯ブ。極寒ニテモ水ニテ顔ヲ洗フ。湯ニテ洗ヘバ死首ノ色変ズル故ニ之ヲ恥ルト云。衣ハ多ク浅キ染ニテ往々国侯ノ紋ヲ付テ着ス。百姓モ然リ。婦人ハ馬ヲ牽(キ)薪ヲ負(ヒ)テ住(ク)者迄往々腰模様或ハ裾模様ノ衣ヲ着ス。通行スル者流行俗歌ヲ唱フルヲ聞(カ)ズ。希ニハ謡又ハ和歌ヲ唱ヒ行クヲ見ル。婦人ノ髪ハ大凡両鬢ヲ極メテ張リテ大キク結フ。甚(ダ)古雅ナリ。国中盗賊乞食ナシ。瞽者琵琶ヲ懐キテ往来スル者甚(ダ)多シ。挙国皆山平田少シ。米極メテ不足、山頭迄畦トナス。多ク蕃藷ヲ種〔う〕フ、麦モアリ。食物多クハ藷ト麦或ハ稷ヲ合セタルモノ也。城下ト雖モ純米ヲ喰フ者少シ。城下ノ士ハ表裡皆絹衣ヲ着ルモノモアリ。城下士ノ婦ハ往来ニ外衣（カイトリ）ヲ用ルヲ見ル。童男十五歳以下ハ皆前髪アリテ婦人ノ如ク多キ髪ヲ前後共曲ケテ結フ。人情極メテ優游。朝五ツ時始(メ)テ起、四時朝食、八時午食、夜ニ入テ晩食ス。収斂甚(ダ)薄シ。十分一ヲ収ル所モ有(リ)ト云。田地ハ皆某升某斗蒔ト云テ種子ノ多寡ヲ以(テ)度トス。凡テ三ニ分ツ。一ハ公ニ収ム、一ハ地頭、一ハ自(ラ)取ル分ハ恣ニ買売ス。一石高価十八貫文ヨリ二十貫文許(リ)ナリ。

川内ト云(フ)処ニ大河アリ。其下方ハ一年ニ米両度熟スト云。楮幣ナシ。皆金銀銭用ユ。君ノ田地ト臣下ノ田地ト別ナリ。其外ニ間田畦アリ。貧困者ニ作ラシメテ収斂ナシ。産植スレバ又旧ニ復ス。上納金ノ命抔ト云(フ)コトハ曾テ夢見セズ。故下民大ニ仰戴信服ス。国侯平常近侍十人許ニテ国中ヲ周覧シ風俗田畦ヲ検査セラル。或時一農家ヘ入テ休息ノトキ、後園ノ麦畦ヘ手ヲ入(レ)是ハ糞過タト云テ其手ヲ洗ハズ直ニ蕃藷ノ烹タルヲ皮トモニ喰ヒ、近侍ニモ喰(ベ)ヨト云ハル。皆蹙額シテ皮トモニ喰(ベ)タリト云。又城下磯ト云(フ)海岸ニ一里余皆桜ヲ種ユ。花時ニハ陸舟トモニ遊客雑沓ス。以前ハ侯遊覧ノトキハ皆避(ケ)タル由、今侯ハ命ヲ下シ楽ハ上下同ジコトナリ。決シテ避ルニ及バズ。成ルベキ程ハ多ク遊覧ニ出ヅベシト。又自分ニ其遊舟傍ヘ舟ヲ近ケテ酒肴ヲ与ヘテ楽マルルト云。三弦太鼓等ニテ甚(ダ)喧闐ナル由。文武振ハズ。文ハ殊ニ衰フ。今侯之ヲ憂テ頻(リ)ニ興起セラレ、文武ヲ善スル者アレバ位次ニ拘ハラズ抜擢セラル。重野厚之丞学問ヲ善(ク)スル故小姓組ニ召出サレ儒者ニナリタリ。凡テ漢蘭学修業ヲ望ム者アレバ一月ニ金一両二分宛賜ハリテ他国ヘ出サル。業進メバ修業中ニテモ俸ヲ益ス。先年奢侈ニ過テ甚貧ク官庫ニ二朱金一枚ト云(フ)程ニナリタルヲ調所庄左ヱ門（ママ）一人ニテ経済ヲナシ、今ニ至リテハ不時金印封シテ庫中ニ一万両アリト云。砂糖近年上国ニテ高価ニヨリ先年ヨリハ一年ニ三十万両ノ益アリト云。其多キ知ルベキナリ。城下書庫七八アリ。蘭書五六百冊アリ。砲術館（書籍ヲ検査スル官所）、銃薬方（火薬ヲ製ス）、鋳製場（大小砲具車台、銃及等ヲ作ル）、之ヲ三館ト唱フ。ケベル銃ヲ造(ル)者三十人、日々造ル毎月二十四五挺ヅツ出来ルト云。其外砲墩及船製造皆局ヲ分チ役人モ各自分(カ)レテ之ヲ司ル。軍艦五艘作リ、内二艘ヲ幕府ヘ献ジ幕府ヨリ金八万両賜ハル。実ハ一艘ニテ諸費一万両許ノ由。ケベル銃ニ用ルドントロノ銅管ヲ作ル器ヲ蘭ヨリ買求(メ)ラル。一日ニ一万余出来ル由。大砲及砲墩極メテ多シ。サレトモ皆法度ニ違ヒタルモノニテ反テ害ヲ為スモノ多キ様ニ見ユ。今侯ハ大ニ蘭学ヲ好ミ蘭書ヲ読(ム)者ヲ召抱へ、優ニ俸ヲ賜ヒ細々吟味セラル、故、不日ニ本法ニ改マルベシ。返射炉ヲ作リ大炮ヲ鋳ル。炉ハ一ナリ。西洋流騎馬調練アリ。百疋許(リ)ハ慣(レ)タル馬アリト云。凡(ソ)調練ニ用ル砲一月ニ一万七千五百発ト云。城下士宅大家ハ巨大美麗ナリ。大抵上中下抵アリテ家臣ヲ交代ニ置ク。小家ハ多ク竹籬ナリ。肥後境ヨリ鹿児島迄二十六里三十丁ナリ。皆五十丁ヲ一里トス。村々処々ニ常平倉ト記標セシ倉アリ。是ハ嘉永五年正月ヨリ侯ノ始(メ)テ設ケラレタルモノニテ、当時ハ米二十万石畜アリト云。鹿児島町家三千戸、士宅ハ四陪(ママ)スト云。山奥ノ村ニテ少女路ヨリ二朱金ヲ拾ヒタリ。村中ニ問フニ知ル者ナシ。村頭ニ訴フ。村頭曰(ク)、天ヨリ汝ニ賜フナリ。汝ノ有ニセヨト。其父決(シ)テ肯セズ。数十日戸前ニ竿ヲ立(テ)糸へ其(ノ)金ヲ結付ケ竿頭ニ懸(ケ)置(キ)タリト云。其(ノ)質実称スベキナリ。国中多ク焼酎へ水ヲ割(リ)温メテ酒宴ス。酒アレトモ極メテ甜也。二月十一日鹿児島ニ到ル。早桜ハ満開ナリ。同十七日磯ノ桜花ヲ観ル。三分余開(キ)タリ。例年二月廿五日頃満開ト云。三月始ヨリ蚊幮ヲ用フ。其暖可知也。城下ニ琉球館アリテ琉人常ニ来リ居ル。皆簪ヲ挿ス。上官ハ銀、下官ハ鎮鍮ナリ。苗代川ト云(フ)処ニ朝鮮人ノミ一大村落ヲナス。男子ハ総髪元結ナシニ巻付(ケ)置(ク)、甚(ダ)巧也。是ハ朝鮮征伐ノ時降伏セシ者ト囚(ハ)レタル者也。他村ト婚姻セズ。男女共ニ皆朝鮮種ナリ。降リシ者ト囚(ハ)レタル者ト今ニ不和。囚者云、汝等降ラズバ我々如此困難セザルベシト。又曰(ク)、今年ニテモ免サル、ナラバ朝鮮へ帰リタシト。其不忘旧ノ志モ亦憐ムベキナリ。平常陶器ヲ作リ居ル。又皆朝鮮学ヲナス。朝鮮文字ヲ問(ハ)バ皆善ク対ルト云。

佐　賀

政法甚(ダ)厳密、人事地力ヲ尽スコト寸余ナシ。当侯ノ為ス処一々壮快、人目ヲ驚カス事多ク巨細迄秀達ス。サレトモ水清無大魚ノ理ニテ下民ハ却テ之ヲ困ミ且人気モ自然ニ醇良真実ヲ失ヒ上下皆虚喝ノ気ヲ帯ブ。国ノ元気ハ衰(ヘ)タル様ナリ。若(シ)後ニ継グ者英豪ナラズンバ、恐ラクハ国治(マ)リ難カラン。大切ノ手足ナル蓮池小城等本藩ノ接遇悪キ故、殊ニ怨恕ノ情アリ。

風俗ハ甚(ダ)質朴倹素ヲ尚ブ。挙国上下皆木綿衣、又游冶浮蕩ノ風ナシ。文武共ニ盛也。士気モ大ニ振フ。城ハ平地ニアリ。四方ヨリ望(ム)ニ一楼櫓ヲ見ズ。城下士宅頗(ル)巨大而(テ)清潔ナリ。

学校ヲ弘道館ト云。頗(ル)大ナリ。聖廟ナシ。講堂甚(ダ)巨、通(リ)ニ稽古ノ局寄宿生ノ局アリ。寄宿局ハ四百人ヲ容ルベシ。今ハ三百人許居タリ。等級ヲ分チテ或ハ扶持ヲ賜ハル。業ノ成否ニ随(ヒ)テ厚薄アリ。或ハ費金ヲ賜リ、或ハ自力ニテ入ルナリ。凡(ソ)本朝寄生ノ衆、之ヲ以(テ)第一トス。教授一人古賀大、助教一人草場磋助、教諭四人、指南役二十八九人、指南役差継十五人、執法五人ニテ之ヲ司ドル。又百間長屋有テ武事ヲ演ズ。医学館ハ外ニアリ。頗(ル)巨、好生館ト云。蘭学館町家外ニアリ。亦頗(ル)巨大、寄宿生百人許(リ)居タリ。其傍ニ調練場アリ。四方へ松ヲ種(ヱ)内ハ芝原ナリ。二丁四方有ベシ。傍ニ砲ヲ学ブ処アリ。侯近年厳命、当今ハ西洋ノコトヲ知ラネバナラヌ時勢ナリ。故ニ苟(ク)モ我(ガ)臣タル者ハ上下老幼ヲ択バズ二三男迄西洋砲ノ操作及調練ノ模様ヲ尽ク試習スベシ。是迄習学スル処ノ諸流派ヲ必(ズ)シモ廃スルニ及バズ。文官武職共に毎日十五歳以上五十歳迄出席スベシトノコトニテ、当時ハ五十歳以上ニテモ之ニ加ハラヌヲ恥(ヂ)争(ヒ)テ学習スルナリ。弘道館寄宿生モ日夕ハ寮ヲ空フシテ之ヲ学ブ。学習ノ時、士以上ハ立附袖窄襯衣大刀ハ背ニ負ヒ、軽卒ハ股引半衣ナリ。士以上ハ大番頭之ヲ指揮ス。軽卒ハ物軽ノ指揮ナリ。操作ハ皆同号令、洋詞ヲ用フ。少シ熟スレバ漸々取舎ヲ加フベシト云。反射炉二。一ハ蘭学館ノ近クニアリ。一ハ多布施川畔ニアリ。初(メ)ハ一ツ作リタルヲ後ニ幕府ノ大砲ヲ鋳ル為ニ六七年前又一ツ作リタリト云。共ニ其製極(メ)テ精密、而(テ)巨大ナリ。二十四封度ヨリ八十度迄ノ大砲多ク鋳並ベテアリ。其砲ヲ切リ穴ヲ穿ツハ皆水車ニテ人力ヲ用ヒズ。其法極テ便ナリ。之ヲ鋳ルニ用ユル処ノ炭ハ柚子木ノ炭ナリ。俗ニ猿ヒヤウノ木ト云。薩州又ハ日州ヨリ出ヅ。甚(ダ)堅木ナリ。実ノナル種ヲ佳トス。花柚子ハ少(シ)柔ニテ悪シ、其他ノ柔軟木炭皆用ニ立(タ)ヌト云。此返射炉ヲ作リ始(ム)ルトキ屢損ジ十一度改作シテ漸ク成ル。闔(テ)藩士ハ勿論侯モ厭倦セラレ、已ニ廃セラルベキヲ藩士田中虎六(ママ)郎及何某強テ強ニ心力ヲ尽シ遂ニ成就スト云。〔按スルニ凡(テ)ニ新ニ事物ヲ作行スルハ短慮ト損失ヲ厭フテハ成就セヌコトナリ。只此炉ノミニアラズ。〕又京摂江都其他諸国ヨリ諸職工ノ名人巧手ヲ招キ、諸器ヲ製作ス。京師ヨリ喜助ト云(フ)諸事ニ老練ノ者ノ職工ヲ呼下シ六口俸ヲ賜フテ諸器ヲ作ラシム。返射炉抔(など)モ此(ノ)喜助専(ラ)労力シテ成ルト云。蘭製ノ瓶抔(など)甚(ダ)精巧ニテ今ハ長崎ヨリ買ニ来リ蘭渡(リ)ト称シテ売出ス。真贋弁別シ難シ。又京焼ノ陶器抔モ真物ニ異ナラズ。凡テ諸物ヲ他国へ売出シ国中ハ他ヲ仰ガズシテ足ラスル法ナリ。

平地山沢各其(ノ)土ニ宜シキ草木ヲ植テ寸地モ間葸ナカラシム。櫨ヲ多ク種ユ。佐嘉(さが)ニテハイチイ櫨ヲ最上トス。久留米ニテハ松山櫨ヲ最上トス。共ニ地名ナリ。山陰窮谷ニハ杉ヲ種(う)フ。山少ク平地多シ。膏腴ナリ。蓮池小城諫早等ヲ併論シテ凡(ソ)米八十万石、畦二十万石ヲ出スト云。然(レ)ども是ヨリハ多カルベシ。国中ノ石橋必(ズ)半ヲ毀チ木材ヲ平直ニ架ケ之ニ換ヒ(ママ)大砲車通行ニ便ニス。

文武生ノ旅館ヲ設ケテ宿寓セシム。尋常五日中ハ皆官費ナリ。故アレバ幾日モ官費ヲ賜ハリ接遇厚シ。会集ノ時酒肴モ官ヨリ出(ヅ)。藩法甚(ダ)厳、文武旅寓ニテモ凡テ市間ニテハ藩士一切飲食スルヲ禁ズ。

長崎

風俗甚(ダ)奢侈、美衣玉食都下ニ勝ル。人情極テ軽薄狡黠利ヲ貪テ厭フコトヲ知ラズ。唐人ヲ貴ブコト甚シ。利ヲ獲ルガ為ナリ。

諸人皆長崎ヲ以(テ)日本第一ノ地トナシ、我ヲ以(テ)又長崎第一トナシ曾テ他ヲ知ラズ。其固陋臭亦甚シ。人戸凡(ソ)二万ト云。皆瓦甍彩壁、寺院尤モ巨美、諸物ノ価甚(ダ)貴シ。平地ナシ、皆山脚海浜ニ住ス。石多キ処ニテ路上皆石ヲ敷キ橋ハ皆鋄鏈橋ト称シテ石ヲ畳重シテ作ル。

蘭人極テ跋扈、毎日市中ヲ徘徊ス。雨雪中ニモ別ニ笠ヲ用ヒズ。羅紗ノ頭巾羅紗ノ鉄炮袖半衣股引ニテ草リ（ママ）ヲ踏ム。又竹根鞭ヲ持チ往ク。犬怪(シ)ミテ吠フル故ナリ。市店ニテ諸物ヲ買フ、目前ノ品物ハ日本詞ニテ買フ。昼ヨリ外出(シ)テ館へ帰ラズ。夜ニ入ルヲ待テ青楼ニ登ル。毎夜如此。町役人之ヲ制スレバ蘭人曰、我々ハ日本ヨリ頼マレテ来リ伝授ノ先生ナリ。門人中ハ皆恣ニ来(リ)遊ブ。我等来遊ハ至当ノコトナリ抔云テ、役人ノ制ヲ用ヒズ。故ニ之ヲ鎮台へ訴ヘタリ。余逗留中ハ何ノ命モ下ラザリシ。万事皆如此形勢也。西役所側ノ海浜ニテ小舟ヲ蘭人日本匠ニ教ヘテ作ラシムルヲ見ル。長十間許(リ)三間余コットル船ト云。材ハ皆楠ヲ用フ。佐賀侯ノ畜(ヘ)置(カ)レシヲ幕府ニテ買上ヲ命ゼラル、ト云。其骨トナル処、◡如此木ヲ間二尺許リ隔テ、並列ス。皆一本ノ自然ニ股トナリシ木ニテ皆五寸径許(リ)甚(ダ)堅牢ナリ。檣ハ一本、外洋ヲ通行スベキ舩ナリ。又蘭人用ヒ古(シ)タル蒸気舩ヲ献上セシ舩ニ乗リテ見シニ、長二十五間、檣三本、舩中凡(テ)三階、大砲六門、八十封度二門、余ハ三十封度、皆鉄ナリ。ハントモルチ、ル及小砲数門アリ。皆銅ナリ。其色金ノ如シ。舩水ニ涵ル処以下ハ銅ヲ以(テ)包ム。凡ソ舩内外登降ノ楷梯ハ皆鉄ヲ以(テ)作ル。舩中艫ノ方中階ノ処ニ将官ノ居アリ。玲瓏美麗、大鏡二ツアリ。左右ニ掛ク。中央ニ大案十数アリ。寝所傍ニアリ。棚ノ如キ所へ糸縄ヲ縦横ニ張リ其上ニ厚サ五寸許(リ)ノ蒲団ヲ敷ク。身ヲ安クニ甚(ダ)便ナリ。船動揺シテモ動カズ。剣数握ヲ飾リ置ク。皆刃ナシ。石炭ヲ焚(ク)所六ツ、湯ヲ入ル、銅釜二ツ、銅管大小二ツ、一ハ蒸気ヲ通シテ輪ヲ転ジ、一ハ已ニ功ヲナシ了(リ)タル蒸気ノ水ニナリタルヲ再ビ釜中へ返ス。蒸気ヲ通ズル管ハ木綿ノ如キ物ヲ以(テ)包ミ置(ク)。湯ノ冷へヌ為ナリ。大小輪太多シ。其精巧密機瞥目ノ悉ス処ニアラズ。舷外ニ大輪アリ。水ヲカク。其上ニ覆アリ。白塗ス。其覆内ニ二便所ヲ設ク。舷外ニバッテイラ五六艘釣リ置(ク)。水手ハ讃岐塩飽島ノ者百人許来リテ略学(ビ)得タリ。近海ノ運用ハ蘭人ヲ須ズシテ足ル。

蘭館ヨリ海ヲ隔テ、前岸、イテサト云(フ)処ニ英吉利館アリ。其庭ニテ調練ヲ見ル。蘭人三名来リ教ユ。即(チ)

バタイルロンノ調練ナリ。伝習二十九人々数不足ニテ僕中間二人ヅツ縄ヲ持テ補ヒ隊ノ形ヲナス。其運用ハ甚(ダ)軽便自在ナリ。

蘭人縫物ヲ頼ム、寸長短ヲ度リ縫糸迄目ヲ掛テ頼ム故ニ一寸モ取ルコト能ハズ。万事精密皆如此ト云。

唐館ヲ見ル。門ノ出入ヲ検査ス。極メテ厳ナリ。館中甚(ダ)不潔。舩頭ノ区ハ稍佳潔。毎区関帝像ヲ祀ル。凡ソ区中佳書画ノ額聯ノ類極メテ多シ。大ニ神仏ヲ敬崇ス。凡テ唐人港ヲ出ル、寸帆ヲ揚グレバ逆風ニテモ日本へ着ク迄ハ帆ヲ下サズ。故ニ日本近(ク)迄来リテ吹返サル、コトアリ。サレドモ決シテ下サズ。往昔ヨリ為シ来タル先例ヲ改メズト。其愚概見スベシ。額ヲ書(キ)テ見セタリ。落款ヲ先ニ書キ、末ノ字ヨリ倒ニ書ス。

長崎ハ墓所及畦皆山ニアリ。墓ハ石ヲ多(ク)用ユ。甚(ダ)佳麗ナリ。

肥　後

政法極メテ精密、ヨク微細ニ透達ス。万事定度アリ。サレドモ人情ハ反テ善ナラズ。庶民少シ不楽ノ色アリ。藩士ハ皆各自罥中ニ城府ヲ構ヒ和親ノ気ニ乏シ。城ハ小山ニアリ。天守ハ三層、凡(ソ)城郭甚(ダ)美潔而(テ)堅固、本城内ハ甚(ダ)広カラズ。士宅甚(ダ)衆。多(ク)城外ニ住ス。城内ニアル者少シ。本ハ山谷ヲ開キタル者ニテ城下大ニ高低アリ。山ヲ堀切(リ)通行スル処多シ。士宅皆集合、町家ト混ゼズ。城ヲ四方ヨリ囲ム。町街ノ境ニ門柵屏ナシ。士宅樹竹ヲ籬トスルモノアリ。又中間ニ町家ヲ隔テ、住スル一境アリ。町ハ二里四方アリト云。巨家多シ、皆瓦屋ナリ。

風俗甚(ダ)質朴ナレドモ薩ニ比スレバ奢侈ニ見ユ。文武頗(ル)行ハル。乗馬甚(ダ)巧、十二許ノ童子モ善(ク)乗ラヌ者ナシ。毎年正月中旬三幾長アリ。七五三ヲ多ク積堆シ火ヲ焼(ク)。挙藩ノ壮士馬ヲ馳テ、焰一丈余上ル中ヲ通過ス。六七歳ノ童子モ乗(ル)者アリ。是ハ馬御ヲ執ル者ヲ従フ。此法細川幽斉定メラレタルト也。

士以上凡(ソ)五百人、軽輩ハ一万余ト云。其外一疋一領ト云(フ)者アリ。槍一本馬一疋鎧一領ヲ持(ツ)者ナリ。此等ハ皆軍陣ニ出ルナリ。平日ハ田畦ヲ耕作シ、武事ヲ演習ス。郷士ノ類ナリ。平常ノ調練ニハ輜重ヲ司ルト云。余ガ見ル処ニテハ士五百人ヨリハ多カルベシ。当時調練ニハ西洋法ヲ学ブ。大小砲皆洋法ヲ用ユト云。城ハ清正肥前直重ト共ニ築キタルニテ、全ク秀頼ヲ迎ヒ置ク為ニスト云。今ニ千畳敷ノ間アリテ、少シ宛暇アリテ下ル。最上座ヲ今昭君ノ間ト云。実ハ将軍ノ間ナルヲ諱ミタルナリ。金碧光耀人目ヲ奪フト云。清正ノ平居ハ玄関ノ傍ニアリテ四方皆鉄ノ戸ナリ。熊本侯ハ代々本城ニ居ラズ、御花畑ト云(フ)処ニ殿ヲ造リ居ラレ、本城内ハ交代当直ノ者ノミ也ト云。

双刀ヲ佩シ貧家ノ女ハ市外柳街ヘ身ヲ売テ妓トナルモノ少ナカラズト云。凡(ソ)国中平延沃土、比奈古駅ヨリ熊本辺東西八九里南北十余ハ山ナク平埜ニテ尽ク膏腴ナリ。水渠縦横ニアリテ甚(ダ)便利ナリ。皆清正ノ作ラレシ由。又毎年海ヲ埋(メ)新田ヲ作ル。極メテ広シ。高五十万石ト雖(モ)実ハ百万余石出ルト云。山上迄畦トス。麦及(ビ)蕃藷ヲ種ユ。年貢ハ四物成ヨリ六物成ヲ納ム。国中平均シテ四物成五物成ノ間ニアルト云。貢税ハ豊凶ニ拘ハラズ定数アリ。毎年少シヅツ定数ヨリ多ク納メシヲ別ニ倉ヲ設ケテ蔵シ置(キ)、凶年ニハ民ヨリ少ク納メシメ、其畜(ヘ)置(キ)タル穀ヲ以(テ)定数ニ充ル。故ニ豊区共ニ官ニ納ル処ハ増減セズ。一村中ニテハ官ヘ訴テ私ニ田地売買ス。国中皆私田ナリ。公田ナシ。故ニ各自田地ヲ我物トナシテ荒サヌナリ。他村ト売買スルコトハ厳ニ禁ズ。若(シ)田地ヘ公トナセバ各自力ヲ尽サズ、荒蕪シテ貢税モ少クナルナリ。又年ノ熟否ヲ年々ニ査検シテ貢ヲ定レバ、賄賂行ハレ上下交々欺ク弊生ズル故ニ右ノ法ニ定メタリト云。貢税ハ米ノミ。民ヨリ便利ヲ以テ願(フ)ニハ麦ヲモ納ルナリ。余ガ目見スル処ニテハ本朝ニテ広延膏腴ノ他、尾張第一肥後ヲ次トス。藩士ノ禄、皆采地ニテ賜ハル。去レドモ其民ヲ恣ニ賞罰スルコトヲ得ズ。貢税モ亦直(チ)ニ納ムルヲ得ズ。皆官ヘ納レテ後、官ヨリ平均シテ闔(テ)藩ヘ賜ハル倉米俸禄ト異ナルコトナシ。只軍事ニハ其民ヲ我物トシテ恣ニ役スルナリ。薩摩境ノ村ニ士二三十人或(ハ)四五十人或住ス。境警固ノ為ナリ。其士ハ熊本ニテ罪科アル者、五十年或(ハ)百年住ヲ命ゼラル、由。ヨク謹(ママ)バ二三年ニテ城下ニ帰(ル)モアリ。

八代ハ三万石ナレドモ実ハ十万石モ出ヅ。代々一家老ニテ城代ナリ。往昔細川幽斉豊後ヨリ伴ヒ皈ラレタル演劇ノ座アリ。今ニ双刀ヲ佩テ侯ニ謁ス。熊本ヨリ南十里許(リ)ニ矢部ト云(フ)処アリ。山ヨリ水ヲ引キ石樋ヲ作(リ)テ川ヲ法高処アリ。直下ニ水ヲ下シ、其勢ニテ又上ヘ上ル也。譬ヒバ下ル処六間アレバ上ル処四間ト定ム。水勢激シテ上ル様ニナス。此水ニテ田畦甚(ダ)便ヲ得ルト云。

肥後ノ村民家ノ町ヲ呼(ビ)テ城下ト云。酒極テ悪色殷黒味酸、皆灰ヲ入テ作ル。咽ニ下ラズ。又ヒモチト云(フ)白色キ酒アリ。甚(ダ)甜、飲ニ堪ヘズ。幽斉意有テ此悪酒ヲ造ラシメシ由。

武術ノ旅館アリ。官費ナリ。文人ハ之ナシ。軽罪ノ者ハ眉ヲ剃落シ小屋ヲ造リ群居セシム。無眉(マユナシ)小屋ト云。一人扶持ト一日銭三十五文ヲ賜ハリ、又藁ヲ賜ハリ草履鞋ヲ作ラシメ、上ニテ買上ニナル。城普請等諸公事アレバ之ヲ役ス。平士通行ノトキ万石以上家老分ノ者ニ行逢ヒ挨拶シ、一日三度籠ヨリ下セバアホウ払ニナルト云。按ズルニ昔日ノコトニテ今ハ如此ナラザルベシ。旅人逼留中城下市街ヲ遊行スルトキ廻リノ役人ニ行逢ヒ挨拶スレバ、即刻旅人ノ国姓名及何屋旅寓ヲ問(ヒ)テ使者来リ御丁寧ナリト謝ス。而テ旅寓主人ハ預メ旅人ニ避ルコトヲ罪シテ閉戸サスト云。按ズル是モ今ハ必(ズ)シモ無(カ)ラザルニ似タリ。清正公祠ハ城外十余丁小山下ニアリ。祠宇荘厳賽禱人極メテ雑沓ス。或曰(ク)、此祠ハ清正深意アリ、豊公ノ祀ノ絶ルヲ恐レテ、実ハ豊関白ヲ祀リ故(コトサ)ラニ諱ンデ自ラノ名ヲ命ゼシメラレシナリト。按ズルニ事理然ルコトモ有ベシ。

長岡監物賢材ノ家老ニテ人望ヲ得ル者ナリ。木下直太郎篤実有志ノ儒者、沢村宮門開豁壮快英豪ナリ。阿蘇宮ハ阿蘇山下(ニ)アリ。祠宇極メテ荘厳、武岩達尊ヲ祀ル。大宮司之ヲ司ドル。神孫ナリ。臣六百人余アリ。多ク古文書ヲ蔵ス。綸旨令旨又頼朝以来将軍及(ビ)諸英雄ノ手簡アリ。宝刀アリ、長四尺余、建仁五年五月一日来国俊作トアリ。蛍丸ト称ス。極メテ名刀ナリ。切先ヨリ八寸許(リ)元ニ刃欠アリ。戦陣ニ欠(ケ)タリト云。

【注】

（1）東京都立中央図書館特別文庫所蔵。岡鹿門旧蔵写本。

（2）『安達清風日記』日本史籍協会叢書（大正15年2月）。安達は鳥取藩士、『書生寮姓名簿』に依れば〈松平相模守・林門・嘉永七入安政卯退　安達志津馬　寅二十〉とある。

（3）同じく『書生寮姓名簿』に依れば〈田村右京太夫・古賀門・嘉永二入同五退　森文之助　酉二十五〉とある。退寮年は羽峰と同じく安政元年とすべきであろう。

（4）同じく〈松平肥後守・古賀門・弘化四入安政三退　武井源三郎　未卅七〉とある。

（5）昌平黌書生寮在学中に杉田成卿に師事したことは羽峰自身の回想「書生時代の修学状態」（『孔子祭天会々報』第一号別冊。のち『諸名家孔子観』収録。明治43年4月、博物館刊）により知られる。

（6）『書生寮姓名簿』に〈松平肥後守・安積門・嘉永二入安政五退　高橋誠三郎　酉十九〉とある。

（7）土屋鳳洲撰文「南摩羽峯先生伝」（『環碧楼遺稿』附載）に羽峰が師事したとある。勝海舟の安政二年のメモに江戸在住蘭学者として列挙している五十八名中にその名が見えるが、その事歴を明らかにしない。〔後判明。本書所収「埋もれた洋学者石井密太郎」等参照〕

（8）天保四年、二十七歳から文久三年八月十三日、五十七歳で没する五日前迄、三十一年間に及ぶ厖大な日記である。稿本のまま保存されて来たが、初めて写真版として思文閣より刊行中である。既刊第一巻～第十一巻。第十二巻及び別巻は未刊。

（9）『書生寮姓名簿』に〈土井大隅守・安積・嘉永二入安政二詩文掛三年舎長助四年舎助　松本謙三郎　子二十二〉とある。

（10）同じく〈大村丹後守・安積門・安政三年入同五年詩文掛六年退　松林駒次郎　辰十八歳〉とある。

（11）会津若松市立会津図書館蔵写本。
（12）梅渓昇『緒方洪庵と適塾生』に依れば、旭荘の広瀬青村宛書翰に〈当時三郎六郎俊蔵顕蔵会盟し一年に一度相往来候て文壇の事談候て以我為盟主候筈〉云々と報じられているという。
（13）羽峰より古く昌平黌に籍を置いたこともあるが、朝廷を蔑視する幕政に反撥、上野寛永寺の徳川氏の石灯を倒したかどにより退寮させられている。因みに兄の頼支峰は羽峰と同じ時期書生寮に籍を置いた。『書生寮姓名簿』に〈京師処士・古賀門・嘉永二入同年退　頼又次郎　酉二十七〉とある。
（14）同じく書生寮で羽峰と同窓。〈勢州松坂処士・古賀門　弘化五入同退　家里新太郎　申二十二〉とある。
（15）昭和26年6月刊。著者兼発行者杉山保親。百頁余りの小冊子ながら資料を博捜した労作で、唯一の柴秋村伝。
（16）『緒方洪庵伝』第二版（昭和38年3月、岩波書店）
（17）「南摩羽峯先生伝」（前出、注7）
（18）『柴秋村伝』（前出、注（15））
（19）富田正文校訂。岩波文庫所収。
（20）村上の詳しい事歴は明らかではない。管見の及ぶところ『明治文化』（昭和13年8月）に「蘭学者村上代三郎の事」（前川清二）という短い紹介がある。
（21）『秋邨遺稿』全三巻。柴直太郎編（明治34年8月～9月、金港堂刊）
（22）『環碧楼遺稿』（南摩綱夫発行。明治45年3月）所収に〈時余遊鎮西。帰途滞浪華。与相交。遂共拝伊勢大廟。至江戸。〉とある。
（23）岸田吟香の明治二十四年一・二月の日記（国会図書館蔵）が影印本として刊行されている（『明治文人遺珠』昭和57年4月、湖北社）が、その中の斯文学会や黎庶昌帰国送別の記述などに羽峰の名前が見える。しかし維新後最初に再会した経緯は現在のところこれを詳らかにしない。
（24）清河も一時昌平黌書生寮に籍を置いた。〈嘉永七年入同年退　安積門清川八郎（ママ）　寅廿五〉

（25）『在臆話記』（都立中央図書館特別文庫蔵）
（26）『書生寮姓名簿』に依れば〈松平肥後守・古賀門　弘化二年入安政退　秋月悌次郎　午二十三〉とある。
（27）同じく〈松平肥後守・安積門　嘉永五入安政二詩文掛四年舎長助同年退　土屋鉄之助　子三十歳〉とある。
（28）山川健次郎監修『会津戊辰戦史』、平石弁蔵『会津戊辰戦争』等に依れば、戊辰戦争時土屋鉄之助は新練隊頭や義勇農兵隊長を勤めたことが窺われるが、その他の事歴は会津藩関係の記録では杳としてわからない。しかし『在臆話記』にその後の消息を知る興味深い記述がある。同書に依れば、〈聞ク、連盟乱中ハ、土屋ハ会計担当、盛ンニ贋金ヲ鋳造、軍用ニ供ス。謝罪後、猶隠密ニ鋳造。此罪最大、生路ナケレバ、姓名ヲ湯澤某ト改メ、秋田ニ潜匿。此上ハ蓄財殖金、此ヲ以テ身ヲ発スル外ナシト決心。（略）資産ヲ作リ、田地ヲ買ヒ、潜匿十數年間ニ鬱然資産家トナリ、買田歌ト云フ長篇ノ七古ヲ作リ、手紙ニテ余ニ寄セタルニ、大ニ驚キ、尤モ此潜匿ノ事ハ、同藩ト雖モ、互ニ聞知セズト云フ。〉云々とある。鹿門がこの七言古詩に和して、秋月と共に返事を出そうとする時、秋田より突然訃報が届いたと云う。
（29）『塵壺』に〈秋月悌次郎同宿、同間にあらず。秋月、薩摩其の外、諸藩の事を記する事委し。再会せば、頼み見ん。〉などとある。
（30）『在臆話記』（前出）引用文に続き〈此時、上田侯ハ閣老、会津ハ福井ト名望ヲ斎フス。鎖国ノ国法アルニ、其游学、游歴ヲ許セシハ、或ハ野心アル上ノ事ナラン。如何。〉とある。因みに鹿門も西遊の折、堀仲左衛門（伊地知貞馨。書生寮に嘉永五年から安政三年迄在学）に入薩の事を依頼したが許されなかったと云う。
（31）『書生寮姓名簿』に〈松平伊賀守・古賀門　嘉永五年入六年退　桜井純蔵　子廿七〉とある。
（32）『書生寮姓名簿』に〈松平薩摩守・古賀門　嘉永元入同七年退　重野厚之丞　申二十二〉とある。舎長を勤めた。

【附記】

本稿をなすにあたり、会津若松市立会津図書館及び徳島県の宮井宏氏にお世話になった。記して謝意を表したい。

五　遊歴記録『負笈管見』

一

南摩綱紀（羽峰）は安政二年五月から安政四年七月迄、大坂での蘭学修業（適塾か独笑軒塾など）を兼ねて四国・九州を遊歴した。『負笈管見』題言末尾には「安政丁巳穐七月識于江戸金杉戍営　羽峰小史南摩綱紀」と記されている。江戸に帰着後、暫く品川第二砲台を警備する会津藩の金杉陣屋に滞在、『負笈管見』をまとめたものである。南摩の『負笈管見』については前章で紹介したが、遊歴を踏まえた総括とも言うべき巻末の建言には触れ得なかった。しかし、遊歴体験を踏まえた南摩の藩政改革への提言は極めて興味深いものがあり、ここに紹介しておきたい。（引用に当り、送りガナを最小限補うと共に、濁点も補った。また合字・異体字は通行の字体に直し、句読は適宜これを切った。）

管見子曰、余諸国ヲ経歴スルニ益吾藩ノ善ナルヲ感ズ。吾藩ハ基本堅立政教固上下ノ分正ク、風厚く人和ス。而シテ軍政一定シ、他日異船及非常ノ変アリテ急遽ニ兵ヲ発セシニ、上下騒櫌セズ、万一不利ナリトモ枕ヲ並べ国ニ殉ヒ一人モ離散セザルハ天下共ニ比肩スル者無ニ似タリ。

又曰、諸国軽俳ノ政俗ハ改革新正スルコト容易ナレドモ基本固定シ難キノ弊アリ。此弊ナキ政俗ハ先例旧格ニ拘泥シテ皆死物ニナリ、活潑ノ事ナク固陋ニ陥ルノ弊ナリ。此二弊ハ深察シテ除カザルベカラズ。又世職ヲ廃スベシ。凡テ当路在上ノ人ハ勿論、諸職ニ任ズルモノ皆賢徳材智其任ニ称フ者ヲ択ムベシ。若シ卑賤中ニ其人アレバ不次ニ抜擢シ厚禄尊爵ヲ与ヘ、其職ヲ止ムレバ旧ニ復スベシ。又官録ト私禄トヲ分ケ、官禄ハ右ノ職禄ニ給シ、私禄ハ常ニ臣下ノ有ニシテ増減セズ、若シ功労アリテ加俸ストモ其一身ニ止マリ、子孫ニ及バザルベシ。然ラザレバ官禄少クナリテ後世必措ヲ失フニ至ラン。若シ右ノ如クナラズ甲職ノ子ハ賢愚ヲ択バズ必ズ甲職乙職ノ孫ハ必ズ乙職ニ任ジ、一旦一俸ヲ加レバ万世一俸ニ俸ヲ益セバ、千代二俸ヲ受ルコトナレバ其子孫安逸ニ流レ尸位素餐ノ者多カルベシ。

又曰、政ト教トハ和漢古今共ニ同一体ノ者ニテ政ニ行ハンガ為ニ教学スルコトナレバ、政ノ本ハ教ニアリ、教ノ発用ハ政ニアルコトヲ能ク明弁シ、二物ニナラヌ様ニナスベシ。是国ヲ治ルノ大基本也。次ニ廉恥ノ風ヲ盛ンナラザレバ教行ナハレズ、士気衰弱シ国ヲ為サル、ニ至ルベシ。

又曰、賄賂行ハル、国ハ古ヨリ善ク治リタルヲ聞ズ。又法令繁苛ニ過レバ人気離背シ、国ノ元気衰ル也。此処ハ能ク察セザルベカラズ。

又曰、国家ノ治乱政教ノ善悪皆人材ノ有無ニ係ル。苟モ賢材アレバ一人ニテモ猶能ク改革隆興スルコト容易ナルベシ。況ヤ賢材多キニ於テヲヤ。人材ヲ作ルハ学校ヲ盛ンニシ文武ヲ励マスニアリ。学校ヲ盛ンニシ文武ヲ励マスニハ其師タルベキ人ヲ択ビ、其俸爵ヲ厚貴ニスベシ。凡テ師ハ侯公ヲ始メ大夫以下闔藩人ヲ教育スル者ナレバ、俸爵賤薄ニテハ其教育行ハレ難シ。殊ニ儒者ハ家国天下ノ基本、人ノ人タル道、政教制度風俗等大小ノ諸事ヲ教養スル者故、最モ其俸爵ヲ厚貴ニシ権勢ヲ与ヘザルベカラズ。文武ノ師タルベキ人及賢材秀業ノ者ヲ作ルニハ、文武ノ諸生を多ク都会ノ地ヘ出シ、天下ノ士ニ交リ、又諸国有名ノ師ニ就テ学習シ徳行ヲ修メ技業ヲ精フシ、固陋ノ病ヲ去リ日新ノ善ニ移リ、寸長尺善必ズ人ヨリ取テ吾物トナサシムベシ。凡テ書生ト云ヘバ一個軽賤者ノ如クナレドモ、家国隆替政教ノ盛衰ニ係ル者ナレバ国家ノ基礎第一貴重スベキ者ナル故ニ其修業中ノ俸給ヲ優ニシテ、其業ヲ十分ニ精力ヲ用ヒラル、様ニスベシ。書生ハ先ズ始メニ択テ三十人乃至五十人モ多ク修業ニ出スベキ者ヲ一二年学習スレバ、他日成業スベキト否トハ予メ知ルルモノ故、成業スベキ者ヲ留メテ学バシメ、成業期シ難キ者ハ免ジテ他人ヲ以テ之ニ代フベシ。就中大夫ノ嫡子ヲ始メ高禄重臣ノ嫡子及二三男ヲ択ビテ書生トナスベシ。如此家ノ長子ハ必ズ重職ニ任ズルコトナレバ特ニ学問ヲ勉メ広ク世態事理ニ通ゼザルベカラズ。重貴ノ人多クハ深閨奥堂ニ生長シテ固陋ニ陥リ、艱苦ヲ知ラズ時勢ヲ詳悉シ難キノ弊アリ。此弊ヲ脱却セズシテ職任ニ当レバ諸事宜ヲ失フコト多シ。元ヨリ学問ハ治国平天下日用ノ事業ヲ行ハン為ニスル事ナレハ只書籍ノ素読講釈ノ師トナルヲ期スル者ニハ非ルナリ。故ニ書生ヲ修業ニ出スモ後来必ズ儒者或ハ学校子弟ノ師トナス事ノミヲ欲スルハ大ナル誤ナリ。他日成業ノ後、各其人只材力ニ随テ諸職ヲ命ズベシ。又書生タル者モ諸職ニ任ジ、実事ニ施スヲ主トシテ考究討論シ徒ニ浮ニ馳スベカラズ。当時ハ書生ト云ハ只句読講釈ノミスル者ニ思ヒ、別ニ一派者流ノ様ニナリテ、多ク当路俗吏ヨリ賤視セラレ、多クハ小禄卑官ノ二三男終年ノ糊口ニ難キモノ或ハ愚弱ニテ養子等ノ心当テモナク、他日ノ成立期シ難キモノノミ書生トナル風習ニナリ行キタル故、自然貴重ノ者ハ書生ニナリ修業ニ出ル如キ事ハ夢見セズ、大ニ基本ノ違ヒタル事ナリ。水戸肥前小城抔ハ公子モ日々学校ヘ出、或ハ寄宿寮ニ入テ藩中書生ト共ニ講究セラルルト云。凡ソ治世ノ弊ハ上下懸隔甚ク、和親ノ意通達セザルニアリ。故ニ此二藩ハ軽卒ニ失スル如クナレトモ亦深察セザルベカラズ。公子猶如此、況ヤ大夫以下ノ子弟游学諸生トナルヲヤ、怪ムベキニ非ズ。又文武ノ師モ在職中ノミ厚貴ノ俸爵ヲ与へ、免職後ハ旧ニ復シ、家人ノ糊口ニ足ル程ヲ与フルモ可ナラン。〔是ハ始メ無禄ニテ新ニ召出サレタル人ヲ云〕　凡テ万事ニ気運時風形勢ノ変移ニ先立テ知リ行ヒ人後ニ立ヌ様ニ心ヲ付ベシ。

又曰、当時ハ富貴ノ策尤急務ナリ。先ヅ国ヲ富マサンニハ、冗費ヲ省クヲ第一トス。冗費ノ多キハ諸役人ヲ衆ニスルヲ第一トス。凡ソ役人ハ皆小給ノ者ナレバ、官物ヲ債スルカ又ハ下ヨリ奪ハザレバ一家ノ扶助ナリ難キ故、悪ト知リツツモ後暗キ事ヲナス者多ク出ルナリ。試ニ一ヲ挙テ論ゼンニ、年貢納米ハ国ノ大事ナルヲ、始メテ倉庫ニ納ルトキ、卑吏相謀リテ毎俵少シヅツ米ヲ盗ムナリ。名付テ之歯黒付ケサスルト云。誠ニ嘆ズベキナリ。只是ノミニ非ズ。諸役所皆如此ノ陰盗無キハナシ。役人卑吏多ケレバ、随テ盗モ多キナリ。サレドモ一旦ニ役人ヲ減スレバ事ノ否塞スルニ至ル。故ニ法令ヲ簡ニシ諸事手軽ニスレバ上下共ニ流通シテ甚宜シカルベシ。又産物ヲ多クスルニ如クハナシ。其産物ヲ売出スニ、海国運送便利ノ所ハヨケレドモ、山国ニテハ運送ヲ苦ミテ得ル所失フ所価ハザル故ニ、極精至巧ノ品ヲ作リ、路上駄賃ノ費ヲ省キ多利ヲ得ルヲ勉ムベシ。今試ニ吾藩ノ如キヲ以テ論ゼンニ、繭糸ノ儘ニテ出セバ価廉ニシテ駄費貴ク利少シ。故ニ縮緬錦繡等新珍ノ品ニ織成シテ出ストキハ素絲ト駄費ハ同フシテ価貴ク利ヲ獲ル事百倍スベシ。其他、漆器磁器紙蠟ノ類、皆精製密作シテ堅牢美麗ヲ勉メ絶テ疎笨醜悪ヲナサズ、銅鉄金銀鉛錫等ヲ掘出シ剣槍砲銃兵器ノ類ヲ精造シ、葛ハ根ヲ粉ニシ蔓ヲ布ニ織リ樹ハ材板ニテ出サズ必ズ緻密ノ箱器類ニ作リテ出スト云如ク、凡テ諸事ニ心ヲ付テ当今天下ノ時好ニ適スル物ヲ売リ出スベシ。如此スルニハ、都会及売捌カントスル地へ兼テ肆ヲ設ケ役人ヲ出シ置キ、其時流行ノ品物ヲ見聞セシメテ之ヲ製造シテ而売買ハ皆官局ヲ立テテ之ヲ司ドルカ又ハ商賈ニ命ジテ売捌カシムルカ商賈独リ之ヲ専ニスル事ヲ許サズ。当時ノ勢ヲ以テ観レバ、外国ノ互市年ヲ追テ盛ニナレバ、秦鏡洞然ノ事ナレバ漆器等凡テ外国ノ好ム物ヲ極精至緻ニ作ルモヨカルベシ。其精好ノ品物ヲ製造スルニハ天下ノ名人妙手ヲ一二年カ三四年モ招キ優給好遇シ其技ヲ伝習スベシ。凡テ踈悪ナルモノハ一旦利ヲ獲ルトモ永久ノ利ヲ獲難シ。故ニ務メテ精密実直ニシテ欺罔スベカラズ。又他ニ少ナキ品物ヲ択ンデ製造スベシ。深山窮谷モ其土ニ宜キ品物ヲ択ンデ播植シ、国中分寸ノ閑土ナカラシムベシ。又国中日用ノ物ハ皆国中ニテ作リ一品モ他ヲ仰ガズシテ足リ、他へ売出シテ他ヨリ入ル物ハ只金銭ノミシテ而シテ無用ノ費ヲ省ケバ如（ママ）能ク右ノ諸件ヲ行フ者アラバ其国必天下最第（ママ）ノ国トナルベシ。余ガ覧観スル所ノ地ニテ、或ハ其一ヲ獲テ其二ヲ失ヒ、甲ヲ用ヒテ乙ヲ忘ルル者多シ。此等ノ事皆人ニ先立テ行ヒ天下ヲシテ矜式セシメタキモノ也。

二

以上のごとく、南摩の提言はきわめて鋭く、傾聴すべきものがある。門閥制度の廃止・人材登用・教育の振興による人材育成・文武にわたる他国修業生の派遣・産業振興策など、諸国遊歴の見聞を踏まえた具体的改革案であり、藩政に資するに足るものと言えよう。これらの提言がどの程度採り入れられたかは詳らかにしない。しかし、小川渉が関連する興味深い逸話を『志ぐれ草紙』に書き残している。

南摩綱紀はもと三郎又八之丞と称す。その三郎と称せし頃江戸昌平黌に数年遊学なし、諸藩にも相識者多かりければ、中国九州かけて遊歴し、帰りて首座なる家老の西郷近思に面し、観光の次第を審かに語り諸藩の政事まで陳述しけるうち、書生にして言ひ過ぎたることのありしならん、近思黙聴しかねて吾子は通過一遍にしてよくも観取せられしものかな、吾は二十三歳にして大職を辱うし、爾来怠る心ちなけれど今に僅なる会津の御政事だに弁へ得ざることなりといはれければ、三郎の舌も再び揮ひかね辞し去りきとなり。

西郷近思は、幕末会津藩悲劇の宰相と言われた西郷頼母近悳の父である。安政四年のこの年退休し三年後に病没しているから、家老職として最後の年の逸話ということになる。おそらく小川渉は南摩から苦笑交じりに直接聞いた逸話を後に書き留めたものであろう。この時南摩が具体的に何を筆頭家老に語り不興を買ったのかは詳らかではないが、先の南摩による改革案を見れば凡そ推測することができる。南摩は門閥制度の弊害を指摘し、身分を超えた人材登用を説き、高録重臣の子弟こそ書生として学問を修め、広く世態事理に通じなければならないのに、多くは深窓に生長して固陋で艱苦を知らず時勢も知らないまま重職に就く者が多いと指摘している。水戸や肥前小城藩などは藩主の世子ですら毎日学校へ出たり寄宿生として藩中書生と共に懸隔なく勉学しているくらいだから、家老や重臣の子弟などは遊歴書生として修業に出すべきだと提言している。こうした直言は筆頭家老西郷近思にとって確かに耳に痛いものであったと推測される。いずれにしても『負笈管見』に記された藩政改革の建言がどの程度採り入れられたかは、右の逸話から見ても推して知るべしであろう。ただし、『負笈管見』末尾の建言には盛り込まれていない改革案について触れておきたい。それは洋学の導入による軍政改革に関する問題である。そもそも南摩は江戸昌平黌において八年にわたり漢学を研鑽し、ペリー艦隊来航を機に蘭学を学び始めたのである。最初昌平黌から杉田成卿塾に通学、書生寮退寮後は杉田塾の高足石井密太郎（後の石河正龍）に師事、さらに藩命により大坂で緒方研堂の独笑軒塾に学んでいる。南摩の西国・九州遊歴はこの洋学修業の延長として位置付けられるのである。遊歴途上に立ち寄った福山藩儒江木鰐水（えぎがくすい）の日記によれば、安政三年十一月六日の項に次のごとくある。

六日、会津南摩三郎綱紀来ル、三郎儒生、頃、奉官命、以蘭学遊学大坂一年、今赴長崎也、黒河内松斎出葭孚

之親、安藤織馬宅招飲

南摩綱紀の遊学目的を良く伝えている。また、長崎を経て鹿児島まで足を延ばした目的の一つが、山田正太郎と変名して薩摩藩に招聘された石井密太郎（石河正龍）に再会することにあったと推測されるのである。大久保利謙から鹿児島黎明館に寄贈された「市来四郎日記」が翻刻されたことにより、南摩の鹿児島遊歴の一端が明確となった。『負笈管見』には石井密太郎（石河正龍）との再会については触れられていないからである。安政四年二月の項に次のごとくある。

丁巳如月十五日　雨暖南風
一、不快ニ而出勤不致候、吉村うち・山田正太郎ニも被参候、奥州会津之藩南摩三郎と申人山田正太郎へ用談有之入国之由、右之趣ニ付岩城三左衛門殿も入来有之候、種々及評議候、元来山田が門人ニ而一往蘭学稽古もいたし候人之由、漢学ニ達したる人之由、

（略）

巳如月十九日　晴後雨桜葉萌出ル
一、登城、七ツ時分御暇退出候、南摩三郎帰国ニ付送別之詠共遣し候

上村文「資料紹介・市来四郎日記」（『黎明館調査研究報告』第17集）

石井密太郎は南摩が江戸で従学中に藤堂藩の招聘に逢い津に赴いたものの、待遇極めて悪く、母の病気と偽り強引に致仕、大坂や河内に隠れたが、薩摩藩の懇篤な招聘に応じ鹿児島に赴いたものである。その際、薩摩藩は藤堂

藩を憚り山田正太郎という変名を使わせ、密かに鹿児島に招いたもので、他藩にも知られてはいないはずの措置であった。したがって、南摩の訪問には戸惑いを隠しきれず、薩摩藩としての対応を評議しなければならなかったものと見られる。どうも石井密太郎は藤堂藩のみならず、南摩三郎もしくは会津藩にも不義理があったらしく、石井（山田）からの申し出により、薩摩藩は南摩の帰国に際して道用金として十両を贈っている。しかしながら、南摩は石井を介して島津斉彬の推進する洋式開明施設などをつぶさに見学することが出来、『負笈管見』に書き記している。因みに明治維新後も両者は交流があったらしく、南摩綱紀宛の石河正龍書簡が数通残されている。

さて、以上のような南摩綱紀の遊学遊歴体験から見て、『負笈管見』末尾に総括として記された藩政改革の建言に、洋学導入による兵制改革が盛り込まれていなかったことは補足しておかなければならないだろう。安政四年会津に帰国した南摩は、西洋学館（蘭学所）の新設を建議し、漸く認可されると、折から帰国した砲術師範山本覚馬と共に指導に当ることになる。こうした経緯を土屋鳳洲「南摩羽峯先生伝」は次のように記している。

安政四年建議して西洋学館を剏立す。是時に当り、東北地方風気未だ開けず、人士目するに夷狄の学を以てす。攻撃難詰一時並び起る。謗議喧然たり。旧知途に遇ひ、或は反目嫉視す。羽峯慍らず、沮まず、率先して誘導す。年少者は往往風に向ふ。

（『環碧楼遺稿』所収、原漢文）

このように、困難を伴いながらも、遊歴遊学の成果が実現を見たものもあったことを付記しておきたい。しかし、この後南摩は文久二年藩命により樺太衛戍を命じられ、続いて蝦夷地代官として慶応三年まで斜里や標津に過ごすことになる。幕末の多難な時期に京都守護職を勤めつつあった藩主松平容保から京都に呼び戻されたのは慶応三年八月のことである。

三

最後に、私の手元にある一通の南摩羽峰宛書簡を紹介しておきたい。封書紙には「南摩羽峯君侍史　松平惇典内事御親展奉希」とある「持たせ文」である。日付けは明治十四年九月三日。内容は次のようなものである。

奉別後既に二紀を過残火難堪先以御清穆文部省に而御奉職之由奉賀　惇義藩督学より遂老職ニ相転一旦坂城代
難ニ相逢辛苦百端而禁固之上囹圄ニ在四年大赦ニても禄士族籍ニ相加不得以下帷生活既二十年君之事も夢寐相
思定而　君も非不思嫌義ヲ避不知不知御疎濶多罪御寛恕可下候　時々君之御序文等印行書ニて拝見心酔仕候
実ニ俳値旋台過悲来楽御同前太平之逸民と相成候　惇今以多文之痼疾未医御一哂可下候　此柳田生旧惇門人久
為東游此頃帰省又々東游兼て君之御高名拝慕拝謁相願申候為紹介寸楮匆々拝呈宜御教示奉希候　猶委曲郵書序
ニ相托山々可申上候　先塾中匆忙閣筆頓首

　九月初三日　　　松平惇典

羽峯南摩君侍史

二白時下御自愛千万斗望もし御逢も有之候得者川田三嶋二君へも宜御鳳声以惇奉希　惇禁固中并下帷後拙
文数百篇有之其中浄書仕御郢正并御批評伏而奉願候　二十年前御西游之節拝謁候者も半ハ木に就又ハ星散
遠地ニ住ス　唯頑乎殷民独棣山子存耳

　御親展後匆々御投火々々

明治維新という時代の激動を潜り抜けた人物にして、文面はその変転の運命を物語って興味深い。差出人の松平惇典という人物は、幕末期に或る藩の家老職を勤めながら維新に際して佐幕派ゆえに禁固四年の刑を受け、大赦に逢った後も士族籍は剝奪されたまま、明治十四年のこの年迄私塾を開き生活しているという。朝敵とされた会津藩以外でも、こうした苛酷な運命に曝された人物が存在したのである。秋月胤永が赦に逢ったのが明治五年、南摩羽峰は明治三年に赦免されている。とすれば、松平惇典とは何藩の人物であろうか。興味深いのは追而書に「二十年前御西游之節」とあり、南摩羽峰が西国遊歴の折、交流した人物だと推察されるのである。川田甕江・三島中洲の名があるところから見て、備中松山藩（藩主板倉勝静は幕府閣老）かと見当をつけたのだが、松平惇典なる人物を探し出すことは出来なかった。既に記したように『負笈管見』は（秋月胤永の『観光集』も）藩への報告記録という性格から、私的記述や人名などはあまり記述されていないからである。だが、思い直して『負笈管見』を読み返して見ると、姫路藩の記述に目当ての人物を見出すことが出来た。

姫　路

（略）近年松平孫三郎文武総督トナリテ学校ヲ改革シ政教風俗モ随テ改新スベシ。孫三郎ハ槍ヲ善ス。又学問アリ詩文ヲ属ス頗ル有志ノ人ニテ、広ク他国ノ人ニ交リ一善寸長ヲモ心采用フ。元来名属ニテ家老ヲモ職トスル家ナリ。

この松平孫三郎こそ松平惇典であると思われる。後に姫路藩儒亀山節宇（雲平）の羽峰宛書簡（著者蔵）により、松平が棣山と号していたことが判明、確証を得た。亀山の明治十七年十月二日付羽峰宛書簡によれば、「松平氏ハ不相変朝暮之課読ナド勉厲ニ而詩作ナトヘハチト余力之及兼候事ト奉存候乍去毎々先生御事申出シ居リ候事ニ御座候」とあり、書簡末に「〇三氏居処」として、羽田愛山・田島藍水の住所と共に「松平惇典号棣山／右者同国同郡姫路吉田町ト御宛被下候て直ニ届キ申候」とある。「唯頑乎殷民棣山子存耳」とは自分のことだったのである。

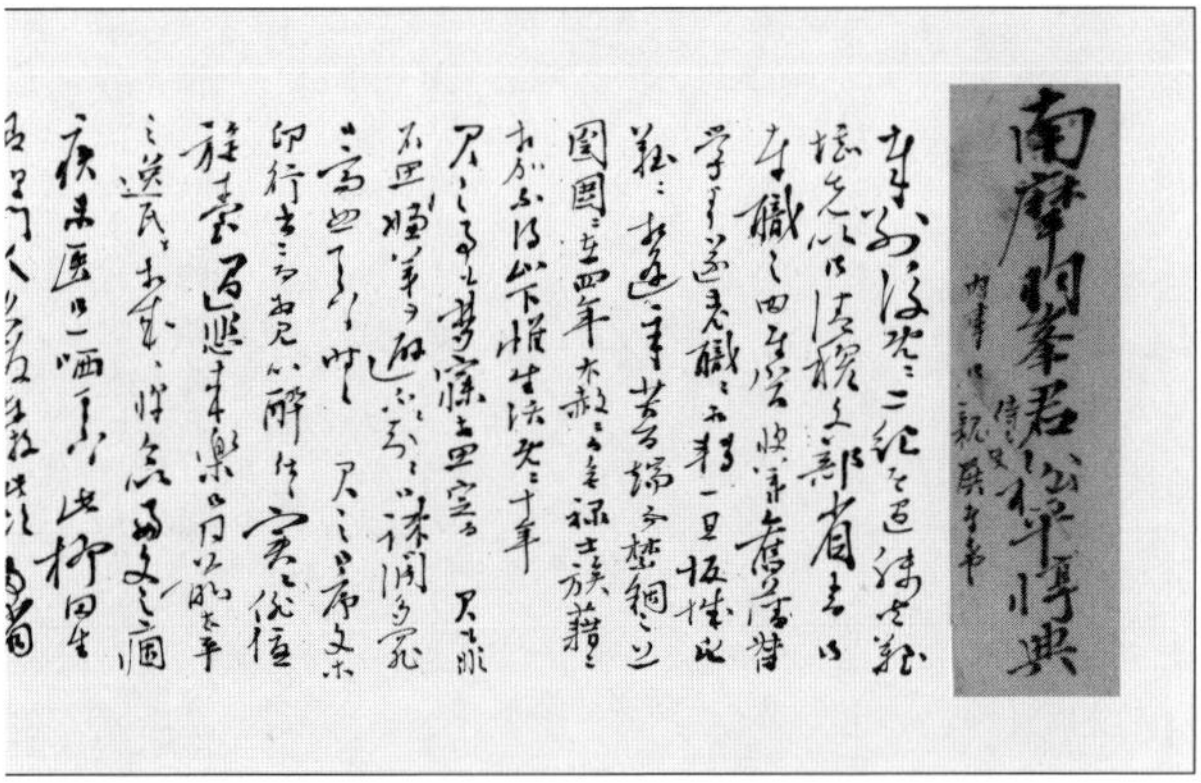

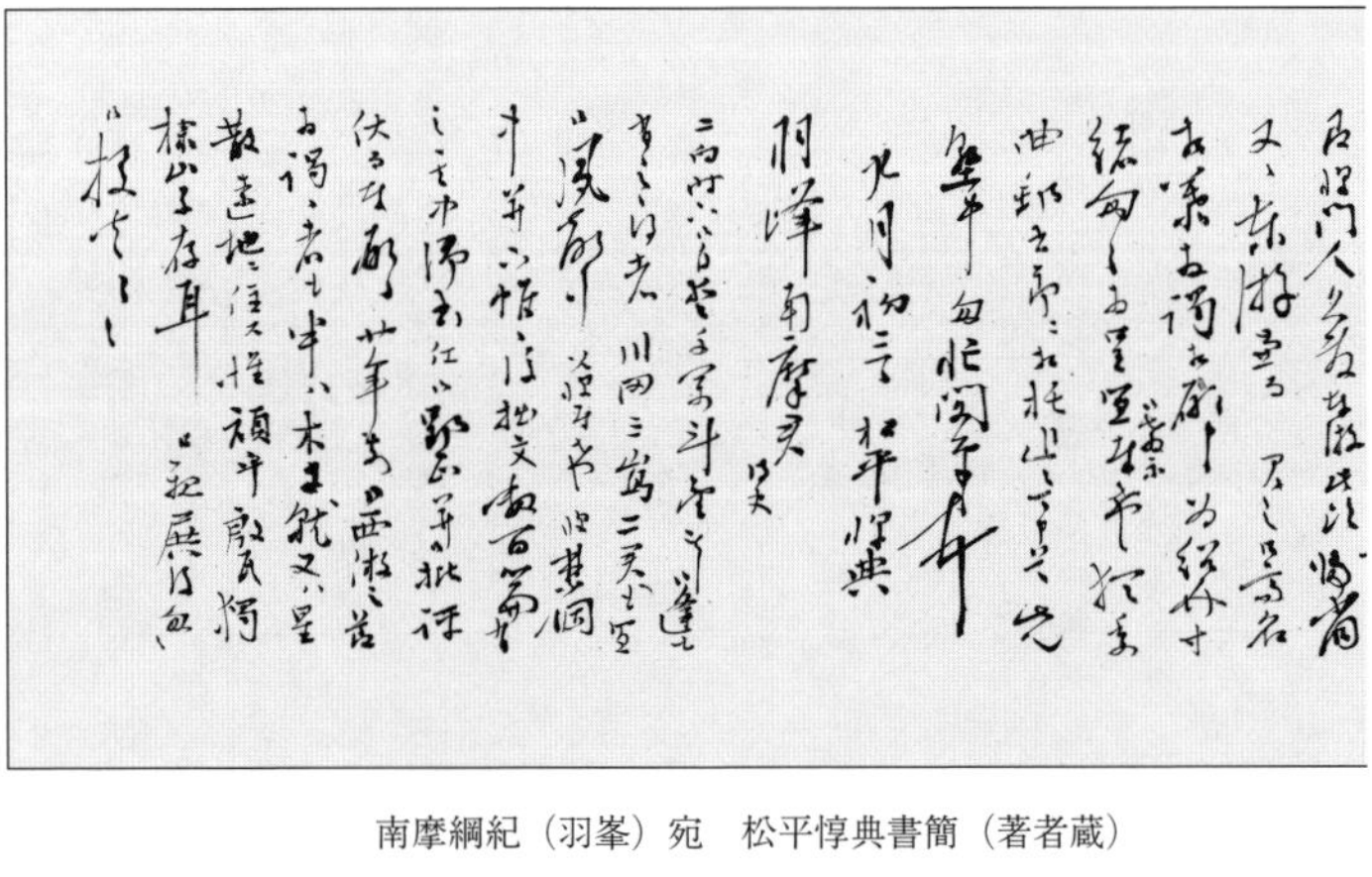

南摩綱紀（羽峯）宛　松平惇典書簡（著者蔵）

六　攘夷と洋学と——遣米使節随行の挫折

一

嘉永六年（一八五三）はペリー艦隊来航の年である。江戸の受けた衝撃とそれに伴う騒擾はあらためてこれを記すまでもなく既によく知られている。当時江戸湾の警備を担当していたのは、会津、彦根、忍、川越の四藩であったが、折しも弘化二年より江戸昌平坂学問所（昌平黌）に在学中の南摩羽峰は俄かに徴されて夜中に竹岡台場にあわただしく出陣している。〈武岡台場ハ会津藩警衛ノ地、南摩羽峰其警衛人数中ニ加ヘラレ夜中出発。在員四十余人皆生還不可期トテ互ニ生訣ヲ告クルニ至ル〉とは当時同じく昌平黌書生寮に在った鹿門岡千仭の回想（『在臆話記』）である。もってその衝撃と騒擾の一端を窺うことが出来よう。因みに〈四十余人〉は書生寮の総員（四十四名）、この時の舎長は重野成斎（安繹）、羽峰は詩文掛を勤めていたと見られる。これまでの章で既に触れた如く、この後書生寮では攘夷論が沸騰するに至るが、そうした空気を反映する羽峰の一詩がある。いま一度引用すれば、翌嘉永七年（安政元年）の作である。

長大息行

米使至浦賀　魯人長崎及北蝦　故有此作

仰天長大息　　天を仰ぎて長大息す

白日何黯黒
俯地長大息
江山無顔色
心遠憂自遠
坐臥席常仄
臚塵飛崎西
狂瀾起蝦北
憩糖而及米
騃騃来相逼
魯人計不魯
墨使心如墨
茫茫天地裏
接武鬼更蜮
豊公不可起
誰続弘安策
空以華山涙
灑向子平臆

白日何ぞ黯黒なる
地に俯して長大息す
江山顔色なし
心遠ければ憂ひも自ら遠し
坐臥　席常に仄(かたぶ)く
臚塵　崎西に飛び
狂瀾　蝦北に起る
糖を憩りて米に及び
騃々として来り相逼る
魯人　計　魯ならず
墨使　心　墨の如し
茫々たる天地の裏
武を接す　鬼更に蜮
豊公起すべからず
誰か弘安の策を続ぐものぞ
空しく華山の涙を以て
灑ぎて子平の臆に向ふ

土屋鳳洲は後に〈憂思難忘、発為大息、自然動人〉(1)とこれを評しているが、竹岡台場出陣により目のあたりにした外圧の脅威に対する憂悶と危機感は推察するに難くない。しかし、こうした詩に見られる攘夷的発想を単なる排外主義と見なすことは正確ではない。なぜならば黒船来航を契機に羽峰は洋学を学び始めているからである。同じ年の作と見られる「除夜有感」と題する詩の「序」に言う。〈余学茗黌数年。今茲甲寅、米使至浦賀、魯人至長崎。朝野頗有戒心。余謂外国日開、政教日新、我藩独守旧株、難以立于也。故傍学洋書。淄川高津先生柬曰、近聞下喬木入幽谷、非所喜也。因賦此奉答〉（傍点小林）と。ペリー来航によって書生寮の友人達が攘夷論に熱狂し、俄かに武芸に熱中し始めた中で、羽峰は洋学を学び始めたのである。高津淄川[2]は会津藩儒高津泰（平蔵）である。この旧師は羽峰が儒学から洋学に赴いたことを危惧し、『詩経』の〈出自幽谷遷于喬木〉をふまえて〈下喬木入幽谷〉と表現している。[3]旧師すら喜ばざるところとした羽峰の洋学学習は、昌平黌にあっては、聖賢の書を講ずる聖堂に於て蟹行の書を学ぶは以ての外のこととして反目の的となり、校内での洋書翻読を禁止されるに至っている。羽峰自身の回想[4]によれば、〈我輩は蘭学を杉田成卿という医者に学びました。書生寮の方には沙汰なしにして、唯他行をすると云ふ事にして通学したものであります。その時に書生寮へ帰つてからは、その本を披くことが出来ませぬ故、復習が出来ない。折角骨を折つて学びて来た処をサツパリ忘れて仕舞ふ。翌朝になつてやはりまた同じ所を教へて貰はねばならぬというやうなことで、是には大きに閉口いたしたことがございます。〉といった状態であった。このように周囲の偏狭な攘夷論は、彼の洋学学習をさまたげたが、羽峰は逆に単純な開国論者ではなかった。先の「除夜有感」に於て洋学を学ぶ意図を〈明我暗彼無全勝〉と述べ、〈学而不溺世所貴。楚材晋用誰昔然〉と記す。昔楚国の長所を敵国晋が採り入れた如く、侵略を防ぎ日本の主体を守るためにこそ西洋の長所を学ばねばならぬと考えたのである。偏狭な攘夷論と次元を異にすることは明瞭である。こうした思想的位相はこの頃交流のあった吉田松陰[5]に近いとも言える。だが、松陰はやがて安政と改元されるこの年三月下田踏海に失敗、獄中の人となり、羽峰は八月二十四日昌平黌書生寮を退き、翌安政二年より三年間に亘る西国遊歴[6]に出立することとなる。この間、杉田成卿の他に石井密太郎、大坂の緒方研堂（郁蔵）等に師事して洋学を究めている。

二

ペリー来航以来、以上の如き思想的展開を見せつゝあった羽峰にこの後〝欧米〟に渡る計画があったという興味深い記述がある。かつて岡鹿門の『在臆話記』[7]稿本を閲読した折、ノートに抄出したまま、これまで触れ得ずに来た箇所である。

羽峯、昨年カ一昨年カ、幕ノ大官ニ従ヒ、欧米ニ游ブ経画トテ送詩ノ依頼アリシニ、吾其妻ヲ取ルト云フニ、洋行ノ送詩ハ其時ノ事ト為ス。先ヅ狂歌ヲ以テ其新婚ヲ祝ス。曰ク、新枕口ヲ吸ヒマジ花婿ノ入歯クヅケテ糸断レヌベシ。蓋羽峯四十未娶、游歴ヲ事トスルヲ嘲ケル也。（第三集巻六）

回想の対象とされている時点は文久元年と見られるが、その年の六月十二日の事項、鹿門自身の西游を回想した〈播州〉の項にやや唐突に出てくる記述である。羽峰に〝欧米〟遊歴の計画があり鹿門に送詩を依頼したこと、さらには、これもあいまいである結婚の年次への手がかりが得られる記述である。しかし『在臆話記』は鹿門晩年の回想（明治四十年、七十五歳～大正二年、八十一歳）であるため記憶違いも見られ、何よりも羽峰自身にこれを裏付ける記述を欠くため、万延元年に於ける最初の遣米使節ではないかと推測しながらも確証が得られなかった。これまでこの事実に触れ得なかった所以である。ところが近年これを裏付ける羽峰自身による記述があることを金子元人氏によって教えられた。上山藩執政金子与三郎宛羽峰書翰である。大正十五年に上山町教育会より刊行された

『幕末之名士金子与三郎』(8)に収録されたものである。因みに原書翰は上山図書館蔵とあるが、同図書館に問い合わせたところ残念ながら既に堙滅に帰したとのことである。

拝啓薄暑愈迪可被為在奉謹賀候、小子義墨夷行、来春迄延引に而去月中帰着仕候、途中白川より右之趣一寸申上候得共相達候や、如何、最早些落着申候間御都合次第幾日よりにても書生御遣被下候而宜敷御座候。金八子（服部）而已にては心細かるべし、七郎（裏高橋）(ママ)も相加候て御遣可然か、又他人にても両人位之方可宜歟、唯命是随而已。七郎子即(ママ)延引に及居候、漸此度好便有之相贈申候宜御話可被下候。仙台渡辺耕石と福島藤川文洲に頼申候也、両人ともに尼橋高弟にて当時東国にての上手に御座候。当時の勢一日千変更に相分り不申候。御改革如何定めて夫々御整の御事と奉察候、拝芝御話申上度事種々有之候得共、無鵬翼如何せん。嗚呼。縷々申上度候得共、甚取急ぎ相認不能悉意万緒後音之時候、折角為国家御自愛被下度候、頓首

五月初四　　綱紀

得処老台

侍史

湯原君（政共）抔に宜願上候
もし金八子始書生御遣なれば直に小子宅へ着に相成候様にて宜敷、旅宿抔へ無用の費も有之事故、左之処へ荷物等迄直に着に相成候様可然、
会津若松本一ノ丁下

南摩舎人助同居　　南摩三郎

右之処へ御着に而宜敷御座候、もし前方好便有之候はゞ御遣の有無一寸為御知被下候へば猶以よろしく御座候、以上。

右書翰によれば、〈小子義墨夷行〉とあるところから、鹿門の回想にある〈幕ノ大官ニ従ヒ、欧米ニ游ブ経画〉とは我が国最初の遣米使節団であったことが裏付けられる。即ち安政七年（桜田門外の変のため三月十八日万延と改元）正月、正使新見豊前守正興、副使村垣淡路守範正等が日米修好条約批准交換の為ポーハタン号で出航すると共に、木村喜毅（芥舟）、勝海舟等による咸臨丸も同行したものである。それでは結果的に実現を見なかった南摩羽峰の同使節随行は、どの程度まで具体性を持ったものであり、何故実現を見なかったのか。それには次の資料がある程度解明の糸口を与えてくれる。即ち『大日本古文書――幕末外国関係文書』中の安政五年十月二十四日付「外国奉行水野筑後守忠徳并同永井玄蕃頭尚志伺　老中へ　米国へ召連の家来の件」なる文書である。

私共亜米利加江被遣候節召連候家来共之儀ニ付相伺候書付

水野筑後守
永井玄蕃頭

松平肥前守
松平肥後守
土井能登守
水野土佐守

私共来未年亜米利加国江被差遣候ニ付而者家来共新規召抱等も有之候ハヽ、右書面之面々、家来共之内差加召連呉候様申聞候、右者承り届可然哉、此段奉伺候、以上

午十月

水野筑後守
永井玄蕃頭

まわりくどい文書だが、要するに当初は外国奉行であった水野忠徳と永井尚志が遣米使節として派遣される予定であり、その両人へ四名の大名から自分の家臣を随行させてほしい旨の依頼があったので、その受け入れの可否を老中に伺い立てしたものである。これを見るに〈来未年〉とあるごとく、当初は安政六年に派遣の予定であり、しかも使節は水野筑後守忠徳、永井玄蕃頭尚志であったことが窺われる。そして家臣の随行を依頼した大名の中に、会津藩主松平肥後守容保の名があることが注目される。既に述べた如く、羽峰は会津藩士中最初に洋学を学んだ人物であり、安政二年から四年に至る西国遊歴中、大坂の緒方研堂の独笑軒塾で学び（洪庵の適塾でも学んだと見られる）、帰国するや会津に西洋学館を創設、佐久間象山に砲術を学んだ山本覚馬と共に指導にあたっていた。とすれば、会津藩士中において遣米使節への随行は羽峰が最も適切な人物として推挙されただろうことは容易に推察できる。このような背景を考えると、羽峰の遣米使節随行は藩主の推挙を得たかなり具体性をもったものであったと思われる。そもそもこの最初の遣米使節団の構成は咸臨丸の乗組員構成も含めて自薦他薦かなりの曲折を経て漸く決着したものらしく、正使副使まで変更になっているのである。おそらく羽峰の随行が実現を見なかったのも水野もしくは永井の失脚に伴うものであったと思われる。

三

箕作秋坪の安政六年四月二十一日付武谷椋亭宛書翰[9]によれば、〈米里堅国へ使節愈々来春ニ延候由、外国奉行も段々転変有之、当時は水筑権ヲ専ラニ被取候よし、余り面白キ事ニもナキ様風評御座候〉とあり、使節の延期と外国奉行の交代等の紛糾を伝えている。さらに同年十一月二十九日付椋亭宛書翰では、使節が村垣淡路守範正、新見豊前守正興、小栗忠順に決定したことを伝え〈来歳ハ愈米里堅へ御使被遣候事ニ而此節専ら其調度中ニ御座候。（略）程能参候得ハ来歳御参府之頃までニハ帰帆可致候〉と述べ、自らも随員に加えられることは確実と見て、その準備に追われていたことが窺われる。にもかかわらず結果的に秋坪の随行も実現を見ずに終った。蕃所調所教授方手伝出役であった箕作秋坪が随員の選に洩れた事情は必ずしも詳らかではない。他方、〈余は水野に随従して米国に赴くの内約を得て頗る悦び其日の来るを俟たりしに、水野は前章の変〔横浜の露国海軍士官暗殺をさす――小林〕よりして外国奉行を解きたれば、余が望も其時に絶たりけり〉とは、当時外国奉行支配通弁御用御雇であった福地桜痴の回想[10]である。福地と同列には考えられぬとしても、藩主の推挙を得たと考えられる羽峰の随行が実現に至らなかった要因も、こうした政局の変動と関連した水野、永井両使節の失脚にあると見なすのが妥当であろう。幕府は安政五年七月八日を以て最初の外国奉行五名〈水野筑後守忠徳・永井玄蕃頭尚志・岩瀬肥後守忠震・井上信濃守清直・堀織部正利熙〉を任命したが、井伊直弼の大老就任により一橋派の粛正が進み、同年九月五日付で早くも岩瀬は作事奉行へ左遷され、翌六年二月二十四日を以て永井は軍艦奉行、井上は小普請奉行に転出せしめられている。さらに永井、岩瀬は八月二十七日を以て禄を奪われ隠居差控を命ぜられている。堀は主に箱館にあり、先の箕作書翰に〈水筑権ヲ専ラニ被取候〉と書かれている水野筑後守忠徳も、福地によれば〈現に外国局に残りたるは僅に水野一人にて、夫さへ今日は明日の安否如何を知らず恰も針の席に坐するの状況にてありき。[11]〉といった実態であった。そしてその水野もまた横浜でおこったロシア海軍士官殺害事件の責任を問われ、八月二十八日を以て軍艦奉行に遷せられている。遣米使節が新見正興、村垣範正に変更されたのは九月十三日のことである。先の羽峰書翰に〈当時の勢一日千変更に相分り不申候〉とあるのは、条約勅許問題も含めて、こうした政局の紛糾を指しているものと思われる。以上見て来たところより判断すれば、金子与三郎宛羽峰書翰の日付は安政六年五月四日のものと確定し得る。

かつて〝黒船の衝撃〟は羽峰をして洋学を学ばしめた。〈楚材晋用誰昔然〉（「除夜有感」）と、徒らに外国を〝狗鼠〟の如く見なして排斥するのではなく、西欧の長所を学び自らの暗きを明らかならしむることによって侵略を防ぎ自立を期せんとする意図をもった洋学受容であった。それゆえ専門の洋学者になる志向はなかったが、安政元年に洋学を学び始めてから、この年で五年が経過しようとしている。言わば〝攘夷のための開国[12]〟（片岡啓治）といった思想的位相から洋学を受容して来た羽峰が現実に〝西洋〟を見聞出来る地点に立とうとしているのである。黒船来航を契機に共に海防問題を論じた吉田松陰は、羽峰が洋学を学び始めた年の三月、国禁を犯して渡海洋行の夢を実現せんとして獄に下ったが、五年後のこの年十月〝安政の大獄〟に連座して刑死することとなる。松陰の下田踏海はそれが国禁であることによって囹圄の身となることを余儀なくされたが、今やそれが国是として幕府自らの手によって実行されようとしているのである。ところが既に見た如く、羽峰の遣米使節随行の夢も政局の変動の余波を受けて結果的に実現一歩手前で挫折を余儀なくされた。羽峰が渡海洋行の夢をどのように育み、具体的にどのような経緯で遣米使節随行を志したのかは、いまひとつ資料に乏しいが、それが実現を見ずに終った落胆と失望は容易に推察することが出来る。仮に実現していれば羽峰の思想がこの後どのような展開を見せることになるか、大いに関心を唆られるところである。

羽峰とは立場を異にするが、既に見た如く箕作秋坪、福地桜痴も遣米使節随行に期待を寄せながら結局実現を見ずに終っている。しかし二人はこの後文久二年の竹内下野守一行による遣欧使節に加わり、福地は定役通弁御用として、箕作は翻訳方御雇として共に〝西洋〟の地を踏むことになる。他方、こうした動向とかかわりなく南摩羽峰は一転して〝蝦夷〟という新たな天地に踏み出すこととなる。同じ文久二年、藩兵を率いて樺太を営戍し、続いて蝦夷地代官として六年に亘る歳月を送ることになるからである。〈三棹三潮険　五鞭五峻山　往来千里路　身老榻蹄間〉、あるいは〈鵬程九万里　天遠渺煙波　極目皆吾海　那辺是鄂羅〉とは当時の詠である。

＊　　＊　　＊

さて先の金子与三郎宛羽峰書翰に関して、さらに二、三の問題に触れておきたい。既に記した如く、この書翰は安政六年五月四日のものと断定できる。岡鹿門の記述によれば〈羽峯四十未娶〉とあるが、この年羽峰は三十七歳である。鹿門の回想を信ずれば、この年妻竹子を迎えたことになるのだが、この点はいま一つ確証を得ない。ただし竹子墓碑銘によれば〈明治四十四年八月二十六日没享年七十二〉とあり、逆算すれば天保十一年生まれとなる。あわせて羽峰に明治三十三年作と見られる「賀婦竹子週甲」と題する一詩がある。即ち妻の還暦を祝したものである。その初句に〈卿帰我来四十年〉とある。この年結婚以来四十年とすれば、まさに鹿門の回想の如く安政六年が結婚の年ということになる。他方、羽峰逝去の折（明治四十二年）友人三島中洲が語った「南摩先生逸話」[13]の中に〈今年で結婚以来丁度五十年目〉との証言があり、これによれば安政七年の結婚ということになる。後考を俟ちたい。

また同書翰には〈書生御遣〉云々とある如く、金子の依頼により羽峰が上山藩の書生を引受ける件が伝えられている。これに関しては『得処遺稿』（金子の遺稿集）に寄せた羽峰の「序」に対応する記述がある。

余曾訪翁於其藩。適際革政之時。蓬髪幣袴。訪余逆旅。剪燭前膝。談政務教育之要。口角飛沫。慷慨淋漓。鶏鳴而不倦。遂使少年服部生入吾門。研覈吾藩政教。（傍点小林）

即ち、羽峰はこの書翰に先立って上山藩を訪ねたことがあり、そこで金子と意気投合、教育藩政などに関して大いに論ずることがあったらしい。その折に書生入門を依頼されたものと見られる。そして実際に書翰にある服部金八が羽峰の書生として入門したことが窺われる。上山藩を訪れたのは安政五年のことであろうか。因みに安政五年十一月十日、仙台に於て蝦夷地より東帰する途中の松浦武四郎に再会していることが松浦の日記に見えるが、安政四年西国遊歴から帰国後も羽峰は近隣諸藩を訪ねることがあったようである。鹿門が〈蓋羽峯四十未娶、游歴ヲ事トスル〉と揶揄した事情を髣髴とさせる。その他、渡辺耕石、藤川文洲は共に篆刻家と見られるが詳らかにしない。南摩舎人助は羽峰（綱紀）の兄左近助綱直である。父舎人助綱雅は既に文政十三年に歿し、綱直が南摩家二十二代を襲い舎人助を名乗っていたものである。

四

羽峰晩年の逸話に属するが、これ迄の章で触れ得なかったことがらをいまひとつ補足しておきたい。明治三十六年、八十一歳の羽峰は折から開催中の大阪博覧会見物を兼ねて夫人と共に西下し、かつて鳥羽伏見戦争敗退後、大坂に於て潜伏した家を訪ねている。その折の興味深い記事が「老儒南摩綱紀四十年回顧の涙」という見出しの下に『大阪朝日新聞』（同年四月二十三日）に見られる。

翁は旧会津藩士にて、維新の際淀伏見戦争に刀をかざして薩長武士と鎬を削り敗軍の為め坂地に逃れ、東区備後町二丁目梅原忠蔵の亡父にて当時北区（ママ）久太郎町三休橋筋に住ひし松田正助方の二階に潜みたるが、数町を隔て丶津村御堂には仁和寺の宮を総督として薩長土三藩の陣営あり、敗兵逮捕の調べおさ〳〵厳しければ、翁は白刃の林に居るに異ならず、漸くにして難を免れ、かくて維新の天地に聖沢に浴し今日の栄地に上りしは、偏に正助夫婦のたまものなりとて、忠蔵方を訪れ、ありし昔を語り出で、正助殿夫婦の墓に参詣したしといひしかば、忠蔵は翁の旧誼を忘れぬあり難さを喜び、両親も草葉の蔭に喜ぶべしと、やがて生玉寺町増福寺なる正助の墓、下寺町満福寺なる正助の妻の墓へ導きたるに、翁は墓石の前に立ち、四十年前の旧恩を謝し、青雲黄壌両ながらの人の行方、今更新しき感慨に白髪を撫し、老涙を催せしとなん。

所謂鳥羽伏見の戦に敗れた幕軍は、大坂に退き体勢を整え形勢の逆転を期したが、徳川慶喜が夜蔭に乗じて大坂城を脱出、将兵を見捨てたまま軍艦開陽丸に搭乗、強引に東帰するという事態が起るに及び幕軍は解体、惨憺たる敗走が始まる。土屋鳳洲の「南摩羽峯先生伝[14]」は、その間の状況を次の如く伝えている。

明治元年正月三日、伏見鳥羽ノ戦起ル。東兵敗ル。先生命ヲ受ケ大坂ニ潜匿、窃カニ形勢ヲ観ル。時ニ官軍街衢ヲ塡メ譏察極メテ厳シ。先生身ヲ容ルニ地無ク、姫路ニ航ス。亦入ルヲ得ズ。乃チ漁舟ヲ僦ヒテ淡路紀伊ノ間ヲ漂泊ス。僅カニ脱スルヲ得、東海道ヲ経テ三月会津ニ達ス。　（原漢文）

〈回顧当時艱苦之状今猶戦栗断腸〉とは、これを評した羽峰の所感である。三十五年を経て大阪を訪れ、鳥羽伏見戦時の自らの足跡を辿り直した羽峰の感慨は推察するに難くない。既にこれ迄の章でも触れたが、『会津戊辰戦史』[15]は大坂潜伏の状況をいま少し詳しく伝えている。即ち、藩命による情報探索のため、羽峰は外島機兵衛、大野英馬、諏訪常吉等と〈唐津藩山田勘右衛門が家に潜匿せしが、敵の捜索厳にして毎家検査を為す。故に潜匿に便ならず、暫く之を避け再び出阪(ママ)せんと欲し、土佐堀姫路邸に至り星野乾八に謀る。乾八曰く、余等皆邸内の諸物を船載して将に国に帰らんとす。子等乗船して姫路に来れ、余は陸行せんと。機兵衛等乃ち乗船す〉とある。羽峰等が潜匿に際し唐津藩士や姫路藩士を頼ったことが窺われるが、姫路藩主酒井忠惇は老中首座、唐津藩世子小笠原長行も幕府閣老であったところから、この二藩を頼ったのは首肯できよう。因みに羽峰は、かつて松浦武四郎、石井密太郎等と共に小笠原長行からその屋敷（深川高橋の唐津藩下屋敷に在った背山亭）に招かれたことが松浦の日記[16]に見え、既に個人的にも知遇を得ていたものと思われる。さらにそればかりでなく、小笠原長行はこの後三好寛介と変名して会津に亡命、奥羽列藩同盟にも加担して羽峰と行動を共にする因縁を持つに至ることは第一章で記したごとくである。

さて『大阪朝日新聞』が伝える松田正助宅に潜伏した事実は、以上の記録にも見られないばかりか、おそらく民家であろう故にいっそう興味深い。敗軍の士であり、しかも賊軍の烙印を押された羽峰を匿まった人物である以上、個人的に羽峰と何らかのかかわりがあった人物と推測される。まず関心を唆られるのは松田正助なる人物の住した〈北区(ママ)久太郎町三休橋筋〉（現、東区北久太郎町三休橋筋）という場所である。なぜならば、これはかつて羽峰が安政二年から四年にかけての西国遊歴中に滞在して洋学を学んだ緒方研堂[17]の独笑軒塾の所在地と一致するか極めて近い場所だからである。当時独笑軒塾は北久宝寺町三休橋筋および北久太郎町三休橋筋に在ったと見られる。即ち羽峰滞在中の安政三年に北久太郎町へ移転したものと推定されている。因みに羽峰の西国遊歴の概略は、安政二年五月六日江戸を出立、広瀬旭荘の『日間瑣事備忘』[18]によれば、十月十五日に旭荘を訪ねている故、それ以前には大坂に到着、翌安政三年八月までは大坂に滞在、九月頃四国遊歴、十月から安政四年五月頃まで九州遊歴、再び大坂に暫く滞在した後五月下旬出立、遅くとも七月までには江戸に帰着している。この間ほぼ一年を過ごした大坂では、前記緒方研堂の独笑軒塾を中心に、南北緒方と称され関連の深い適塾（安政二年八月適塾に入門した柴秋村[19]はそこで羽峰と相識になったと言われている）で洋学を考究すると共に、広瀬旭荘、藤沢東畡等の識者を歴訪、教えを請う傍ら多くの詩友と交流するといった生活を送っている。したがって、松田正助なる人物はこの大坂滞在時における羽峰の下宿先ででもあった可能性が高いとこれまで想像して来た。少くともこの遊歴時代に縁故の出来た人物であろうと推察されたのだが、それはほぼ誤りではなかったようである。

「独笑軒塾法附門人姓名　研堂緒方郁蔵辞令　写」[20]（大阪府史編集室蔵）によれば、その塾則の後に次の如き書類がある。

一札之事

一何国何郡何某何誰家来儀、此度貴家入門之義、塾長様迄願出候処、御承知被成下難有奉存候、然ル上ハ向後同人身上ニ付、万事私引受埒明可申候

仍而一札如件

大阪何町

月日　　請人　何某　印

緒方様

御塾長御属僚
　松田正介（ママ）殿

入門時の身元引請証の書式と見られるが、この提出先が〈御塾長御属僚　松田正介（ママ）殿〉となっている。この松田正介が羽峰を匿った松田正助であると思われる。〈属僚〉が如何なる性格の役職かいまひとつ詳らかではないが、同じ資料の「入門式」の箇所に〈一金二百疋　束脩　先生〉とあり、以下金二朱を奥方、塾長、塾監、塾中、属僚の順で納める規定が見られる。また、「塾則」には〈一入門之義、一応塾長エ掛合ヒ相話シ候上ハ、属僚正介エ証書ヲ納ムベキ事〉という一項がある。これらを見るに、塾長を助ける世話役と思われるが塾生の中より抜擢される役職ではなさそうである。なぜならば、同「塾則」には〈文久辛酉七月朔日〉の日付があり、「門生姓名」録も同じ文久元年七月から記録されているにもかかわらず松田正介（助）の名は記載されていないからである。おそらく専属の事務員といった役職であろうと思われるが、羽峰の大坂滞在中から「属僚」の職にあったものと推察される。前記『大阪朝日』の記事に〈正助殿夫婦〉あるいは〈松田正助方の二階〉とあるところから、遅くとも鳥羽伏見戦争以前には夫婦で独笑軒塾に隣接したところに一家を構えていたものと思われる。西国遊歴時に羽峰と以上の如き因縁があればこそ、賊軍の烙印を押された羽峰を匿ったものであろう。

【注】
（1）『環碧楼遺稿』（全五巻・明治45年3月、南摩綱夫発行）付載評注。
（2）因みに、近年入手した晩年の羽峰宛書翰の束の中に「高津淄川安部井帽山両先生墓碑文ノ主意書」なる羽峰自筆の草稿が含まれていた。『環碧楼遺稿』第五巻所収の「双徳碑」建立のための基金募集の趣意書と見られる。馬島瑞園と連名である。

（3）福地桜痴の『懐往事談』（明治27年、民友社）によれば、これより数年後の万延元年に仕官の謝意を表せんと上京時世話になった林図書頭（藕潢）を訪ねた福地は同様の表現で絶交を言渡されている。即ち〈藕翁は取次の書生を以て余に告げしめて曰く、幽谷を出て喬木に移るものを聞く、未だ喬木を出て幽谷に入るものを聞かず、今や卿が蛮学を以て身を立るは豈に是にあらずや、卿少小よりして聖賢の書を読み勤苦して学べる所は畢竟何事ぞ、余は卿の如き夷狄の徒に接すること能はざるなり、聖人言あり云く道同じからざれば相与に謀らずと、卿已に余と道を同くせず、請ふ再び足を余が門に容れて此明教の地を汚す事なかれと。余は此挨拶に驚きて早々に逃帰り、爾来は再び其門を訪たる事も無かりき。〉と回想している。昌平坂学問所総裁である林復斎（藕潢）がこうした態度に出たところから判断すれば、純然たる洋学者の福地と異り、昌平黌に籍を置きつつ洋学を学んだ羽峰への反目は推察に難くない。因みに林復斎は安政六年九月に没しており、福地の回想に云う万延元年夏は安政六年夏の誤りであろう。

（4）「書生時代の修学状態」（明治40年4月28日、孔子祭典会第一回祭典講演会演説、のち孔子祭典会編『諸名家孔子観』明治43年4月、博文館）

（5）第一章で記した如く、嘉永五年四月東北遊歴から江戸に戻った松陰は昌平黌書生寮に在った羽峰を訪れている。その後も松浦武四郎を軸に交流を続けていることが松浦の日記によって確認できる。

（6）『簡約松浦武四郎自伝』（松浦式四郎研究会編、一九八八年九月、北海道出版企画センター）安政二年五月四日の条に〈南摩六日に京都へ上る。内にて添書を乞に来る。〉とあり遊歴出立の日を知ることが出来る。さらに大坂の広瀬旭荘の『日間瑣事備忘』安政四年五月二十二日の条に〈令孝也光太郎善次建之助作食将食南摩三郎来告将東下乃供之〉とある。即ち息子や門下生に命じて食事を作らせ、まさに食せんとした時羽峰が来訪、愈々江戸に帰る旨を告げたので食事を共にしたと云うものである。これによって東帰の時期を凡そ知ることが出来る。

（7）東京都立中央図書館特別文庫所蔵。永く稿本のまま保存されて来たが、昭和55年『随筆百花苑』第一巻、第二巻に飜刻され中央公論社より刊行された。
（8）寺尾英量編、大正15年12月、上山町教育会発行。
（9）治郎丸憲三『箕作秋坪とその周辺』（昭和45年6月）より引用。武谷は福岡藩蘭医武谷祐之。
（10）『懐往事談』（前出注3参照）
（11）同右
（12）『攘夷論』（昭和49年11月、イザラ書房）
（13）『弘道』208号（明治42年7月）。また同「逸話」中に〈会津藩が北海の警備の事に任して居つた故に翁は蝦夷の方へ出て大に働かれたのである。此時には翁は余程艱苦を嘗められたもので、夫人をも仝伴せられて居つて長男は其時に生れられたものとか聞いて云る。〉との記述が見られる。
（14）『環碧楼遺稿』（前出注1）所収。なお初出は『弘道』（明治42年5月、206号）。
（15）山川健次郎監修（昭和8年8月、会津戊辰戦史編纂会発行）
（16）『簡約松浦武四郎自伝』の安政二年二月五日の項に〈石井密太郎、小関高彦、南摩三郎同道にて小笠原名山公子に召れ邸中見物。此庭は山田宗遍の造りし庭の由、少し荒しも広くして頗る美事なり〉とある。
（17）古西義麿「緒方郁蔵と独笑軒塾」（有坂隆道編『日本洋学史の研究Ⅳ』昭和52年7月、創元社）に詳しい。
（18）『広瀬旭荘全集』「日記篇」。天保四年二十七歳から文久三年五十七歳で歿する直前迄、三十一年間に及ぶ厖大な日記である。稿本のまま保存されて来たが、初めて影印版として昭和57年より平成6年まで刊行、全10巻。（思文閣出版）
（19）杉山保親『柴秋村伝』（昭和26年6月、私家版）に〈緒方塾には南摩三郎（羽峰）も入塾して原書を研究していたので、いつとはなしに懇意になった。〉とあり、その羽峰が秋村に〈今日のような迂濶な学びようにては洋籍の研究は到底覚束なし、又緒方の塾生は没道理的の者が多く物の役に立ち申すものとては寥々たること、其の間に周旋していつ成就するともおもほえず〉と語り、専門の兵書家村上代三郎に共に師事することを勧めたという。

(20)　前記古西義麿「緒方郁蔵と独笑軒塾」（前出注17）に付載されたものから引用した。

【付記】

本稿をなすにあたり金子元人氏より御教示を得た。記して謝意を表したい。因みに、同氏は羽峰の次女牧子が嫁した金子元臣の令孫である。

七　明治初年の南摩羽峰——乃チ甲冑ヲ解キ儒冠ヲ著ク（永訣詞）

一

慶応四年七月十一日、〈新政府〉は江戸を号して〈東京〉と改め、続く九月八日を以て〈明治〉と改元した。だが、南摩羽峰は未だこうした動向を知るよしもなく、依然として新政府軍に抗して戦乱の中に在った。〈戊辰〉の内乱は東北に及び、会津を焦点としてなお熾烈を極めていたからである。羽峰がこうした制度的改変を歴史的転換として意識せざるを得ない情況を迎えるのは、早くともこの年十一月以降のことと思われる。

「乱後客中作」と題する連作の中に〈榎本氏拠函館五稜郭、与京軍戦、又聞東京布革新之政〉と自註する七律がある。羽峰の詩に〈東京〉の文字が現われる嚆矢である(1)。言う迄もなく明治元年冬の作であり、庄内藩鶴岡城外天澤寺に謹慎中のものと思われる。

甲死越州乙野州　　甲は越州に死し乙は野州
乱離阻隔独搔頭　　乱離阻隔独り頭を搔く
故山在眼魚鴻絶　　故山眼に在り魚鴻絶へ
遠道懐人雨雪稠　　遠道人を懐ひて雨雪稠し

北海風濤依旧怒
東京文物入新愁
登臨偏怯魂消盡
落日寒雲古駅楼

北海の風濤旧に依りて怒り
東京の文物新愁に入る
登臨偏に怯る魂消し盡るを
落日寒雲古駅の楼

家国を遠く離れた庄内で敗戦を迎え、幽囚の身に去来する亡国の悲歎と憂悶は「乱後客中作」や「雑感」等一連の作と共にこの七律にも明瞭に見てとれるが、先の自註は〈北海風濤依旧怒、東京文物入新愁〉の二句に係るものである。箱館が函館と改められるのは明治二年以降であり、戊辰年の羽峰なら〈京軍〉ではなく〈西軍〉と表記したであろうゆえに、自註自体は後年のものと思われるが、五稜郭に拠る榎本武揚らの行為を「旧」と見なし、東京の動向を「新」と見ざるを得ない意識がこの時の羽峰に生じていたと見ることが出来る。

ところで『環碧楼遺稿』自筆稿本[2]（国会図書館蔵）には、三島中洲の付評として〈此詩割愛如何、東京一句不妥〉との書き込みがある。この付評は〈戊戌十月毅妄評〉と記された一連の付評の一つである。したがって、明治三十一年、即ち未だ羽峰生前のものと見られる。中洲がこの詩の割愛を勧めたのは、単なる修辞上の問題ではあるまい。そうであれば、斧鉞（ふえつ）案としての文字を示せば足りるからである。字句の修正ではなく詩そのものの割愛を勧めたのは、新政府による東京の文物の動向が新たな「愁」として心を暗くする、というのはおだやかではないと判断したからであろう。自註も含めて考えれば、新政府による〈革新之政〉への不同調の表明とも受けとられかねない。中洲の危惧はその点にあったものと思われる。しかし管見によれば、この詩は既に『近世詩史』[3]（明治九年）をはじめいくつかの類書にも収録されている。（もっとも先の自註は付されていない。）中洲の意向にもかかわらず結果的に刊本『環碧楼遺稿』（明治四十五年）にも〈割愛〉されなかった事情は必ずしも明らかではないが、この詩が既にある程度人口に膾炙したものであったことも一因であろう。だが逆に言えば、この詩が既にいくつかの詩書に収録されていることを承知した上で、なお割愛を求めた中洲の意向は、もっぱら明治三十年前後という時代的背景と羽峰の思想的位相に因るものと思われる。既に第一章[4]で触れたことがあるが、羽峰が史談会席上に於いて孝明天皇の極秘宸翰（会津藩主松平容保宛）を初めて公表した時期と重なるからである。この点については後述するが、こうした問題も含めて明治三十年前後の羽峰の思想的位相に関しては稿を改める他ない。したがって今は明治初年の羽峰に立ち帰れば、少なくともこの詩の制作時に於いては、未だ新政府への不同調の思いは明白であったものと思われる。それゆえ私には中洲が〈不妥〉として危惧を表明した〈東京文物入新愁〉の一句のみではなく、むしろそれと対をなす〈北海風濤依旧怒〉の句との対照性自体に関心を唆られる。新政府への不同調の思いをいだきながら、なお五稜郭に拠る榎本等の行為を〈旧〉ととらえ、東京の動向を〈新〉と見なさざるを得ない対照性にこそ〈乱後〉の羽峰の精神的位相が明瞭に刻印されていると思われるからである。

　こうした〈新旧〉の動向に引き裂かれ為す術のない自らの位相を、他の七律では〈鉄心已逐東流砕、剣気徒衝北斗横〉とも表現するが、宙吊りにされた意識は、むしろ自ら〈旧〉と規定した榎本等の行為に寄り添う指向性を見せているところにその苦悩をさらに際立たせていると言えよう。それは共に東軍に属するというシムパシイにとどまらない。現実に羽峰もまた榎本軍と共に箱館で抗戦を続けている可能性が強かったからである。それ故、〈北海風濤依旧怒〉とは、もとより他人事ではない切なる想念に支えられていた筈である。こうした事情を理解するためには、いささか羽峰の伝記的事項に立ち入らねばならない。

＊　＊　＊

〈江戸〉は〈東京〉と改称されたが、未だ〈明治〉と改元されていないこの年八月、羽峰は奥羽越列藩同盟の公議府が置かれた仙台領白石を拠点に落城に瀕した会津救援を期して転戦奔走していた。既に列藩同盟も脱藩離反が相継ぎ劣勢は蔽うべくもない状況にあった。そうした状勢下、折しも仙台領寒風沢に入港した榎本艦隊の動向は羽峰等にとって注目すべき存在であった。八月三十一日、羽峰は碇泊中の榎本艦隊を訪ね、援軍を請うている。「南摩綱紀筆記[5]」によれば、〈開陽艦ニ至リ榎本ニ面シテ曰、諸藩ト謀テ、二本松城ヲ進撃シ、若松城ノ囲師ヲ撃ントス、兵寡シ、請フ援兵ヲ出セ〉と交渉している。周知の如く榎本艦隊は品川沖を脱走後、銚子沖で暴風雨に遭遇、開陽は舵を折り、回天はマストを折り、咸臨丸及び美加保丸の存亡は不明といった満身創痍の状態であった。しかし羽峰の必死の要請を受けて、榎本は〈然ラバ五十人ヲ撰ヒテ、艦中所用ノ砲及ヒ金ヲ貸シテ出スヘシ〉と応じている。翌九月一日仙台城下軍議所に於いて榎本等を加えて同盟諸藩による軍議がなされ、羽峰は福島に赴き諸藩士の間を周旋、榎本の出した援兵を加え会津に向け進撃を期したが、米沢兵三百余人が福島城下に至り降謝を説き、ために諸藩士は皆その説に従い同盟軍は解体した。羽峰は即夜再び仙台城下へ馳せて増兵を議せんとしたが、既に仙台城中に於いても降謝の議起こり、議論沸騰している最中であった。かくして九月十四日仙台藩主伊達慶邦は降服の嘆願書を発するに及び、列藩同盟の瓦解と共に榎本艦隊は箱館に向けて解纜（かいらん）することとなる。『会津戊辰戦史[6]』によれば、この時仙台城下に在った会津藩士は羽峰の他三十四名である。羽峰はこの後、列藩同盟の中でなお独り奮戦を続けている庄内藩に身を投ずることになる。既に道路梗塞、会津への入城を絶たれていたためである。しかし、同じく仙台に在った会津藩士の中、諏訪常吉、雑賀孫六郎、柏崎才一等、榎本艦隊に身を投じた者もいる。そうとすれば羽峰は何故乗艦しなかったのか。蝦夷地と言えば、かつて樺太営戍（えいじゅ）を経て六年に及ぶ蝦夷地代官を勤めた羽峰にとって、榎本以上に熟知した土地であったはずである。榎本の所謂共和国構想よりも会津の命運こそ焦眉の急との判断は当然としても、それは乗艦した者も同様であったと思われる。同じく仙台に在った会津藩重役小野権之丞の断片的な日記[7]が僅かにその間の事情を記している。即ち九月十八日の条に〈開陽始附属の船々へ不残乗組之儀申入候得共右船ニハ限リ有リ而不相叶候ニ付庄内行ト半々ニ相成候〉とある。当初は全員乗艦を申し入れたが人数制限上受け入れられず、余儀なく庄内行と半々に別れた事情が窺われる。羽峰もまた箱館へ行く可能性は充分にあったのである。小野自身も当初は庄内へ赴く予定であったが、出遅れている内に庄内への道路も梗塞、やむなく引き返し、かろうじて榎本艦隊に乗り込めたものらしい。榎本軍の中に会津遊撃隊が組織され、小野は病院頭取を勤めている。また鳥羽伏見の戦い以来羽峰と行を共にすることが多かった諏訪常吉は遊撃隊長として箱館戦争で戦死、近年その墓石も発見されている。彼等も当初箱館を経て庄内へ赴く意向であったとも伝えられるが、会津落城に続いて庄内も降服開城の報に接し、そのまま榎本軍と行を共にしたものと思われる。いずれにしても、彼等が庄内へ到着しなかった以上、榎本軍と共に今なお抗戦を続けていることは羽峰も容易に推察出来た筈である。したがって、先の自註は制作時の意識に忠実に表記するとすれば、〈榎本氏並邦友拠箱館五稜郭、与西軍戦〉とでもすべきであろう。しかも自らそうしている可能性が充分ありながら、なお彼等の行為を〈旧〉と見なさざるを得ないところに、大きな苦衷と共に時代の歴史的転換を意識し始めた羽峰の現状把握を見てとることが出来る。必然的に〈東京〉の動向は〈新〉でありながらも〈愁〉としてしか意識化されない衷情もこれを理解することが出来よう。

かくして乱後の身を庄内天澤寺に送った羽峰は、明治元年十二月十六日新発田藩兵に護送されて鶴岡を出起、暮れも押し迫った二十八日に会津若松城下に到着、同夜のうちに塩川謹慎所へと身柄を移されている。越えて明治二年正月十三日、越後高田藩に錮せられることになった羽峰は加賀藩兵に護送されて塩川を発し、同月二十五日に高田城下に到着している。以後、明治三年四月赦に遇うまでの一年余を高田城下本誓寺で流謫の身を過ごすことになるのだが、ひとまず明治元年の他の詩を概観しておきたい。

二

南摩羽峰は、明治元年という年を賊軍の汚名を着て虜囚の身として終えた。最後に身を投じた庄内藩も降服開城に決するや城南丸岡村在の天澤寺に謹慎した。その昔加藤肥後守忠廣[8]が謫居した所でもある。肥後守の暗合が羽峰をして暗然たらしめたことは想像に難くない。後に土屋鳳洲により、その詩境殆ど杜甫に迫ると評された「乱後客中雑詩[9]」を始めとする数々の悲痛な詩が羽峰によって表出されるのはこの時からである。〈道路梗塞、郷信不通、仰念君、俯憶妻孥、腸断魂銷〉という憂悶もだし難き状況の中で惨憺たる亡国の思いがうたわれる。

飄零書剣鬢将斑　　飄零書剣鬢将に斑ならんとし
寄食天涯亦厚顔　　天涯に寄食するも亦厚顔
城郭已墟余白骨　　城郭已に墟にして白骨を余し
鼓鼙始斂有青山　　鼓鼙始めて斂めて青山あり
風吹郷夢家何在　　風は郷夢を吹きて家何くに在る
雪満庭松鶴未還　　雪は庭松に満ちて鶴未だ還らず
残燭熒々愁夜永　　残燭熒々夜の永きを愁ひ
焚香且対老僧閒　　香を焚き且つ対す老僧の閒

児女避兵男枕戈　　児女は兵を避け男は戈を枕とす

流離生死果如何
懐人情向愁辺切
感世心従病裏多
乱後江山空涕涙
客中日月易蹉跎
悄然独剔僧房燭
欲和少陵同谷歌

健児半死計空違
九族分離何所依
古寺寒燈孤対寡
荒村積雪凍兼饑
原頭白骨無人斂
雲外青山有夢帰
誰向九天明曲直
廻思家国涙沾衣

地崩天墜国家傾
夢裏聞来醒更驚

流離生死果して如何
人を懐ひ情は愁辺に向ひて切に
世に感じ心は病裏に従ひて多し
乱後江山空しく涕涙
客中日月蹉跎たり易し
悄然として独り僧房の燭を剔ね
和せんと欲す少陵同谷の歌

健児半ば死して計空しく違ふ
九族分離何の依る所ぞ
古寺寒燈孤寡に対し
荒村積雪凍饑を兼ぬ
原頭の白骨人の斂むる無く
雲外の青山夢帰る有り
誰か九天に向ひて曲直を明にせん
家国を廻思して涙衣を沾す

地崩れ天墜ち国家傾く
夢裏聞き来り醒めて更に驚く

鬼哭腥風吹曠野　　鬼哭し腥風曠野を吹き
狐啼残月照空城　　狐啼き残月空城を照す
鉄心已逐東流砕　　鉄心已に東流を逐うて砕け
剣気徒衝北斗横　　剣気徒らに北斗を衝いて横はる
傲骨未枯余一死　　傲骨未だ枯れず一死を余す
山河有異愧残生　　山河異る有り残生を愧づ

鵲巣千里遠相依　　鵲巣千里遠く相依る
思入家郷一涕歈　　思ひ家郷に入りて一に涕歈
蕭寺今吾弾有剣　　蕭寺今吾弾ずるに剣有り
荒村憐汝賦無衣　　荒村憐む汝衣無きを賦するを
寒雲東去連山岳　　寒雲東に去り山岳連なり
飛雪西来接海沂　　飛雪西来し海沂に接す
乱後乾坤渾惨憺　　乱後乾坤渾て惨憺
病中況復故人違　　病中況んや復た故人違ふ

「雑感」及び「乱後客中雑詩」の中の数首である。〈欲和少陵同谷歌〉とある如く、少陵（杜甫）になぞらえるべき状況に在って羽峰の詩心が初めて口を衝いたと言うべきであろう。国破れて故郷の山河すら望むことを得ない〝亡国の遺臣〟の衷情は、これら一連の七律に明瞭である。嘱目の景に会津落城の光景を重ね合わせ、なすなき境遇に置かれた自らの憂悶を吐露している。散見される漢詩特有の大振りな表現も、置かれた状況の深刻さと惨憺たる事実自体の重さによって不自然さを感じさせない。合わせて漢詩という制約の多い詩型も自由を奪われた幽囚の身にむしろふさわしかったとも言えよう。まさに賦到滄桑句自工（趙甌北）と言うべきであろうか。

ともかく、謫居の身に加えて病をも得ていたらしい羽峰は、はるかに郷国会津の命運に思いを馳せ、ひるがえって草間に生を偸む自らを〈厚顔〉と称し〈愧残生〉との思いを押さえ難かったようである。他方、賊軍の汚名に関しては〈誰向九天明曲直〉と述べ、別の詩では〈唯義所存心不恥〉（「津川路上」）とも断言している。言わば、戊辰戦争に於ける数多の死者達に対しては残生を恥ずる思いを抱きながら、いわれなき汚名に対しては心恥じざる信念があったものと見られる。そして後者の思いは必然的に新政府軍への怒りや批判に転化すべきものであるが、そうした感情は一連の詩では直接的に表出されてはいない。むしろそうであることによって緊迫した内面の表出たり得たと言えよう。

ところがここに唯一の例外とすべき一詩がある。しかも『環碧楼遺稿』及び稿本『環碧楼遺稿』（国会図書館蔵）共に未収の長篇であるばかりでなく、これまで知られている羽峰詩中最大の長篇七古である。〝明治三年春正月〟の日付をもつ堂々たるこの雄篇は、実に昭和五十年に至って初めて『会津会々報』に相田泰三氏[10]によって紹介されたものである。

白虹貫日自至誠　　白虹日を貫き自ら至誠

浮雲蔽月豈揖明　　浮雲月を蔽う豈明を揖ぜんや

一朝天地属閾毖　　一朝天地閾毖に属するも

正邪万古有公評　　正邪万古公評有り

憶曾吾公護禁闕
拮据多年灑心血
蒼生薫浴公徳沢
天皇依頼公忠節
秋風講武建春門
日射兜鍪映旌旛
天顔有喜違咫尺
水干馬鞍恩賜新
何物姦賊逼九重
砲丸屢及紫宸宮
吾公護衛王墀側
死士鏖戦安聖躬
洛中洛外賊気消
天王山上賊営空
天意倦々渥賚賜
御詠宸翰褒忠義
曾屈至尊辱禱祀
一掃吾公二豎祟
治極乱生人耶天

憶う曾て吾公禁闕を護り
拮据多年心血を灑ぎ
蒼生は公の徳沢に薫浴し
天皇は公の忠節に依頼し給うを
秋風武を建春門に講じ
日は兜鍪を射て旌旛に映ず
天顔喜び有り咫尺違たる
水干馬鞍恩賜新たなり
何物ぞ姦賊九重に逼り
砲丸屢紫宸宮に及び
吾公王墀の側を護衛し
死士鏖戦して聖躬を安んず
洛中洛外賊気消え
天王山上賊営空しく
天意倦々渥賚賜わり
御詠宸翰忠義を褒め給う
曾つて至尊を屈して禱祀を辱くし
吾公の二豎の祟を一掃し給う
治極って乱生ず人か天か

随吾典型妬吾賢
利吾幼帝逞其意
幽吾皇子廃摂関
将軍恭謹敢肯違
解其官職返其権
浪華城中送歳除
人情洶々一紛然
伏水一戦捲旗鼓
将士南乗紀海船
江都城郭依然求
会津草木待公還
児女歓抃争迎拝
貔虎如雲従連綿
吾公抗疏謹待命
其奈浮雲蔽帝闇
兵馬陸続来相迫
借名王師極惨覈
賊吾鶏犬盗吾宝
掠吾村落火吾宅

吾典型を随じ吾賢を妬む
吾幼帝を利して其意を逞うし
吾皇子を幽し摂関を廃す
将軍恭謹して敢えて肯違わず
其官職を解いて其権を返す
浪華城中歳除を送る
人情洶々一に紛然
伏水の一戦旗鼓を捲き
将士南して紀海の船に乗る
江都の城郭依然として求き
会津の草木公の還るを待ち
児女歓抃争って迎拝し
貔虎雲の如く従って連綿たり
吾公抗疏して謹んで命を待つ
其れ奈ん浮雲帝闇を蔽い
兵馬陸続来って相迫り
名を王師に借りて惨覈を極む
吾鶏犬を賊し吾宝を盗み
吾村を掠し火を吾宅に落す

赳々武夫争尽力
唱義人越自河北
殺気衝天唐睢陽
腥風捲地斉即墨
金湯三旬城不陥
衝突屢退百万敵
枕城元期鳥居子
鉄丸義固皆奮激
忽驚日月旌旗靡
即施吾弦折吾矢
君臣分離鴻鯉絶
天涯堕角三千里
秋風吹衣涙有痕
杜鵑哭血魂将死
浮雲蔽月不多時
至誠貫日天人知
鉄券丹書華旌詔
青鳥啣来自丹墀
陸奥山河連滄海

赳々たる武夫争って力を尽し
義を唱うる人河北より越し
殺気天を衝き唐の睢陽
腥風地を捲く斉の即墨
金湯三旬城陥らず
衝突屢百万の敵を退く
城を枕とする元より鳥居子を期し
鉄丸義固く皆奮激す
忽ち驚く日月の旌旗靡くを
即ち吾弦を施め吾矢を折り
君臣分離鴻鯉絶え
天涯角を堕う三千里
秋風衣を吹き涙痕有り
杜鵑血に哭し魂将に死なんとす
浮雲月を蔽う多時ならず
至誠貫日天人知る
鉄券丹書華旌の詔
青鳥啣えて丹墀より来る
陸奥山河滄海に連り

管轄遠及古蝦夷
斉王乃富魚塩利
肇得宗社萬年基
　明治三年春正月

管轄遠く古蝦夷に及ぶ
斉王乃富魚塩の利
肇き得たり宗社萬年の基

以下、若干の語注を加えておく。
○白虹貫日＝白い虹が太陽を貫く。真心が天に通じた時の現象ともいい、また国に兵乱の起こる徴候ともいう。〔史記・荊軻伝〕
○閟＝とざす、とじる。○毖＝つつしむ、なやむ。
○公評＝公平な批評。
○拮据＝いそがしくつとめること。
○蒼生＝あおひとぐさ、たみ、人民
○兜鍪（トウボウ）＝兜牟（とうぼう）、かぶと。
○王墀（オウチ）＝御所の庭
○渥賚（アクライ）＝てあついたまもの、くだされもの
○二豎（ニジュ）＝病魔・病気のたとえ。春秋時代に晋の景公が病気にあり、夢でその病気がふたりのこどもになり、医者の治療できない箇所にかくれたという故事。〔左伝〕、豎はこども。
○洶々＝さわぎどよめく
○歓抃（カンベン）＝よろこんで手をたたくこと。
○貔虎（ヒコ）＝貔も虎も猛獣の名、転じて勇猛な軍隊のたとえ。

○睢陽＝河南省にある地名。安禄山の乱に張巡、許遠が睢陽（すいよう）城にこもって賊と戦ったが落城した。
○即墨＝山東省にある地名。戦国時代斉に属し、斉の田単が火牛を敵地に突進させ、燕の名将楽毅を破った地。
○金湯＝金城湯池の略。堅固でたやすく抜くことができない城池。
○鴻鯉＝手紙、たより。
○丹書＝丹冊。天子から臣下に与える朱書きの文書。臣下が子孫まで天子から保護を受ける証明になる。
○丹墀＝丹砂を用いて赤色にぬりこめた宮殿の土間
○青鳥＝使者。西王母の使者として青い鳥が漢の宮殿に来たという故事。〔漢武故事〕
○斉王乃富魚塩利＝〔史記、斉太公世家〕に「通二商工業一、使二魚塩之利一、而人民多帰レ斉。」とある。魚塩利は魚をすなどり塩を製する利益。

長篇ゆえにあえて若干の語注を加えたが、一読して明らかなごとく、この雄篇の内容は会津藩を中心とする凝縮された幕末維新史そのものといってよい。藩主松平容保の京都守護職時代、孝明天皇からの信頼を一身に集めていたことから筆を起こし、それらは二度にわたる天覧馬揃への感悦、帝の容保宛宸翰、帝自らによる容保の病気平癒祈願などの事実を折り込むことによって具体化されている。そして蛤御門の変（長州を姦賊と表現）、帝の崩御と新帝の即位（〝吾幼帝を利して其意を逞うし、吾皇子を幽し摂関を廃す。〟といった微妙な表現が見られる）、さらには大政奉還、鳥羽伏見の戦、賊軍の汚名、奥羽越列藩同盟の成立、抗戦（新政府軍を〝名を王師に借りて惨覈を極む〟と表現）、そして会津落城、流罪、最後に斗南立藩に至るまでを詠じたもので、凡そ文久三年から明治三年に至る幕末維新期に於ける会津藩興亡史とも言うべき雄大な一篇である。こうした重要な一篇が何故『環碧楼遺稿』及び同稿本にも収録されなかったのか早急に断言は出来ないが、「明治三年春正月」の日付をもつこの一篇が、会津一藩の思いを代弁する一大叙事詩たり得ていると共に、当時の羽峰の時代認識を窺う上にも貴重なものであることは言う迄もない。

先に述べた如く「乱後客中作」を始めとする戊辰戦争後の羽峰の詩は概して内向する感情を切迫した表現で吐露したものが多く、新政府軍への怒りや批判を直接表現したものは見られなかった。むしろそうであることによって緊迫した内部張力に支えられた苦悩の表出が可能であったと言えよう。それは基本的には高田幽閉中の詩群に於いても変化は無い。〝情感切迫シ発シテ詩トナル〟（「闘詩巻」序）とは当時の感懐である。ところが、この一篇に於いては幼帝を利し名を王師に借りて暴虐を尽くす薩長を中心とする新政府軍への批判が直接表出されている。正に〈唯義所存心不恥〉と詠じた根拠を個人的状況を離れた歴史的視点から展望することによって堂々たる叙事詩に仕上げていると言えよう。

補足すれば、この一篇は日付が示す如く、主家再興を許され赦免も近い時期の作である。後述するように陸奥三万石とは言え実質的には七千石にも満たない寒冷不毛の地への転封は挙藩流罪とも言うべき苛酷な措置であったことは今日ではよく知られている。そうしたことを熟知していた羽峰であったことを想起すれば、尾聯四句に見られる展望の明るさとの落差は充分留意しておく必要がある。そうした意味では、少なくとも主家再興の朗報に接した後、新しい年を迎えたその年頭に当たっての言わば予祝儀礼的性格をあわせもつ一篇であるとも言えよう。そうした要素を含みながらも、この詩に見られる歴史把握は詩的定着とは別に極めて興味深い。明治新政府の歴史的正統性を支える尊皇攘夷史観をくつがえす史的根拠を内包しているからである。「朝敵」の烙印を押され、それ故に現在流罪謹慎の境遇にある会津藩からのこうした主張が日の目を見るためには、未だ時代の水圧が高過ぎたと言うべきであろう。こうした主張が史実として公表されるためには、始まったばかりの〈明治〉という時代がこの後いくつもの政治的変動を経るまで、時代の水圧の下に閉塞を余儀なくされたのである。同じ旧会津藩士北原雅長の労作『七年史』[11]が出版されるのは明治三十七年のことである。さらに、その『七年史』に序を寄せた山川健次郎は〈我邦維新史の多くは排幕勤王家の手に成れるを以て、事の真相を得ざるもの少なからず。亡兄去二堂先生之を慨し、京都守護職始末の著あり。故ありて未だ之を公にせず。〉と述べている。遅くとも明治三十三年には成稿を見ていた山川浩遺稿『京都守護職始末』[12]が〝故ありて〟稿本のまま山川健次郎のもとに秘蔵され続け、漸く日の目を見るに至るのは明治四十四年十一月のことである。既に第一章でも記したが、羽峰の発見した〝屈竟の史料[13]〟がこれら二著にも吸収されているばかりでなく、この二著の最大の武器となったものが孝明帝の松平容保宛極秘宸翰であることは言う迄もないが、これを最初に公表[14]（明治二十九年七月）したのは羽峰である。これら二著をめぐる圧力を想起すれば、当時の羽峰への風当たりも充分にこれを推測することが出来よう。明治三十年前後以降のこうした状況を考慮に入れるならば、〝明治三年春正月〟の日付けをもつ先の長篇も当面は篋底に秘す他はなかったであろう。（『遺稿』にも収録されなかった事情は詳かではない。）「乱後客中作」を始めとする羽峰の他の詩が刊本[15]に収録され始めるのは明治六年以降である。

高田幽囚中の羽峰は一方では同囚の会津藩士たちに経書[16]を講じたりしているが、赦に遇った後も斗南藩に赴こうとしなかった。一人でも帰藩者は少ない方がよいと判断し、越後にとどまり、高田郊外の横曾根村に正心学舎を仮設し近隣の子弟に学を講じている。こうして羽峰は戦乱幽囚後の身をひとまず落ち着けたのだが、「正心学舎雑詩」「幽居」「帰農吟」等に見られるこの間の澄明な境地の意味するものに関しては、既に第二章、第三章で触れたところである。だが、束の間の安らぎにも似た正心学舎時代の後、刊本を通して初めて我々の目に触れる羽峰の姿は、開化を推進する開明的な姿勢を通してのそれである。

三

明治辛未初冬（明治四年）、中村正直訳の英国弥爾（ミル）（John Stuart Mill）著『自由之理』が駿河静岡藩の木平謙一郎によって新刻された。（実際の出版は明治五年二月）羽峰はこの書に漢文（返点送仮名付）による「叙」を寄せている。刊本に見られる羽峰の文としてはこれが嚆矢である。この新思想の本は他にE・W・クラーク（Edward Warren Clark）の英文草書体の序文と大久保一翁の行書万葉仮名雅文体序文とを据えているのだが、この二人と共に羽峰が「叙」を寄せていること自体がまず興味深い。なぜならば、E・W・クラークは静岡学問所の御雇教師であると共に、中村をキリスト教徒へと傾斜させてゆく上に大きな影響を与えた人物であり、大久保一翁も静岡藩執政として本書の刊行に助力した人物、さらには版行を引き受けた木平謙一郎も静岡藩学校組頭である。そうした中に旧会津藩士（現斗南藩士）である羽峰が「叙」を寄せているからである。確かに駿府に移封された旧幕臣と旧会津藩士という共に敗者としてのとり合わせは、そのように見ればさほど不自然ではない。そこにあえて羽峰に「叙」を依頼した中村のある意図を見るべきかも知れない。因みに羽峰と中村は昌平黌在学以来の旧友である。後年『敬宇詩集』[17]中に〈南摩士張築環碧楼。有詩見示。余与士張交四十年矣〉云々、あるいは〈諦交自成童。歳月邈如流。君為北海行。我為西海游。重来握手共白頭。賓主相忘環碧楼〉と記す如くである。しかし、如何に旧友とは言え、戦乱・幽閉と寧日ない幕末維新期を送り僻遠の地に在った羽峰と久濶を叙す手立てが如何にして可能であったのかに想到すれば、やはりこの〈明治四年穐九月南摩綱紀識〉の日付をもつ「叙」は興味深い。既に前章迄でも触れた如く、羽峰は文久二年から慶応三年に至るまで樺太警備を経て六年に及ぶ蝦夷地代官（先の『敬宇詩集』中に云う〈君為北海行〉とはこれを指す）、続いて慶応三年八月京都会津藩邸学識に転ずるや翌四年正月には鳥羽伏見戦争に際会、戊辰の内乱、会津落城を経て庄内鶴岡の地で虜囚の身となり明治二年正月より明治三年春に至るまで越後高田藩に謹慎させられていた。そうして赦に遇い自由の身となった羽峰は、新たに立藩された斗南藩に赴こうとはしなかった。僅か三万石（実質七千石とも言われる）に満たない寒冷不毛の荒地に二十三万石の旧会津藩士とその家族が移住することが如何なる結果を来たすかは容易にこれを推察することができる。かつて六年におよぶ蝦夷地代官を勤め具さに辛酸を嘗めた羽峰にとって、本州とは言え北端の下北の風土がどのようなものであるか熟知していた筈である。斗南に於ける挙藩流罪とも言うべき惨澹たる生活は『ある明治人の記録―会津人柴五郎の遺書』[18]によって、現在ではよく知られている。そうした事態が予測される以上、帰藩者は一人でも少ない方がよい。そう羽峰は判断したと伝えられる。東京に出て私塾でも開き余生を送ろうと考えたようであるが越後人士の請を受け、頸城郡横曽根村に正心学舎を開学することとなる。既に第二章で紹介した「正心学舎規則」には〈明治三年庚午秋八月羽峰書屋蔵〉の日付がある。だが正心学舎も比較的短命に終わったようである。明治五年の学制発布により廃止統合などを余儀なくされたことも想像されるが、経緯は詳らかではないものの明治四年羽峰自身が淀藩の聘に応じ藩校明親館督学に転じているし、翌五年廃藩により明親館が閉鎖されるや間もなく京都府学識に転じているからである。羽峰が淀藩明親館督学に転じたのが明治四年の何月かは現在のところこれを詳らかにしないが、『自由之理』に「叙」を寄せた明治四年九月とは正心学舎時代か明親館時代であろう。あるいは淀藩に赴く途上駿府で旧交を暖める機会があったものかとも想像される。孰れにしても戦乱流亡の果てに隔絶されていた二人を明治四年という時点で早くも結び付ける強力なヴェクトルが働いたのは確かであり、そうした事実自体が興味深いと言えよう。

ところで羽峰は正心学舎カリキュラムに『万国公法』（西周訳）『泰西国法論』（津田真道訳）などをいちはやく採り入れる開明性を示している。もっとも中村の前訳著『西国立志篇』（原著『自助論（セルフ・ヘルプ）』。明治三年十一月刻、出版は明治四年）は未だ刊行されていない故に含まれてはいない。正心学舎が明治三年八月という早い開学であり、しかも僻遠の地に開かれた上に、前述の如く戦乱幽閉直後という羽峰の身の上を想起すれば、この開明性はやはり驚嘆に値する。羽峰が儒学を主体としながらもペリー来航を契機に洋学をも併せて学び始めた経歴が正心学舎の卓絶した開明性を支えていたと見られるが、中村が『自由之理』という新思想の書の序を嘱するに、旧幕臣にも適切な人物は多くあったと思われるのに、あえて旧会津藩士である羽峰をもってしたのは、旧友であるという理由ばかりでなく、こうした羽峰の開明性を見込んでのことであろう。

さて羽峰は『自由之理』叙に於いて、色や音は一つ一つはそれぞれ異なるが、それらが相合し相和すことで五采や五音が成ると述べ、それは人間に於いても同様であると論じた後、次の如く続ける。

其ノ情思職業、万異ルコト面ノ如ク、相合ッテ政成リ国治マル。若シ之ヲシテ一思同業ナラシムレバ、則チ復タ事ヲ成サザル也。而シテ世人或ヒハ政権刑威ヲ以テ人々固有之性ヲ矯制シ、以テ其ノ情思ヲ一ニシ其ノ職業ヲ仝ウセント欲ス。其レ自然之公道ニ戻トル亦多シ。（略）

要するに「人々固有之性」を「政権刑威」によって「矯制」すべきではない。それは「自然之公道」にそむくとだと論じ、この後「人々固有之性」を尊重するところにこそ西欧諸国の開化があり、そうでないところに支那朝鮮の停滞があると続け、此書を熟読し西欧に観て支朝に警む所以を知れば緒に着いたばかりの我が国の開化に裨益すること大であろうと結んでいる。『自由之理』は後に自由民権運動や信仰の自由といった問題にも大きな影響を与えることになるのだが、この書に於ける「自由」の意味を羽峰は以上の如くとらえていたのである。因みに故稲垣達郎架蔵の『自由之理』[19]には、羽峰の叙に対して国粋主義的傾向を持つと見られる或閲読者（三島宿大和屋善蔵?）による〝綱紀者亦売国之臣哉〟という書き込みがあるという。稲垣は〈そういうことと関係があるのかどうか、つまり、自序と南摩綱紀の叙に対して、世上多くの非難があったのかどうか、手元の「明治壬申発兌」の再版本には、この二文を欠いている。〉という興味深い指摘をしている。稲垣は〈幾本も調べてはいないので〉という留保をつけているが、同じ留保をつけた上で言えば、管見の及ぶところ駿河静岡木平謙一郎版、東京同人社版共に羽峰の叙を欠いているものは見られない。

ともかく、かつてペリー来航を契機に〝攘夷のための開国〟（片岡啓治）といった位相から洋学を学び始めた羽峰は、杉田成卿・石井密太郎・緒方研堂・緒方洪庵等に師事することによって得た開明性の一端を維新後ひとまずこのような形で表明したのである。ただし羽峰の開明性が、所謂明六社的開明性とは自ずと異なった様相を呈するのは、他人の著書への叙ならぬ自身の『内国史略』の編述によって浮上した問題にかかわる。

明治五年、羽峰は明治維新による時代転換後の新しい歴史教科書の先駆とも言われる『内国史略』[20]（全四冊）を刊行している。これは年代記風の日本通史であり、所謂紀伝体の本紀の形式を用いるなど旧套を脱却してはいない一面があるものの、維新後も依然として『日本外史』（頼山陽）『国史略』（岩垣松苗）『皇朝史略』（青山延于）などが再刊され受容され続けている中にあって、あきらかに新時代の趣向を加味した先駆性を備えている。大久保利謙[21]はその新しさを、従来必ず付されていた論賛を除去し平明に事実を記述したこと、文章も漢文ではなく漢文調の仮名交じり文であり、これは当時としては新しい歴史の様式であったこと、『内国史略』とは『外国史略』即ち西洋史と対立させ、言わば世界史との関連の下に日本史を見ようとする意図が窺われることなどの特色によると指摘する。そして〈少なくとも内尊外卑的な鎖国史観から解放された新しい世界観への展望をふくみ、福沢の『西洋事情』や『世界国尽』と同時代の作品たる資格はある。槙村（正直）の序に「今也文明日新、知識月開、雖児童婦女亦不可不知国史」とあるごとく、文明開化の光にてらして国史を観ようとする意識が見られる点に、この時代の新しい歴史教育の特色があったのである。〉と述べている。これは羽峰の洋学者としての一面を想起すれば容易に首肯できる特色と言えよう。羽峰もまた自序に次の如く述べる所以である。

今也宇内駸々乎進於文明之域。未開者日開、未精者月精、昨之発明為今之芻狗。朝之見聞為夕之土牛。（略）摘国史之大要記以国文書交仮名字欲使童蒙易誦読通暁。名曰内国史略。起於剖判而止於弘化分八巻。若夫外国史及内外地志与格致之略説。則将相継而著之使童蒙広知宇内之形勢、遍弁五洲之事状、就捷務実。自浅入深自疎及密以開知達材而供国家実用。（傍点小林）

即ち、文明開化の新しい時代意識のもとに世界の動向をも見据えつつ国史の概略を児童にわかりやすい文体で叙述したと述べている。先にも触れた如く、この書の内容自体は学童を対象とした歴史教科書であるという制約上、新しい史観や独自の歴史認識を展開した歴史書とは異なるが、以上の如き先駆性故に新時代の教科書として広く採用されたものである。

ところで、刊本『内国史略』の自序は〈明治五年春正月〉の日付をもつが、対象として扱う時代は先に引用した如く〈起於剖判而止於弘化分為八巻〉と記している。つまり剖判（天地開闢）から仁孝天皇に至る時代が扱われることになる。そして序文通り巻八は弘化三年正月の仁孝天皇の崩御を以て終わっている。しかし『環碧楼遺稿』「文鈔一」に収録された「内国史略序」を見るに、刊本序に比してかなり表現の異同が見られるのだが、とりわけ〈遠自神代。近及孝明天皇。分為八巻〉とある記述が興味深い。対象とする時代が一時代[22]異なるからである。「内国史略序」は原本『環碧楼遺稿』（国会図書館蔵）を閲するに明治四年十二月[23]に記されている。即ち刊本序（明治五年春正月）に先立つものということになる。とすれば、当初は孝明天皇の時代（弘化三年二月より慶応二年十二月）までを扱い明治天皇の時代に接続させる意図を持っていたものと見られる。つまり会津藩にとっては京都守護職時代を含む幕末維新期の重要な時代をも対象とすることとなる。それが如何なる理由によってか、当初の予定に反して刊本では幕末期が扱われずに終わっているのである。

他方、明治七年に到って『内国史略後篇』[24]（二冊）が刊行されている。これは〝南摩綱紀閲、石村貞一編次〟とある如く、実質的には石村が編述したものである。対象とした時代は『内国史略』を受け継ぎ、孝明天皇時代（弘化三年より慶応二年）を上巻とし、今上（明治）天皇の時代（慶応三年より明治七年八月）を下巻とする構成である。羽峰はこれに「内国史略後篇序」を寄せているが、続篇を自ら編述し得なかった理由を次の如く記している。

余嘗在西京列学務之末、為児童著内国史略起於／神代而止於／仁孝天皇。小学以為課本、教師及書肆請続之、已而余転職正院至東京、東京書肆亦来請之、余皆辞以不暇、書肆曰然則請為採代撰者。余乃嘱石邨子剛（下略）

明治七年、羽峰は正院十等出仕として、〝官員録裏ノ人[25]〟となり東京に転ずるのだが、その前後の繁忙さ故に後篇を編述出来ず、書肆の要請を受けて石村に代撰を依嘱したと述べている。だが、『内国史略』を当初の予定に反して一時代後退した仁孝天皇の時代迄で終えた理由に関しては何も触れていない。しかも、『後篇』は自らも深く関った戊辰の内乱が扱われているにもかかわらず、『後篇』に寄せた羽峰の序文は心なしか淡泊な印象を受ける。錯綜した幕末維新期の動向を速やかに要領よくまとめ簡潔に表現した石村の労を型通りに褒め、児童に裨益することと大であると続け、それに比して拙著は玉に倚るも啻らずと謙遜する。従って一二批正をしたのみであると結んでいるのみである。『後篇』序文に見られるこうした淡々とした印象は、類書に寄せた羽峰の他の序文と比較すれば明瞭であろう。たとえば同じ明治七年に刊行された石津灌園の『近事紀略』[26]に寄せた序文では、〈抑余亦嘗与其事出万死而得一生者観此編則腸断魂銷乃書所感為序〉と感慨を吐露している。また同じ旧会津藩士小笠原勝修・佐治次太郎の『続国史略　三篇』[27]（明治十三年）への序文では、〈抑余与二氏同遭戊辰国難流離　間於砲煙弾雨之間出万死得一生。今読此篇不堪感旧之情。況二氏親執筆記之。果為何情邪。吁是亦可謂難之又難者也矣。〉と押さえ難い感情の昂ぶりと共に〝今史〟を編述することの難しさをもらしている。これらに比して『内国史略後篇』序の淡々とした印象はやはり拭い難い。これをしも東京に転じた繁忙さゆえと見做すべきであろうか。『後篇』を見るに〝官軍〟に対して〝賊兵〟〝賊軍〟[28]といった文字は当然の如く頻出する。こうした表記に象徴される幕末維新史を通観することによって触発された羽峰の心中は想像するに難くない。『後篇』を編述した石村（邨）貞一は、字を子剛、桐陰と号した人物である。生没年は未詳だが長州の人という。羽峰が長州出身の石村に『後篇』編述を依嘱した経緯や石村との関係は現在のところこれを詳らかにしえないが、言わば〝官軍〟の側に立つ石村にとっては、こうした表現や編述にほとんど疑問を抱かなかったのも自然である。その編述は極めて迅速であった（『後篇』序）という事実からも、そうした事情の一端が窺われる。とすれば、先に見た如く、高田幽閉中に七言六十四連に及ぶ長篇で羽峰が表出した幕末維新観とは大きな逕庭があるものと言わなければなるまい。そうした羽峰にとって、予期されたこととは言え、『後篇』への割り切れぬ思いが、その序文に投影されたとしても不思議ではない。ただこれは石村に代撰者として編述を依嘱した時点から充分予測されたことであり、石村個人への不満といったものではなく、自らの幕末維新観が、明治初年という時点では到底世に受け入れられ難いものであるという苦い現実認識に根差しているものと言えよう。〝今史〟の難さを言う羽峰にとって、それは未だ充分に対象化し得ぬ生々しい現実であると共に、簡略化を要請される教科書的編述に解消し得ぬ重い体験であった筈である。おそらく『内国史略』を当初の予定に反して仁孝天皇の時代迄で止どめたのも、『後篇』を自ら編述し得なかった理由もこうしたことに起因するものと考えられる。しかし、羽峰のこうした内面の苦衷とは別に、『内国史略』は新時代の教科書として広く受容され、『後篇』の他に『内国史略字引』[29]（上・下）まで刊行されている。以後羽峰は自らの幕末維新観を史書の形で公にすることは遂になかったが、その精神史的行方に関してはなお追尋すべきものがある。だが、もはや稿を改める他ない。

【注】

（1）同連作中に「奥羽同盟中有背者、又聞吾公幽東京」と自註し〝乱雲千里隔東京〟の結句をもつものも見られる。

（2）国会図書館蔵の同自筆稿本には、刊本未収録の若干の草稿及び未定稿が含まれる。

（3）南摩綱紀閲・太田真琴輯。全二冊。明治9年4月、玉山堂・清風閣梓。羽峰の序文及び詩4篇を含む。

（4）初出は、「羽峯・南摩綱紀論㈠」（立教女学院『紀要』第11号、昭和57・4）「羽峯・南摩綱紀論㈡」（立教女学院『紀要』第12号、昭和58・5）

（5）東京大学史料編纂所『復古記』第十二冊～十四冊に断片的に「南摩綱紀筆記」が引用されている。明治20年以前に筆記されたものと見られるが原本を詳かにしない。

（6）昭和8年8月刊。会津戊辰戦史編纂会発行。

（7）明治元年6月～11月及び明治2年2月～12月の日記。日本史籍協会叢書『維新日乗纂輯』㈣に収録。原本は関東大震災で湮滅に帰した。

（8）同じく天澤寺に謹慎した小川渉の遺著『志ぐれ草紙』（昭10・9、飯沼関弥発行）によれば、「やがて荘内にても白旗を建て敵軍入り来ればとて、我等がために城南里余なる丸岡村天澤寺に寓所を設けたれば、こゝに移れよとの言に従ひ夜を冒して彼の寺に赴き、夜明けて寺畔を彷徨せしに堂宇の南に菜圃あり、もとよりの菜圃にはあらず家屋の蹝趾ともおぼしければ、寺僧に問ひしに、古昔加藤侯忠広の謫せられし時、こゝに居館を設けおられしその趾なりといへり、予等この言を聞き再び心を傷め、芳山公にはいかにならせ給ひしや、荘内藩人の言に、敵軍入り来りしもの、言によれば、貴藩にても白旗を建て給ひしなりといへど、さることのあるべしとは夢おもひ得ず、荘内をして屈せしむるの作言ならんなどいへ合ひ居りしが、寺僧の言を聞きては藩人の言も実なる歟と思ひ、彼れにつけこれにつけ心を傷ましむること多かりき。」とある。言う迄もなく加藤肥後守忠広と会津藩主松平肥後守容保の暗合に暗然としたのである。因みに羽峰にも「奠加藤忠広君墓」と題し〝墓在大泉城南天澤寺君曾謫於此宅址亦在其傍今皆為菜畦茅原〟と前書する一詩がある所以である。

(9) 土屋鳳洲撰文「南摩羽峯先生伝」『日本弘道叢記』(九十九号、明治31年7月、のち『環碧楼遺稿』所収)によれば〝至幽囚中作、則沈鬱豪宕殆逼杜甫〟とある。

(10) 相田泰三「南摩綱紀の詩」(『会津会会報』第81号)会津若松市の田畑志良氏の所蔵にかかるものと云う。

(11) 明治37年4月、啓成社刊。本書には南摩綱紀の序文もある。

(12) 明治44年11月刊。非売品。沼澤七郎・黒河内良発行。

(13) 花見朔巳編『男爵山川先生伝』(昭和14年12月、男爵山川先生記念会発行)に「南摩綱紀(羽峰)翁が維新後間もなく淀藩の招聘に応じて赴任し、尋で京都府に勤務せられた折、京都大槌屋に於いて入手せられたものがあって、後之を松平家に献上せられた。是は実に当時の会津藩の立場を最も端的に示すに足る屈竟の史料である。」と記されている。

(14) 明治29年7月11日午後三時より史談会席上に於いてなされた南摩綱紀談話。「史談会速記録」第61輯として明治30年10月13日発行。

(15) 管見の及ぶところ羽峰の詩が初めて刊本にあらわれるのは、明治六年九月京都で版行された『印須社詩文第一集』(全二冊、西京文石堂及文求堂発兌)で、山田楳東、岡本黄石、菊池三溪、頼支峰、神山鳳陽、江馬天江、林双橋、小林卓斎、村田香谷、片山精堂、石津灌園、市村強堂と共に文四篇詩十六首が収録されている。因みにこれは後『明治十三家詩文』と改題して刊行(刊行年月無記。明治7年か?)されている。

(16) 荒川類右門勝茂『明治日誌』によれば、明治2年4月20日の頃に「南摩先生ニ経書講釈ヲ願ヒ、今日ヨリ出席人萱野卯兵衛殿ヲ始メシテ、都合三十人程、但、会日三八昼前大学、四九昼後詩経」とある。さらに明治3年正月15日の項にも「一　今日ヨリ南摩先生会、昨年ノ通リ四、九ノ日ニ定マル。一　南摩先生左之通リ規則　学堂規則学問之道在修身治人以成吏業而已聖賢之語断然明瞭不可頃刻忽忘之況於家国摧残之余乎自今而後当篤実謹厚孜々勉励以期其成業不可毫追軽浮傲慢之風矣因建学堂規則如左」とあり、あの長篇七古が書かれた明治3年正月に至っても一方でなおこのような講義を持続している。因みに同日記はこれまで会津図書館でマイクロフィルムにより公開されていたが、この度原本より飜刻され刊行された。『荒川勝茂　明治日誌』（星亮一編、平成4年11月、新人物往来社刊）

(17)　大正15年12月5日発行。敬宇詩集発行所刊。

(18)　石光真人編著（昭和46年5月、中公新書）

(19)　稲垣達郎「かわり目」（『国文学』昭和51年8月、学燈社。後に加筆して『稲垣達郎学芸文集』筑摩書房刊所収）。羽峰の文明観もしくは開化観に関してはこの後自ずと変化を見せてゆくが、明治二十年代の「文明ノ説」（『日本弘道会叢記』明治23年6月）がとりわけ興味深い。たとえば「当時喋々ト文明ヲ説ク者、或ハ高楼潔閣巍々雲ニ聳エ、金衣玉食、山海ノ珍味ヲ備ヘ、粉白ク黛緑ナル者、杯ヲ勧ムルヲ以テ文明トス、是レ吾カ所謂真ノ文明ニ非ルナリ、或ハ行クニ黒漆ノ車アリ、坐スルニ綵飾ノ榻アリ、其ノ歩スルヤ、帽高ク沓鳴リ、其ノ話スルヤ、洋語或ハ漢語ヲ交ユルヲ以テ文明トス、是レ吾カ所謂真ノ文明ニ非ルナリ、土木盛ニ起リ、道路大ニ改マル、其ノ観甚タ美ニシテ、其便甚タ大ナリ、而シテ細民ヲ顧レハ、麦粥草根、日ヲ併セテ一食スルコト能ハズ、隆冬祁寒、鶉衣体ヲ蔽フコト能ハズ、飢ニ泣キ、凍ニ悲シム者処トシテ此レ無キハ無シ、是レ吾カ所謂真ノ文明ニ非ルナリ、法律日ニ精密、訴訟月ニ山積、而シテ廉恥地ヲ掃ヒ、道徳全ク衰ヘ、兄弟財ヲ争フ者アリ、親族産ヲ訟フル者アリ、赭衣道ニ満チ、放火窃盗獄ニ盈ツ、是レ吾カ所謂真ノ文明に非ルナリ」と述べ、「器械事物工芸等」の「形而下」の進歩よりも「道徳」や「風俗」など「形而上」の問題を重視すべきことを論じている。そして「文明」に対して「野蛮」として看過されがちな「未開」の風俗にも「大ニ感ズベキコトモアルナリ」として、アイヌの風俗を例示し「其ノ風俗ノ淳朴ト人情ノ正実ニ至リテハ、大ニ感ズベキ所アルナリ」と述べているところが注目される。これは幕末期、六年に及ぶ蝦夷地代官を勤めた体験に根ざした発言である。

(20)『内国史略』(全四冊)明治五年壬申三月御免、同年八月彫成。羽峯書屋蔵版。京都府知事長谷信篤題字、京都府参事槇村正直及び羽峰の序、巻末に青郁広瀬範治の跋を付す。
(21)「明治初期の歴史教科書と明治維新」(石川謙博士還暦記念論文集『教育の史的展開』昭和27年、講談社)のち大久保利謙歴史著作集7『日本近代史学の成立』所収(昭和63年10月、吉川弘文館)
(22)この相異は金子元人氏の教示による。因みに同氏は羽峰の次女牧子が嫁した金子元臣の令孫である。
(23)稿本には〝明治四年辛未冬十二月南摩綱紀識〟とある。
(24)南摩綱紀閲、石村貞一編次『内国史略後篇』(全二冊)。桐陰書屋蔵版。明治七年九月官許。東京書林弘成堂及び芳潤堂発兌。羽峰による〝明治七年十月十又四日〟付の「内国史略後編序」がある。因みに石村は桐陰と号し、他に『続々皇朝史略』『元明清史略』などの著がある。陸軍幼年学校において国漢を教授したというが、羽峰とのつながりは詳らかではない。有職故実学者石村貞吉はその長男である。
(25)秋月悌次郎(韋軒)に「旦暮親耕豈苦辛。閑雲孤鶴永占春。誰知意気異前日。会是官員録裏人」なる七絶がある。因みに、この年かつての昌平黌書生寮の旧友鹿児島の重野安繹は六等出仕で百五十円、仙台の岡千仭は八等出仕で七十円、十等出仕の羽峰は四十円である。
(26)石津賢勤編次『近事紀略』(全四冊)官許開版明治六年十月。西京三書房発兌。羽峰は〝明治七年申戌第二月二十八日識于西京環碧楼南摩綱紀〟と序文に記している。したがって、この日付と「内国史略後編序」の十月十四日の間に東京へ転出したと見られる。
(27)小笠原勝修・佐治次太郎同輯『続国史略三篇』(全二冊)明治十三年二月二十四日版権免許、同年十月出版。東京書肆柏悦堂蔵版。〝明治十三年六月一日識於東京環碧楼南摩綱紀〟の序がある。因みに先の「内国史略後編序」及び『近事紀略』序、そしてこの『続国史略三篇』序共に『環碧楼遺稿』未収である。
(28)後に羽峰と密接な関わりを持つことになる西村茂樹は、〈朝敵ヲ称シテ賊ト云フハ、外国ヲ称シテ夷狄ト云フト同ジク、共ニ智識狭隘ノ致ス所ナリ〉(『明六雑誌』明治八年三月)と画期的な発言をしているが、天皇制を必要として来た我が国の精神風土において、この卓説が受け入れられることは遂になかった。

(29)　南摩綱紀閲・柳田元策纂輯。上下二巻。明治九年七月発兌。同盟書屋（京都書林の村上勘兵衛、大谷仁兵衛、藤井孫兵衛、杉本甚介、大阪書林の松田正助の五書肆）刊。

第二部　羽峰の周辺

一　松田正助——大阪本屋仲間行司

まえがき

かつて、昭和初期の同人誌の動向を調べる必要があり、日本近代文学館編『日本近代文学大事典』の第五巻（新聞雑誌篇）を引いていた時のことである。目的の項目に達する途中で、突然〝梅原忠蔵〟という名前が目に飛び込んで来たことがあった。ハッとして思わず手を止めた時には、もう別の頁が開かれていた。この名前は何か重要なはずであったと思いながらも、瞬時のことで思考の回路がつながらぬまま、あわててそれと覚しき頁を繰り直した。そうしてやがて探し当てた頁をあらためて見つめながら、あまりの意外さと唐突な出会いに少なからぬ興奮を禁じ得なかった。それは探しあぐねていた人物というよりも、探すことは不可能と思っていた市井の人物の片鱗を思いがけぬ所で突然つかみ得たという思いである。その項目は明治中期に大阪で出されていた『なにはがた』という雑誌であり、その発行人としてこの〝梅原忠蔵〟という名が記されていたからである。しかも、この名前に対する私の関心はこの時この事典を引いていた所期の目的とは全くかけ離れたところにあったからである。この時の私の驚きを説明するためには、〝梅原忠蔵〟の名前を最初に私に記憶させることになった次の新聞記事を見ていただくのがよいだろう。それは『大阪朝日新聞』明治三十六年四月二十三日付の「老儒南摩綱紀四十年回顧の涙」という記事である。この年八十一歳の南摩羽峰は折から開催中の大阪博覧会見物を兼ねて夫人と共に西下し、その昔鳥羽伏見戦争敗退後、大坂に於て潜伏した家を再訪したらしい。既に引用したことがあるが、あらためて紹介しておく。

（前略）翁は旧会津藩士にて、維新の際淀伏見戦争に刀かざして薩長武士と鎬を削り敗軍の為め阪地に逃れ、東区備後町二丁目梅原忠蔵の亡父にて当時北区久太郎（ママ）町三休橋筋に住ひし松田正助方の二階に潜みたるが、数町を隔て丶津村御堂には仁和寺の宮を総督として薩長土三藩の陣営あり、敗兵逮捕の調べおさ〳〵厳しければ、翁は白刃の林に居るに異ならず、漸くにして難を免れ、かくて維新の天地に聖沢に浴し今日の栄地に上りしは、偏に正助夫婦のたまものなりとて、忠蔵方を訪れ、ありし昔を語り出で、正助殿夫婦の墓に参詣したしといひしかば、忠蔵は翁の旧誼を忘れぬあり難さを喜び、両親も草葉の蔭に喜ぶべしと、やがて生玉寺町増福寺なる正助の墓、下寺町満福寺なる正助の妻の墓へ導きたるに、翁は墓石の前に立ち、四十年前の旧恩を謝し、青雲黄壌両ながらの人の行末、今更新しき感慨に白髪を撫し、老涙を催せしとなん。（傍点小林）

以上の如く、私の関心は鳥羽伏見戦争後、大坂で南摩羽峰を匿まった松田正助という人物にあったのであるが、その子息として梅原忠蔵の名を記憶していたのである。こうして数年前『日本近代文学大事典』中に思いがけず梅原忠蔵の名を見出したという訳である。実は既にこれより前、拙稿「幕末維新期の南摩羽峰―攘夷と洋学と」（本書第一部第六章）の中で、先の『大阪朝日』の記事を引用し、松田正助が緒方研堂の独笑軒塾の〝属僚〟であったことをつきとめ、羽峰が安政二年から四年にかけての西国遊歴時に知遇を得た人物であることを考察しておいた。しかしそれ以上のことは未だ何も明らかにできなかった。ところが思いがけぬ所で梅原忠蔵の名を見出し、それが『なにはがた』の発行人であったということ、すなわち書籍出版人であったという事実から類推して、松田正助という人物解明の糸口がほぐれたのである。つまり松田正助の墓があった増福寺も別名〝本屋寺〟と呼ばれる程書籍関係者の墓が多いことにも思い当たり、松田正助も書籍商であった可能性が高いと推察し探索の手がかりを見出だしたものである。以下、あらためて松田正助の人物像と南摩羽峰との関係をまとめておきたい。

一

まず、先の新聞記事に関して六章で考察したことがらを概略記しておく。

土屋鳳洲の「南摩羽峯先生伝[1]」によれば、鳥羽伏見戦争前後の羽峰の動静を次の如く伝えている。

明治元年正月三日、伏見鳥羽ノ戦起ル。東兵敗ル。先生命ヲ受ケ大坂ニ潜匿、窃カニ形勢ヲ観ル。時ニ官軍街衢ヲ塡メ譏察極メテ厳シ。先生身ヲ容ルルニ地無ク、姫路ニ航ス。亦入ルヲ得ズ。乃チ漁舟ヲ僦ヒテ淡路紀伊ノ間ヲ漂泊ス。僅カニ脱スルヲ得、東海道ヲ経テ三月会津ニ達ス。（原漢文）

右は漢文二千字足らずの「伝」であるゆえに大坂潜伏に関しては簡略に触れたのみである。他方『会津戊辰戦史[2]』は、この間の状況をいま少し詳しく伝えている。即ち、藩命による情報探索のため、羽峰は外島機兵衛、大野英馬、諏訪常吉等と〈唐津藩山田勘右衛門が家に潜匿せしが、敵の捜索厳にして毎家検査を為す。故に潜匿に便ならず。暫く之を避け再び出阪せんと欲し、土佐堀姫路邸に至り星野乾八に謀る。乾八曰く、余等皆邸内の諸物を船載して将に国に帰らんとす、子等乗船して姫路に来れ、余は陸行せんと。機兵衛等乃ち乗船す。〉とある。羽峰等が潜匿に際し、唐津藩士や姫路藩士を頼ったことが窺われるが、姫路藩主酒井忠惇は老中主座、唐津藩世子小笠原長行も幕府閣老であったところから、この二藩を頼ったことは首肯できる。しかし『大阪朝日新聞』が伝える松田正助宅に潜伏した事実は、以上の資料にも見られないばかりか、おそらく民家であろう故にいっそう興味深い。記事から推して羽峰のみ松田宅に一時潜伏したのであろうが、敗軍の士であり賊軍の烙印を押された羽峰をあえて匿まった人物である以上、個人的に羽峰と何らかのかかわりがあった人物と推測される。まず関心を唆られるのは松田正助なる人物の住した〈北久太郎町三休橋筋〉という場所である。これはかつて羽峰が安政二年から四年にかけての西国遊歴中に滞在して洋学を学んだ緒方研堂の独笑軒塾の所在地と一致するからである。当時独笑軒塾は、北久宝寺町三休橋筋もしくは北久太郎町三休橋筋に在ったと見られ、羽峰滞在中の安政三年に北久宝寺から北久太郎へ移転したものと推測されている。したがって松田正助は大坂滞在時における羽峰の止宿先であった可能性が高いと想像して来た。少くともこの遊歴時に知遇を得た人物であろうと推察して来たのだが、それはほぼ誤りではなかったようである。「独笑軒塾法附門人姓名、研堂緒方郁蔵辞令　写」[3]（大阪府史編集室蔵）によれば、その塾則の後に次の如き書類がある。

一札之事

一何国何郡何某何誰家来儀、此度貴家入門之義
塾長様迄願出候処、御承知被成下難有奉
存候、然ル上ハ向後同人身上ニ付、万事
私引受埒明可申候
仍而一札如件

大阪何町

月　日　請人　　何　某　印

緒方様
　御塾長御属僚
　　松田正介　殿

　これは入門時の身元引受証の書式と見られるが、この提出先が〈御塾長御属僚松田正介殿〉となっている。この松田正介が羽峰を匿まった松田正助であることはほぼ間違いあるまい。〈属僚〉が如何なる性格の役職かいまひとつ明らかではないが、「塾則」には〈一入門之義　一応塾長ヱ掛合ヒ相許シ候上ハ、属僚正介ヱ証書ヲ納ムベキ事〉という一項もある。これ等を見るに塾長を助ける世話役といった役職であろう。羽峰は西国遊歴時、緒方洪庵の適塾でも蘭学を学んだと見られるが、主として洪庵の義弟研堂の独笑軒塾の方で学んだものと思われる。かつてこのような因縁があればこそ、賊軍の汚名を着た羽峰を匿まったものであろう。

　以上が六章に於て松田正助に関して考察しておいたおよそ全てのことがらである。以下、その後松田正助に関して知り得た事実をまとめて行くこととする。

二

『なにはがた』は、西村時彦（天囚）、渡辺勝（霞亭）、本吉乙槌（欠伸）、木崎愛吉（好尚）等による浪華文学会の機関誌として、明治二十四年四月に創刊されたもので、明治二十年代の大阪文壇を代表する文芸雑誌である。発行所は東区北久太郎町四丁目心斎橋筋西入の〝図書出版会社〟であり、発行人が先に触れたごとく梅原忠蔵である。『なにはがた』[4]第十二冊に附された「浪華文学会員及画工住所姓名録」には四十一名（内画工四名）の会員住所氏名が記され、さらに末尾に発行者として梅原忠蔵の名があり、その住所は東区備後町四丁目三十六番屋敷となっている。この住所が先の『大阪朝日』の記事とほぼ符合（四丁目が二丁目となっているが）するとともに、浪華文学会が『大阪朝日』系の文人を中心に形成されていることを思い合わせると、梅原忠蔵から直接『なにはがた』同人の誰かに羽峰のことが伝えられ、それが先の記事となったものと推測される。梅原忠蔵に関して言えば、『大坂本屋仲間記録』[5]（出勤帳七）に明治十三年三月二十三日の記録として、〈御鑑札返上願、奥印致候事　止業人松田忠蔵〉という書類が見られ、続いて同年四月二日の項には、〈一開業人、奥印頼出ル　旧名松田忠蔵事梅原忠蔵〉との記録があり、この頃松田姓から梅原姓に変ったことが窺われる。

さて、梅原忠蔵の父松田正助が緒方研堂（郁蔵）の独笑軒塾の〈属僚〉なる役を勤めていたことのみを先に突きとめていたことは、松田正助の本業である書籍商としての側面に気付くことを遅らせたが、梅原忠蔵の名を書籍関係者として偶然見出したことによって、急速に解明の糸口がほぐれた。松田正助も書籍商であるとしたら、まず『大坂本屋仲間記録』に何等かの手がかりが見出される筈と推測されたからである。

さしあたり同書第十巻所収の明治七年五月の日付をもつ「書林組合名前帳」によれば、松田正助の名前を次のように見出すことが出来る。

西大組第四区京町堀上通三丁目二十六番地
松　田　正　助

さらに「公用窺之控」（同十巻所収）によれば、明治五年四月の記録に〈書林年行司　京町堀上通三丁目　河内屋正助〉と記されているところから判断すれば、松田正助の屋号は河内屋であることが判明する。即ち大阪書籍商の老舗河内屋一統に連なる人物ということである。屋号が判明したことにより〝河内屋正助〟の記録をさらに溯って閲するに「仲間触出留」（第十巻所収）中の、安政四年正月の記録として次の記述がまず注目される。

覚

一升屋町　　河内屋保助
一本町五丁目　　大和屋善兵衛
一北久宝寺町三丁目　河内屋正助
一北平野町八丁目　茨木屋藤七
右之仁、此度仲間加入被致候間、相対を以取引可被致候、已上
巳正月　　年行司　印

これによれば、松田正助が独立して書籍商を営んだのは、安政四年正月、北久宝寺町三丁目に於てであったことが判明する。ただしこれは記録上のことで事実は安政三年には独立開業していたと思われる。

その他、「出勤帳六」（第六巻所収）によれば、元治元年十二月五日の項に次の記述が見られる。

一柏清印形替　伊勢万・河正助・敦彦・柏勘夫々変宅替り、印形出銀　取置候事

これは柏原屋清左衛門の印鑑が変わったことと、伊勢屋万助・敦賀屋彦七・柏原屋勘助と共に河内屋正助こと松田正助も元治元年十二月頃転宅したことを示す記録である。ただし、転宅先の住所は記録されていない。

他方、「上ケ本之控」（第十巻所収）によれば、〈明治二巳年十二月十五日　書林年行司　北久太郎町四丁目松田正助〉と北久太郎四丁目の住所になっている。さらに、「差定帳」（第八巻所収）によれば〈明治三午年四月九日書林年行司　北久太郎町四丁目　河内屋正助〉との書類が見られるが、「公用窺之控」（第十巻所収）の同年六月十二日の書類には〈坂本町　河内屋正助〉と変化を見せており、以後の諸記録は、坂本町もしくは京町堀上通三丁目になっている。以上を判断すると、明治維新前後から明治三年四月頃迄は北久太郎町四丁目に居住していたと見られるが、同年六月頃からは坂本町即ち京町堀上通三丁目に転宅したものと思われる。前述の元治元年暮の転宅が北久太郎町四丁目へのものであった可能性が高いが現在のところこれを確定できない。いずれにしても、『大阪朝日新聞』に見られる鳥羽伏見戦争敗退後の南摩羽峰を匿まった家が、この北久太郎町四丁目（新聞記事にある北久太郎町三休橋筋は四丁目に当たる）の居宅であったことは確実である。

ひとつ憶測を加えておけば、松田正助が緒方研堂の独笑軒塾の〝属僚〟を兼ねていたことは先に触れたが、この独笑軒の所在地も北久太郎町四丁目（三休橋筋）に在ったことに係わる。緒方研堂は既に安政元年閏七月から二十人扶持を以て土佐藩に迎えられ、大坂藩邸に於て藩士への洋学指導や翻訳にも従事していたが、慶応二年に土佐藩が開成館を設立、本格的西洋医学を導入するに当たり土佐に招かれ大坂には不在であったことである。したがってその留守宅を松田正助が預かっていた可能性も考えられる。そうとすれば、羽峰が匿まわれた家はかつて従学した独笑軒塾であったとも推測できる。しかし緒方研堂は明治元年閏四月に再び大坂在住を許され、浪華仮病院兼医学校の設立（この開設には松田正助も大きくかかわっている[6]）に携わっているので、『大坂本屋仲間記録』にあるごとく、明治三年迄留守宅に居住したとは考えにくい。やはり独笑軒塾と隣接するところに松田正助も一家を構えていたものと見られる。

三

厖大な『大坂本屋仲間記録』の中に、松田正助の人物像を知る手がかりになる記録がひとつある。「出勤帳五」（第五巻所収）の万延元年三月十四日の記録である。この日大坂奉行所西盗賊方御書役から書林行司役河内屋吉兵衛・藤屋徳兵衛が火急に呼び出され、市川吉之助から次のごとく申し渡されている。

此頃之事聞居候歟、他所より儒者医者侍等之者は、本屋向へ宿かり等頼参り、世話致候哉、既河内屋新次郎ニ世話致候事も在之、自今右様之事在之者早束行司へ聞取、西盗賊方役所へ可申出。

これは、日付から見て三月三日江戸で発生した桜田門外の変の余波とも考えられるが、近頃他所者の儒者医者侍などが大坂に入り込み、本屋に寄留する者が多いと聞く。既に河内屋新次郎でそのような者を世話している例があるが、今後かようなことがあれば年行司が調べて西盗賊方役所へ報告するように、との申し渡しがあった。続いて同二十日の記録。早速二人は仲間一統へ触れを出し、それぞれ調書を提出させたが別段変わったことも無いので、その旨を北浜会所の出役に申し出たところ、市川は大和へ捕方に出張して留守であったが、別の出役二人が聞き取り一応了承してくれた。この記述の後にさらに次の記録が続く。

右ニ付、今定日席江帰リ候処、無程又御役先両人町内会所へ被参、橋本ヲ被呼掛早束参リ候処、前刻三人ニ而挨拶致候、扨一寸御談示度候者、池内大学之事ニ付、河内屋吉兵衛世話致候様被申故、是ハ河内屋新二郎別

家庄助之世話与聞伝候、并ニ新二郎借宅ニ住居之由、家業之事モ被尋候故、矢張儒教ヲ致候様ニ聞覚候与相答候ハヽ、段々御苦労相分候故、引帰リ候様ニ付引取候事、引続岡田氏も呼掛ニ付、直接被参候処同様之事ニ付相分リ早束席へ被帰候也。（傍点小林）

先の盗賊方市川吉之助の言う「既河内屋新次郎ニ世話致候事も在之」も池内大学のことを指しているものと思われるが、この日も別の出役が一応聞き届けた後、再び町会所までやって来て橋本（藤屋徳兵衛）を呼び出し、池内大学のことを聞いている。藤屋徳兵衛が答えているところによれば、池内大学の世話をしているのは河内屋新二郎の別家河内屋庄助（ママ）だと聞いている。新二郎の借宅に住まわせ儒教の学塾を開いている旨申し述べていることが注目される。この池内大学の世話をしている人物が河内屋庄助つまり松田正助であることは興味深い。池内大学（陶所）は安政の大獄に連座したが、安政六年八月二十八日追放江戸払、洛中洛外構の処分を受け大坂に寄留していた。そしてこの後文久三年正月二十三日に暗殺されたことはよく知られている。

さて、ここまで僅かな手がかりをもとに松田正助という人物の足跡を追って来たが、ここに至って池内大学関係の資料を渉るうちに梅原忠治郎「池内大学の遭難と其遺聞」[7]及び「同追補」という一文を見出だすに至り、松田正助の輪郭が漸く明瞭になって来たのである。梅原忠治郎は梅原忠蔵の嫡男、すなわち松田正助の孫に当たる。梅原によれば、松田正助は京阪の学者及び志士と多く交わり、池内大学が師事した菘翁貫名海屋とも親しく、その縁を以て大学一家を自らの家に住まわせ世話をなした。文久二年に歿した正助の妻季（すえ）（京都の書籍商田中屋治助の女）の墓碑銘は池内の撰によるものである。さて、翌文久三年、池内の身辺の危さを心痛した正助は、前土佐藩主山内容堂の来坂を機に大学の仕官を周旋し、その保護を得ようとした。これは正助が土佐藩留守居役の人々と親しかった為と云うが、既に述べた如く正助が属僚を勤める独笑軒主緒方研堂が土佐藩の洋学教育にも従事していた縁故にもよるものと思われる。かくして正月二十二日の夜、池内大学を伴い、緒方研堂、呉北渚（肥前屋又兵衛）と共に容堂に拝謁、饗応を受けた後二十三日払暁、共に帰途に着き途中それぞれ別れた直後、池内は梶木町（東区内北浜四丁目井池筋南入西側）の自宅前で暗殺され、その首を浪華橋上に晒されたものである。下手人は土佐の岡田以蔵等と伝えられる。高安六郎「浪華杏林遺跡に就て」[8]に紹介された緒方拙斎の億川家への書簡によれば、〈一昨夜八ツ時池内先生、土州蔵屋敷より帰る処、門前にて首を被取、浪華橋にさらされ、一昨日は見物人幾万人と不知、浪華橋並に今橋筋同家門前など中々通行難相成次第に有之候、誠に気の毒千万の事にて悔に難参訳に御座候、昨年来同人も危き抔と申噂も度々承り居候へ共同人計はよもやと存居候処右の成行実に一同驚申候〉と記されている。前年より将軍侍医となった緒方洪庵は江戸に在り、過書町の適塾留守宅は養子拙斎が守っており、この時洪庵夫人八重も子供たちと共に未だこの家に同居していた（江戸出府はこの年三月）。拙斎の書簡に〈悔に難参訳に御座候〉とあるごとく、近所の池内大学の家族と何らかの交流があったことを窺わせる。こうした中、急を聞いた松田正助がこの首を取り戻し、身首一つにして大学の母が眠る（正助宅に寄留中の万延元年三月二十三日歿）上本町の大福寺に手厚く葬り、〈陶所先生墓松田正助建之〉とのみ刻んだ小さな墓石を建立した。このように松田正助という人物は、書籍商人としてばかりでなく、他人の危難に身をかえり見ず挺身し、世話好きで義侠心に富んだ人柄であったことが窺われる。そうであればこそ、鳥羽伏見戦争後も旧誼によって〝賊軍〟の南摩羽峰をあえて匿まったのであろう。羽峰にしてみれば、敵方の土佐藩につながりの深い松田正助宅に匿まわれたことはかえって心強いものがあったと推察される。

その他、松田正助の逸話としては、天保八年、前大坂東町奉行所与力大塩平八郎が挙兵に先立ち、窮民救済の為、その蔵書数千巻を処分しこれに当てたことがあったが、事に当たったのは河内屋四家で、正助の主家河内屋新次郎は主としてその処分方を担当した。この時手代正助はその中心として昼夜奔走してその挙を援けたため、大塩は物を贈って正助の労を犒ったと云う。これがために正助は大塩の乱平定後一時幽囚されたとも伝えられる。松田正助二十一歳の時の出来事である。

この後、京都の松田吉浩氏より、横山謙「松田正介伝」[9]「松田正助翁略年譜」[10]等の資料を贈られ、松田正助の人物像をほぼ明確に把握することが出来た。以下はそれ等による補足である。

松田正助は、両替商高岡屋忠助の三男として文化十四年七月二十五日に生まれ、正三郎と名付けられた。父の死後父の主家高岡屋勘右衛門に養われたが、高岡屋も没落、十八歳の時書賈河内屋新次郎方に勤め正助と改めた。この後河内屋新次郎家も災厄に罹り資産を失うが、正助の長きにわたる勤勉と尽力によって遂に業態も旧に復し、新次郎はその労に酬ゆるために資を与え別家せしめたと云う。これは「略年譜」には安政元年三十八歳の時とあるが、既に見たごとく『大坂本屋仲間記録』には安政四年正月に仲間一統へ触れ出された記録がある。また『略年譜』には安政元年京町堀上通三丁目に別家したとあるが、『仲間記録』には北久宝寺町三丁目とある。後考を俟ちたい。

また緒方洪庵の師中天游家[11]は、天游歿後その遺児耕介の成長をまち、天游の従弟中伊三郎の長女テツを配して中家を継いでいたが、耕介は安政七年二月五日に歿し、続いて五月三日（既に万延と改元）に伊三郎も相次いで歿した。当時六人の子供をかかえて途方に暮れるテツの相談に乗り、子供たちの身の振り方を親身になって考えたのも松田正助である。次男鉄三郎、三男春蔵は松田家で養われた。そしてテツは文久三年松田正助の継室として松田家に入り、後年ウノと改めた。

松田正助は明治二年書籍商行司役となり、三年書林行司役、五年七月大阪府より書賈管長を命じられ、十二年まで行司役頭取格を勤め、十三年から二十年まで書林組合取締。そして二十七年九月十八日、京町堀上通三丁目の自宅（中天游遺宅）で歿した。七十八歳であった。

横山謙「松田正介伝」は正助の死の前年に出された漢文十ページの小冊子である。発行人は梅原忠蔵。筆者の横山は晩年の正助を知る書籍商である。「伝」そのものはこれまで述べて来た事実と変わるところはないが、南摩羽峰の付評がきわめて興味深い。

南摩羽峰評　余嘗学洋書於浪花緒方翁之門。正介為周旋極至矣。既而余罹二豎之厄。伏枕一百余日。殆就木数次。正介乃迎余於其宅。看護懇到。晨昏不離床。余之得再生有今日。皆正介之賜也。今観此篇。戚々焉不堪感旧之情。乃焚香西望。再拝書共後以補伝所不足云。

これを見るに、羽峰は西国遊歴時、緒方塾〈適塾か独笑軒塾〉に学んだが、その周旋をしてくれたのが松田正助であること。さらにこの時大病〈二豎之厄〉を患い、何度か死の危険〈就木〉に瀕したこと。その時松田正助は羽峰を自宅で養生させ、献身的に看護してくれたことが窺われる。つまり羽峰は大坂滞在時と鳥羽伏見戦争後と二度にわたって松田正助に命を救われたことになり、明治三十六年の西下に際し、何としても正助の墓参を果したい思いが強かったものと思われる。現在、松田正助の墓も松田家の墓も大阪には無い。松田吉浩氏が京都へ改葬されたからである。唯一つ大阪には大福寺に〈松田正助建之〉と刻まれた池内大学の墓が今も残る。他人の墓の側面にのみ自らの名前を残しているところが如何にも松田正助という人物にふさわしいものに思われる。

四

南摩羽峰の西国遊歴に関しては既に「大坂滞在と諸国遊歴」及び「遊歴記録『負笈管見』」に於て考察し、その報告書とも言うべき『負笈管見』[12]をも紹介しておいた。ここでは、あらためて大坂滞在について概略まとめなおしておきたい。『負笈管見』には三十三藩に及ぶ見聞記がおさめられているが、〈右ノ外京師浪華ハ人々熟知スル処ナレバ贅記セズ。其他経過ノ諸藩アレドモ記スルニ足ラザルモノハ之ヲ略ス。〉と述べ、京大坂に関しては何も記録されていないからである。

南摩羽峰がおよそ八年にわたる江戸の昌平坂学問所の書生寮を退寮したのは、安政元年八月二十四日である。翌安政二年五月から西国遊歴に出立するが、それ迄江戸に滞在して、昌平黌在学中から密かに通学していた杉田成卿の塾か石井密太郎に師事し洋学を学んでいたものと見られる。北方探険家松浦武四郎の日記[13]によれば安政二年二月五日の項に、松浦と石井密太郎、小関高彦と共に唐津藩世子小笠原長行の屋敷（背山亭）に招かれた記録がある。そして五月四日の松浦の日記には〈両摩六日に京都へ上る。内にて添書を乞に来る。〉との記述が見られ、松浦に京都の諸人物への紹介状を依頼していることと、出立が五月七日であったことが窺われる。続いて記録にあらわれるのは、大坂の広瀬旭荘の日記『日間瑣事備忘[14]』である。同安政二年十月十五日の項に次の如くある。

○会津南摩三郎京人菊山千之助来話（京都）
○十月十五日　先是河埜俊蔵柬曰会津人南摩三郎将拝趨属某先容今日三郎来見

河野俊蔵は河野鉄兜のことである。嘉永四年林田藩儒に挙げられ、この頃林田に家塾〝新塾〟を開き学を講じていた。『負笈管見』にも〈河野俊蔵ハ阿保志村ノ者ナリ。近年儒者ニ用ヒラル。博聞強識、当世比肩スル者ナカラン。最モ詩ニ長ズ〉と記されている。大坂滞在中の羽峰が先に林田迄足を延ばしたものか、京摂の文会で相識となったものか必ずしも確定出来ないが、鉄兜が柬（かん）（手紙）を以て羽峰が近々旭荘を訪問する旨を知らせ先容（あらかじめ紹介）している。その羽峰が本日来見したという記録である。大坂に於ける羽峰は、緒方洪庵の適塾か緒方研堂の独笑軒塾に通学、洋学を究める傍ら、多くの識者を歴訪、教を請うていたものと見られる。旭荘もその一人であったことは言う迄もない。ところで、先に触れた大坂滞在時に於ける羽峰の大患に関して、五月七日の江戸出立から推して、京に暫く滞在したとしても、旭荘のところへ顔を出すのが遅すぎるように思われる。さらに『日間瑣事備忘』等から窺われるこれ以降の羽峰の動向から推察すれば、十月以前のこの時期に大病を患ったのではないかと思われる。おそらく、大坂到着後に適塾か独笑軒塾に通学を始め、程なく病に倒れたものであろう。因みに旭荘塾は当時伏見町心斎橋筋東入北側に在り、過書町の適塾とは程近い。独笑軒塾は北久宝寺町三休橋筋（翌年北久太郎町三休橋筋に移転し、さらに近くなる）に在った頃と見られるが、これも近い距離である。

さて、これ以後『日間瑣事備忘』には断片的ながら羽峰の名が散見され、大坂に於けるその動向を窺うに足る。

《安政二年》

○十一月二十八日　南摩三郎来飯之

○十一月　廿六日　南摩三郎与高松藩村山脩輔至（京都）

○十二月二十七日　南摩三郎来示其所作識小篇序

《安政三年》

○一月三日　南摩三郎来曰讃岐人村山周助他日将来謁是某所善敢先容　飯之又約六日供牡蠣飯

○一月五日　使光太東顕蔵曰明夕招南摩三郎食請臨

○一月六日　申下牌顕蔵来小間南摩三郎来乃飲之供牡蠣飯使光太郎接戊牌去

右の如く旭荘宅を頻繁に訪問、詩文に関する意見を請うたり、飲食を供されたりしている。三日の項にある村山周助は羽峰の昌平黌に於ける同窓生と見られる。『書生寮姓名簿[15]』に〈松平讃岐守　古賀門　嘉永元入同四退　村山脩輔　申二十二〉とある人物であろう。今度は羽峰が旭荘に先容したものである。紹介通り同月十四日に開かれた旭荘の招宴に出席した人物中に羽峰と並び〝村山脩助〟の名が見えるが、その事歴を詳らかにしない。顕蔵は伊藤摩斎、前年に鉄兜・摩斎・柴秋村・劉冷窓が会盟して、旭荘を盟主として文会を結成する動きがあったようである。

さて、この後も一月中は足繁く旭荘を訪問している。即ち〈〇十九日南摩三郎来乞字〇二十日南摩三郎来不見〇二十日南摩三郎来〇二十八日南摩三郎来別〉等の記述が続く。この頃九州日田の実兄広瀬淡窓の病重しとの報に接した旭荘は急遽九州に出立した。二十八日の〝来別〟はその意味である。この日旭荘の送別宴に羽峰も列席している。したがってこの後暫く旭荘は大坂を離れるため、その日記から羽峰の名も消えることとなる。〈〇三月十三日南摩三郎共阿波三木幸庵至　幸庵乞書画帖（京都）〉次に『日間瑣事備忘』に羽峰の名が現れるのは同年七月二十九日の〈南摩三郎来〉という簡略な記録である。さらに八月六日にも〈南摩三郎来不値〉とある。旭荘外出中に訪問したらしい。

以上の如く、こうした『日間瑣事備忘』の記述から推測すれば、遅くとも安政二年十月から三年八月頃迄、羽峰は大坂に滞在し蘭書を考究すると共に、識者を歴訪、教えを請う傍ら多くの詩友とも交流するといった生活を送ったようである。そしてさらに二ケ月後、その後の羽峰の動向を窺うに足る記述が見られる。

〇十月四日　暮方八郎方話敬治来致南摩三郎柬　柬曰某自四国帰将遊九州請以柬薦我於彼地諸君

右の記述から判断するに、羽峰は八月から九月の間に四国遊歴に出ていたものと見られる。そして十月初め大坂に立ち戻り、間もなく九州遊歴を志して旭荘に九州の諸人物への紹介状を依頼しているのである。この後さらに関連した記述が続く。

○十月八日　未牌与八郎至顕蔵氏主人供酒招藍田至直助南摩三郎追余主人又招西田耕作浪華才子余素聞其名始相見　日没拉三郎帰三郎将西游為東範治孝也宗像三策山田石庵松森三朴中原国華東薦三郎喜　善治偶来与三郎識於江戸因相見

先の依頼に応じ、この日旭荘は羽峰の為に多くの紹介状を書いている。範治（広瀬青邨・淡窓の養子）、孝也（広瀬林外・旭荘の子、淡窓没後咸宜園を継いだ）を始め、宗像三策、中原国華等であり、いずれも九州で羽峰が訪ねた人物と思われる。因みにこの日摩斎（顕蔵）のところで会った藍田は淡窓に学んだ藤井藍田、末尾に名の見える善治は金生善次であろう。嘉永四年から六年迄江戸遊学をしており、この時羽峰と相識ったものと見られる。旭荘の所で偶然再会したものである。さらにこの翌日の項に〈六郎来告将従村上大三郎遊長崎〉という記述が見られる。六郎は柴秋村、[16] 村上は代三郎である。共に羽峰と関連の深い人物である。柴秋村は徳島の人。江戸で大沼沈山に師事した後、羽倉簡堂の紹介で旭荘塾に転じた旭荘門下の逸材である。この頃藩命により適塾に通い蘭学を学んでいた。羽峰とは適塾で知遇を得たと伝えられる。村上は播州加東郡木梨村の人。旭荘の古い門人（天保十一年五月十六日入塾）でもあり、適塾でも学んだ。同塾姓名録に入門年月は記されていないが入門番号の四番目にその名が見える。後江戸の伊東玄朴塾にも学んだ専門の兵書家。江川太郎左衛門英龍（坦庵）に重用された。この村上に秋村を紹介したのが羽峰であり、共に木梨村に赴いて村上に師事する計画もあった。この経緯は前々章に触れたので繰り返さないが、秋村・村上の長崎行も羽峰の九州遊歴に合わせた計画であろう。しかしこの時の二人の長崎行は実現に至らず、羽峰のみ九州遊歴に出立する。

翌安政四年三月十二日の『日間瑣事備忘』に〈範治東日南摩三郎以先生柬来訪留数日既去〉との記述が見られる。九州日田の広瀬青邨からの手紙によれば、旭荘の紹介状をもって南摩三郎が来訪、数日滞在して行ったというものである。この書簡が何日頃差出されたものか必ずしも明瞭ではないが、羽峰は九州各地を歴訪、鹿児島迄足を延ばした後帰坂している。帰坂の時期は『日間瑣事備忘』から窺うことが出来ない。遅くとも安政四年五月頃には立ち戻り再び滞在したものと見られる。この頃淡路町御霊筋に在った藤沢東畡を訪ね、東畡の泊園書院に学んでいた岸田太郎という青年と意気投合、やがて二人は共に伊勢神宮に参拝、遂に岸田もそのまま江戸迄羽峰と行を共にすることになる。この岸田が後の岸田吟香である。さて、羽峰の江戸への出立に関しては『日間瑣事備忘』に記録がある。安政四年五月二十二日の項に以下の記述が見られる。

○五月二十二日　令孝也光太郎善次建之助作食将食南摩三郎来吉将東下乃供之

息子や門下生に命じて食事を作らせ食せんとした時、羽峰が来訪、愈々江戸に帰る旨を告げたので食事を共にしたと云うものである。とすれば岸田と共に江戸に向けて出立したのは五月末の事と思われる。江戸に帰着した羽峰は西国遊歴の報告書『負笈管見』をまとめている。こうして長きに亘った羽峰の遊歴の季節は終わりを告げるが、その意味については稿をあらためる他はない。

【注】

（1）『環碧楼遺稿』全五巻（明治45年3月、南摩綱夫刊）所収。

（2）山川健次郎監修（昭和8年8月、会津戊辰戦史編纂会発行）
（3）緒方銈次郎「独笑軒塾則について」『医譚』第六号（昭和15年9月）に初めて紹介され、後古西義磨「緒方郁蔵と独笑軒塾」（有坂隆道編『日本洋学史の研究Ⅳ』昭和52年7月創元社刊）に詳細な考察がある。
（4）明治25年4月
（5）大阪府立中之島図書館編、全十八巻（昭和51年〜平成4年、清文堂出版刊）
（6）緒方銈次郎「浪華仮病院（初代大阪医学校）を語る」上・中・下（『関西医事』昭和14年9月2日、同9日、16日、23日）
（7）『上方』第106号（昭和14年10月）『同』117号（昭和15年9月）。因みに、これに「独笑軒塾則」の一部写真が載せられているが、梅原忠治郎及び前記緒方銈次郎はこれを池内大学の筆になるものと指摘している。
（8）『医譚』第3号（昭和13年7月）
（9）明治26年11月　梅原忠蔵発行（私家版）
（10）昭和16年4月　梅原忠治郎編著、松田吉治校閲（私家版）
（11）天游歿後の中家の後裔等の経緯に関しては、緒方銈次郎「洪庵の恩師中天游先生」（『日本医事新報』昭和15年5月）に詳しい。これは後、緒方富雄『蘭学のころ』（昭和25年10月、弘文社）に収録された。
（12）会津若松市会津図書館蔵。写本
（13）『簡約松浦武四郎自伝』（松浦武四郎研究会編、昭和63年9月）
（14）天保4年、旭荘27歳から文久3年8月13日57歳で歿する五日前迄、三十一年間に及ぶ厖大な日記である。初めて写真版で『広瀬旭荘全集』として昭和57年から思文閣出版より刊行中。全12巻、別巻1。12巻・別巻は未刊。
（15）東京都立中央図書館特別文庫蔵。岡鹿門旧蔵写本
（16）杉山保親「柴秋村伝」昭和26年6月（私家版）に詳しい。

【付記】

本稿をなすに当たり、京都の松田吉浩氏から貴重な資料の提供を得た。記して謝意を表したい。因みに同氏は松田正助から四代目の令孫である。

松田正介
西村兼文編「現今在野　名誉百人伝」より
（明治18年、京都内藤半月堂）

側面

正面

池内大学墓（大阪・大福寺）（著者撮影）

二　石井密太郎――埋もれた洋学者

一

南摩羽峰の洋学受容に関しては、既に「攘夷と洋学と」[1]の章等に於いて触れたことがあるが、安政元年から三年にかけて彼が師事したと見られる洋学者は、杉田成卿・石井密太郎・緒方郁蔵・緒方洪庵・村上代三郎等である。土屋鳳洲の「南摩羽峯先生伝」[2]によれば〈従杉田成卿石井密太郎講習西籍、尋至大阪就緒方郁蔵等請益〉とある。これ等の人物に師事した凡その経緯と実態も既に触れたところである。しかし、唯一人石井密太郎に関してはその事歴が全く不明のまま、これまで触れることなく今日に至っている。僅かに触れ得た断片的事実は次の二点にとどまる。即ち、安政二年、幕府は洋学所設立の準備のため、勝麟太郎（海舟）と小田又蔵（信童）に蘭書翻訳御用を命じ、併せて採用すべき洋学者リストを作成させたが、この二人が別々に作成したリスト中に共に石井密太郎の名が挙げられている。〈石井密太郎　藤堂和泉守家来　当時薩州行不在〉というものである。勝は江戸在住蘭学者を中心に五十八名をリストアップしているが、その中に名があることから見ても当時知名の蘭学者であったことが窺われる。いまひとつは北方探検家松浦武四郎の日記[3]にその名が一箇所見出されることである。同じ安政二年の記述だが、南摩羽峰の名と共に記されているところが興味深い。

◎二月五日、今日迄何も異る事もなし。石井密太郎小関高彦南摩三郎同道にて小笠原山名公子に召れ邸中見物。此庭は山田宗遍の造りし庭の由、少し荒しも広くして頗る見事なり。

安政二年二月五日、松浦武四郎と羽峰は、石井密太郎、小関高彦と共に唐津藩世子小笠原長行（壱岐守のち幕府閣老）に招かれ、深川背山亭（はいざんてい）を見物したというものである。因みに小関高彦は小関三英の甥、その養子となり翻訳を業とした蘭学者。『山砲略説』『海外事情録』等の訳書・著書がある。この年三十六歳であるが文久二年八月九日、四十三歳で急死した。毒殺説もある。他方、羽峰は黒船来航を機に蘭学を学び始めると共に、海防問題の専門家として注目を浴びつつあった松浦を訪ね、以降しばしば往来し交流を深めている。のち文久二年から蝦夷地代官として六年を過ごすことになる羽峰にとって、松浦の裨益するところは大きく、その後も二人の交流は明治維新後まで続くことになるのだが、安政二年のこの年、松浦は三十八歳、羽峰は三十三歳である。また小笠原長行は三十四歳。後年戊辰の内乱が東北に及んだ時、幕府老中を辞した彼は奥羽列藩同盟に加担(4)、羽峰と共に戦地に臨むなど一時行動を共にすることになるのだが、この時点ではそうした因縁を予測すべくもない。

さて、石井密太郎に関しては、以上二点の資料の他、管見の及ぶところその名を見ることを得なかった。勝や小田のメモに〈当時薩州行不在〉とあるが、〝薩州行〟は松浦の日記にある二月五日以降と見られ、羽峰が石井に師事したのもこの前後と思われる。興味深いことには、同年五月四日の松浦日記には〈南摩六日に京へ上る、内にて添書を乞に来る〉とあり、羽峰の西国遊歴も同年五月六日の出立と見做されるのだが、そうとすれば羽峰が師事したのは遅くともこの頃迄と判断してよかろう。羽峰の西国遊歴は藩命によるものであり、約一年半大坂に滞在、緒方郁蔵（研堂）等に師事したり四国遊歴を経た後、安政四年には長崎を中心として九州諸藩を遊歴、鹿児島まで足を延ばしている。果たして鹿児島で石井密太郎と再会出来たか否か。石井の〝薩州行〟が藤堂藩の意向を受けた遊歴であったのか、或いは薩摩藩による一時的招聘であったのかも明確ではなかった。薩藩の洋学関係資料を調べても、管見の及ぶ限り〝石井密太郎〟の名を見出すことが出来なかったからである。ところがその後『薩藩の文化』(5)（昭和10年）を披見したところ「集成館」の章に初めて石井密太郎の名を見出だすことが出来、この人物の手がかりを得ることが出来たのである。

　専ら館事に鞅掌せしは江夏十郎・伊集院藤九郎・宇宿彦右衛門・中原猶助・市来正右衛門・礒永喜之助・郡山一介・浜田平右衛門・清水源兵衛・竹下覚之丞・鎌田郷衛門等と筆者出納係四五名、蘭学者石井密太郎（後の石川確太郎）等にて、安政四年十月より同五年斉彬薨去に至る迄盛大を極め、使用人の数日に千二百余名に及べりという。（傍点小林）

石井密太郎は後の石川確太郎であるという。これ迄調べた薩藩関係の資料では、石河確太郎もしくは石河正龍等の名で記されていた人物と同一人物だったのである。例えば、鮫島志芽太『島津斉彬の全容』によれば、「蘭学者の登用」の章に〈川本幸民・緒方洪庵・青木周介・石川正龍・坪井芳洲らを任用、あるいは委嘱し、これら蘭学者の知識を活用して、軍事・産業・教育の近代化をはかった。〉(6)等の記述が見られる如くである。前記『薩藩の文化』にしても、石井密太郎と表記されているのは一箇所のみである。ところで同書には〈曩に長崎留学後故ありて津の藩主藤堂家に仕へし大和の人石川確太郎正龍は、其の江戸詰の節斉彬に知られ、後更に薩藩に聘せられたり。〉とも記されており、先の勝麟太郎等の蘭学者書上げリストの記述とも符合する。安政二年以降歴史の靄の中に杳として消えたかに思われた石井密太郎が石河確太郎正龍であるとすれば、『明治維新人名辞典』(7)や『日本洋学人名事典』(8)等でその事歴の概略を窺うことができる。

【石川正龍（ママ）いしかわせいりゅう】　文政八（一八二五）—明治二八（一八九五）　産業（薩摩藩紡績）

　文政八年一二月一九日大和国高市郡畝傍の石川村（現在の奈良県橿原市内）で生まれた。父の名を光美といい、本名山田正太郎。弘化三年（一八四六）江戸に出、杉田成卿の門に入り蘭学を修めた。ついで、長崎に遊学してさらに蘭学の研鑽につとめた。安政三年（一八五六）薩摩藩に出仕し、石河確太郎と改名した。御庭方、諸方交易方、開成学校教授などを歴任した。紡績業、蒸気船の製造方を建言し藩の殖産事業に功績があった。明治維新後、同藩堺紡績所の建設及び運転に当たった。同所が大蔵省に移管されるや勧農寮八等出仕となった。のち雇となり富岡製糸場の建設などに従事した。明治一九年奏任四等技師となったが翌年退職。以後各紡績所の技術指導に当たり明治二八年一〇月一六日天満紡績在勤中に病死した。行年七一歳。愛知県岡崎市誓願寺に葬る。法名玉光院本誉浄厳正龍居士。

（『日本洋学人名事典』）

　以上の記述を含め、二、三の歴史辞（事）典のいずれにも若干の錯誤[9]と見られる箇所があるが、何よりも問題なのは、いずれの辞典にも石河が石井密太郎と称していた事実が触れられていないことである。が、ともかくも埋もれた洋学者石井密太郎（石河正龍）の事歴の凡その輪郭は、これ等の記述により知ることが出来る。このように本邦紡績の開祖と位置付けられる石河だが、その事歴に初めて照明が当てられたのは、昭和十年前後のことであり、とりわけ薩藩出仕以前の家系や紡績関係については絹川太一の労作『本邦綿糸紡績史』[10]に於てである。幕末及び明治初期の科学技術家であり、とりわけ紡績工業の先駆者でありながら、それ故に明治以降の急速な科学技術の発達及び紡績工業技術の進歩に伴い、石河正龍の業績も忘れ去られたのも故なしとしない。紡績業は日本の近代化の一翼を担い急激な発達を遂げた故に、初期の技術は急速に時代遅れのものと化し、過去を振り返る余裕もなく前進する時代の激流の中に草創期の辛苦の跡も忘れ去られたからである。昭和十年前後に至り世界的にも日本の紡績業の隆盛が注目されるようになると、漸く紡績史を顧みる余裕が生まれ、前記絹川太一により、その草創期にも照明が当てられ、石河の事歴も初めて研究の対象とされたのである。（ただし、絹川の労作も石河正龍が石井密太郎と称した事実には触れていない。）だがその後、戦後の化学繊維の発達や紡績業界そのものの衰退に伴い、石河正龍は再び忘れ去られたと言えよう。例えば、大久保利謙は「幕末の薩摩藩立開成所に関する新資料」[11]（昭和53年）に於いて、石河が元治元年十月大久保一蔵（利通）に呈した氏所蔵の上申書（幕末の薩藩英国留学生派遣に関する上申書）の全文を紹介し、薩藩の開明政策と石河確太郎の先見性を論じているが、石河の伝記は明らかではないと記している。このように石河正龍は戦後再び忘れ去られ、その前身石井密太郎は依然として埋もれた洋学者のままである。本稿では、主に絹川の労作に拠りながら、改めて石井密太郎（石河確太郎正龍）の事歴をまとめておきたい。

二

石井密太郎こと石河確太郎正龍は、大和国高市郡畝傍の石川村（奈良県橿原市内）に文政八年（一八二五）十二月十九日に出生。父光美、母貞子。貞子の姉槙子は北小路周篤の嫡子宗徳に嫁し、北小路氏は二男光美を石川家の養子として貞子に配したものである。北小路家は世々河内国石河郡山田里に住み、両家は過去相互に通婚している。正龍はその第四子三男に当たるが、兄二人は夭逝。父光美も天保四年三十四歳で没している。したがって長女民子が雅章を迎え石河家を継いだ。『石河氏家譜』[12]によれば、祖は楠氏という。楠正成の弟正季より数え二十二代をこの義兄雅章が襲（おそ）ったが、承家宜しからず放蕩、家を抛ち紀州に客死した。石川家は楠正季の旧領地河内の石井荘に因み石井を称したり、祖先発祥の地石河郡に因み石河氏を称したが、七代光香の代より大和の石川村に居した故石川とも称したようである。したがって〝石井密太郎〟名は、正龍自ら一家を立て、二十三代を襲う迄、祖先の旧姓を用いていたものと思われる。その後薩州行の頃一時山田正太郎の変名を用いたが、正式に薩藩に仕官が叶った折、石河姓に戻したものである。正龍は郷里の正誠舎で山田作治郎に心学を学んだ後江戸に出府、杉田成卿に師事し蘭学を学んでいる。弘化三年二十歳の時である。他方南摩羽峰はペリー艦隊来航を機に嘉永七年より昌平黌書生寮に在籍のまま密かに杉田成卿(13)に蘭学を学んでいる。つまり二人は時を隔てて蘭学の師を同じくした訳だが、この間石井は長崎に赴きさらに研鑽を積み、嘉永年間には江戸に立戻り、既に薩摩侯はじめ諸侯の注目を集めていたようである。羽峰がこの杉田塾の先輩に師事したのは、昌平黌書生寮を退寮した安政元年八月から翌二年五月の西国遊歴出立までの時期であろう。石井密太郎に関して言えば、先ず藤堂侯に召し抱えられ江戸詰の後、津に赴いたが、その待遇は極めて劣悪で致仕を願い出ても許されず、母の病気を口実に大坂に逃れた。その後暫く大坂や大和に潜伏、やがて以前から知遇を得ていた薩摩侯の招聘により鹿児島に赴くこととなる。この時山田正太郎の変名を用いたと云う。これは藤堂藩を憚ってのことであろう。前記絹川氏の著書に断片的に石河の日記が引用されている。現在この日記の所在は不明だが、それによれば、安政二年七月十日大坂薩州邸入り。同十四日薩摩藩招聘が決まったようである。その祝宴の夜の日記を紹介しておく。

夜月明ナリ飲畢テ慈母冷ヲ海浜ニ取ル為ニ出ムトシテ余ヲ顧テ戯曰余ハ海浜ニ行テ涼ヲ取ラム子ハ家ニ留リテ詩ヲ賦セヨト因テ一絶ヲ口占シ帰ヲ待テ似シ奉ル其詩

秋収余炎気自鮮
青苔白露浄涓々
不須画匠煩癯腕

月卯前林満酒筵
慈母亦歌ヲ示サレテ曰
月やどる庭の草葉の露の上を
いたくな吹きそ秋の夕風

石河正龍の詩文は、現在他に一、二を除いて伝わっていないが、生涯にわたり多くの詩稿を残したとおぼしく、晩年のそれには〈書窓無客稿成堆〉（明治14年）とある。右日記に見える〝慈母〟は『石河氏家譜』に〈石河氏一代の美徳〉と記された貞子で、号は梅山、明治四年没した。

又、安政二年八月頃か（月日不詳）、鹿児島に到った時の日記には、その待遇の極めて厚かったことが窺われ、島津斉彬の石河への期待の程が推測される。

既ニシテ吏導テ築地ニ至リ御用屋敷ト名ツクル一邸中ノ一家ニ至ル是余ガ為ニ予メ設クル所ナリ酒肴ヲ賜ハル饌盛ヲ尽セリ吏三名常ニ侍シ待ツコト極メテ至レリ用人使ヲ遣ハシテ労セシム

かくして鹿児島に於ける石河の生活が始まり、斉彬の強力な指導下、薩藩の開明政策に多方面にわたり寄与することになる。私見によれば、先ず石河に与えられた任務は蒸気船製造に関するものであった。これは薩藩に於て過去何度も試みられ失敗を重ねて来た難事業である。斉彬側役の竪山武兵衛の日記[14]に次の如くある。

◎安政三年一月六日

蒸気船之儀者とかく工合不宜候段達御聴候処左様にも可有之思召に被為入既に肥前様（佐賀藩主鍋島斉正）にても反射炉御発起には十八返も作り替に相成候との事故中々一両度にて成就者有間舗候間蘭書等山田正太郎へ吟味為致候て幾度も器具造替候て工夫可致旨被仰付尤大造之処取替候はゝ御入目も相嵩み可申左様之儀にて吟味出来兼候節者早早伺越候様少々之処者吟味次第伺に不及幾度も拵替候様可致段被仰付候間市来初細工人者勿論掛りお船奉行始へも被申渡幾度造替に相成候とも退屈不致様分て御達有之候様にとの御事にて御座候

（竪山武兵衛公用控、傍点小林）

これによれば、当初は未だ山田正太郎と称したままであったことが窺われるが、右記述に呼応する石河の日記がある。

◎安政三年三月廿四日

侯命シ火輪船ヲ作ラシメテヨリ于今七年未成予ニ命ス市来正右衛門ト議シ改製ノ事定マル

このように蒸気船製造事業への参画を手始めとして、集成館による洋式の殖産政策における広汎な科学的実験や翻訳事業に従事することとなる。そして安政三年五月十六日山田正太郎を石河確太郎と改め、その旨上書し同年閏五月二十八日正式に薩摩藩士に列せられた。この頃大坂に在った南摩羽峰が四国遊歴を経て九州へ遊歴、鹿児島を訪れたのは翌安政四年二月である。

三

南摩羽峰の大坂滞在に関しては、既に「大阪本屋仲間行司松田正助」の章[15]で触れたことがあり繰り返さないが、主に緒方研堂（郁蔵）や洪庵につき蘭書を考究すると共に、広瀬旭荘等多くの識者を歴訪、教えを請う傍ら多くの詩友と交流するといった生活を送った。広瀬旭荘の日記『日間瑣事備忘[16]』に次の記述が見られる。

◎安政三年十月四日

　暮訪八郎方話敬治来致南摩三郎柬　柬曰某自四国帰将遊九州請以柬薦我於彼地諸君

右の記述から判断するに、羽峰は八月から九月の間に四国遊歴に出ていたものと見られる。そして十月初め大坂に戻り九州遊歴を志し、旭荘に九州の諸人物への紹介状を依頼している。そして八日には旭荘宅で九州の広瀬青邨・広瀬林外等への紹介状を受け取っている。出立はこの直後であったと見られる。途上、昌平黌古賀門の先輩である備後福山の江木鰐水を訪ねたのは、十一月六日のことである。『江木鰐水日記[17]』に次の記述が見られる。

◎安政三年十一月六日

　会津南摩三郎綱紀来ル、三郎儒生、頃奉官命以蘭学遊学大坂一年、今赴長崎也、黒河内松斎出葭莩之親、安藤織馬宅招飲

鰐水の日記は羽峰の遊歴目的が蘭学考究にあったことを端的に伝えており興味深い。したがって九州遊歴の主目的はやはり長崎にあったようである。因みに黒河内松斎は会津藩軍事奉行黒河内十太夫である。羽峰と葭茅之親（遠い親類）である縁を以て同じく長沼流軍学の同門安藤織馬宅に招かれたものと見られる。

その後、十二月十六日に佐賀藩儒草場佩川[18]を訪ね、続いて多久にその子草場船山を訪ねている。共に古賀門の先輩である。とりわけ船山は前年四月からこの年三月迄〝三都勝手遊学〟を命ぜられ、京都に滞在しており、羽峰は既に京都に於て屢々船山の寓居を訪ねている。『草場船山日記[19]』に次の如き記述がある。

▼安政三年十二月十八日

草野与会津南摩三郎自府

▼同十二月廿日

訪南摩于客舍、寒泉閣詩会

▼同廿一日

亹、携南摩観女山蘿蔔、飲森氏家

▼同廿二日

迎南摩于茅堂、僚生亦至、雨甚

▼同廿三日

送南摩到柄崎、宿逆旅

▼同廿四日

午後与南摩別、添書後藤又二郎及平戸佐々氏

船山は柄崎（武雄温泉）迄羽峰を送り、別れに当たり二通の紹介状を書いてくれた。後藤又二郎[20]は佐賀藩士で長崎在住の蘭学者。佐々氏は佐々謙三郎即ち平戸藩儒楠本碩水である。おそらく羽峰はこの後、平戸・長崎を経て鹿児島に赴いたものと思われる。

羽峰の遊歴記録『負笈管見』は、藩主への報告書であり、個人的事項は除外され日歴的記述もとられていない故に、彼が辿った足跡もトレースすることが出来ないのだが、「鹿児島」の項に〈二月十一日鹿児島ニ到ル。早桜ハ満開ナリ。同十七日磯ノ桜花ヲ観ル。三分余開タリ。例年二月廿五日頃満開ト云。三月始ヨリ蚊帳ヲ用フ。其暖可知也。〉と桜に事寄せて珍しく日付を記している。さて、磯は集成館の所在地であり、ここで石井密太郎（石河確太郎）と再会したであろうと推察されるが、『負笈管見』にはそのような記述は見られない。しかし軍事関係の記述は詳しく、おそらく石河からの情報であろうと思われる。関係部分のみあらためて紹介しておく。

城下書庫七八アリ。蘭書五六百冊アリ。砲術館（書籍ヲ検査スル官所）・銃薬方（火薬ヲ製ス）・鋳製場（大小砲具車台、銃及等ヲ作ル）、之ヲ三館ト唱フ。ケベル銃ヲ造者三十人、日々造リ毎月二十四五挺ヅツ出来ルト云。其外砲墩及船製造皆局ヲ分チ役人モ各自分レテ之ヲ司ル。軍艦五艘作リ、内二艘ヲ幕府へ献ジ幕府ヨリ金八万両賜ハル。実ハ一艘ニテ諸費一万両許ノ由。ケベル銃ニ用ルドントロノ銅管ヲ作ル器ヲ蘭ヨリ買求ラル。一日ニ一万余出来ル由。大砲及砲墩極メテ多シ。サレトモ皆法度ニ違ヒタルモノニテ反テ害ヲ為スモノ多キ様ニ見ユ。今侯ハ大ニ蘭学ヲ好ミ蘭書ヲ読ム者ヲ召抱へ、優ニ俸ヲ賜ヒ細々吟味セラルヽ故、不日本法ニ改マルベシ。返射炉ヲ作リ大炮ヲ鋳ル。炉ハ一ナリ。西洋流騎馬調練アリ。百疋許ハ慣タル馬アリト云。凡調練ニ用ル砲一月ニ一万七千五百発ト云。（以下略）

岡千仭によれば〈薩土ハ鎖国ナルニ千百人ノ同窓友、上田藩ノ桜田純蔵（後ニ宮内官）、会津ノ秋月、土屋二人ニ限ル、一ハ遊学一ハ遊歴ヲ許ス〉[21]と述べ、昌平黌同窓生中で薩摩に入国したのは、桜井純蔵[22]、秋月悌次郎[23]、土屋鉄之助[24]、の三名のみと記している。土屋に替えて南摩羽峰を加えねばならないが、こうした厳しい入国事情の中で、前記の如き軍事情報を知り得るには余程懇意な人物が在ったことを窺わせる。こうしたことも石河との再会を推測させるものである。因みに秋月の入薩は、これより二年後の安政六年である。羽峰の『負笈管見』から石河確太郎の名を見出せないのは残念であるが、『負笈管見』の記述のスタイルから見て致し方ない。秋月の『観光集』[25]も同様である。ここでは秋月と同じ安政六年に入薩した土佐藩士今井貞吉[26]の日記から、当時の石河確太郎の風貌を紹介しておきたい。第十三代土佐藩主山内豊熙夫人智鏡院は斉彬の妹であり、両藩の関係は親密であった。だが斉彬は前年七月没していたのだが、今井は入薩後初めてそれを知らされたようである。

⊙安政六年五月二日　雨

午後池田鼎水の官舎に至り石河覚太郎及山本弥吉に逢う。共に大和州の人で鹿府に来り仕えるという。石河覚太郎は横文原書に通じて弟子数十人を導いている。性質は篤実静慎である。（略）

⊙同五月六日　晴

島名伊右衛門に至り、密に石河確太郎、山本弥吉に会し、「磁ト鍍金ト法ヲ換ウ。」石河確太郎は山之口馬場二官橋住である。

⊙同五月十日　雨

石河確太郎より配金練鋼の二表を贈り来る。

石河正龍
楠氏二宗第二十三世石河確太郎正龍之寿像
今茲元治二年歳在乙丑正龍四十一歳
『本邦綿糸紡績史』より

石河正龍之墓
明治39年1月妻さい建立
（在愛知県岡崎市誓願寺、
著者撮影）

断片的記述ながら、当時の石河が洋学書生数十人を教えていたことが窺われるが、これは後、開成所設立に伴いその教授に就任する姿を予測させる。又、薩摩に於ける石河の住所も判明する。そして何よりも性篤実静慎という記述が印象的である。

さて、最後に絹川氏の発見にかかる『石河氏家譜』序言の部分を紹介しておく。弟武次郎正昭の筆になるものである。因みに石河家はその後、後継なく家は絶えた。

石河氏家譜

楠氏弐宗第二十三世孫　正龍再修
弟　正昭謹序

序言

石河氏家譜一巻我家之旧伝而兄正龍之所再修也石河氏本楠氏石河者係其所出之地名楠諱正季君六世孫諱光真君始以冒焉蓋以記基本也如其系統旧記遺聞歴歴可迹矣但立家年代久遠家運固不能無消長正昭所及聞輓近凡百年三経盛衰是際家乗多亡佚最後義兄雅章承家不宜竟致板蕩石河氏之厄至是極矣時兄年方弱見家之終不可匡救也欲別図継続而義兄在勢不得不別貫籍自樹立以免淪胥之患也

石河氏家譜

楠氏弐宗第二十三世孫　正龍再修
弟　正昭謹序

序言

石河氏家譜一巻は我家の旧伝にして兄正龍の再修する所なり。石河氏は本と楠氏石河は其所出の地名に係る。楠諱正季君六世の孫諱光真君始て以て冒す。蓋し以て其本を記すればなり。其系統の如き旧記遺文歴々迹ぬ可し。但し立家年代久遠家運固より消長なき能はず。正昭聞くに及ぶ所輓近凡そ百年三たび盛衰を経。是の際家乗多く亡佚す。最後に義兄雅章承家宜しからず竟に板蕩を致す。石河氏の厄是に至て極る。時に兄年方に弱家の終に匡救す可らざるを見るや別に継続を図らんと欲す。而て義兄勢ひ貫籍を別たざるを得ざるに在り。自ら樹立以て淪胥（共倒れ）の患を免る。乃ち窃に家伝の残簡遺牘を出し謄録して之を収め以て後

乃窃出家伝之残簡遺牘謄録而収之以為後来追遠温故更奉祖宗之預擬焉弘化三年四月遂発家赴干江戸就学於杉田成卿先生之門而先妣梅山君亦挈正昭及妹絢移僑於同郡碩学谷三山先生之郷於是我母子兄弟皆去家土矣後義兄拠家客千紀州没不嗣宗祀卒絶而我闔類流離顚沛莫不窮艱苦焉至米国伯爾理始艤干横浜一時汹然天下侯伯競事修武其論武必称西洋火攻之術而兄学術隠然既成諸藩属目焉安政二年四月故薩摩侯左近衛中将島津諱斉彬君招兄期以優用因給禄賜第宅而石河氏頼以再造獲復奉先祀乃依嚢謄録者閲先世之代次生卒年月以叙追奠之誠焉後兄受藩旨建紡績機泉州堺于越数年更蒙官之召請在于上州富岡董督製糸機

来の追遠温故となす。更に祖宗の預擬を奉し弘化三年四月遂に家を発し江戸に赴き学に杉田成卿先生の門に就く。而して先妣梅山君亦た挈く。正昭及妹絢は同郡の碩学谷三山先生の郷に移僑す。是に於て我母子兄弟皆家土を去る。後ち義兄家を拠ち紀州に客たり歿て嗣がず。宗祀卒に絶つ。而して我闔類流離顚沛艱苦を究めざるなし。米国伯爾理始て横浜に艤するに至るや一時汹然天下の侯伯事を競ひ武を修め其武を論ずる必ず西洋火攻の術を称す。而て兄術を学び隠然既に成る。諸藩属目す。安政二年四月故薩摩侯左近衛中将島津諱斉彬君兄を招き期するに優用を以てす。因て禄を給し第宅を賜ふ。而して石河氏頼て以て再造す。復た先祀を奉するを獲たり。乃ち嚢の謄録する者に依り先世の代次生卒年月日を閲し以て追奠の誠を叙す。後ち兄藩旨を受け紡績機を泉州堺に建て越て数年更に官の召請を蒙り上州富岡に在り製糸機の建設を薫督し功畢る。又朝命を銜み印度に役し期年にして還る。実に明治九年なり。其明年京南の

之建設功畢又銜　朝命役于印度期年而還実明治九年也其明年於京南之麻布営宅地寝為貽子孫之計重修家譜将以使後之継者知其有所由也然而従小少老客途羇旅起家加以郷土宗家亡滅無跡夫残簡遺牘蕩然莫所復訪矣幸有騰録者可以伝真乃命正昭仍旧整繕新修家譜一巻越年而成意比故全者固異略詳也然我家之代次経歴略可尋識矣而残簡遺牘文辞古撲往往不成語拾収之間良加訂正更易了読故雖面目如換若其体骨則与旧無毫改也於是乎家譜形影始一新不復見古色矣磋乎所遭之家運如此令我数百年之伝家物竟嬰新換之変是誰之過也然新古徒異観於其為真亦奚妨也夫紀遠者所以使近者厚也凡世之故家経久之間栄古靡常雖或由

麻布に於て宅地を営み寝(ようや)く子孫に貽すの計を為し重て家譜を修め将に以て後の継者をして其の由あるを知らしめんとす。然り而て小少老客を従へ羇旅に途して家を起こし加ふるに郷土宗家の亡滅跡なきを以てす。夫の残簡遺牘蕩然復た訪ふ所なし。幸に騰録するものあり以て真を伝ふべし。乃ち正昭に命じ旧に仍り新を整繕し家譜一巻を修めしむ。越年にして成る。意ふに故の全者に比すれば固より詳略を異にす。然れども我家の代次経歴略ぼ尋ね識る可し。而て残簡遺牘は文辞古撲往々にして語を成さず。拾収の間良や訂正を加え更に了読に易からしむ故に面目換はるが如しと雖も其の体骨の若き則ち旧と毫も改まるなし。是に於てか家譜形影始て一新復た古色を見ず。磋乎遭ふ所の家運此の如く我数百年の伝家物をして竟に新換の変に嬰らしむ。是れ誰の過か。然れども新古徒に観を異にするも其の其の真を為すに於て亦奚ぞ妨げん。夫の遠者を紀するは近者をして厚からしむる所以なり。凡そ世の故家経久の間栄古常なく或は其人

其人或属其時也而其顛墜也坐于軽忽祖宗者居多要之厚其所生而取傾頽者幾希矣兄既勤苦造家克致継続之績皆出於追温之至意而又以胎諸後嗣者欲令之厚於其所厚焉亦発於其至意也抑憂百歳之後者紀遠之典不可已矣則所以必有斯巻之再修也正昭従叙其履歴経由之概略以保斯新巻乃伝家之旧物矣庶後之嗣者時観感而可毋自覆其堂構令斯巻再罹于重修之災也巳

明治十一年四月

により或は其時に属すると雖其顛墜や祖宗を軽忽にするに坐するもの多きに居る。之を要するに其生まるる所に厚ふして傾頽を取るは幾と希なり。兄既に勤苦造家克く継続の績を致す皆追温の至意に出づ。又諸を後嗣に胎すもの之をして其厚き所に厚からしめんと欲するを以てなり。亦た其至意に発するなり。抑も百歳の後を憂ふるもの紀遠の典已む可らず。則ち必ず斯巻の再修ある所以なり。正昭其の履歴経由の概略を叙するに従て以て斯の新巻乃ち伝家の旧物を保つ。庶くは後の嗣者時に観感して自ら其の堂構を覆へし斯巻をして再び重修の災に罹らしむる毋る可きのみ。

明治十一年四月

【注】

（1）初出は『実践國文学』第41号（平成4年3月）

（2）『環碧楼遺稿』全5巻（明治45年3月）所収

（3）『簡約松浦武四郎自伝』　松浦武四郎研究会編（一九八八年九月）北海道出版企画センター刊。

（4）当時、三好寛介の変名を用いた。「八月九日、三好君（原註、三好寛介、山中静翁ト称ス、即チ旧閣老小笠原壱岐守）諸人ト共ニ松島ニ至リ松島城ヲ進撃スルヲ議ス（略）」（「南摩綱紀筆記」）

（5）著作者鹿児島市（代表岩本禧）、発行所鹿児島市教育会（昭和10年11月）非売品

（6）鮫島志芽太『島津斉彬の全容――その意味空間と薩藩の特性――』（平成元年2月　ぺりかん社刊）、満江巌『先覚者島津斉彬』（昭和33年11月）等

（7）日本歴史学会編『明治維新人名辞典』（昭和56年9月、吉川弘文館刊）

（8）武内博編著『日本洋学人名事典』（一九九四年七月、柏書房）

（9）杉田成卿に漢学（蘭学の誤り）を学んだとされていたり、父の名が雅東（義兄雅章の誤り、父は正美）とされているものがある。本名山田正太郎も変名とした方が適切であろう。

（10）絹川太一著『本邦綿糸紡績史』（全七巻）特に第一巻（昭和12年6月）第二巻（昭和12年9月）日本綿業倶楽部刊。

（11）『政治経済史学』第150号（昭和53年11月）

（12）『本邦綿糸紡績史』第一巻所収。

（13）杉田玄白の孫。「我輩は蘭学を杉田成卿という医者に学びました。書生寮の方は沙汰なしにして、唯他行をすると云ふ事にして通学したものであります。」南摩綱紀「書生時代の修学状態」（明治40年4月28日孔子祭典会第一回祭典講演会演説。のち孔子祭典会編『諸名家孔子観』明治43年4月、博文館刊所収）

（14）前記『薩藩の文化』所収。

（15）初出は「幕末維新期の南摩羽峯――大阪本屋仲間行司松田正助のこと――」（『歌子』第七号、一九九九年三月）等。

（16）天保四年から文久三年に至る三十一年間に及ぶ日記。昭和五十七年から写真版で思文閣より刊行中。全12巻。昭和57年～平成16年8・10・12巻は未刊。

（17）東京大学史料編纂所編。『大日本古記録―江木鰐水日記』上・下（昭和29年3月　岩波書店刊）

(18)　三好不二雄監修・三好嘉子校注解題『草場佩川日記』（昭和55年3月、西日本文化協会刊）下巻に次の如くある。「安政三年十二月十六日、於医学寮会津之南摩三郎・今治池田三郎面会。」「同一九日、為南摩書画数張、因代簡淄川」。淄川とは会津藩儒高津淄川。珮川と淄川は古賀門の同期である。この時珮川、七十歳。
(19)　荒木見悟監修・三好嘉子校注『草場船山日記』（平成9年10月、文献出版刊）
(20)　箕作阮甫「西征紀行」（『大日本古文書・幕末外国関係文書』附録一）にその名が見える。後に丸山作楽が師事したのもこの人物であろう。
(21)　『在臆話記』東京都立中央図書館特別文庫蔵。昭和55年『随筆百花苑』第一、二巻に収録、中央公論社刊。
(22)　前出『江木鰐水日記』の安政四年九月二日の項に「信州上田藩松平伊賀公之臣桜井純蔵敏徳、字士行、来見云、学砲術于薩州鹿児島成田庄右衛門、去年秋遊薩州也」とあり、桜井の遊学が安政三年秋から四年にかけてであったことが判明する。
(23)　河井継之助『塵壺』（東洋文庫257）にも見られる如く、安政六年河井の遊学遊歴と時を同じくして備中松山や長崎での交流が窺われる。安政六年十月十七日（長崎）の項に「山下屋へ移る後は秋月悌次郎同宿、同間にあらず。秋月、薩摩其の外諸藩の事を記する事委し。再会せば、頼み見ん。」などとある。秋月の入薩は安政六年であろう。河井は鹿児島へは行っていない。また秋月と土屋が同年四月に紀州藩を訪れたことは、『小梅日記』（東洋文庫256）に見られる。
(24)　同じく『塵壺』に名が見える。十月五日「矢上の宿を通り抜けし処にて会藩・土屋鉄之助に逢う。秋月の長崎に居るを聞く。彼は親の死す為の様子。用事ありて急に帰ると計り申しける。途中にて暫く談してわかれける。」とある。土屋の遊歴記録の存否は不明。
(25)　第七巻の写本のみ鹿児島県立図書館および東大史料編纂所蔵。
(26)　今井の日記『歴嶋史』未刊。今井に関する唯一の評伝である間宮尚子『今井貞吉』（平成2年10月　高知市民図書館）より引用。表記は『歴嶋史』原文のままではない。

余滴1
杉田成卿のこと

南摩羽峰が杉田成卿に師事して蘭学を学び始めたのは、昌平坂学問所（昌平黌）在学中のことである。嘉永六年ペリー来航の衝撃を契機に、俄かに沸騰した攘夷論の最中にあって「外国日々に新し、我が藩独り旧株を守る、以て立ち難きなり」との認識に基づく判断であった。偏狭な攘夷論は「聖賢の書を学ぶ聖堂において、蟹行の書を学ぶのは以ての外」との議論があり、「他行」とのみ届け出て通学したものである。当時杉田塾は浜町の山伏井戸に在った頃と思われる。ここは当初祖父杉田玄白の隠棲地であり、続いて父立卿が住み成卿に及んだもので、天真楼と呼ばれた。付近にはかつて賀茂真淵が住み、文人医者が多く住んだ所として知られる。しかし、この杉田塾への通学が何時頃まで続いたのか、また塾の実態も必ずしも明らかではなかった。ところが、越前大野藩士吉田拙蔵（文政九年生れ）・幕臣神田孝平（天保元年生れ）は、同じ頃杉田塾に学んだ人物であるが、石川三吾編『吉田拙蔵略伝・詩抄』（明治22年・非売品）に興味深い記述が見られる。

安政元年春一夕、神田孝平等ト外出ス。帰レバ則チ行李摒擋スルヲ見ル。其故ヲ問ヘバ、曰ク、師ノ命ナリト。翌旦孝平ト共ニ親シク師ニ面シ、審問スル所アラントス。家宰再入ヲ許サズ。依テ斜橋ノ藩邸ニ帰ル。後、神田、南摩ノ二氏亦来リ寓シ、共ニ共和塾ナルモノヲ開ク。（句読は小林）

吉田と神田などは内弟子として杉田塾に住みこんでいたと見られる。それがある日外出して戻ると、自分たちの荷物が取片付けられており、師の命令だという。翌朝師と面談して親しく事情を聞こうと出向いて見ると、塾に入ることすら許されなかったという。これは何か不始末をしでかして突然破門を申し付けられたように解される。しかし、南摩は昌平黌書生寮から通学しており、この時一緒に破門されたわけではないと想像されるが、その後大野藩邸内に寓し共和塾なるものを開設しているのも不可解であるばかりでなく、それゆえにこの記述には興味深いものがある。南摩羽峰が昌平黌を退黌したのは、同じ安政元年八月二十四日である。大野藩邸に移り吉田拙蔵や神田孝平と共和塾を開設したのは、これ以後のことであろう。会津藩邸に戻らなかったのは、江戸遊学書生として、比較的自由な身分を保証されていたからであると考えられる。他方、杉田成卿塾への通学は如何なる状況であったのか？

杉田成卿は安政六年に四十二歳で病没しているが、明治十八年に遺族により『梅里遺稿』が編まれている。梅里は成卿の号である。書中に大槻修二による「梅里先生小伝」及び「付記」があり、成卿の医師及び蘭学者としての概略を窺うことが出来る。それによれば、嘉永六年ペリー艦隊来航の折、天文台翻訳局の訳員として国書の翻訳に当ったが、儒官訳員や属吏の因循さに憤慨し、あわせて幕府の末路を見越し、憂国の情切迫のあまり翌年訳員を辞任したという。「梅里先生小伝」は次のように述べる。

> 徳川氏の政権も永く支ふべくもあらぬありさまなど思ひ合せてありければ、身になやむ所ありとて訳局の出仕もえせず、次の年強ひて訳員を辞しぬ。是れ安政元年の五月なり。かくて紛擾憂悶のことなど内外に逼りしおりなれば、家を宗嗣玄端翁に与へて鉄砲洲なる別荘清曠楼に寓し、風葉山人など号せらる。
> （変体仮名・異体字などは通行の字体に直した。以下同）

嘉永七年は三月に安政と改元されているので、前述の吉田拙蔵や神田孝平が塾を追い出された時期と重なる。この年、家を譲り隠棲したところから判断すれば、塾も閉鎖したものと考えられる。しかし、二人の唐突で問答無用的な締め出され方はいささか異常である。この点に関しては、引用にある「身に悩む所ありとて」という表現が引っ掛かる。これが翻訳局を辞す単なる名目ではなかったらしいことは、「付記」の以下の記述から窺われる。

> 先生は外国の事情に通ずるより、いたく国家の形勢を憂へ、外国の文書を翻訳する命を受くるごと

に其文意の少しも誤ちなからんことを慮り、常に苦心して止まず。後にも一語一句も其義をとり違へたる時は大なる災害をも招くべしと云ひて、其命を受くることを恐れ、是より心疾を引き起し、其悶へ逼りしをりは眼を張り身を震はし、いとあさましきありさまなることもままありとか。

やはりこの頃、その誠実な人柄ゆえに幕府の因循と国家の形勢への憂悶から「心疾」を発したことが窺われる。吉田・神田への突如追い出すような仕打ちも、この「心疾」に起因したものであったと考えられるのである。こうして安政元年に家を譲り塾を閉鎖して、鉄砲洲に隠棲した杉田は、翌安政二年に御徒町に移ったが、安政の大地震に罹災、江戸郊外の下渋谷村羽根沢に住む門人木村軍太郎の家に身を寄せ、やがて隣地に居住隠棲し、ここを終の棲家とした。この時『砲術訓蒙』十二巻を訳し木村の名で上梓した。安政三年正月のことである。自らの名を出さなかったのは、本業の医書ではなく横道ともいうべき兵書の翻訳に杉田の名を記すのは、父祖に対して畏れ多いとの判断であった。閑静な羽根沢に隠棲したこの頃は比較的精神状態の安定した時期であったとみられる。『梅里遺稿』にも「十畝村荘小　幽篁絶世縁」や「萬目黄雲麦熟秋薫風新樹翠将流」など豊かな自然と閑静な環境に自足する心境を詠んだ詩が見られる。しかし、時勢は彼に閑居を許さず、安政三年三月、幕府は蕃書調所を新設し、教授職として再び召し出し、将軍家定にも拝謁を許す破格の待遇を以て迎えた。だが、仕官は素志にあらずとの思いは変わらず、教授職としての出仕は休みがちであったという。先の「萬目黄雲」に続く七絶の転結二句には「城中曾住聞鵑少　此地昼宵啼不休」とある。「此地」は言うまでもなく渋谷羽根沢である。かくして「心疾」次第に重くなり、安政六年二月十九日羽根沢の家で没した。四十二歳であった。

ちなみに、門人木村軍太郎は佐倉藩士であり、同藩の友人であった依田学海（百川）は「余百川年若かりしとき。成卿を木村氏に見し事あり。色白く背高からず。多病けにみゆる人なりき。」と後に回想し、その風貌を次の様に伝えている。

成卿身の丈甚高からす。繊弱なる事婦人に似たり。されともその眼光は熒然としてせまり。見るへからさる威容あり。その容貌つねに不平を抱（いだく）か如し。酒を好みてよく飲む。酔ふときは。勇気日頃に十倍して。音吐鐘の如く。人を罵ること甚し。人こゝをもて。狂人かと疑ふ。されとこれを知るものはそは狂に非す。不平の気を洩らすものといへり。

（「杉田梅里の器識」明治26年10月『話園』博文館）

また、蕃書調所教授職に召し出された後も「されと成卿仕官は己か志に在らされは常の人の如く勤仕すること無く。家にのみ籠居て心疾ますます重り。喜怒節なく家人これか為に苦しむ。六年己未の二月十九日病重りて四十二歳にて死しぬ。」（『話園』）と記している。

なお付記すれば、死の二年前にあたる安政四年七月、成卿は羽根沢の自宅から多摩川方面を散策し、オランダ語で「玉川紀行」二編を草している。欧文による紀行文としては本邦最初のものと見られる。一回目は十一歳の娘縫子とともに「友人Gキムラ氏」も同行、羽根沢から三軒茶屋を経て二子の渡しで多摩川を渡り、溝の口の亀屋で昼食をとった。当初の計画では先祖の墓のある下菅生の長安寺まで足を延ばすつもりであったが、時間的に無理と判断し、多摩川を舟で下り六郷村から山籠で羽根沢に戻った。

二回目は十一日後、今度は早朝一人籠で出発、長安寺の墓参を済ませ、再び溝の口に戻り亀屋で昼食、途中から雨となったが、風情のある行程を楽しみ帰宅している。帰宅するやGキムラ氏の訪問を受け、その日の出来事を語りながら楽しい夕食を共にしたという。

この「蘭文玉川紀行」は緒方富雄『蘭学のころ』（昭和25年10月、弘文社）に原文とともに訳文も紹介されている。達意の蘭文であるという。「心疾」の陰もなく、穏やかな日々であったことが窺われ、読む者をしてホッとさせる。ちなみに、Gキムラ氏こと木村軍太郎も明治維新を見ることなく、文久二年八月、三十六歳で没している。また、二回の紀行とも鮎とうなぎの昼食を楽しんだ亀屋は、後に明治の作家国木田独歩の名作「忘れえぬ人々」（明治31年）の舞台として描かれたあの亀屋であると思われる。

余滴2
石井密太郎　その後

さて、南摩羽峰に視点を戻せば、安政元年春、吉田拙蔵・神田孝平が突如として杉田塾を追い出されたのは、師の杉田成卿が「心疾」を発し、このころ塾を閉鎖したためであったことは、先に見たごとくである。師の怒りを買い破門されたのではないことは、安政二年会津に遊ぶ神田孝平を送る送別の詩が『梅里遺稿』にあることや、安政四年にも神田が羽根沢に成卿を訪れるなど交流が続いていることからも裏付けられる。ちなみに、神田孝平はこの頃会津藩に招聘され、江戸芝藩邸で洋学を講じたが、安政二年の会津行もこれと関連したものと推察される。羽峰も成卿が塾を閉じたことにより、洋学の師を失ったことになるが、この年八月二十四日まで昌平黌に在学していた。大野藩邸に吉田・神田と共和塾を開設、若い藩士に蘭学を教授し始めたのは、この後のことであろう。この共和塾の実態は詳らかではないが、翌安政二年までは続いたものと思われる。そして安政二年二月五日、従来から交流のあった松浦武四郎の日記に興味深い記述が見られる。

石井密太郎・小関高彦・南摩三郎同道にて小笠原明山公子に召れ邸中見物。此庭は山田宗遍の造りし庭の由、少し荒れしも広くして頗る美事なり。

安政二年二月五日、松浦武四郎と羽峰は、石井密太郎・小関高彦とともに唐津藩世子小笠原長行（壱岐守のち幕府閣老）に招かれ、深川背山亭を見物したというものである。松浦とは既にペリー来航後に彼のもとを訪れ、その後も頻繁に交流が続いているが、羽峰の名と共に石井密太郎・小関高彦の名が現れるのは、これが初めてである。小関高彦は小関三英の甥、その養子となり翻訳を業とした蘭学者。『山砲略説』『海外事情録』などの訳書・著書がある。石井密太郎は「南摩羽峯先生伝」（土屋鳳洲）に「従杉田成卿石井密太郎講習西籍、尋至大阪就緒方郁蔵等請益」とあるごとく、羽峰が師事した洋学者の一人である。とすれば、この頃石井に師事していたものと思われる。既に考察したごとく、杉田成卿が安政元年塾を閉じたため、一時洋学の師を失ったことになるが、間もなく石井に師事したと推察される。石井密太郎は、これより先の弘化三年二十二歳の時に杉田成卿に師事、その後長崎に遊学、研鑽を積み江戸に戻っていたもので、新進の洋学者として幕府や諸藩の注目するところとなっていた。羽峰の石井への師事は、あるいは杉田成卿からの紹介によるものかも知れない。しかし、石井への師事も長くは続かなかった。この年、石井は津藩藤堂家に召抱えられたが、待遇劣悪のため脱走、山田正太郎と変名し薩摩藩に招聘されることになるからである。薩摩藩への変名による密かな赴任は七月のことと推察される。他方、南摩羽峰もこの年五月、足掛け三年にわたる西国遊歴に出立することとなる。松浦武四郎の日記には次のような記述がみられる。

▲安政二年五月四日
　南摩六日に京へ上る。内にて添書を乞に来る。

羽峰の西国遊歴は藩命によるものであり、約一年半大坂に滞在、緒方郁蔵（研堂）に師事する傍ら多くの識者を歴訪、さらには四国遊歴を経た後、安政四年には長崎を経て鹿児島まで足を延ばしている。ここで石河確太郎と改名し薩摩藩士となった石井と再会している。石井（石河）は島津斉彬の開明事業に貢献、手厚く遇されていた。維新後は多くの官営綿糸紡績工場の設置に関わり、〈綿糸紡績の父〉とも呼ばれた人物である。だが、官を離れた晩年は不遇であった。

　石井密太郎（石河確太郎・正龍）については、先に論じたので、ここでは、その後偶然入手した南摩羽峰宛石河正龍書簡三通の中一つを紹介しておきたい。羽峰が石井密太郎に師事した期間も数ヶ月と僅かであったはずであるが、明治以後も二人の間に交流があったことを示すものである。以下三通の中これのみが封筒が無く、年代が不明だが最も古いものと考えられるばかりでなく、内容も興味深いからである。

①　年代不明、5月18日付。（封筒無）
②　明治22年9月19日付。和歌山県和歌山区湊下町九番地二十二番戸、石河正龍

③　明治23年12月21日付。大阪市東区島町一丁目一九四番屋敷、石河正龍

一書拝上仕候。辰下夏気相催候処、益御安康被成御座奉拝賀候。サテ小子無恙消光罷在候間此段乍憚御投念被成下度候。爾来時々書中御伺可奉申上之処、興業中多忙ニ取紛レ意外御無音罷在候段御海容被成下度候。

陳者先達ハ御細書被成下、小子今般之家禍ニ付落胆不仕様、殊ニ御身自ラノ例マテ御挙縷々御高諭被成下、実ニ御心切懇到之程難有仕合、家族之者共へモ御書拝見為致一同大悦仕候。小子一身ニ於テハ固ヨリ覚悟罷在悔ユル所モ無ク憂フル所無之最早先祖ヲ思フモ子孫ヲ思フモ已ニ余生無之、寧ロ唯一身ヲ愛シ安心シテ余齢ヲ畢へ可申ト明ラメ罷在候事ニ御座候。御案内通義兄潤徳ノ為メ家滅亡ニ相及祖祀モ相断候次第、時ニ小子尚弱年ニ有之候へ共家ニ男子有リナガラコレヲ興コス事能ハザルモ残念ト相考漸クナガラ祖祀ヲ続ギ子孫ニ伝フルダケニ相成候処、図ラズモ家之実子之為メ又々家ヲ滅亡セラレ候段惟フニ石河氏ハ深ク罪ヲ天ニ得タル事ト存候。幸ニ小子ダケハ其網ヲ漏レ其身地ニ落チズ浅陋ナガラ彼是ヨリ聘セラレ先ズ一身ダケハ安全ニ余生ヲ終へ可申此段御心配被成下間敷候。右之通已ニ覚悟仕罷在候へトモ弥々先祖ノ木主ヲ懐ニシ辛苦シテ漸ク興シタル邸宅ヲ立去リ候期ニ至リテハ、事物ニ触レテ感慨ナキ事ヲ得ズ。言ハントスレトモ腹ニ文字無クシテ言フ事能ハズ。漸ク字ヲ聯ネテ詩ノ如キ者出来候間、先生ニ於テハ小子不学ノ事ハ固ヨリ御案内ニ候故愧ジズシテ御覧ヲ奉願度、今度相認差上候間、詩ニナラズバ御破棄被成下、万一御加筆ヲ以詩ニ相成候ハバ御點削被成下度、御多忙中別テ御面倒之儀奉恐入候へ共此段伏奉願上候。将又小子先年官ヲ辞シ大坂へ漫遊仕候節、本業洋書翻訳等ノ間ニ何カ楽ム所アラムト存候へ共囲碁抹茶等ハ性ノ好ム所ニ非ズ。書画ハ故ラ其具ヲ設ケザル事ヲ得ズ、因テ詩ヲ学バムト存候へ共、何分資本タル学問モナク文字モナク候へバ固ヨリ出来可申理無之、漸ク字数ダケヲ並べ候間御點削被成下度奉願上候。先生へ右様小児初学ノ者ノ成セシ同様之作ヲ御點削ヲ乞フハ所謂牛刀割鶏事ニ候へ共、老生ノ愧ズル所モアリ他へ乞フニモ忍ビズ。遂ニ生先（ママ）へ奉願上候儀ニ候間、何卒御點削被成下候様伏奉願上候。

本年ハ兎角気候不順ニ候ハバ御自愛之程奉願上候。御令閨様御賢息様へ乍憚宜敷被仰上被成下度奉願上候。先ハ右近況御伺申上度且御願上度迠。

匆々頓首

五月十八日

石河正龍　拝

南摩先生

榻下

石井密太郎こと石河正龍は文政八年生れで、門人の羽峰より二歳年下である。文事にも趣味を持ち、鹿児島でも八田知紀の歌会に参加したりしているが、晩年は漢詩を作り、羽峰に添削をしてもらっていたようである。したがって書簡では、三通とも「先生」と記している。石河家は楠正成の弟正季の流れを汲む名家であり、二十二代を継いだ義兄雅章の放蕩により家は絶えたが、確太郎正龍により再興、彼が「楠氏二宗第二十三世」を名乗った。しかし、一子清太郎の不始末により廃嫡を余儀なくされたようである。これに関わる消息や当時の心境も窺える書簡である。したがって、正龍の代を以て石河家も絶えた。石河正龍は明治二十八年大阪で没した。享年七十一歳。

三　松浦武四郎——羽峰の蝦夷地代官時代を中心に

はじめに

南摩羽峰（綱紀）は幕末期に蝦夷地代官として六年の歳月を北辺の警衛と開拓経営に従事したのだが、その実態は会津藩の史料を含めてもさほど明確なものではなかった。近年、北海道別海町郷土資料館により同館所蔵の「加賀家文書等資料」の解読紹介や標津町歴史文化研究会による地道な活動により、徐々にその実態が解明され始めたと言えよう。とりわけ「御陣屋御造営日記」の解読や「標津番屋屏風」（新潟市西厳寺蔵）の絵解き研究などきわめて興味深いものがあり、そうした中に蝦夷地における南摩の事跡も断片的ながら姿を現して来た。

南摩羽峰は心友の秋月悌次郎（胤永、韋軒）と併称されるべき人物で二人の出処も極めて相似したものがあるが、秋月の陰に隠れてしまった観があり、その事歴は概略以外いま一つ詳らかではない。したがって、この稿では、確実な資料に依拠しながら蝦夷地赴任に至るまでの南摩の足跡を概観するとともに、影響を受けた松浦武四郎との関係、さらには蝦夷地との関わりをまとめなおしてみたい。

北海道雑詩

三棹三潮険　　三たび棹さす三潮の険
五鞭五峻山　　五たび鞭打つ五峻の山
往来千里路　　往来す　千里の路
身老楫蹄間　　身は楫蹄の間に老ゆ

＊

鵬程九万里　　鵬程　九万里
天遠渺煙波　　天は遠くして煙波渺たり
極目皆吾海　　極目するところ皆吾海
那辺是鄂羅　　いずれの辺か是れ鄂羅

南摩羽峰の「北海道雑詩」と題する五言絶句二首である。『環碧楼遺稿』にはこの二首が採られている。北海道（蝦夷地）に関する詠詩は他にも多くあったと思われるが、現在知られているものはこの二首のみである。前者には自註があり、「三潮険」とは南部領から箱館まで航海するのに、海中にある三つの難所（龍鼻・白神・中潮）を指し、「五峻山」とは箱館から根室迄は五峻の嶺（志津加里・礼分計・斜馬爾・狭流留・善賓寺）を超えなければならなかったという。これは羽峰の当時における渡道および会津藩領までのルートを知ることが出来て興味深いものがある。ちなみに戊辰戦争中の慶応四年四月、南部藩士江幡（えばた）五郎（那珂通高（なかみちたか））が秋月・南摩両士に宛てた書簡に「従蝦夷御登京之路次、蔽邑御一泊之由ニ而、両君とも御手簡被下」云々とあり、二人が前年の慶応三年に蝦夷地から京都に向かう途次、それぞれ南部に一泊し、書簡を出していることが窺える。

先の漢詩の意味は、遠路艱難を冒して往来した蝦夷地だが、楫蹄（しゅうてい）（舟や馬の旅）の間に身は老いてしまった、との感慨を詠んだものである。これに比して、後者は蝦夷地の広大な海に臨んだ気宇壮大な思いが伝わる。結句の「いずれの辺か是れ鄂羅（がくら）（露西亜（ロシア））」とは、目にするものは全て我が領海であり、露西亜など那辺（なへん）にありや、すなわち露西亜など眼中に無いとの気概が窺われ、北辺防備の任務を見据えた意気軒昂たる思いが伝わる。つまり、この二首の心情は対照的であり、羽峰の六年間にわたる蝦夷地駐留時代の両面の境地を物語っているものと思われる。

南摩羽峰と松浦武四郎の交流

幕末から明治にかけての蝦夷地と言えば、先ず松浦武四郎の存在を逸することはできないが、羽峰が松浦と交流を持ったのは、意外に早く昌平黌時代にさかのぼることになる。羽峰が初めて武四郎を訪ねたのは、嘉永六年（一八五三）十二月である。この年六月ペリー艦隊が来航、当時昌平黌書生寮に在った羽峰は俄かに徴されて会津藩警衛地である房総竹岡台場に派遣されたことは、前に記したごとくである。黒船の衝撃が彼を洋学へと向かわせたが、翌年の再来航を控え、未だ余燼が残り緊迫が漲る中で、海防問題に詳しい武四郎を訪ねたのである。武四郎は羽峰より五歳年長である。松浦の日記によれば、「極月三日　南摩三郎、土谷弥之助来る。」とある。土谷（土屋矢之助）は吉田松陰と親しい長州藩士である。この日を皮切りに以後頻繁に松浦のもとを訪ねるようになる。同二十五日には「南摩三郎、秋月悌次郎同道山下に飲し、夜に入高橋に行。」とあり、この日は秋月を誘って訪問、共に上野山下で酒杯を傾けている。

さらに、翌嘉永七年（一八五四）一月三日の項には「此頃時々吉田寅二郎（ママ）、木原雄治（ママ）、児島七五郎、南摩三郎なる者時々来らる。また高橋三平ぬしもしば〳〵来る。」とある。吉田は松蔭、木原雄吉、児島七五郎は昌平黌の僚友である。因みに松蔭はこれより前の嘉永五年五月、東北遊歴から帰った時、昌平黌書生寮に羽峰を訪ねたことがあり、羽峰とは既に相識であった。

そして、一月中旬ペリー艦隊の再来航を迎え「十七日には朝より南摩、大金等来り申けるは、只今本牧へ六艘程入候由等、又旗本へ二男三男并に家来は何人持候等の事審に書出し候様に御沙汰有之候。」など緊張した記述が続く。十八日にも「鳥山、小沢、児玉、大沼、鷲津、南摩、吉田来る。」続いて二月十七日には「南摩、秋月、平尾等来りて頻りと他行をすゝめ一杯を傾け、慷慨談数刻をして帰る。」とある。平尾は後に名の出る平尾悌太郎（会津江戸藩邸留守居役か）と思われる。この後もしばしば松浦を訪問している記述が見られるが割愛する。蝦夷地との関わりを示す記述が見られるのは、同年閏七月一日である。

閏七月朔　南摩三郎来りて申候に、彼また蝦夷の図を我が屋敷へも一本献し呉れ候よし申に付、是へも遣し候処、平尾悌太郎君また小判一枚を送り被下候。

五月下旬松浦は呉服橋外にある山城屋忠兵衛の借家に移り、蝦夷の大図（三航蝦夷全図）作成に取り掛かり七月中旬に完成、これは幕府へも献上された他、早くも幾つかの大名からも引き合いがあったものである。羽峰が仲立ちとなって会津藩にも献納されたことが分かる。そして、この年八月二十四日羽峰は昌平黌を退寮しているが、引き続き江戸藩邸に滞在、洋学を講究していたものと思われる。松浦との交流も続き、翌安政二年に至っても、松浦を訪ねたり、松浦が訪ねて来たりしている。そうした中で二月五日には興味深い記述が見られる。

二月五日　今日迄何も異る事もなし。
石井密太郎、小関高彦、南摩三郎同道にて小笠原名山公子に召れ邸中見物、此庭は山田宗遍の造り
し庭の由、少し荒れしも広くして頗る美事なり。

小笠原名山公子とは、唐津藩世子で後に幕府閣老となった小笠原長行である。どのような経緯か詳らかにしないが、この日招かれたのは唐津藩下屋敷の深川背山亭である。小笠原長行は幕府瓦解後に三好寛介と変名して会津に亡命、奥羽列藩同盟に加担して羽峰とも行動を共にし戦場に臨んだこともある。小笠原長行とは後にこうした因縁を持つに至る人物であるが、この時点では未だ予測する由もないことは言うまでもない。もう一つ、石井密太郎は羽峰が師事した洋学者の一人で、土屋鳳洲の「南摩羽峯先生伝」にその名があるが、武四郎日記のこの記述によって、その事実が裏付けられたと言えよう。ただし、他の史料には石井密太郎の名はほとんど見出すことができない。このことについて、かつて考証したことがあるが、石井はこの後事情があって、山田正太郎の変名で薩摩藩に招聘され、その後石河確太郎と改名、さらに石河正龍と改名しており、薩摩藩の開明政策に貢献した人物で、羽峰とは明治維新後も交流している。小関高彦も洋学者、小関三英の甥である。杉田成卿は安政元年に塾を閉めたと伝えられるので、羽峰はこの時期、杉田の高弟である石井に師事していたものと見られる。

さて前にも記したとおり、この年羽峰は西国遊歴に出立するが、その出立の日付を知ることができるのも松浦の日記である。「五月四日　南摩六日に京都へ上る、内にて添書を乞に来る。」とあるが、松浦の人脈から見て、どのような人物に紹介状を書いてくれたのか興味深いところだが、遺憾ながらそれは記されていない。この後三年にわたる遊歴と会津への帰国により、松浦武四郎日記から羽峰の名も消えることになるが、西国遊歴から江戸に帰ったのが安政四年七月、会津に帰国したのは八月とみられる。ところが、翌安政五年の松浦の日記に突如として羽峰の

名が現れる箇所があり興味深い。

霜月十日　三好、荒井、小野寺、大槻格治へ行夜大宴、今日市助塩竈へ□□と同道参詣す。会津南摩三郎に逢、播州加藤村松尾三郎に逢。

これより先、蝦夷地御用御雇入を命じられた松浦は、安政三年から五年にわたって、箱館を経て向山源太夫の手附として樺太に渡り、再び箱館に戻り「東西地山川地理」と「吏調日誌」をまとめ、さらにシリベツ・クスリを巡検して八月下旬箱館に帰着、十月一日に箱館を出立して江戸に向かった。十一月十日の日記は、この江戸帰府の途中、仙台における記述である。仙台で松浦と出会している事実が判明するが、羽峰がこの時何故仙台にいたのか詳らかではない。この時期は羽峰にアメリカへの使節随行の話が浮上した頃であるし、会津藩に蝦夷地分割の沙汰が下るのは翌安政六年である。蝦夷地の件で松浦の仙台通過を待ち受けていたとは考えにくい。山形の上山藩を訪れた時、仙台へも足を延ばしたものであろうか。ちなみに、市助は松浦に同行して初めて江戸に向かうアイヌの少年エカシハシユイである。松浦は『アイヌ人物誌』（『近世蝦夷人物誌』）に「帰化アイヌの市助」として、この少年を描いているが、彼の江戸出府を安政二年としている。何かの錯誤と思われるが、日記に従い安政五年とすべきであろう。

会津藩への蝦夷地分割に関しては、松浦の日記にも翌安政六年に関連した記述が見られる。

十月十八日　会津藩石沢民衛来る。是此頃蝦夷地を諸家に割渡しに成る風聞有之候に依りてなり。同藩一ノ瀬紀一郎来る。平尾悌五郎に逢。

十月二十四日　三好監物出府、赤坂に逢。会津木村熊之進に逢。
霜月二十八日　木村熊之進、石沢民衛同道会津家老横山主税、神保内蔵助に逢。

このように、会津藩の人物が松浦と接触し、蝦夷地警営について教示を受けていることがわかる。一ノ瀬は蝦夷地代官となる人物で後の雑賀孫六郎。平尾は先にも名の出た邸監平尾悌太郎か。木村は羽峰の竹馬の友。戊辰戦争で白河において戦死。三好監物は先に仙台で名の出た蝦夷地警衛にも従った仙台藩士で、戊辰戦争時に切腹。ここに名前が見られる会津藩士は全て江戸詰の人物と思われる。当時会津に在って、洋学所で指導していた羽峰にとって、幕府大官に随行するアメリカ行きか新領地の蝦夷行きかという去就は未だ決まっていなかったのではないか。そうでなければ、三好のように出府して松浦を訪ねていても不思議ではないからである。現在公表されている松浦の日記には、この後は羽峰の名を見出すことはできない。しかし、松浦家に残された「遺芬（いふん）」と題された諸家からの武四郎宛て書簡集には、羽峰の書簡が二通おさめられている。未だ実見の機会が得られないが『簡約松浦武四郎自伝』によれば、いずれも文久二年（一八六二）のもので、一つは十二月二十三日付で「蝦夷地一条御教示願上」云々の文字が見られるという。もう一通は一月三日のもので、「此度出府伺度候」の文字が見られるという。とすれば、前者は前年の文久元年のものではないだろうか。文久二年の十二月では、羽峰は既に蝦夷地に在ったはずだからである。文久元年十二月には蝦夷地行きが決定し、松浦に様々な情報を教示願う書簡を送り、文久二年正月には江戸に出府して、直接教えを乞おうとしたものと考えられる。こうして、いよいよ羽峰の樺太警衛を経て蝦夷地代官時代が始まることになるのだが、それに先立って、以上見て来たように、昌平黌時代から交流のある松浦武四郎から得たものは、大きなものであったと想像されるのである。

なお付記すれば、明治以降も二人は交流があり、晩年に松浦がその開発に執念を傾け、さらには遺骨を埋めよと遺言した三重県大台ケ原山上には、明治二十二年、羽峰の撰文になる「追悼碑」が建立された。明治以降における二人の交流の一端を物語るものに、「井手左大臣木像記」（南摩綱紀）がある。この一文は『大日本有一雑誌』第十八号（明治十八年二月二十三日）に発表されたが、後述するように『撥雲餘興』二集（明治十五年八月）に収録されたものと判明した。

吾が友に奇翁有り。多気志楼と曰ふ。為人（ひととなり）慷慨気節有り。常に世人の為さざる所を為すを好む。一日、古木像を袖にして来る。その色黯然漆黒。その形頑然古朴。厳然として衣冠を着す。而して磨礪剝蝕す。蓋し千年外の物なり。吾その誰と為すかを知らず。翁曰く、これ井手左大臣諸兄公の像なり。すなはちその之を獲る所以を語りて曰く、余平生南朝を追慕し、遍く遺跡を訪ふ。（略）今茲（ことし）年六十有三、吉野に再遊、大峰より釈迦岳及び前鬼後鬼を経て熊野三山に至る。風餐露宿して、無人の境を過ぎ、つぶさに艱苦を嘗め、遂に西京に至り、この像を獲る、また奇遇と謂（い）うべし。請ふ、子これを記せ。（後略・原漢文）

このように、ある日、松浦は橘諸兄（たちばなもろえ）像を袖にして、神田五軒町の寓居から富士見町の羽峰宅を飄然として訪れ、南朝を追慕すること久しく、このたび奇しくも橘諸兄像を入手した経緯を語り、羽峰にその記の作成を頼んだものと見られる。二人の明治期における交流を物語る一文である。なお、この「井手左大臣木像記」は、松浦の晩年における好古家としての一面を示すもので、河鍋暁斎の模写絵とともに『撥雲餘興』に収録されたものである。また、同じころ完成した暁斎の筆になる松浦武四郎の「涅槃図」は、松の下に眠る武四郎の背後に巨大な飾り台が据えられ、武四郎自慢の蒐集品が並べられているが、この右端に飾られてあるものが、この井手左大臣木像（橘諸兄像）と確認できる。

以上見て来たように、羽峰の昌平黌時代から明治維新を経て、松浦武四郎の没年（明治二十一年）まで、途切れながらも続いた二人の交流は、北海道を軸にして形成された面が大きいが、こうした長い交流ゆえに、大台ケ原山の分骨碑に碑文を依頼されたことが窺われる。

蝦夷地の南摩羽峰

蝦夷地時代の南摩羽峰を考察する上での困難は、何よりも確実な史料に乏しいということである。蝦夷地から会津に持ち帰った資料なども会津戦争で灰燼に帰したであろうし、羽峰自身も後年あまり詳しく自らの閲歴を書いたり語ったりしていないからである。北海道に関しても、六年間の滞在を考えればもう少し在っても良さそうに思われるが、松浦武四郎はもとより、栗本鋤雲や岡本監輔などに比しても圧倒的に少ない。詩稿も多くあったと思われるが、前述のように『環碧楼遺稿』に採られた二首が知られるのみである。しかし、近年標津場所支配人を勤めた加賀伝蔵が残した文書類の中に、「伝蔵の帰省を送る詩」（仮題）と「牛所」の署名がある標津を描いた風景画（軸装）に「題於士部津」と書した題詩とが、標津歴史文化研究会の手によって発見紹介されている。いずれも別海町の「加賀家文書館」所蔵のものである。前者は四十年にわたって蝦夷地に住み、大通辞と称された加賀伝蔵が兄の病気の報を受け、郷里秋田に帰省する時の送別詩である。後者の題詩は次のようなものである。

豈無鷹揚略　　豈に鷹揚（ようよう）の略無からんや
心胸秋水清　　心胸秋水清し
非熊誰卜夢　　熊に非ざれば誰か夢を卜さん

孤舟睡月明　　孤舟月明に睡る

羽峰小史　題於士部津

この題詩が書かれた絵は野付半島から国後島を臨み、その背後に知床半島を遠望した構図と推定され、手前には月明の中に繋留された一艘の小舟が描かれている。一詩の意味は、「どうして悠然たる心境になる策が無いことがあろうか？　この絵を見ると、心は秋の澄み渡った水のように清浄となる。熊でなければ、誰が夢を占うことができよう。月明の中に一艘の小舟が眠っている。」と言ったところだろうか。ちなみに、この絵には「牛所」と署名されているが、羽峰との関連で想起される人物は塩田牛渚（ぎゅうしょ）である。羽峰の竹馬の友であり画家として名を成したが、酒を友とし、それが原因で明治維新前に京都で没した。将軍侍医の松本良順も京都滞留中、塩田に師事して絵を習っている。また会津藩士では野出蕉雨（しょうう）が塩田に師事し画家として名をなした。「牛所」と署名した人物も塩田牛渚と関連のある会津藩士ではないかと考えられるが、現在のところ詳らかではない。大方の御教示を俟ちたい。

アイヌ語訳の「孝教」

土屋鳳洲の「南摩羽峯先生伝」（原漢文）によれば、蝦夷地滞留中、羽峰は暇ある毎に各村を巡り、アイヌの人達にわが国の建国の体制や歴史の概要、忠孝人倫の要諦を説いて回ったという。そのため一書を編んでアイヌ語に訳し、諄々と訓導に努めたと伝えている。そして標津の総乙名で年七十余になる五郎右衛門はこれを聴き、感嘆して心に刻みかわることがなかったという。この「五郎右衛門」は松浦武四郎日記の安政五年五月二日の項に「チヤシコツ五郎左衛門来る。地名取調。夕方同人宅へ到る。濁酒出す。」とある「五郎左衛門」のことであろうか？

チヤシコツは標津町茶志骨である。また、このアイヌ語訳の一書が「孝教」であったとする説が『会津会々報』（大正八年十二月）所載「アイヌ語の孝教」（室蘭・中島由己）という記事に見られる。明治中頃であろう、既に兵火にかかり愛蔵の一巻も手元から失われていたが、羽峰は北海道在住の人伝手に探索を依頼して、漸く入手した経緯を伝えた記事である。羽峰にとっても北海道時代を記念する愛着のある一書であったことが窺われて興味深い。中島は「迂生が聞及びたる前陳の談話が誤りなくして、アイヌ語に翻訳せられたる孝教が今尚南摩家に保存せられありとすれば、斯道の宝典たるは勿論、史料の一材料とも相成可申哉と心付、古き記憶を呼越せし儘斯く御報道申上候」と記しているのだが、それから既に八十年以上の歳月を経た現在、羽峰の手に戻ったこの一書の行方は詳らかではない。したがって、中島の伝えるごとく、「孝教」のアイヌ語訳であったか、土屋鳳洲の一文に見られるように、わが国建国の体制や歴史などを含めた幅広い一書であったかは、遺憾ながらこれを確認することができない。しかし、アイヌの人達のため、アイヌ語訳のこうした一書を編纂している事実は、明治維新後早々に『内国史略』（全四巻、明治五年）『内地誌略』（全四巻、明治七年）など、歴史・地理の教科書を編纂するに至ることも想起されて興味深いものがある。

ところで、加賀家文書館には、当時箱館奉行所が各地のアイヌ達の改俗を目的に配布した教書『五倫名義解』を加賀伝蔵がアイヌ語に訳したものが所蔵されている。標津町歴史文化研究会が明らかにしているところによれば、和語による各項目ごとに左側にアイヌ語の注解をカタカナで加えたもので、羽峰の編んだアイヌ語訳「孝教」（あるいはもう少し広範囲にわたる一書）もこうした形態のものであったろうと推察されるのである。また、羽峰の蝦夷地滞留六年間という年月を考えれば、或程度アイヌ語に通じたことも推察されるが、このアイヌ語訳の一書の編述が赴任後早い時期になされたとすれば、当然のことながら大通詞加賀伝蔵の助力を得たものと推察することができる。このように政務のかたわら、各地を回りアイヌへの教育に力を注いでいたことが注目される。また、蝦夷地詰の会津藩士の子弟にも学を講じており、父角田良智（医師）とともに在番した鹿三郎（後の海軍中将角田秀松）も熱心に従学した一人であった。羽峰は極寒積雪の時期にも無帽短袴で休まず通ってくる熱心さに、その将来を嘱望していたという。

羽峰のアイヌ観と「文明ノ説」

羽峰は明治七年（一八七三）『内地誌略』（全四巻）を編述している。前著『内国史略』（明治五年）と同じく、（内国は外国に対した用語で、開国後の世界史を意識したもの）新時代にふさわしい学校教科書として編述したものである。「内地誌略引」では、王政一新後、万国交互往来が頻繁になる状況において、地理の学は重要不可欠だと記している。「北海道」の項を見ると、位置・面積等を記した後、戸数三万三百九十三戸、人口十二万千三百十人とある。明治初年の人口はこの程度であったことが知られる。そして土地は曠漠で肥沃の地が無いわけではないが、人民稀少のためと気候が寒冱のために開墾の業が未だ盛んではないと述べ、米穀諸物は全て中州（本州）に仰ぎ、鮭鱒鯡（にしん）がきわめて多いゆえに人民は専ら漁業に従事すると記している。また、近藤重蔵・最上徳内・間宮林蔵・松浦武四郎の調査や箱館奉行の開拓経営、東北諸藩の警衛開拓にも触れ、戊辰維新後は開拓使が置かれ、鉱山や諸産物も増殖しつつあるとも記している。ちなみに羽峰が駐留した「根室国」は花咲・根室・野付・標津・芽梨の五郡があり、村数十五、戸数二百四十四戸、人口八百三十二人という。とりわけ標津・西別は「鮭ノ多ク且美ナルコト、全嶋第一トス」と述べ「港ハ野付」「温泉ハ標津」とあるのも興味深い。ところで、アイヌに関しては次の様に記していることが注目される。

土人風俗言語、大に中州に異なり、男女皆断髪、耳に金銀鉛銅鐶を穿つ、女は口辺及手を刺して、黒文を成す者多し、服はアツシを衣る（木皮を裂て織り製す）、搾袖短裾、文繡（もんしゅう）太粗、女十三四歳以上、襯衣（しんい）前胸腹に当る所、皆之を縫合し、唯頸（くび）を出す所を穿ち、服する時は、裾より頭を容る、洋製襯衣の如し、蓋し肌を顕はすを恥るなり、食物は昔日木実草根及魚獣の肉を喰ふ、今に至りては、米麦を喰フ者多し、性甚だ酒及煙草を嗜む、文字なく、只言語を以て通するのみ、（原文片仮名を平仮名に直した）

ちなみに「土人」とあるのは、「その土地の人」の意味であることが、同書の凡例に「余曾て海内を経歴す、今其目撃耳聞せる所に基き、日本地誌提要を以て考正し、傍ら諸書を参酌し、或は其土人に質して、之を概記す、其詳確ならさるは之を闕（か）き、敢て杜撰（ずさん）の臆説を加へす」とあるところからも知られる。こうしたアイヌ観は、後に「文明ノ説」において繰り返され、浅薄な文明開化の現状に対置されることになる。「文明ノ説」は明治二十三年六月『日本弘道会叢記』に掲載されたものである。

さて、「文明ノ説」は当時子供まで盛んに口にする〝文明〟なる語について、その語義を明らかにし、真の文明の姿を考察したものである。原文は漢字カタカナ交りの訓読体だが、読みやすさを考慮して、カタカナ部分を平仮名に直し、合字・略字なども通行の字体になおした。

文明と云ふは、唯其の形而下の、器械事物工芸等の、善美精巧になりたるのみを言ふには非ず。其の形而上の道徳より正実に、風俗より淳朴なるを本として、器械事物工芸の末に至るまで、よく善美精巧に進みたるを云ふなり。

羽峰はこのように、真の文明とは、単に器械事物工芸の進歩を指すのではなく、形而上の道徳の正実と風俗の淳朴こそが、その基盤として大切であると説き、文明開化のかまびすしい現状を見ると、風俗は浮薄に流れ、人情は狡猾に傾き、いずれも昔の淳朴と正実を失っていると指摘する。そしてまだ世の中が開けなかった頃、未開の地を野蛮と称して人間視しなかったが、今ひるがえって考えてみると、その「野蛮」の中にも「大いに感ずべきこともある」のだと述べて、蝦夷地時代に親しく見聞したアイヌの人情風俗の淳朴と正実とを例示しているのだ。

余嘗て蝦夷地（今の北海道）に居りしこと殆ど六年、土人の風俗人情を審知せり。

今試に其の一二を挙げん。凡て父母死すれば、之を哀むこと極めて深く、日夜悲泣して寝食を忘る。因りて、其の悲哀を忘れしめんが為めに、傍人相聚り、棍棒を以て、其悲哀者の背を、力に任せて打つ。其の痛みに紛れて悲哀を忘ると云ふ。又父母死すれば、其の住居せし家、及び衣衿等は皆焼き棄て、他に家を作りて移るなり。是れ亦其の家に居り、其の衣衿を観れば、父母を思ひ出して、悲哀に堪へざるを以ての故なりと云ふ。又旧知の人に久闊にて逢ひたる時は、共に地上に踞し、慇懃に相揖し、涕を流して相話すこと、殆ど一時間にも及ぶなり。又酒を与ふれば、必ず拝揖捧承の礼を尽し、匕を觴（さかずき）に浸し、前と左右に向ひて、酒を祭り、然る後ならずば、決して飲むことなし。是れ天と地と、祖考の霊とを祭るなりと云ふ。一説に、海神（鯨）、山神（熊）及び祖考を祭るとも云へり。又女子十三四歳になれば必ず膝まで垂るる所の、縫合せたる嚢の如きものを襯衣とし、其の上に衣を著るなり。是れ、肌膚を人に露さぬ為めなり。又他人の野外に於て二便するを視るときは、其の視る者より、二便せし者に、贈物を出して、之を謝せざるを得ず。凡そ右等は、固より野蛮の風を免がれざることなれども、古より教育等のことは、夢見せしことも無き者にして、此の如く其の風俗の淳朴と、人情の正実とに至りては、大いに感すべき所あるなり。

このように「未開」「野蛮」と見なされるアイヌの風俗人情にこそ、明治の浅薄な「文明」に失われた純朴正実な姿を見出しているところが注目されるのである。換言すれば、明治の文明開化は真の「文明」ではないと痛烈な批判を展開しているのだが、上記に続く次の一節は漢文訓読体の名文と思われるので、やはり原文に近い形で引用しておきたい。

当時喋々と文明を説く者、或は高楼潔閣、巍々（ぎぎ）雲に聳え、金衣玉食、山海の珍味を備へ、粉白く黛緑なる者、杯を勧むるを以て文明とす。是れ吾が所謂真の文明に非るなり。或は行くに黒漆の車あり、坐するに彩飾の榻（とう）あり、其の歩するや、帽高く沓鳴り、其の話するや、洋語或は漢語を交じゆるを以て文明とす。是れ吾が所謂真の文明に非るなり。土木盛んに起こり、道路大いに改まる。其の観甚だ美にして、其の便甚だ大なり。而して細民を顧れば、麦粥草根、日を併せて一食すること能はず。隆冬邪寒、鶉衣体を蔽ふこと能はず。飢に泣き、凍に悲しむ者処として此れ無きは無し。是れ吾が所謂真の文明に非るなり。法律日に精密、訴訟月に山積、而して廉恥地を掃ひ、道徳全く衰へ、兄弟財を争ふ者あり。親族産を訟ふる者あり。赭衣（しゃい）（つみびと）道に満ち、放火窃盗獄に盈つ。是れ吾が所謂真の文明に非るなり。

明治二十年代の文明開化の諸相を例示し、「是れ吾が所謂真の文明に非るなり」と繰り返し批判するこの部分は「文明ノ説」の中でもとりわけ格調高く印象に残る一節である。浅薄な文明開化の実態を痛烈に批判しているこの部分の前に、先に紹介したアイヌの風俗人情に関する一節が接続しているのだ。明治維新以後の浅薄な文明開化の実態を批判した言説は、羽峰の他にも見られないわけではないが、それに対置するに、アイヌの人情風俗を以ってし、その純朴と正実こそ現在において顧みる価値があると論じたのは、羽峰ただ一人ではないかと思われる。こうしたアイヌ観は松浦武四郎からの影響もあったであろうが、やはり蝦夷地代官として、六年にわたって辛酸をなめた現地での体験から得られた認識であったと考えられる。

南摩羽峰の蝦夷地代官としての生活実態をいま少し明らかにしたいと願っているが、現在のところ資料に乏しく、以上のような段階に留まっている。大方のご教示をお願いするものである。

余滴3

羽峰と晩年の武四郎

松浦武四郎と羽峰の交流については、これまで本書でも幾度か触れたことがある。主に昌平黌時代から蝦夷地代官として赴任した幕末期に限ったものである。しかし、明治以降も二人の間には交流があり、それは最晩年に松浦がその開発に執念を傾け、さらには遺骨を埋めよと遺言した三重県大台ケ原山上には、明治二十二年、羽峰の撰文になる「追悼碑」が建立されているところからも推察される。ここでは明治以降におけるニ人の交流の一端を物語るものとして、「井手左大臣木像記」（南摩綱紀）を紹介しておきたい。この一文は『大日本有一雑誌』第十八号（明治十八年二月二十三日）「文海拾珠」欄に発表されたものだが、『撥雲餘興』二集（明治十五年八月）に収録されたものが初出と判明した。前者には「東京　南摩羽峰」の署名と三島中洲の評がある。後者は松浦の貴重な蒐集品記録であり、「会津　南摩綱紀識」の署名および落款があり、「明治十三年庚辰十月」と年紀が明記されている。これを執筆するに至った経緯は前稿で記したように「井手左大臣木像記」に記されている。

これを要約すれば、ある日、松浦は橘諸兄像を袖にして、神田五軒町の寓居から富士見町の羽峰宅を飄然として訪れ、南朝を追慕すること久しきに亘ったが、このたび奇しくも橘諸兄像を入手したという経緯を語り、羽峰にその記の作成を頼んだものである。二人の明治期における交流を物語る一文である。なお、この「井手左大臣木像記」は、松浦の晩年における好古家としての一面を示すもので、河鍋暁斎の模写絵とともに『撥雲餘興』二集に収録されたものである。また、同じころ完成した暁斎の筆になる大作「松浦武四郎涅槃図」は、菩提樹ならぬ松の下に眠る武四郎の背後に巨大な飾り台が据えられ、武四郎自慢の蒐集品が並べられているが、この右端に飾られてあるものが、この井手左大臣木像（橘諸兄像）と確認できる。

ちなみに、父弘綱と共に十一歳で伊勢から上京した佐佐木信綱は、父に伴われて神田五軒町に松浦武四郎を表敬訪問している。明治十五年春のことである。松

井手左大臣木像記

吾友有奇翁。曰多氣志郎。為人慷慨有氣節。常好為世人所不爲。一日袖古木像来。其色黯然淡黒。其形頑然古朴。儼然著衣冠。而摩礪剥蝕。蓋千年外物也。吾不知其為誰。翁曰。是井手左大臣諸兄公像也。乃語其所以獲之。曰余生平追慕南朝。遍訪遺迹。於肥後。則弔懐良親王及菊池氏。於遠江井伊谷。則悲宗良親王。於信濃浪合。則思尹良親王。又慨兒島氏於美作院莊。名和氏於船上山。北畠氏於陸奥靈山。結城氏於白河搦手村。其他無論於笠置吉野湊川四條畷北山郷。探討殆五十年。所至必有記。又嘗與水戸藤田東湖謀。再刻新葉和歌集。千種有功卿感喜賜和歌曰。與志乃也湍伊楚智農由免能阿登豈遍婆濃古流嘉多美乃波南波安利計李。今茲年六十有三。再遊吉野。自大峯。経釋迦岳及前鬼後鬼。至熊野三山。風餐露宿。過無人之境。備嘗艱苦。遂至西京。獲此像。亦可謂奇遇矣。請予記之。吾拍掌曰。翁至誠能感格公像乃爾。是皆世人所不為。而翁獨好為之者。按史。公難波皇子曾孫。治部卿美努王子。初為諸王。天平八年。賜橘宿禰姓。後叙正一位。任左大臣。史雖不載其功績。想當時恬熈。朝野無事。故無赫赫可傳耳。其恪勤盡忠則可知也。不然。豈能遽叙任尊位高官如是哉。公之後裔正成公。盡忠於南朝。為中興第一功臣。豈得非祖述公之忠誠哉。吾因有所感焉。翁夙憂北海之地未闢。航其地者凡五回。熊狼之所怒吼。鯨鯢之所出没。卧林樟濤。出十死。得一生。足跡遂遍全土。山川之流峙。地質之肥瘠。物産之多寡。詳記不遺。其書三百七十冊。圖二十八葉。行於世。是亦世人所不為。而翁獨好為之者非耶。徳川氏再開蝦地。朝廷維新後大拓之。皆翁為之嚆矢矣。嗚呼使翁不幸而生元弘建武之間。鞠躬盡悴。為南朝功臣之一可知也。幸而遇維新之世。故移其忠於北地已。然則盡力於北地者。乃生平追慕南朝之心。其苦心豈出正成諸公之下乎哉。顧諸兄公像亦得所托。而欣然享其奠矣。多氣志郎姓松浦名弘伊勢人。

明治十三年庚辰十月

會津　南摩綱紀識

南摩羽峰「井手左大臣木像記」（『撥雲餘興』二集）

橘諸兄卿之像

惺々暁斎画

河鍋暁斎筆「橘諸兄卿之像」（同上）

浦は病臥中であったが、枕元に通され弘綱といろいろ昔話をした中で、初対面の信綱にも次の様な訓晦をしたという。「わしは十六の時に伊勢を出て日本国中をまはり、北海道を遍く探検し、いばらの中や、雪の上にも寝たりして、一生を北海道にささげたというてよい。人間は一つの事に一生を捧げるべきものだ。お前は、一生を歌にささげるつもりで勉強せぬといかぬぞ。今日の詞をよくおぼえておけ」。また部屋の隅にかけてある画の掛物を指さし、「あれはおれの涅槃の図ぢや。樹の下にわしが寝てをる。あのお公家さんは岩倉公ぢや、かはいがつた犬も猫もをるのぢや」と語ったという。(『明治大正昭和の人々』昭和36年、新樹社)

完成した「武四郎涅槃図」には「明治丙戌春日　暁斎洞郁図」の款記があり、明治十九年完成と考えられるが、明治十五年に佐佐木信綱が松浦邸で見たというのは、記憶違いでなければ草稿であったと思われる。本図改装時に元軸から「北海翁松下午睡　河鍋暁斎従明治十四巳年稿之九年戌三月落成」という松浦自筆の書付が発見された。とすれば、明治十四年に草稿が作製されたはずであるからだ。

「武四郎涅槃図」中にも描き込まれた橘諸兄像の入手経緯と由来を記した南摩羽峰「井手左大臣木像記」の全文と河鍋暁斎による模写は図版で紹介しておきたい。

以上見て来たように、羽峰の昌平黌時代から明治維新を経て、松浦武四郎の没年(明治二十一年)まで、途切れながらも続いた二人の交流は、北海道を軸にして形成された面が大きいが、明治期の交流を物語る「井手左大臣木像記」も含めて、こうした長い交流ゆえに、松浦の没後、大台ケ原山の分骨碑に碑文を依頼されたことも首肯されるのである。

余滴4

蝦夷地の羽峰――ある扁額のこと

明治三十五年、羽峰が傘寿を迎えた時、旧会津藩士水島純がその長寿を祝って贈った詩がある。蝦夷地代官時代の羽峰に関して興味深い逸話が含まれているゆえここに紹介するものである。

従容高踏大城東　　従容高踏大城の東

天爵何如人爵嵩　　天爵何ぞ如かん人爵の嵩きに
四海儒生推泰斗　　四海の儒生泰斗に推し
満堂和気是春風　　満堂の和気是れ春風たり
功名一笑擲朱綬　　功名一笑して朱綬を擲ち
富貴浮雲附碧穹　　富貴の浮雲碧穹に附す
千里彊民感恩切　　千里の彊民恩を感ずること切なり
到今扁額掲庁中　　今に到りて扁額を庁中に掲ぐ

先生往年奉藩命赴任蝦夷管民政先生自書視民如傷之四字土民慕先生高徳為扁額掲之庁中今日尚存云爾余聞之土民故末句及之

（先生往年藩命を奉じ蝦夷に赴任して民政を管す。先生自ら「視民如傷」の四字を書す。土民先生の高徳を慕い扁額に為し之を庁中に掲ぐ。今日なお存すと云う。余土民に之を聞き、故に末句之に及ぶ。）

右の七律の前半は、明治以後、温厚な漢学者として教育に従事した羽峰の人柄を叙して興味深いが、後半はいっそう興味深いものがある。付記を参酌するに、

頸聯は幕末期に第一回遣米使節の幕府高官に随行する訪米が内定していながら、藩命により樺太警備・蝦夷地代官として北海道（当時蝦夷地）に赴いた事歴を、功名や栄誉・富貴を一笑して擲ち、六年間を蝦夷地に過ごした、と叙していると思われる。尾聯の「千里の彊民」は屈強なアイヌの民を指すが、羽峰が「孝教」をアイヌ語に訳して伝えるなど、教育にも熱意を注いだ事跡を踏まえていると考えられる。ただし、「扁額」のことは水島によるこの壽詩によって初めて知るを得たものである。羽峰の北海道時代の具体的な事歴に関しては、ほとんど伝えられていない中で、これは貴重な証言でもある。

羽峰が会津藩領となった蝦夷地の民政を代官として管轄するに当って、まず心掛けたことは「視民如傷」（民を視ること傷めるが如し）という四字に象徴されていると見られる。「傷ついた人をあわれむように人民をいたわった」という周の文王の徳を言った言葉で、『孟子』離婁篇に出典があるという。また『左氏、哀公元』には「国之興也、視民如傷是其福也」（国の興るや、民を見ること傷めるが如きは是れ其の福なり）と

もある。羽峰の書した「視民如傷」の四字は扁額として標津の会津藩元番屋に掲げられ、それが明治維新後もなお掲げられ続けていると水島は述べている。明治三十五年の時点で、水島は「余土民に之を聞き」と記しているが、どのような経緯で聞き知ったのかは詳らかではない。明治三十七年標津は大火に見舞われており、この時役所も焼失、羽峰のこの扁額も失われたものとみられる。

水島純は旧会津藩士。もと弁治と称し、桃陵また閑鷗と号した。会津若松城下米代四ノ丁に生まれた。隣家は山本覚馬の屋敷であった。幕末に昌平黌に学んだというが、『書生寮姓名簿』にはその名を見出すことはできない。同姓名簿は弘化三年以降慶応元年十月迄の五百十四人の名が記されている。水島はそれ以後慶応二、三年の入学者であると思われる。慶応四年正月の鳥羽伏見の敗戦後、廣澤安任の下に他の江戸遊学書生等と共に江戸残留の命を受け、廣澤の紹介で幕臣大久保忠寛（一翁）の屋敷に潜んで情報収集の任に当った。後会津に戻り会津戦争を戦ったが、維新後は斗南藩の権大属を勤めている。

水島純「奉賀羽峰先生之八秩」
（著者蔵）

余滴5　蝦夷地の平山省斎との交流

私の所蔵する南摩羽峰関係書簡の中に、羽峰の長男綱夫宛の平山成信（貴族院議員・男爵）の書簡がある。平山成信は平山省斎の嗣子である。この書簡も北海道時代の南摩羽峰の消息の一端を伝えているので紹介しておく。

拝福　時下益御清勝奉大賀候陳者
先日願出候先考御遺稿一部早速御
送付被下　難有奉謝候　一昨夜舞
子より帰京仕候処留守中に達し居り
正に落手仕候　尊書は留守宅より舞
子へ回付せし為行違ひ未だ拝読不致
候得共明日頃は戻り来候事申し候
維新前亡父省斎幕府の官吏として函
館在任中小生十一二歳の頃先考屢々
拙宅へ御来訪相成候事有之其節小生
へ詩一首被下候もの戊辰の変に際し
紛失致し残念に存じ候　去る明治四
二年□書更に御揮毫を願ひ候後幾□
□して御長逝相成候次第に御座候
御遺稿を繙て暫く懐旧の感に堪へす候
又先般先考茗釁御在学之頃之御詩稿一
冊手に入り所蔵罷在候　其内御覧に入
れ可申と存候
先は御礼旁□□　　　不一
五月二日　　　　成信
南摩賢臺

平山省斎（謙次郎・図書頭）は文化十二年生まれ。羽峰に長ずること八年である。安政元年のペリー再来の節その応接に当り、長崎奉行水野忠徳に従って長崎に赴き、日露追加条約の審議にも携わった。安政の大獄では免職・差控に処せられたが、慶応二年には外国奉行など外交の重職を担い、徳川慶喜を補佐して幕府の立て直しにも力を注いだ。慶応四年には若年寄となり幕権の維持に努めたが、明治維新後は官途に就かず、神道大成教を創立、宗教家として敬信愛国を唱えた。明治二十三年七十六歳で没した。右の書簡にある「函館在任中」とは、文久元年に箱館奉行支配組頭に挙げられ、以後三年間を箱館に在勤したことを指している。この間にしばしば羽峰が平山を訪ねたことが窺われる。文久二年から蝦夷地に赴任した羽峰とは確かに時期的に交錯する。しかし、会津藩領はオホーツク海に面した標津・斜里・紋別などで、さらに遠く北方にあり、当時の交通事情を考慮すれば、在任中は領地を離れることは難しかったと推察されてきた。だが、実際には対露警備や殖産開発などに関する用務を帯びて箱館奉行所や箱館の会津屋敷を訪れる機会は意外に多かったらしいことが、平山成信書簡から窺われて興味深い。平山省斎（謙次郎）は箱館在勤時代も露西亜など外交にかかわる事項に鞅掌して尽すところがあったと伝えられており、羽峰との交流は当然であろう。また、平山のかつての上司水野忠徳（筑後守）は外国奉行として盛名があり、文久元年最初の遣米使節の副使として渡米する予定であったが失脚、文久二年箱館奉行に遷せられ再び平山の上司となったが、間もなく辞任、隠居している。羽峰の遣米使節随行が実現を見なかったのも、水野の失脚と関係があることをかつて推察したことがあったが、箱館において水野との接点も想定されるのは奇縁という他ない。その他、成信書簡からは、箱館で成信少年に詩を与えたこと、それを戊辰の変で紛失したこと、昌平黌時代の羽峰の詩稿一冊を入手したことなど興味深い逸話が見られる。

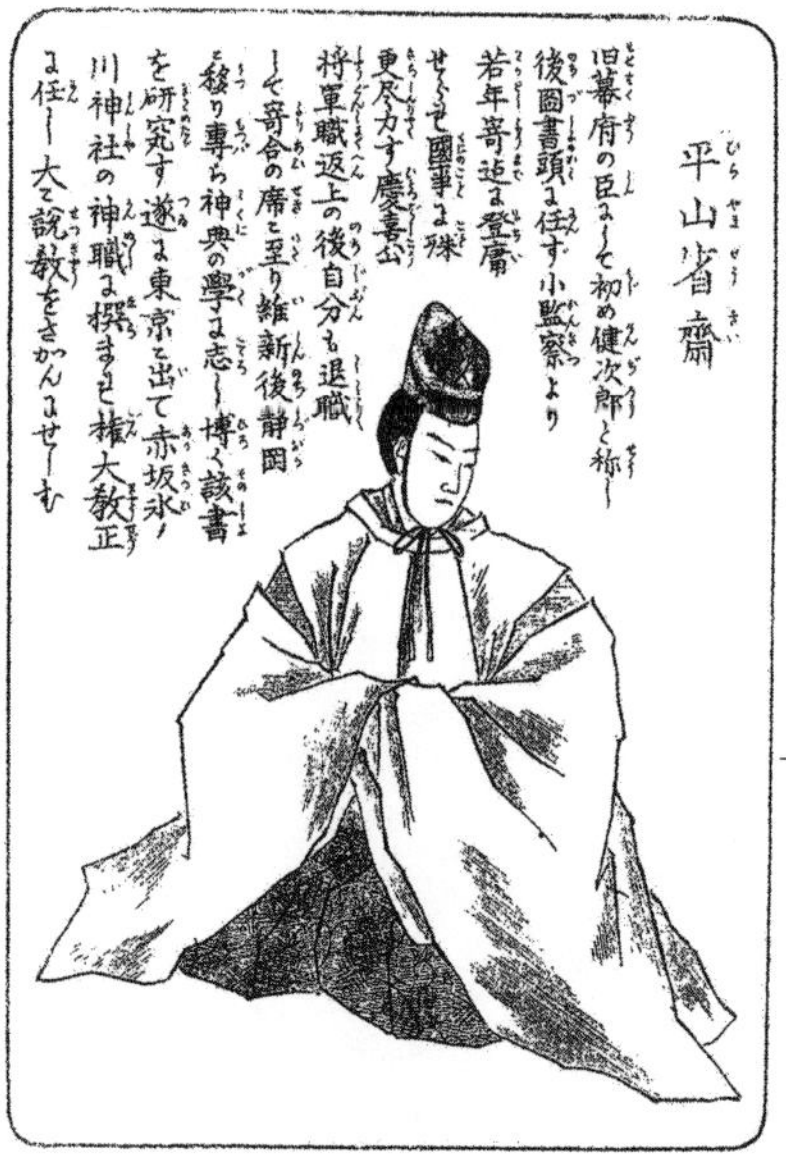

平山省斎
西村兼文編『現今在野　名誉百人伝』より
（明治 18 年、京都内藤半月堂）

　羽峰は明治四十二年に享年八十七歳で没し、その遺稿は長男綱夫らによって編まれ、『環碧楼遺稿』（全五巻）として明治四十五年刊行された。書簡中にある「遺稿」とはこれを指し、書簡の日付けは大正二年五月二日である。平山成信は嘉永七年に生まれ昭和四年に七十六歳で没している。因みに南摩綱夫は慶応三年羽峰の任地北海道標津で生れている。

四　安達清風――新出日記に記された桜田門外の変

はじめに

安達清風（清一郎）の日記は幕末維新史研究の必読文献とも言うべき〝日本史籍協会叢書〟に『安達清風日記』[1]として翻刻され、同『維新日乗纂輯・四』[2]にもその補遺が収められている。およそ安政元年（一八五四）から明治四年（一八七一）迄、清風二十歳から三十七歳に至る十八年間の日記である。南摩羽峰とは昌平黌で同窓であった関係から『安達清風日記』は度々本書にも利用しており、言わば書中の世界の馴染みの人物であった。ところが、全く偶然にもその安達清風の孫安達捨次郎氏が私の自宅（品川区）から二、三分の所に開業医をしておられることを知り、お訪ねして様々な話を伺うようになった。そしてさらに幸いにも、岡山の安達家（清風は維新後岡山の県北に移り住んだ）から新たに一年七箇月分ほどの日記が発見され、その全文のコピーを贈られたのである。翻刻された清風日記の安政六年の記述は五月十四日で突然中断し、文久二年に飛んでいるが、『安達清風日記』の解題（小西四郎）は次の如く記している。

安政六年四月三日の日記には、橋本左内等江戸における二十余名の逮捕者の名前が記されているが、同月〔五月の誤り―小林〕十四日で日記はプッツリと切れている。

安政六年五月十五日から文久二年（一八六二）九月九日に至る間の三箇年余、安達清風は日記を書かなかったのであろうか。これまで、そしてまた文久二年以降、相当筆まめに日記をつけている彼が、この間全く日記をつけなかったとは考えられないが、しかし現実に残されていない。その点、或は筆を絶ったとも、或は安政六年から翌万延元年（一八六〇）にかけてのものは、安政の大獄の嫌疑を恐れてこれを自ら消滅し、その後のものも何等かの理由で散逸したとも考えられるが、何れにしても推測の域を出ない。

だが、日記はやはり書かれていたのである。新発見の日記は安政六年五月十四日から安政七年（万延元年）十二月二十六日に至るもので、これ迄不明とされていたその欠落を埋める部分である。しかも安政の大獄ばかりか、この間に所謂桜田門外の変が勃発している。昌平黌から水戸に遊学し、鳥取に水戸学の風を伝え鳥取藩尊攘派の代表的人物でもあった安達清風が同事件をどのように見ていたか、極めて興味深いものがある。その上、同事件の水戸浪士には清風の旧知の人物が多く、中でも現場指揮者と目される関鉄之助は、それ迄にも鳥取に清風を訪ねており、同事件後もひそかに鳥取に逃れ清風を頼ったとされている。新たに発見された清風日記はその事実を裏付けると共に、同事件を生々しく伝え、銃撃をめぐる謎に迫る関鉄之助の証言を詳さに記録し

安達清風
（安達捨次郎氏提供）

ており極めて貴重である。いずれ全文を紹介する機会を得たいと思うが、ここでは安達清風の素描と共に、日記の圧巻とも言うべき部分を紹介しておきたい。

一

安達清風と言っても現在では知る人は少ない。その経歴に比して維新後は不遇であったからである。晩年、と言っても彼は明治十七年に五十歳で志を得ないまま世を去っているが、その数年は鳥取を去り岡山の県北に移り住み日本原の開拓に意欲を燃やしていた。かつての同志高崎五六（猪太郎）が岡山県令に着任した時、私交に於いては友人として遇するという条件で招かれて配下に列したのである。（因みに高崎も井伊大老襲撃を画策した人物である。）明治十年、警部として津山に在勤中西南戦争が勃発するが、安達家の伝承に依れば、その清風のもとへ西郷の密使が訪れ挙兵を促したことがあったと云う。司馬遼太郎はこの逸話を『翔ぶが如く』に紹介している。清風は秘かに挙兵の画策に奔走するが、このことが大久保派の高崎の知るところとなり、高崎の必死の説得で思いとどまったと云う。さらに司馬は、清風の書生の一人に〈岡山県の農民の子で、目が小さく鼻の大きな風采のあがらない十八、九の青年がいて、安達清一郎はとくに彼を愛し、どこへゆくにも連れて行った。後年、幸徳秋水の同志になり、一九二一年にモスクワに入ってコミンテルンの常任執行委員になった片山潜である。西郷の密使が清一郎を訪ねてきたとき、彼は片山潜も同席させたようで、このときの片山の様子は「西郷先生のために働けるのだ」と、後年の清一郎の述懐では、非常な感激の仕方だったという。〉と述べている。したがって挙兵が頓挫した時片山の落胆は激しく、〈片山潜の生涯の情熱と鬱懐は、西郷の反乱に参加できなかったことから出発しているという見方も、あるいは成り立つかもしれない。〉と興味深い推測を下している。しかし、清風の挙兵計画は事実だが、片山に関してはどうも小説的虚構のようである。片山の『自伝』[3]に依れば、彼が清風の経営する有功学舎に入ったのは明治十二年秋、二十一歳の時と見られるからである。片山は〈予は此処にある間に当郡の郡長安達清風といふ人の事を屢々耳にした。此人は鳥取藩の人で維新の際に国事に奔走して当時の志士と行動を共にした人で聖堂出身の漢学者であつた。従つて一人の勤王家であつた。（略）僕が先生や老僧の勧めに依つて安達郡長の経営する塾に入つたのは植月に来てから一年程も立つてからである。即ち明治十二年の秋口であつた。当時塾生は僅か三十名ばかりであつた。予は此時始めて純学生の生涯に入つたのである。〉と回想している。つまり、片山が清風の塾に入ったのは、西南戦争（明治10年）の二年後ということになる。ともかく清風の挙兵計画は成らず、翌十一年九月自ら乞うて勝北郡長となり日本原の開拓を期してここに移り住んだ。開墾殖産は彼の素志であったからである。ところで漢学者としての清風の一面を窺えるものに愛読する文天祥『指南録』[4]の出版がある。これは京都留守居役時代（清風の序文の日付は慶応元年十月中浣）、自ら校点を付し、旧師の巖垣月洲に跋文を依頼して上木する意向であった（慶応二年六月二十九日の『日記』に〝朝訪桂主馬託指南録写字〟の記述がある）が、維新の動乱に紛れて実現の運びには至らなかった。そして鳥取蟄居中の明治三年春『文天祥指南録』（全三巻）を先憂閣版として自ら出版した。主義とする〝先憂後楽〟に因んだ命名である。

雄心空しく晩年の清風は風月や詩酒を友とし、日本原の原野開拓に営々と専念する。一日旧知と酒を酌んだ時、桜の花びらが盃に入るを見て、同じ花片も酒杯に入るもあり、道途の泥と共に踏みにじらるるもあるとつぶやいたと伝えられる。[5]豪放磊落な清風も親しい友人の前ゆえに内心の鬱情がふと口を突いたと言うべきであろうか。確かに現世に於ては安達清風はついに志を得ぬまま斃れたと言えよう。しかし、彼の着手した日本原の開拓は沃々たる大地に変貌し後世に大きく裨益した。〝先憂後楽〟を主義とした清風は後楽を泉下でかみしめているのかも知れない。

安達清風は天保六年三月二十三日鳥取藩士安達辰三郎貞恭（三〇〇石）の長男として鳥取城下に生まれた。諱は忠貫、字は子孝、初め和太郎・清蔵・志津馬のち清一郎と称す。竹堂・竹処・宅広と号し、清風は維新後の改名である。少年期より父の京摂勤務に従い、大坂の藤沢東畡、京都の巌垣月洲の門に学ぶ。嘉永五年十八歳の時、父の江戸詰に従い初めて江戸に出て河田廸斎の門に学ぶ。翌嘉永六年六月ペリー来航に際会、藩命を蒙り大砲方として本牧警備に出張。日記の始まる年である。正に幕末の物情騒然たる時代の開始と共に清風は江戸に入ったわけである。そして翌嘉永七年河田の紹介で林大学頭に入門、昌平黌書生寮に入寮する。『書生寮姓名簿』[6]によれば〈松平相模守・林門・嘉永七入安政卯退・安達志津馬・寅二十〉とある。この頃書生寮はペリー来航を迎え攘夷論が沸騰、俄かに活況を呈した時期である。第一章でも触れたごとく、後年岡鹿門（千仭）は次の如く回想している[7]。

外警ノ起ル以来、在寮書生ハ攘夷論ニ熱狂シ、名家大家、或ハ要路ニ出入スル人々ヲ訪ヒ、東湖ハ勿論、羽倉、佐久間、天山、宕陰、息軒諸名家ヲ訪ヒ、其著論文書ノ風説ヲ捜索スルニ従事ス。（幕末・各藩書生ノ探索周旋ノ濫觴ナリ）月ニ十度ノ他出ガ足ラズ、増日ヲ願ヒ奔走、撃剣盛ニ行ハレ、清川八郎（ママ）ハ千葉ニ通ヒ常川才八（上田藩）ハ斎藤弥九郎ニ、高橋祐次（後ニ美玉三平）ハ岡田十松ニ、桜井純三（ママ）（上田藩）ハ銃術ニ熱心、象山ニ通ヒ、武芸大流行トナリ、借馬ヲ雇ヒ、構内ノ馬埒ヲ借リ、騎馬ヲ習フニ至ル。其中ニ原、南摩ナドハ、箕作ニ通学、蘭文典ヲ学ブ。（略）諺ニ、蟻ノツク息モ天ヲ動カスト。尊攘論ノ天下ヲ動カスニ至リタルハ、此書生ノツク息ナリ。

長い引用をしたのは、清風が入学した当時の昌平黌の雰囲気と在寮書生の顔触れを伝えんがためである。昌平黌には幕臣の子弟を収容する寄宿寮と諸藩の書生を収容する書生寮（諸生寮）があり、書生寮はさらに南寮と北寮に分かれ合わせて定員僅かに四十四名であった。鹿門の回想にある人物の中、清河八郎はあらためて触れる迄もあるまい。薩摩藩の高橋祐次郎は後天誅組に呼応して但馬生野に挙兵して斃れた美玉三平である。原は原任蔵後の市之進、藤田東湖の甥である。一橋慶喜の側近として辣腕をふるったが京都で暗殺された。因みに清風は昌平黌時代、水戸遊学時代、京都留守居役時代を通じて原市之進と最も親しかったらしく、明治期に安達家より維新資料局に提出した清風宛原市之進の書状は百六十通に達すると云う。南摩は会津藩の南摩三郎（羽峰）である。その他清風と時を同じくして在寮した人物を『書生寮姓名簿』により列挙すれば、薩摩藩では重野厚之丞（成斎のちの安繹）・堀仲左衛門（伊地知貞馨）、会津藩では秋月悌次郎（韋軒）・武井源三郎・高橋誠三郎、三河刈谷藩の松本謙三郎（奎堂のちの天誅組総裁）、仙台の岡啓輔（鹿門）、肥前の前山清一郎、周防岩国の大草終吉、江戸処士水本保太郎（成美）、土浦の木原雄吉（老谷）などである。清風はこうした諸藩の俊英と広く交友すると共に、羽倉簡堂・藤森天山・藤田東湖にも師事している。こうして清風は前述の如きペリー来航に触発された昌平黌の熱気の中で、次第に尊攘派としての自己を形成し始める。

こうして昌平黌に在ること一年余りで書生寮を退寮、さらに水戸への遊学を志す。これは鳥取藩主池田慶徳が水戸藩主徳川斉昭の第五子であった関係と見られるが、藤田東湖や寮友の原任蔵・水戸系の桜任蔵（日記に南摩などと桜を訪ねた記事が見られる）などの影響も考えられる。水戸時代の日記は大半が欠落しており詳細を知り得ないのは遺憾であるが、この間、文を会沢正志斎に神発流砲術を福地広延に学ぶと共に、豊田天功にも師事、他に藤田小四郎、豊田小太郎、関鉄之助、笠間の加藤有隣道太郎父子など広く交友している。こうして安政二年四月から四年閏五月の二年間に及ぶ水戸遊学を終えた清風は、藩命により帰国の途に着く。途中京師に於いて、頼三樹三郎・梅田雲浜・池内大学・宍戸左馬介・鵜飼幸吉・僧月性等と水戸から上洛していた豊田小太郎を加えて会談、天下の大計を論じ同志的親交を結んだ。彼等は翌年からの所謂安政の大獄に連座する人物であるが、清風は新たに発見された日記にも〈不堪痛憤録左〉とその情報を詳細に記録している。一例を挙げれば安政六年十一月七日の項に、大獄に連座した人名と罪名を列記し、その後に〈嗚呼一昨夏江戸ヨリ帰ル時ニ京ニテ梅田源二郎宅ニテ頼三樹へ面会其後帰ルニ臨て三樹カ寓居を尋半日議論を上下スル洒々落々中浩々之気を帯ひ其市尹浅野中務少輔と議論不合して絶交し家風を守て公卿之門ニ出入セさるを話しき。而ルニ正言を以て死ニ至ル。浩歎之極也〉と回顧している。

ともかくこうして安達清風は尊攘派としての自己を形成して鳥取に帰藩し、やがて鳥取藩尊攘派の代表的人物として京都の政局に大きく関与することとなる。即ち文久二年から慶応二年に及ぶ五年間、安達清風は京都留守居役として縦横にその才幹を発揮するに至る。『大日本人名辞書』によれば〈文久二年藩主朝旨を奉じて上京するや清風藩命を受け先づ京師に入り大に搢紳間に奔走す爾後邸官たること数年清風軀韓魁偉志気豪放而して才識人に絶し且文を善くす諸藩士に交り隠然一藩の重きを為し以て王事に勤む〉とその間の動静を伝えている。だが本稿ではこうした最もはなばなしい時代の安達清風に触れる余裕はない。ひとまず桜田門外の変が勃発した万延元年に立ち止まらなければならない。

二

周知の如く所謂〈桜田門外の変〉は安政七年三月三日（閏三月十八日万延と改元）に勃発するが、鳥取城下に在った安達清風のもとにその第一報が届いたのは、事件から十日を経た十三日のことであった。新たに発見された日記から、先ず三月十三日の記述を紹介しておきたい。日記中に名が見られる箕嶋市郎よりの飛報と思われる。なお原文の異体・略体・合字などの一部は通行の字体に改め、句読も適宜これを切った。

○

十三日

午後入学試槍組合

○江戸ヨリ急飛着ス（五日認メ。七日割）去ル三日上巳ノ御礼ニテ諸侯大夫士登城アリ。彦根侯井伊掃部頭五ツ時登城アルトテ屋敷ヲ出ラレ外桜田マデ参ラレシニ、上杉弾正大弼屋シキ前ニテ狼藉者二十許人（ママ）ヤニハニ掃部頭乗物ヲ目懸ケ鉄炮ヲ打掛ケ、二十余人ノ者トモ抜連レ切テカヽル。駕脇ノ者防キ戦イシヲ、或ハ切殺シ或ハ手ヲ負セ、難ン無ク掃部頭ヲ殺害ニ及ヒ、首ヲ取リ本望ヲ達シタリ迚不残引取リ、日比谷見付ヲ這入リ八代洲河岸ヲ通リ抜ケ竜ノ口閣老脇坂侯ノ役宅江訴ヘ出、天下ノ大奸大悪大老彦根侯ヲ打取首持参仕候、乍併天下ノ元老タル人ヲ殺害ニ及ヒ候上ハ御法ノ通リ御仕置被仰付度下候様ニと申出ル。則チ左ノ通リニ御預ケ等ニナル、御ヤ敷ノ前ヘヲ通リシ時箕嶋市郎ハ七人連レニテ抜身ノ刀ヲ提ケ掃部頭殿ノ首ヲ太刀ノ切先ニ貫ヌキ皆々深手ヲ負テ通ルヲ見シト申越ス。狼藉ニ及ヒシ人々皆々水戸ノ藩人也。アマリ慷慨ニ堪エ兼憤リヲ井伊侯ニ洩シヌル也。

水藩
小姓役　佐野竹之助
大番組　黒沢忠三郎
寺社役　蓮田市五郎

佐野竹ハ水戸ニテ知リシ人也

此四人脇坂侯役宅江訴エ出ツ

静ノ社人
斎藤　監物

大関　森　杉山　森山四人ハ細川ノ邸エ訴エ出
大番組
大関和子五郎　一作和七郎

広岡愛太郎

山口辰ノ助

馬廻り
森　五六郎

杉
横山弥一郎　此人ハ鉄炮師ノヨシ

鯉淵　要人

広木杢之助

櫓方
森山繁之助

稲田　市蔵

増子　金八

関　鉄之助　関鉄ハ一昨年冬因幡エ来リ我ト親シキ人也

渡海勝之助

薩州人
有村治左衛門

六ッ半比出立シテ鳥渡目合セ
シ犬目明カ二人跡ヲ付ケテ来リヌ
見ラレテハ済マズト思ヒ前途自
愛ト云ヒ捨テ別レヌ甚案レ思
フニ何卒早ク無恙薩ヘ達スレ
ハ天幸ナレ氏今夕ノ大風トシテ
自分ノ功ニセントテ他州ノ犬ニ疑ハレキ
ヨウス氏ヲ呦セハ夫レヨリ足ガ付ク故
彼是心配ニナリテ太心ニ関スル
ナリ
関鉄昨夜ノ咄シニ案外吟味ハ
手ヌルキ事ニテ鉄之助ハ町人姿ニ
テ緩々ト方々俳徊スル由関鉄之
助ト云フ人相書ヲ日夕視ルナリ
又至ル所ニテ江戸ノ咄シヲ色々ト
聞キ捧腹ノイタシトゾ大坂ヨリ
此地迄ハ尼崎ト兵庫吟味甚シキ

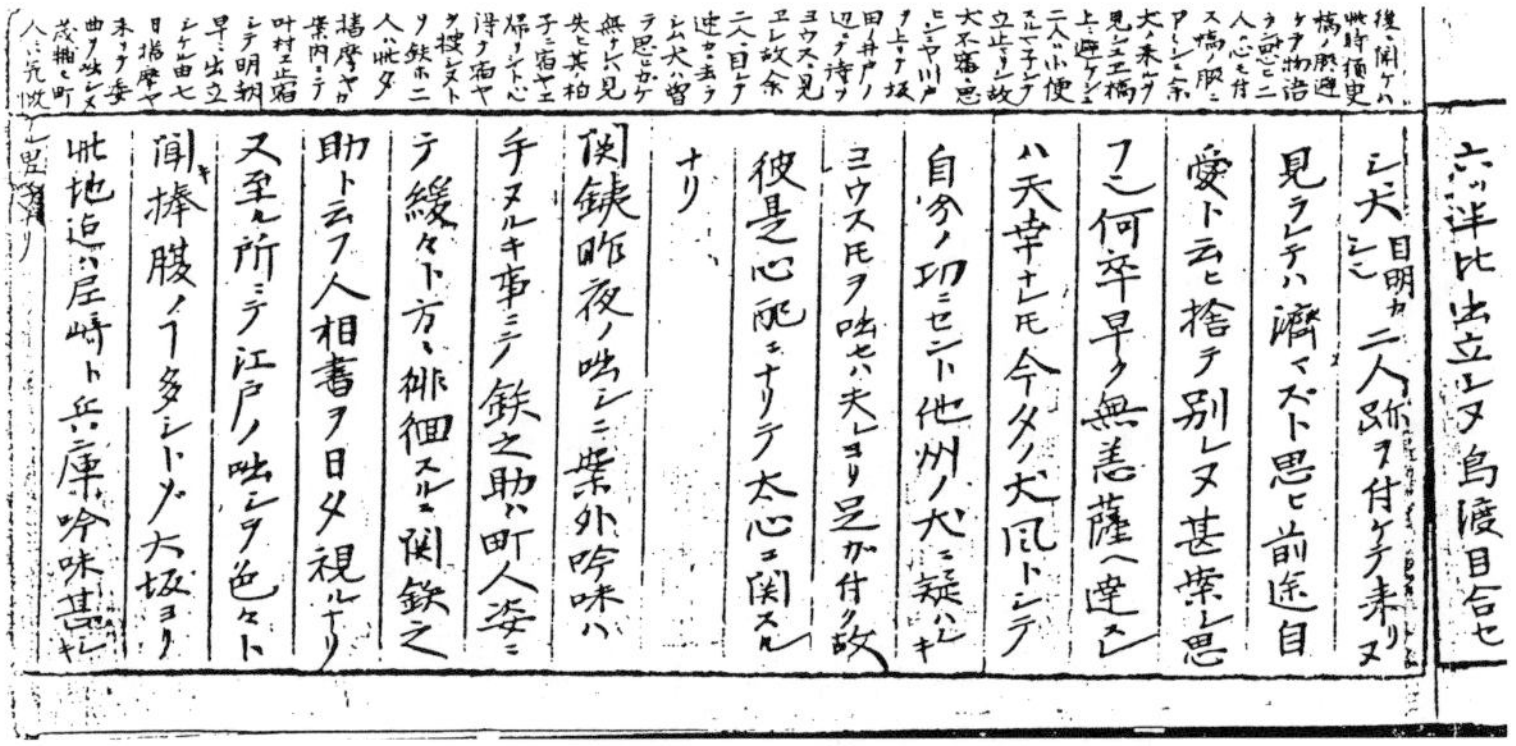

新出「安達清風日記」のコピー（安達捨次郎氏提供）

以上拾六（七）人也

此内ニ一人ハ外桜田ニテ戦ヒシ時打死セシ故同志ノ者首ヲ取テ持チ井伊ノ家人エ首ハ取ラレズヨシ。

二人ハ備前様御ヤシキノ後口御堀端ニ深手ヲ負ヒテ倒レ死ス。此一人首ヲ一ツ持タリ。

一人ハ辰ノ口ニ深手ヲ負テ倒レ自ラ腹ヲ切テ死ス。

有村治左衛門ハ左リノ腕ヲ落サレ、竜ノ口遠藤但馬守辻番所ニ上リ自ラノ姓名ヲ呼ヒテ本意ヲ達シ今ハ思ヒ置クコトナシト云テ死ス。此有村首ヲ一ツ持タリ◯此有村カ持タル首ト首二ツ有リ一ツハ掃部頭殿ノ首、一ツハ同志ノ打死セシ人ノ首也。何レカ掃部殿ノ首ナルコトヲ知ラス。

内七八人細川侯エ御預ケニナル。大関（杉）横山（森山）。佐野黒沢蓮田斎藤也（四人ハ即死内一人ハ外桜田二人ハ備前邸ノ後口ニテ死ス一人ハ有村也。）

其外其場ヨリ逃ケ去リシ人ニ五六人アルヨシ。

（欄外）佐野脇坂邸ニテ自殺セシ故細川ノ邸エ行カズト云。

井伊家ノ供人手負死人左之通り也。

深疵　日下部三郎右エ門
手疵　片桐　権兵衛
即死　河田　忠左衛門
同　沢村　軍　六
手疵　桜井　猪三郎

同　小河原秀之丞
同　柏原　徳之進
即死　加田　九郎太
同　永田太郎兵衛
手疵　草刈　鍬太郎
同　松井　貞之丞
同　萩原　吉二郎
同　越石　源三郎
薄手　石枝　甚之進
同　渡辺　泰　太
同　藤田　忠兵衛
薄手　水谷　求　馬
手疵　岩崎　徳之進
薄手　草り取　吉田　太　助
手疵　陸尺　弥右衛門
同　同　勝五郎

挙録 下編』収録の口絵（明治 44 年 6 月、吉川弘文館発行）

右之通リ也

井伊ノ屋敷ト外桜田トハ咫尺ノ地ナレトモアマリ草率ノコトニテ屋敷ヨリハ馳セ付ルモノモ無ク其上此日風雪甚シク咫尺モ弁シ兼シヨシ。乍併井伊家ニテハ大道ニテ切リ殺サレ首ヲ取ラレシト云ハレテハ済ヌコトユエ左ノ通リ御達シ有りて四日ニ病気ノ御達シ有て直ニ御死去ノ弘メアリシト箕嶋市郎申越ス。

井伊侯御届ケ

今朝登城懸ケ外桜田松平大隅守門前ヨリ上杉弾正大弼屋敷前ニて狼藉者二十余人鉄炮打懸ケ凡弐拾許人抜連駕目懸ケ切リ込候ニ付供方之者共致防戦狼藉者一人討留メ其余手疵深手等負セ候ニ付悉ク逃去申候拙者儀捕押へ方致指揮候処致怪我候ニ付一ト先帰宅致候尤供方之者即死手負左之通御座候此段御達し申上候トアリ此レハ表向ニテ其実ハ首ヲ刎ラレテ死セシ也。

嗚呼天下之大変古今未曾有之事水戸ノ人士ニ在ツテハ噴鬱ヲ散シ快事ナレトモ天下ニ在ツテハ此等ノコト大不幸ナラズヤ。此上如何成リ行キテ何ント処置アルニヤ可恐ノ甚シキ也。匹夫ニシテ千乗ノ君ヲ殺スコト犬ヲ殺スカ如シ。嗚呼又何ソ

蓮田市五郎が細川家幽囚中に描いた襲撃の図　岩崎英重著

彦根ノ腰抜ケ侍イ多キヤ。此ヨリ後彦根ノ臣子何ント処置スルヤ。

公儀ヨリ左之通御触レ有リ

水戸家来

此七人ハ二月中水戸表出奔致候ニ付
水戸ヨリ左之通出奔いたし候故
若シ他領等へ罷出候ハハ御召取之上
御引渡シ被下候様ニと前以て御届ケ
ニ相成居るよし也
此外ニも二月中段々出奔いたしける
よし

高橋多一郎
関　猪（ママ）之助
吉成恒二郎
林忠左衛門
広岡愛太郎
森　五六郎
浜田　平助

右之者共水戸表致出奔候間他領等へ罷出候ハヽ、別而速ニ召捕候様可致候

此七人ノ内ニモ前ニ名乗リ出テシ人々モアレバ高橋吉成ナドモ一処ニ井伊殿ヲ打殺シテ又水戸へ逃ケ帰リヌト見ユ。

此頃又水戸ヨリ段々人気立テ多人数出張致スト見エ其上三日之変アリシ故左之列侯へ左之通被仰渡

右之家来
呼出し被
仰渡

松平肥後守
久世大和守
土屋采女正
牧野越中守
戸田安之助

今朝掃部頭登城懸水戸殿家来共及乱妨候ニ付而者此上水戸表ヨリ若多人数致出府候儀も有之候ハヽ、兼而相達候捕押

へ方之儀厳重ニ手筈致し候様

松平肥後守
酒井左衛門尉
大久保隼之助
松平越中守

同文言時宜ニ依りて各々御沙汰候間早々人数差出し候様兼而手筈可被申付候

御屋敷ヨリ御届ケ書

八代洲河岸御名一手持辻番所前へ今朝五ツ半時頃異形之体ニ而抜身ヲ持ち拾人程罷通リ候者有之ニ付差留メ申可と声懸ケ候内無答足早ニ竜ノ口の方へ行去リ雪中故行方見失ヒ申候旨辻番人共ヨリ申出候此如御届申上候

御名内
山本三七郎

（欄外）
実ハ声ヲ懸ケルト水戸ノ侍也ト云テ通リシト云

○

以上が三月十三日の記述である。情報に多少の混乱はあるが、事件後十日目の記述であることを考慮すれば（発信人は二日目に書簡を認めている）きわめて詳細に事件を把握していると言えよう。これらの記述から先ず注目されるのは、既に〈鉄砲を打かけ〉てから要撃していることが伝えられていることと、清風にとって水戸以来旧知の佐野竹之助・高橋多一郎・関鉄之助の名前が挙げられていることである。もっとも高橋は要撃には直接関与せず、井伊暗殺に呼応して薩摩藩の同志と提携し京摂で事を挙げるべく、事件に先立って大坂に潜入していたが、やがて捕吏に追い詰められ、四天王寺で自刃することとなる。こうした事実も次々と清風のもとに報じられ、日記に詳細に書き記されてゆくのだが今は割愛する他ない。江戸からの情報に加えて、義兄である京都留守居役山部隼太や大坂に出張した父辰三郎からも京摂の情報が次々と寄せられ、清風の事件把握は次第に正確の度を加えてゆく。しかし鉄之助が幕吏の手を逃れ鳥取迄自分を訪ねて来ようとは、この時の清風は未だ知るよしもない。先の日記に関鉄之助の名前の上に〈関鉄ハ一昨年冬因幡エ来リ我ト親シキ人也〉と付記されている如く、関は安政五年十一月晦日、矢野長九郎と共に水戸藩の所謂〈奉勅事件〉に関し周旋依頼の為鳥取に清風を訪ねている。公刊されている『安達清風日記』に依れば〈昼後二士来リ一ハ矢野長九郎一ハ関哲（ママ）之助也余も水戸ニて一面識ハ有る男子也〉と記されている。この時別に旧知の桜任蔵も鳥取を訪れ清風等と面会しているが、関と矢野はさらに長州に赴き、帰途〈安政六年一月〉再び鳥取に立ち寄り清風を訪ねている。こうして関鉄之助とは同志的結合をいよいよ深くしていたのだが、その関鉄之助が桜田事件に加わり、事件後大坂に潜行したが計画していた薩摩藩の呼応が実現せず、やむなく薩摩入国を目指して秘かに鳥取に清風を訪ねて来ることとなる。既に野史台『維新史料』に収録された水外道人『桜田十八士伝』(8)にも〈桜田にて勇を奮ひ其場を斬抜け形容を変して薬種商となり姓名を改めて吉野総介と称し再度因州に至り安達清風の許を訪ひたりしに其頃ハ因州藩も幕府の威権を憚り国論も変したれは直に鉄之助を縛し之をさし出さんとの内議あるを清風辛して其場を救ひ出して西発せしむ〉と清風を訪ねた事実が記されている。また明治四十四年に刊行された『維新前史桜田義挙録』(9)（岩崎鏡川）にも同様な記述が見られる。これ等は関鉄之助自身の『庚申転蓬日録二』(10)に依拠していると思われるが、今回新たに発見された清風日記によって、それを裏付ける清風側の記録が得られたことになる。しかも単に事件後関鉄之助が秘かに清風を訪ねたという事実の裏付けに止どまらず、関自身から聞き取った要撃の経緯を詳細且極めてビビッドに記録しており貴重である。そして必然的に従来謎とされている井伊直弼の死因――銃撃をめぐる問題にも一つの照明を与えるものと思われる。

以下関鉄之助が来訪した万延元年四月四日から六日の日記を紹介しておきたい。

三

四日

巳牌吉野惣介ナルモノ書ヲ投ス。驚テ開キ見ルニ関哲(ママ)之助也。書ニ云定メテ愕然ナルヘケレトモ桜田後種々微行昨夜御城下ヱ着タリ。急キ一見シテ去ント云。余驚喜ノ極相見テ事ノ様ヲ聞ント欲スレトモ物色太厳嫌疑多シ。如何トモ不可為レトモ、昼後沾ニ返答可致ト言送リ又然ルニ午後尊大人御帰館、堀庄二郎エモ手紙ヲ遣ハスト雖ヘトモ庄二郎ハ来ラス。尊太人面会ノコトヲ厳ニ御留メナサレ、且万一監察ヨリ手入レトモ有リテハ済マサルユエ播摩屋茂輔（鉄ノ助ノ宿リシ旅籠屋也一昨年モ此家エ久シク宿リシヿ有リ）ヲ呼ヒ何卒面会致シ度ト存スレトモ致シ方無シ。只危難斗リ難ケレハ速ニ発足シ玉ヘト言送リ、遺憾ノコトニ思イシニ夜ニ入リ雨粛々暗サハ暗シ、暗ニマギレテ四ツ過頃我家エ尋来リ我レニ逢ハントト云フモノ有リ。何人ニヤト立出見ルニ銕之助イカニシテモ面会セスシテ去ルコト残念ナレハ鳥渡参リタリト云。余驚喜ニ堪ヘサレバ坐敷エ上ラセ、先無恙ヲ喜ヒ語ラント欲スルコトモ跡ヤ先也。銕之助曰昨春一別以来二月廿四日無恙江戸エ帰リ種々議論有リテ本志ヲ遂ケス。其内側用人久木直二郎ナト志ヲ変シ幕府ヱ通シ、高橋多一郎金子孫二郎矢野長九郎関銕ノ助モ蟄居ニ致シケル由（九月ト云）。其後ハ奸臣志ヲ得テ一昨年ノ議論行ハルヘキ様モ無ク蟄居ノ身ニテハ一歩ノ進退モ成リ難ク心ヲ苦シメケルニ奸臣共幕府ノ吏ト通シ、一昨年天朝ヨリ水戸ヘ下サレシ勅書ヲ幕府ニ差出ス様ニナリヌ。左様ニテハ老公御身分ニモ掛リ水戸家天朝エ対シ天下エ対シ面目無シトテ有志ノ徒二百人余長岡ニ出張リシテ往来ヲ遮リヌ。役人共種々来リ諭スト雖ヘトモ曽テ聞入レズ。遂ニ十八日ニ至リテ久木直二郎ヲ殺害シ城下ノ騒動トナリ、目付方ヱ敵対シテ下町ノ合戦、有志ノ徒即死手負イ或ハ捕ハレテ刑ニ就クモノ数ヲ不知。此騒動ハ多一錬之助ハ知ラヌ事ナレトモ、矢張彼ホカ所為ト思ヒシニヤ十九日朝用召シニテ牢ニ入レントノ事ト聞ヘケレハ多一孫ニ錬ノ助三人同道シテ四ツ時槍ヲ立テ出奔シヌ。事草々ナレハ長九郎ニ告ルニ及ハス（三人ハ上町長九郎ハ下町ナレバナリ。）此日不期シテ出奔スルモノ彼是二十人急キテ江戸ニ出ヌ（家老雑賀又市屠腹シテ死ケル由。此人モ烝奸徒ナリ。）

昨年来勅諚尊奉尊王攘夷ノ事ニテ薩州ト堅ク結ヒケレハ薩ヨリ内命ヲ含ミテ水戸ニ来ルモノ二十余人、兼テ約セシニハ　当四月薩侯参勤伏見ノ邸ニ着、病ヲ称シテ滞留ナル。其時江戸ニテ水藩人彦根ヲ刺シ殺シ急飛ヲ以テ伏見ニ報ス。薩侯天下騒動ニ依リ王城守護ト称シテ京師ヲ守護シ勅諚尊奉尊王攘夷ノコトヲ幕府ニ請ヒ命ヲ得レハ止ム、命ヲ不得レハ義兵ヲ揚ケ王ヲ挟ミテ天下ニ令スルノ勢イニテ京師ニ滞留シテ同志ノ諸侯ヱ告ケ一時ニ義ヲ揚ク。水戸モ義ヲ東ニ揚ケ尾越モ起ルトノ手筈ナリシニ水戸ヨリ勅書ヲ幕府ヱ差シ出ストノ議起リ勅書ヲ出シテハ水戸天下ニ対シテ面皮無キノミニ非ス、勅書無クテハ兼テ謀ル所皆破壊且無名ノ挙トナル故有志ノ人々止ム事ヲ不得シテ城下ノ騒動ニ及ヒヌ。妄ニ近ケレトモ止事ヲ不得也。併シ此ニ依テ勅書ヲ幕府ヱ差出ストノ議ハ止ミニケル。且三日ノ騒動ヨリ彦根ノ臣子水戸ヱ切リ込ムト云フコトニナリケレハ　水戸ノ議論モ一致シテ正モ奸モ皆一致シヌ。其上十八日ノ乱ニ奸人ノ頭取スルモノハ皆斃シヌトゾ。右故ニ桜田同志ノ内ニ薩人有リケル也。

三日彦根ヲ刺スノ議決シケレハ、金子高橋（父子）ハ三日ノ変ヨリ先ニ江戸ヲ立、薩ヱ奔ラント図リシナリ。（薩ノ伏見邸ニテ捕ヱテ出セシモノ二人ト聞ク。一人ハ金子孫二郎ニテ一人ハ金子ノ僕水戸ノ義民ナリトゾ。）又大坂ニテ捕ハレシ山口辰ノ助、桜田ノ後出奔シ、高橋多一郎ハ逃ル、コト能ハスシテ父子自殺生玉ニテ自殺セシ篠塚源太郎ハ高橋ノ僕ナリケル由。

江戸ニテ錬ノ助ハ同志十七人ト相議シ芝居料理屋ニテ身ヲ潜メ形迹ヲ隠シ二日ノ夜ハ品川ノ大相模ナル妓楼ニテ大愉快ヲ尽シ三日早天支度シテ愛宕ヱ上リ木綿ヲ買ツテタスキヲ掛ケ赤合羽ヲ上ニ着テ下ハ皆馬乗リ袴或ハ小袴等也。折節シ雪緊（ママ）シク咫尺モ弁セサレハ天ノ幸イト早朝ヨリ桜田ニ待カケ居タリ。錬ノ助ハ屋敷ヨリ出スルヲ見届ケント彦根ノ門前ヲ徘徊セシニ五ツ時開門アツテ出ツ。乃チ奔リ来リテ同志ト示シ合セ相図ノヒストンヲ打出シケレハ彦根ノ供廻リハ皆駕ヲ擲ケテ八九間跡ヱ退キヌ。乃駕ノ戸ヲ開ケハヒストンノ玉胸先ニ中リテ死シ居リヌ。乃チ引出シテズタ〳〵ニ切付ケ、首ハ薩州ノ有村打取リテ所持ス（水戸人ハ十六人ニテ薩人ハ只一人故首ハ薩人へ譲リシ也）。本望ヲ達シタリト大音ヲ揚ケ引取ラントスル時五六人抜キ連レテ来レトモ三四人打斃シケレハ皆逃散リヌ。存ノ外ニ腰ノ抜ケタル侍ノミニテ初ヨリケ様ニ容易ニハ仕遂ケマジト思ヒシニ、誠ニ容易ナリケル由。初ヨリノ約ニ疵ヲ蒙リシ人々ハ致シ方無ケレハ或ハ屠腹或ハ訴状持チテ閣老エ訴へ出、彦根ノ罪状ヲ声シテ大義ヲ天下ニ陳ント約セシ故、幸イニ銕ノ助ハ疵モ蒙ラザレハ日比谷門迠見送リテ夫ヨリ影ヲ隠シ形ヲ替ヱ十二日迠江戸ニ潜リ居テ様子ヲ聞キ、夫ヨリ五人連レニテ東海道ヲ緩々ト西上シ、京ニモ八日滞留シ大坂ニハ高橋カ自殺セシ三日メニ着シヌトソ。夫レヨリ十日ホト大坂ニ滞留シ同志三人ヲ残シ置キテ鉄之助僕（義民ノ由也）二人ニテ鳥取ヱ参リシトソ。

鉄之助来リシ趣意ハ右薩ト結ヒシ訳ヲ言イ且路費尽キタレハ金ヲ少シ貸リテ薩へ走ラント欲スル由。只大坂ニ残リシ三人ノ内一人病人アリテ且金尽タレハ大坂ヱ金ヲ廻シ遣ハサズテハナラヌユヱ大ニ困ル也ト云。全体薩ト東西同発ノ心得ナレハ薩侯同勢三千余人ニテ出立、有馬領迠出玉ヒシカ江戸ノ変ヲ聞、機ニ後レケレハ病ト称シテ国ヱ引取リ玉ヒ参府延引ノ願ヒニナル

今朝堀エ急ニ参リ候様申遣ハシケルニ庄二郎学エ出勤中ナレバ手紙ヲ学ニ持参セシニ関銕来ルト云フコトヲ言ヒ送ラサレハ何ソ身上ニ関スルコトトヲ考へ違ヒテ偶今朝左衛門侯川上□飛脚入ルト聞ケハ江戸ヨリ申シ来ルコトト思ヒ白井ヱ尋ルニ白井何モ申シ来ラズト云。又家尊モ学ヱ出居リ給ヒケレハ庄二郎家君ニ何ンゾ聞給ハズヤト問フ。家君モ何モ未タ知リ給ハサレハ何事モ知ラサレトモ多分水人ノ来ルナルべシト云給フ。何分庄二郎出勤中ニテ引取リ難ク故、家君帰リ給フテヨリ沙汰セント仰ラレ御帰リノ上ニテ関鉄来ルコトヲ申シ上ケル故、家君ヨリ庄二郎エ関鉄来ルト云フコトヲ申遣ハサル。庄二郎狼狽シテ白井エ謀リシユエ白井モ大ニ心配

シテ何分速カニ帰スニ不如ト云フコトニハナリヌ。今夜四ツ半比白井監察ト相議シテ何分水戸人此地エ来ルト云フコト知レテハナラヌ故、速カニ去ルヨウニ為スベシト云コトヲ庄二郎エ申シ遣ハス。庄二郎ヨリ申シ越セシ故、無拠銕之助エ右ノ事ヲ咄シ嫌疑多クテ致シ方無シ甚遺憾ナカラ去ルベシト云テ涙ヲ灑キテ別レヌ。尚聞度キコトアレトモ銕之助長居リシテ播摩屋我カ家ニ来ルト云フコトヲ知リテハ事破レル基ヒ故憾ヲ残シ万行ノ涙ヲ揮ヒ明朝ハ速ニ去ルベシト約シヌ。

右ノ荒増ヲ聞キ時刻延ヒナハ悪シケレハ憾ヲ遺シテ別レヲ告ヌ。此夜有リ合ノ金三両ヲ贈ル。嗚呼如此真ノ話ヲ聞クコト誠ニ如何ナル因縁ニヤ。銕云、曾翁豊田ハ此度ハ異論ニテ力ヲ落シヌトソ。如何ナル訳ニヤ。

五日

昼時分播摩や茂輔来リテ云フニハ、目明カシノモノ何ニカ不審アルヨウスニテ昨夜ノ客出立ナラハ領分堺ヒ迠送ラネハナラヌ也。出立ノ時鳥渡知ラセヨト云テ去リケル由、咄シケルトテ如何致スベシヤト云。余直ニ堀ト相談セシニ堀白井ニ参リ其ノ事ヲ告ケレハ白井直ニ戸次（目付也）エ行キテ相談セシニ少シモ心配ノ事ハ無キ故、早ク立去ラセヨト云ユエ其ノ事ヲ申送リ今夕出立セシナリ。今日又金五両ヲ贈リヌ（内二両ハ庄二郎差越ス）。余甚案シ思ヒケレハ日暮ヨリ橋下（知所橋也）ニタタズミテ待ケルニ日暮六ツ半比出立シヌ。鳥渡目合セシ犬（目明カシ也）二人跡ヲ付ケテ来リヌ。見ラレテハ済マズト思ヒ前途自愛ト云ヒ捨テ別レヌ。甚案シ思フ也。何卒早ク無恙薩へ達スレハ天幸ナレトモ今夕ノ犬風トシテ自分ノ功ニセント他州ノ犬ニ疑ハシキヨウストモヲ咄セハ夫レヨリ足ガ付ク故、彼是心配ニナリテ太心ニ関スルナリ。関銕昨夜ノ咄シニ案外吟味ハ手ヌルキ事ニテ鉄之助ハ町人姿ニテ緩々ト方々徘徊スルニ関鉄之助ト云フ人相書ヲ日夕視ルナリ。又至ル所ニテ江戸ノ咄シヲ色々ト聞キ捧腹ノコト多シトゾ。大坂ヨリ此地迠ハ尼崎ト兵庫吟味甚シキ由也。銕之助ハ吉野屋惣介ト改名シテ町人姿トナリ俳人ト称シテ徘徊スル由（併シ一刀ハ帯シ居リヌ）。実ニ如此事ヲ面（マノアタリ）聞クコト如何ナル因縁ニヤ誠ニ長大息ニ堪エザル也。

急飛着勝徳院様御病気御大切耀国院様御娘ニテ武州忍松平下総守侯エ嫁シ玉ヒシカ後家トナリ玉フ三味線ノ邸ニ老シ玉フ也。

（五日欄外細字）〔231頁、図版参照〕

後ニ聞ケハ此時須臾橋ノ脇避ケテ物語ラント思ヒ二人ハ心モ付ス橋ノ脇ニアミシニ、余犬ノ来ルヲ見シユエ橋上ニ避ケシニ、二人ハ小便スルマネシテ立止マリシ故、犬不審ニ思ヒシニヤ川戸ヲ上リテ坂田ノ井戸ノ辺ニテ待ツヨウスニ見エシ故、余二人ニ目シテ迚カニ去ラシム。犬ハ曾テ思ヒカケ無ケレハ見失ヒ其ノ柏子ニ宿ヤエ帰リシト心得テ宿ヤヲ捜シヌトソ。鉄等二人ハ此夕播摩屋カ案内ニテ叶村エ止宿シテ明朝早々出立シケル由。七日播摩ヤ来リテ委曲ヲ咄シヌ。茂輔モ町人ニハ気概アル男子ナリ。

六日

関銕昨夜別ル、時金五両ヲ持セ遣シケルニ使ヒハ与市也返事ヲ越シ其奥ニ一首ノ歌有リ。

昨夜初メテ不如帰ノ啼くを聞て

帰らしと思ふ身にしを郭公

知らぬ雲井に何さそうらん

狙撃部分拡大（関鉄之助か）

此夜訪遊歴僧宮原又来

七日雨

朝播摩屋来談一昨夜送二人宿于叶村昨朝発叶村及伝語等之事。

○

以上が関鉄之助来訪に関する記述の全文である。人相書も出廻り、江戸や京・大坂はもとより、鳥取においても嫌疑が厳しい中、他ならぬ関鉄之助自身から事件当日の事実経緯を聞き取り、日記に書き留めたのである。清風ならずとも興奮を禁じ得なかったであろう。〈嗚呼如此真ノ話ヲ聞クコト誠ニ如何ナル因縁ニヤ〉、〈実ニ如此事ヲ面（マノアタリ）聞クコト如何ナル因縁ニヤ誠ニ長大息ニ堪ヱザル也〉と繰り返す所以である。同時にこの日記が長く秘されねばならなかった訳も、むべなることと得心できるであろう。

さて、事件当日のリアルな記述の中でも〈同志ト示シ合セ相図ノヒストンヲ打出シケレハ彦根ノ供廻リハ皆駕ヲ擲ケテ八九間跡ヱ退キヌ。乃駕ノ戸ヲ開ケハヒストンノ玉胸先ニ中リテ死シ居リヌ。乃チ引出シテズタ〳〵ニ切付ケ、首ハ薩州ノ有村打取リテ所持ス〉（傍点小林）という記述は貴重である。NHKの〝歴史ドキュメント〟に於いても、「万延元年・謎の銃声――推理・桜田門外の変」[11]と題して、銃撃をめぐる問題に照明を当てている。即ち〈水戸藩史料には、襲撃当事者たちの話や書き物などが微に入り細をうがって豊富にあるにもかかわらず、ある一点については、異常と思えるほど不明確である。それは、現場で響いたといわれる銃声についてである。だれが、いつ、どうやって撃ったかはほとんどわからない。〉として、もし井伊直弼が銃によって致命傷を受けたのであれば、銃による要人暗殺の、世界で最も早い事件の一つではないかと云うものである。そう仮定すれば、井伊大老が駕籠の外に出て防戦した形跡が無いことも納得がゆく。今回紹介した安達清風の日記に見られる関鉄之助の証言は、〝相図〟の発砲とあるが、それによって絶命していたと述べている以上狙撃を兼ねていたと思われる。事件後、蓮田市五郎が細川家幽囚中に描いた襲撃の図(12)にも、明らかに狙撃している同志の姿が描き込まれている。いずれにしても現場指揮者関鉄之助のこの証言は従来謎とされている銃撃をめぐる問題に新たに照明を与える貴重なものであると言えよう。

【注】

(1) 大正15年2月発行。昭和57年10月覆刻。東京大学出版会刊。
(2) 昭和2年2月発行。『安達清風日記』に脱落した慶応2年7月24日より慶応3年12月末日迄を補完し、さらに明治2年正月元日～11月24日・明治3年正月元日～12月16日迄を収録している。
(3) 昭和29年2月岩波書店刊。他に片山潜『わが回想』上下(昭和42年12月)徳間書店刊があり、同様の記述がある。
(4) 鳥取藩安達清一郎校点『文天祥指南録』因州先憂閣蔵版。明治三年庚午孟春発兌(東京須原屋茂兵衛他九書肆)。清風は日記にも〝先憂閣主人〟と署名している。
(5) パンフレット『贈正五位安達清風』(昭和8年9月)
(6) 岡鹿門旧蔵写本。東京都立中央図書館特別文庫所蔵。
(7) 『在臆話記』同右。昭和55年『随筆百花苑』第一巻・第二巻に翻刻。中央公論社刊。
(8) 冒頭に「桜田十八士伝ハ常陸ノ水外道人ノ編次スル所ニシテ道人ハ曾テ国事ニ奔走シ明カニ当時ノ事ヲ知リタル人也故ニ記スル所ハ乃脳裏ニ蓄フル所ヲ発表スル者ニテ他ノ想像ヲ以テ作為スルノ類トハ大ニ異リ」云々という野史台による前書がある。

（9）雪・月・花（目次は上・中・下）全三巻。明治44年7月、吉川弘文館刊。因みに著者の岩崎英重（鏡川）は田中英光の実父である。
（10）『西海転蓬日録』『南遊遺悶集』等と共に野史台『維新史料』に収録されている。
（11）昭和61年2月22日〝歴史ドキュメント「万延元年・謎の銃声」〟として放映したものを写真と文章で再構成して刊行。NHK『歴史ドキュメント』③（昭和61年7月）日本放送出版協会
（12）岩崎英重『維新前史桜田義挙録　下』（前出）収録。

五　柴秋村――枕山の妻あるいは『下谷叢話』の一挿話

一

大沼枕山が十年にわたり連れ添って来た妻を失ったのは、安政三年（一八五六）九月晦日のことである。時に枕山三十九歳であった。およそ一年前の十月二日江戸を襲った安政の大地震によって、下谷御徒町三枚橋南畔の自宅は消失、この後枕山一家は暫く露営を余儀なくされた。既に中寒に入らんとする時節の野宿という無理な生活が、妻の病の因をなしたという。枕山はこの時の〝露坐〟を〈寒江夜泊船〉（十月二日震災記事）と風流めかして詠じてはいたが、妻の身にはやはりこたえたらしい。「悼亡三首」は、この愛妻の死を悼んだものである。

一火延焼旧草廬
連宵野宿中寒初
不知病入膏盲際
只道患生霧露余
新夢有妖非偶爾
古方無効竟何如

一火延焼す旧草廬
連宵野宿す中寒の初
知らず病膏盲の際に入るを
只道ふ患は霧露の余に生ずと
新夢妖あり偶爾に非ず
古方効無し竟に何如

可憐十一年間苦
井臼親操昼廃梳

＊

一夕幽閨短夢驚
隔屏無復喚卿卿
忽然鏡面鸞収影
従此琴心鳳絶声
泣不能公弾暗涙
縁難可了繋衷情
低頭黙向空王禱
好把他生補此生

＊

回憶前蹤易惨悽
感君勤苦守中閨
食単終日求精美
衣什随時要潔斉
薄命枉為狂者婦
慧心不羨富児妻
金釵換尽長安酒

憐む可し十一年間の苦
井臼親(みづか)ら操り昼梳を廃す

一夕幽閨短夢驚く
屏を隔てて復卿卿と喚ぶ無し
忽然鏡面鸞影を収め
此れより琴心鳳声を絶(た)つ
泣く公なる能はず暗涙を弾じ
縁了すべき難く衷情を繋ぐ
低頭黙して空王に向かひて禱る
好し他生を把りて此の生を補はん

前蹤を回憶すれば惨悽たり易し
感ず君が勤苦して中閨を守りしに
食単終日精美を求め
衣什時に随つて潔斉を要(もと)む
薄命枉(ま)げて狂者の婦(つま)と為り
慧心富児の妻を羨まず
金釵換へ尽くす長安の酒

秋邨先生自画肖像

秋邨先生自画像（『秋邨遺稿』より）

儘許夫君酔似泥　　儘許す夫君の酔ふて泥に似たるを

枕山がこの妻を迎えたのは、〈可憐十一年間苦〉とあるところから溯算すれば、弘化三年ということになるが、後述の柴秋村書簡から判断しても弘化四年春、枕山三十歳の時と見るのが妥当であろう。永井荷風は『下谷叢話』[1]において、この婦人について〈新婦は和歌を善くしたらしい。鈴木松塘が祝賀の絶句に「絶世才華絶世姿、当筵新詠国風詩」と言つてある。〉として、才華容色ともに秀れた女性であったことを記している。「悼亡」節三に云う〈薄命枉為狂者婦〉あるいは〈金釵換尽長安酒〉といった詩句に、枕山というやや偏屈で狂熱を宿した狷介な詩人の妻となったこの女性の苦労の程が窺われる。荷風も、〈枕山の妻が金釵を典売して夫君と其友との為に酒を買つたことは鈴木松塘が「寄弔」の作にも「多慚緑酒沽留我、不惜金釵抜附郎」と言つてあるから決して形容の辞ではない。〉と述べ、この婦人の〈内助の功〉厚く〈柔順貞淑〉であったことをゆかしく思い、おそらく三十路になるかならぬかの若さで逝ったその死を深く傷んでいる。

しかしながら、この枕山の妻に関して荷風が調べ得たことは、遺憾ながら多くはない。〈わたくしは大沼家について其姓氏を問ふたが之を詳にすることを得なかつた。三田薬王寺の過去帳には忌辰と法諡とを載するのみである。〉とは『下谷叢話』第十六の枕山新婚に際しての記述である。そしてさらに第二十五に至って、その死を述べた条に再び次の如く書き記している。

枕山が妻は其姓氏年令を詳にしない。初飯沼弘経寺の梅癡上人が媒をなしたと云ふ事をわたくしは聞いたのみである。三田台裏町妙荘山薬王寺に葬られて積信院妙道大姉の法諡をおくられた。わたくしは大沼氏家蔵の文書の中から次の如き断簡を見出した。然し其の筆者の何人なるかを詳にしない。「ゆく秋つごもりの夕野辺のわかれおくれる。積信院姉へよする。錦してみればさびしき落葉かな。さて〳〵積信院親族のみな〳〵夜もすがら日をついで、そのつかれもいとはず看病いたし下され候だん、一しほかんじ入まゐらせ候。猶この上他界のものと思はず、朝夕の手向たのみ入候。枕山家内のことは、積信院のこゝろもち我よく〳〵知りつれば、追て物がたりに及ぶべく候。かしく。積信の姉へ。白居申ふす。」此の文体と筆跡とを見るに婦人であることは疑を入れない。

薄命であった枕山の妻へ荷風の寄せる哀悼の思いの深さにもかかわらず、『下谷叢話』には多くの文字が費やされることはなかった。その思い入れに反して、知り得た事実は極めて少ないからである。〈其姓氏年令を詳にしない〉と荷風が繰り返すごとく、この無名の妻の輪郭は依然として杳としたままである。だが、思い入れに見合った情報が極めて少ないだけに、荷風が大沼家で捜し当てた筆者不明の断簡がひときわ哀切感を漂わせている。〝白居〟とはなお存命中であった枕山の老母かとも推測されるが、この断簡が荷風の哀悼の情をも代弁しているかの如くである。

二

この妻の死から一年を経た翌安政四年秋、枕山は叔父大沼次郎右衛門の媒により再婚した。継室は蔵前の札差太田嘉兵衛の娘梅、この年二十五歳であったことは荷風がつとにこれを明らかにしている。これに比して、「悼亡」に詠まれ、荷風が『下谷叢話』で哀惜した最初の妻に関しては、現在に至るも其姓氏年令は依然として明らかではない。小稿のささやかな目的は、この薄命な枕山の妻に関して、別の角度からいくらかの照明を当てることにある。

すなわち、弱年の折に枕山のもとに学僕として師事したことがある斯波新蔵（後の柴秋村）の一通の書簡を紹介することである。柴秋村が枕山の学僕として過ごしたのは、弘化二年から嘉永元年六月迄、秋村十六歳から十九歳に至る足かけ四年間である。この間に枕山が妻を迎えていることは先に触れた如くである。この学僕時代の秋村の書簡に枕山の妻に触れた記述があることに気付いたからに他ならない。これは杉山保親『柴秋村伝』[2]（昭和二十六年、私家版）に収録されているものである。因みに同書は小冊子ながら唯一の秋村伝と言うべきものである。この書簡は長文であるが、枕山の妻のみならず当時の枕山の周辺を知る上にも興味深いゆえに、あえて全文を紹介する。

（句読は適宜これを切った）

五月二十三日御指出の御華簡、六月晦日飛脚屋よりたしかに受取、並に金二歩是又御指越下され置、ありがたく拝納仕り候。将又小生只今処かへ仕り元飯田町九段坂下但清水御門外小笠原順三郎殿御屋敷内、高松の儒臣赤井厳三先生方に移居仕り候。其子細大きにこれあり、諺に曰くわけをいわねば理がきこへないと申事、右申訳左の通り。大沼枕山先生方に婦人罷出候より去年もだん〳〵申入候通、枕老の方に居申すと飯などたき又は使に走り申候事、是学僕のあたりまへだからさのみ苦しくとも存ぜず、しかし去年も冬季に入りてはいそがしくて机の前へ座し申す事もこれなき位、去年は甚だ不勤学にて詩百首ばかりに三国志綱鑑易知録のみに候。甚だはづかしく候。さて今年に至り正月より当六月上旬まで何も是と申す書物も借くれ申さず、只々夫人の用向などもこれあり、且又めしなどもたかされ申候事故まことに本のめしたき権助なり。且又夫人のならい古く居たる人をつかひにくきものなり。しかし名婦人甚だ通客故いろ〳〵世話致し下され、大きに厄介などもかけ申候。此度枕老方を出申候も枕老の致し方甚だ不快事等もこれあり候得共、ここぞ辛抱どころなりと我慢致し候。さて夫人の内は八丁堀北島丁にて質屋仕り甲州屋吉衛と申身上もよろしき方なり。小生も度々立入仕り候。右夫人の妹二人これあり、つねとめと申候。つねと申すはずい分美し。とめも十人並のきりよう、皆清元の名人なり。小生も度々行にしたがい心易く附合申候。三月の末にても候や、先方へ行、一宿など致し且又四月頃も再度止宿などいたし候。しかし更々淫乱の致方なるはこれなく、只々先の二女小生と飲酒いたし、且又鰻などを食ひたる事は数度、且又先方つねと申すは小生と同年、落花有心流水無情のわけには行申さず。しかしながら一度も我まゝに先生へかくし抜出て遊び且又先生をだましたる事これなく、只先方へ使に行居る時の事なり。しかし只人情の附合のみにて、中々みたりかわしき事などは神以て仕らず候。先箇様に女なんどと心易くいたし候事禍の根本なり。さて枕山老と申す人は詩は東都第一の名人なれども、人柄は只々至極大へんちき人にて、おまけに大甚助なる人故、平生夫人なんどにかわいがられ、食物などにいたるまで気をつけてくれ申候へば、枕山例のやきもち早速立腹いたし候て、夫人並に小生へ当り申候。それゆへ枕山在宅の節は、せまき内にても奥へ行申事相成申さず。その心中御推察下さるべく候。是も夫人の来らざるまへにはいろいろ世話などもいたしくれ申候得共、婦人来て後小生をにくみ申事甚し。さて五月の初旬にてもこれあり候や、下駄下帯手拭なども皆破損に及び申事故、買申度候得共、手元に一銭これなく、且枕老は吝き事甚しく、婦人来て後は猶甚しく相成申候事故、彼是二朱計りも入候事故申出候とも、ぐず〳〵と小言などを申し、何はなくても相すむものだ、買わなくてもすむものだと申し、横車の我ままなどを申出し、果ては二三日も口もきかぬ位の事に相成り、平常の口ぐせには出て行けと申され候。無念のところ御推察下さるべく候。それも今年二月頃より猶更いや増し、何角の事を申立て追出し申候わんたくらみし、婦人それに引かへ猶更かわいそうだと申し、色々世話いたし候事故、猶更小生めいわくいたし候。下駄下帯なども買いたく候へども、極しわき人故此又夫人と相談致候て、先生へは国へ少々土産を調へ遣申候間、先達て御預け申上候金子一両二歩の内二朱おかへし下されと申候へば、しぶ〳〵とかへしくれ候。先づ先づそれにて色々用をたし候。下駄などは枕老よりいたしくれ候筈の処なれ共、出申さず。身銭にいたし候方が心易しと思ひ、且又強くて徳用向とぞんじて三百文と二十四文にて、まないた形の日より下駄を買申候。是は今以てはき居申候。さて、それより先生右下駄をはき居申候処、甚だ立腹いたし、師をあざむき候との事にて、且八丁堀婦人の里の妹とも淫行の様なる行これあり候事故、甚だ以つて不届と申し、房州へ追やり、心底も相改り申候得ば、又々堪忍いたし遣候と申し、去年も参り候房州谷向村鈴木松塘と申方へ預け遣し候。六月六日夜舟にのり七日着仕り、松塘方へ参り申候処、松塘方も書生たくさんこれあり候事故、置処にこまり候と申、不得心故罷帰らんと思ひ候へども、何分松塘に頼み置もらい候はんと色々たのみ、勿論枕山又外に横山湖山先生と申人よりも書状相添、くれ〴〵頼みこれあり候処、いかなる心底にや松塘一向聞申さず、五里も東房州へ遣さんと申候。東房州は地勢甚だ宜しからず、且夷国同様の処、斯くの如き処に居らんより同じ苦しき事致候位ならば江戸へ帰り苦しみ候方よろしくとぞんじ、同十一日舟にのり十二日着仕り候。それより夜九ッ時にも候や、日本橋より上り枕山方へ罷越候処、甚だ立腹仕り、是程迄に世話致候に又々辛抱致さず、江戸へ罷帰り申段不届と申し、翌朝早速飯田町まないたばし横山湖山方へ相預申候。湖山も困窮の中甚だ気の毒に附、色々走りまわり口入なども尋ね申候。やう〳〵只今の居処相定、先以つて安心仕り候。六月十六日引越申候。夫に付枕老とは不和にて御座候得共、何と申ても旧恩の先生故、一端の事にてはと色々わびごと致し、心易く今以つて出入仕り候。当家へ参り申候は、尾州の鷲津郁太郎と申人の世話に候。右鷲津は枕老の姪に御座候。さて当家へ参り申候ても、忽ち引請これなくてはむつかしくと申事故、枕山へ引請相頼申候処、枕山不得心にて中人には這入申へくなれども、請人には成り申すへからずと申候。指当り請人にこまり申事故、八丁堀御屋敷村上忠人へたのみ、忠人より枕山へ証文指出し、枕山より当家へ世話いたしたわけに相成申候。是も箇様いたし候得ば結城上人の手先切の形と相成申候。是も枕山の姦計にて結城上人と手を切らし、手前に世話のかゝらぬ様とのたくみなり。是も上人参府なれば致方もこれあり候得共、折節飯沼弘経寺転住に相及、飯沼へ引移居申候。右の方下総の飯沼へ参り申も易き事に候得共、若又罷越候てお尋の時は、枕山致し方の不束の処なども申入候得ば、上人の心中、枕山より此方へ万事相頼み申候ところ、甚以つて心外なるいたし方、追出し候得ば一往此方へも相談あるべき事と立腹は必定なり。然る上は又々先生と上人と数年懇意の中をさき、且枕山の存寄も如何と思ひ、是も枕山一切破門と申候ならば、それは最初たのみいたし候先故、飯沼へ立越申すの処、左様ならで只不生不殺の事故、又々人に争ひなども致させ候ては相済申さずと存じ候。いづれ此上飯沼上人参府の節申上候事と思案いたし、右の一件は湖山先生へ相頼み置申候。何事も身の不幸と相あきらめ命を天にまかし候。当家へ参り候ては、只々一ケ月三百文の髪結銭油銭湯銭のみにて、洗濯其外履物諸入用は自分にいたし候。しかし身分は甚だ閑暇にて、書物も高松侯の書物を拝借いたし候て読み、学問には大そうよろしく候。右金子一両二歩の処も先に二朱房州へ行路用二歩（是房州のみならず帰府の後皆入用に遣ふ）。跡三歩二朱、袴一分羽織一歩（是は八丁堀にて買申候）。跡一分二朱冬物よごれもの洗濯賃と致し候。此家は大名或は旗本の家へ素読に参り申候事故、衣類これなくては叶はず、且又屋敷へ参り申候得ば少々は手取も出来申候由も承及候。たとい手取これなく候ても、大名方へ出入致候はよろしきと存じ候。あまりきたなき風俗は致されず候。先頃申入候金子は只枕老の吝きを恐れ国へ中遣し候。今度は一向払底に相及、如何いたし候はんと十方に暮居申候処、幸ひ貴君の御厚情にて御指越下され候段ありがたく存じ奉り候。右二分を以て諸手道具なども調度いたしたく、且古借よんどころなく返す先一軒これあり候故、それに相入申様にと存じ候。此より冬向に相及申候はば冬袴羽織も入用に候（冬羽織枕山去年上野へ代読に行申候賃に呉申候処、此度の時取上てよこさず）事故、忠人などへもだん〱相談致、国へ申遣すより外これなくと申合候。且又貴兄御懇情の段死すとも忘れ申さず候。且以て黒崎方甚だ心得ず、弥右衛門申越候は今より後五六年江戸に辛抱致せなどと申越、困窮の節金子申入候処一言の返答これなく、貴兄へ腹を切らせ高見で見物のだん甚だ不届なり。且縫次郎第一相分り申さず候。それ故もし又金子少々指越下され候事ならばよろしく候得共、今までの如くに相あつかい候得ば書通も指出し申さず、一向音信不通に致度候と憚りながら母へ御申聞せ下さるべく候。若し金子指越さざるのわけならば貴兄手紙と一処に縫次郎一言の申越これあるべきの処、小生を見下し候処甚以て奇怪千万、いよ〳〵左様の心底ならば貴兄御紀の上御申越下さるべく候。小生の無念御推察下さるべく候。ふの附たる致し方なり。並に母の此手寄も何事ぞや。情けなき申分なり。それ故何分冬に向ひ八月頃迄に黒崎へ金子一両ばかりも指下し申候様御申入下さるべく候。しかし貴兄御心遣は御無用に候。貴兄又々御指越下され候とも頂戴仕らず候。決して頂戴仕らず候。何分黒崎の申分次第憚りながら貴兄御聞せ下さるべく候。此手簡着次第御手寄御返報待奉入候。
時下残暑万々御自玉御肝要と存じ奉り候。

匆々不乙

七月二日認　　斯波新蔵

狐庵兄大

猶又母へ八丁堀婦人の事なんぞはおはなし御無用なり。此冬に相成り羽織袴なくては相勤り申さず。黒崎へ金子申入候も無理なれども致方もなし。

三

右書簡は嘉永元年七月二日、秋村十九歳の折、枕山のもとを追われた経緯を郷里の従兄宛に詳細に報告したものである。これにより、枕山の妻は、八丁堀北島町の質商甲州屋吉衛の娘であったことが判明する。遺憾ながら其名は伝えられていないが、つねととめという二人の美しい妹があり、皆清元の名人であったという。また鈴木松塘の詩にあるように、〝国風詩〟（和歌）をもよくしたらしい。妹つねが秋村と同年であったところから数えれば、この年つねは十八歳、したがって枕山の妻となった姉は二十歳位かと推測される。先に三十路になるかならぬかの若さで逝ったと述べた所以である。また、実家が富裕な質商であってみれば、〈金釵換尽長安酒〉という詩句もいっそう興味深い。秋村が夫人の用向きでしばしばその実家に出入したと述べているのも故なしとしない。単に金釵（金のかんざし）のみならず、その他の質草を典する用向きもあったであろうことは想像にかたくないからである。また、〈名婦人甚だ通客故いろ〳〵世話致し下され、大きに厄介などもかけ申候〉とあるごとく、先に枕山家にいた秋村にも、枕山との間に立って如才なく対応する、世話好きで思いやりのある人柄であったことが窺われる。だが、結果的に、これが枕山の妬心を生じさせ、秋村が枕山のもとを追われる因をなしたようである。

柴秋村は、天保元年徳島に生まれ、初め新居水竹の小心塾に学んだ後、弘化二年十六歳の時江戸に出府、ひとまず鍛冶橋御門内の阿州上屋敷に身を落ち着けた。当初、昌平黌に入ることも考えたが、〈人気甚だ悪く候故先づ身のためならず[3]〉と判断し敬遠している。昌平黌には旗本の子弟を収容する寄宿寮の他に、諸藩の書生を対象とした書生寮（諸生寮）があったが、書生寮は主に諸藩の藩学を終えた後の俊英が従学するため、年令も寄宿寮に比して高く、一種独特の気風があった。岡鹿門（千仭）旧蔵の『書生寮姓名簿[4]』を見るに、多くは二十歳過ぎ、中にはかなり高齢の者もある。したがって、十六歳の秋村が入学したところで〝巾着生〟として頤使されるのは目に見えている。因みに先の秋村書簡にも名の見える鷲津郁太郎（毅堂）は、秋村と同じく弘化二年に出府、昌平黌に入学し[5]ているが、この時二十二歳である。その他『書生寮姓名簿』によれば、弘化二年に書生寮に入寮した人物は、和田省吾（二十五歳）、東條肇（三十一歳）、菊池章之進（二十六歳）、赤井一郎（二十二歳）、長坂常次郎、後の小笠原午橋（二十五歳）、鷲津郁太郎（二十二歳）、佐藤元助（二十九歳）の七名で、毅堂は赤井と共に最年少であった。既に在寮していた人物中には日野良之助もいたはずで、この年四十一歳である。秋村の断念もわからぬではない。それでは秋村は如何なる経緯で枕山の学僕となったのか。昌平黌を断念した秋村は、しかるべき人物の学僕となることも考え、同郷の大先達梅癡上人を頼ったらしい。梅癡上人釋秦冏は、天保十二年芝増上寺の学頭から檀林に叙せられて、結城の弘経寺に赴いた。従って秋村が江戸に出た弘化二年には不在であったが、法務を帯びて度々江戸に出向したらしい。飯沼の弘経寺に転じたのは弘化三年のことである。秋村書簡に〝結城上人〟〝飯沼上人〟とあるのはこの梅癡上人であることは言うまでもない。出府間もない秋村が増上寺を訪れていることは、もう一通の従兄宛書簡で知られる。大沼枕山との接点が、この梅癡上人であることはもはや贅言を要しない。

他方、これより先、梁川星巌の玉池吟社を通して長老梅癡上人の知遇を得た大沼枕山は、天保十一年暮からその芝増上寺の学頭寮に寄寓していた。梅癡が結城に赴いた後も学頭寮に留どまり、下谷御徒町の借家に移ったのは弘化元年暮のことである。〈薪水偏愁良僕少、杯盤最怕雑賓多〉とは、翌弘化二年「秋夜書懐」中の句である。（秋村の出府はこの年九月三十日）永井荷風はこの作に関して〈独身の家に良僕を得ざると雑賓の多きとは洵に忍びがたきものである。独居のわたくしが常に書賈新聞記者等の来訪を厭ふのは敢て自ら高しとなすが故ではない。〉との共感を書きつけている。独棲の不便を歎く枕山が、〝良僕〟を求めて梅癡に相談しただろうことは推察に難くない。秋村書簡に〈上人の心中、枕山より此方へ万事相頼み申候ところ、甚以つて心外なるいたし方、追出し候得ば一往此方へも相談あるべき事と立腹は必定なり〉（傍点小林）とあるのは、その事を裏付けている。むしろ枕山の要望に応じて秋村を学僕として周旋したものとみられる。（枕山の妻も梅癡の媒によることは荷風が既に記している。）しかし結果的に、秋村書簡に見るような経緯で、不幸にして秋村は枕山のもとを去ることになる。枕山の妬心が因をなしたと書いたが、偏狭な枕山と豪放磊落な秋村とはやはり相容れなかったと見られる。何よりも秋村にとって不幸であったのは、枕山にその才を見出されずに終ったことであろう。

本稿の企図から言えば、既にその目的を果たしたとも言えるが、なお柴秋村の行末をいささか書き止めておきたい。

＊　＊　＊

さて、『秋邨遺稿』(6)に附された亀谷省軒撰文の「柴秋村伝」には秋村と枕山の関係は次の如く記されている。〈成童東遊問詩大沼枕山、枕山以尋常書生遇之、一夕被酒無故発怒逐君〉と。だが、ある時枕山が酒を飲んで故無く怒を発して、秋村を追出したといった如き経緯ではなかったことは既に秋村書簡を通して見たごとくである。ただし、枕山にとって秋村は遂に〝尋常書生〟もしくはただの学僕としか映らなかったことは、やはり不幸な事実であった。枕山のもとを追われた秋村は、鷲津郁太郎（毅堂）の世話で赤井厳三のもとに身を寄せていると報じている。赤井は東海と号した高松藩儒で、渡辺崋山や高野長英とも親交を持った開明的人物でもあり、この年既に六十歳である。毅堂と赤井東海との関係は明らかではないが、あるいは毅堂と同年に昌平黌に入学した赤井二郎(7)は、東海の息であったかも知れない。だが、秋村が赤井のもとに身を寄せていたのは短かかったらしい。やがて羽倉簡堂の知るところとなり、簡堂の紹介で、大坂の広瀬旭荘に師事することとなる。亀谷省軒は赤井との関係には触れず、先の引用に続けて〈君無所托、聞羽倉簡堂愛才投之、簡堂視其詩歎賞、留置其館、又使之往大阪学於旭荘広瀬翁、翁一見称為天下奇才〉と記している。広瀬旭荘に師事して、初めて秋村は良き師に巡り合えたと言うべきであろう。旭荘もまた秋村の入門を喜び、広瀬青村宛書簡に〈阿波の斯波六郎と申す弱冠才気超群の生入門〉と報じている。〝秋村〟は旭荘の旧号を贈られたものである。この後の秋村に関しては本稿の意図を越えているが故に最早触れない。旭荘門下として充分に才を伸ばし、文名大いに揚がった。また、藩命により緒方洪庵の適塾に洋学を学んだ後、徳島藩儒として重用せられた。しかし、明治三年、徳島藩家老の稲田氏家臣が分藩の願いを新政府に提出したのを憤り、旧師の新居水竹や門下生が朝廷に訴えた所謂〝稲田事件〟に際し、秋村は稲田邸襲撃の檄文を草したため事変後幽閉された。翌四年、旧師や盟友門下生の刑死を深く悼み、悲憤措くあたわず、日夜痛飲し病を得て歿した。享年四十二歳であった。その遺稿が編まれたのは、歿後三十年を経た明治三十四年のことである。柴秋村と南摩羽峰との関係は第一部第三章で触れた。羽峰はこの『秋邨遺稿』にも序を寄せている。

【注】

（1）『下谷のはなし』を全面的に修訂し『下谷叢話』と改題、大正15年3月、春陽堂刊。本稿では、さらに改訂された冨山房版『改訂下谷叢話』（昭和14年1月）に拠り、引用もこの初版に従った。

（2）著者兼発行者杉山保親（徳島県美馬郡半田町）、昭和26年6月発行。非売品。本書は百ページ余りの小冊子ながら三通の秋村書簡が紹介されている。一通が江戸出府間もない頃の弘化二年のもの。二通目は本稿紹介のもの。他は広瀬旭荘塾入門直後の嘉永二年のもので、いずれも郷里の従兄宛である。因みに私も秋村書簡を数通（金澤秋橋宛）を所蔵しているが、いずれも明治維新前後のものであり、本書に収録されている学僕時代のものは珍しく貴重である。

（3）弘化二年従兄宛書簡。また友人の庄野太郎兵衛が深川の西嶋蘭溪の学僕をしているが、一月に二朱位は先生より下さるので小遣いには困らないと言っていると報じ、学僕になることも考慮している。

（4）都立中央図書館特別文庫所蔵

（5）『書生寮姓名簿』に〈尾州浪人、古賀門、鷲津郁太郎、弘化二入、嘉永六退、午廿二〉とある。

（6）『秋邨遺稿』全三巻。柴直太郎発行。明治34年9月刊。

（7）〈松平讃岐守　古賀門　赤井二郎　弘化二入、同四退、午廿二〉とある。因みに赤井東海も早く昌平黌に学んでいる。

六　秋月韋軒――西国遊歴と『観光集』

一

屈指游学十五年　　指を屈すれば游学十五年
旧交零落轉凄然　　旧交の零落轉た凄然
満楼送客皆新進　　楼に満つるの送客皆新進
無復故人在別筵　　復た故人の別筵に在る無し

秋月韋軒（名は胤永・悌次郎と称した）は、天保十三年（一八四二）十九歳で江戸に遊学し、松平慎斎の麴溪書院に従学した後、弘化三年（二十三歳）に江戸昌平坂学問所に入学、安政三年に同書生寮を退寮している。凡そ十五年の長きに亘って江戸での書生時代を過ごしていたことになる。右に示した詩は昌平黌を去るに当っての感懐を詠じた「退学留別」と題した七絶である。

その後、安政六年から翌万延元年に至るまで、藩命による西国遊歴に出立、諸藩の政治・風俗・人情等を視察し、『観光集』（八巻）を著すとともに、『列藩名君賢臣事実』（十巻）を撰録、藩庁に提出し、藩主松平容保の治政の資としたという。秋月の遊歴の実態に関しては、同時期に長岡藩河井継之助が備中松山藩の宰臣山田方谷に従学する

秋月悌次郎肖像

『韋軒遺稿』（大正2年7月）

ため西下、その後長崎・熊本まで遊歴した日記『塵壺』に、秋月との交流の様子が見え、僅かにその一端を窺うことができるが、全貌は不明なところが多い。『韋軒遺稿』には、この遊歴中の詩として七篇（「尾張堀川春游」「熱田舟行」「瀬田」「摂州路上」「至薩州」「懐重野士徳在大島」「東帰至浪華舟中」）を見るのみである。秋月の遊歴記録『観光集』は永く伝存が未詳のままであったが、昭和三十八年に『国書総目録』が刊行され、巻七（薩摩・琉球）の写本が鹿児島県立図書館と東京大学史料編纂所に所蔵されていることが判明した。しかし、未だ秋月への関心は薄く、ほとんど顧みられることはなかった。鹿児島県立図書館のものは、『島津家文書』からの写本であり、押印から大正六年に筆写されたものと思われる。東大史料編纂所のものは、これをさらに筆写したものである。総五十三丁（一〇六頁）である。その後、京都の新村出記念財団重山文庫に、巻一（山城・摂津・肥前・和泉・大和・駿河）、巻二（相模・駿河・遠江・参河・尾張・伊勢）、巻七（薩摩・琉球）の三冊が所蔵されていることが明らかとなった。巻七は鹿児島県立図書館本の原本である島津家本と重複することになるが、筆まめな秋月が藩庁報告本以外にも自ら副本を作成していた可能性が高い他、第三者による写本の可能性もある。続いて近年に東大史料編纂所の調査で明らかになった盛岡市立中央公民館所蔵（現在は「もりおか歴史文化館」に移管）の南部家図書『慶応丁卯雑記　五』中に「観光集」巻五が、『慶応丁卯雑記　六』中に「観光集」巻八が収録されていることが判明した。巻五は（播磨・備前・備中・備後・安芸・長門）であり、巻八は（日向・高財・延岡）である。因みに盛岡藩士、那珂梧楼（通高）は会津藩の南摩羽峰や秋月韋軒と交友があった人物であるが、明治政府より戊辰戦争時の罪を問われ、明治元年から二年にかけて東京芝の金地院に幽閉された。その間の日記が岩手県立図書館に所蔵されており、平成元年に岩手古文書学会により『幽囚日録』として翻刻された。その明治二年六月二十一日の記事に「隣蔵も海苔など持て来て暫し物語し、会津藩士秋月悌二郎が直筆にて書たる観光集五巻貸したりき。」とある。隣蔵は盛岡藩御勘定奉行を務めた田鎖隣蔵。奇しくも秋月も同様に戦犯として東京の獄に送られ、この時期熊本藩邸に幽閉されていたが、翌二十二日には美濃高須藩預りとして東京を出発する身の上にあった。那珂梧楼が秋月直筆の『観光集』を所持していた経緯は詳らかにしないが、二人の交流を考えれば、遊歴後遠くない時期に直接贈られたものと考えられる。なお、岩手県立図書館には、慶応四年閏四月八日付の会津藩秋月韋軒・南摩羽峰宛の那珂梧楼（当時江幡五郎）書簡が所蔵されており、戊辰の内乱の中にあっても両者に交流が続いていたことを示している。また、日録記述は、文脈上、「隣蔵から借りた」とも読めるが、そうとすれば、田鎖隣蔵が何故秋月直筆の『観光集』を所持していたのか、二人の接点はどのようなものか、現在のところ、まったくこれを詳らかにしない。いずれにしても、これが秋月自筆の『観光集』であるとすれば、南部家図書『慶応丁卯雑記』中の「観光集 巻五」は、この自筆本から筆録されたものかと推定されるが、経緯は不詳である。

さて、管見の及ぶところ『観光集』の現存状況は以上の如くである。これにより従来全七巻と見られていたが、巻八が存在することが判明した。南摩羽峰の「秋月子錫墓碑銘」（『韋軒遺稿』所収）に「既而以藩命歴遊海内観察俗著観光集七巻。又録列藩名君賢臣事実為十巻」とある上に、巻七の内容が南端「薩摩琉球」であるところから、当然これが尾巻と考えられていたわけである。南摩の錯誤も同様にこのことに起因するものと思われる。また、『列藩名君賢臣事実』に関しては、秋月一江氏宅で一冊が発見されており、『秋月悌次郎詩碑建立記念誌』（平成二年）に掲載されたコピー写真を見ると「観光集　巻十五付録　銀臺遺事三」とあり、これが、『観光集』の付録として筆録されたものであることが窺われる。今回閲読した『観光集 巻一』には冒頭「凡例」があり、その中に「一　附録ナル者ハ藩国ノ制度又ハ名君ト呼バレシ方ノ言行事実ヲ録セル者ヲ謄写シテ以テ治教ノ万一ニ補セントス」とあり、これを裏付けるものである。因みにこれは銀台公と呼ばれた熊本藩主細川重賢（八代）の言行録、原著は熊本藩儒高本紫溟である。

二

ここで現在までに存在が確認された『観光集』の構成について、具体的地名も明記して提示して置く。

巻一　**山城**　京都　宇治　**摂津**　大阪　兵庫　**肥前**　長崎　**和泉**　堺　**大和**　**駿河**　府中　原駅
巻二　**相模**　小田原　**駿河**　沼津　田中　**遠江**　掛川　浜松　**参河**　岡崎　**尾張**　名古屋　**伊勢**
　　　桑名　津
巻五　**播磨**　明石　**備前**　岡山　**備中**　松山　**備後**　福山　**安芸**　広島　**長門**　萩
巻七　**薩摩**　鹿児島　琉球国附（▼文武館江申渡之書▼常平法▼勧農之事▼音信贈答之事▼米価之事）
巻八　**日向**　飫肥　高財　延岡

以上の構成を見ると、巻一が京都・大坂から始まっているばかりでなく、長崎が含まれていたり、駿河が巻二と分割されていたりしており、必ずしも遊歴の順序に従って構成されているわけではないことが窺われる。しかも『観光集』は藩庁への公式の報告書であり、河井継之助の『塵壺（ちりつぼ）』の如き日歴的構成や私的記述を採っておらず、秋月韋軒の遊歴順路の足跡をトレースすることは出来ないのだが、僅かにそれらを窺わせる記述もあり、従来不明の事実を捕捉することができる。例えば、『韋軒遺稿』にある七絶「尾張堀川春游」は桜花爛満たる名古屋堀川の春景を詠じ、続いて「熱田舟行」と題した七絶があるが、日付けは明確ではない。ところが、『観光集　巻二』の桑名には「余上巳ノ日コノ地ニ来タリ」云々とあり、名古屋を経て三月三日には桑名に渡っていることが確認できる。

因みに『塵壺』によれば、河井継之助も名古屋熱田から船で桑名にわたっている。続いて『韋軒遺稿』の文に大和金剛山麓の中野氏を訪うた「精思亭記」がある。末尾に「安政己未〈一八五九〉年暮春旬四日」とあるところから、三月十四日には、恐らく津を経て大和まで足を延ばしていたものと思われる。続いて紀州藩督学川合梅所（豹蔵）の妻川合小梅の日記（『小梅日記』）に安政六年四月七日の項に、「快晴す。昼まへ奥州アイヅ（会津）の士土屋鉄之助・秋月悌次郎、学問修行の為に来る。先日上より追付来る筈也とさた有し筋也。両人に逢。」とあり、土屋鉄之助と共に和歌山城下を訪れたことが窺われる。この後十二日には藩校学習館を見学している記述が見られ、その夕刻から川合邸で饗応を受けた後、和歌山を去り大坂に向かったものと思われるが、この後の足跡は詳らかではない。

続いて他資料で確認できるのは、河井継之助の『塵壺』である。河井が備中松山の山田方谷に師事するため松山表を訪れたのは、七月である。十六日に方谷を訪ね翌十七日に城下の文武宿「花屋」に宿を取ったが、会津藩士土屋鉄之助が既に滞在していたという。秋月が到着したのは二十八日という。「会藩・秋月悌次郎、来る。土佐の政事、面白き咄を聞く。」とあり、その一、二を書き留めているが、恐らくこの間の三ヶ月余の期間に大坂・京都を経て四国遊歴をしていたものとみられる。八月一日の項に「秋月帰る」とあり、この頃備中松山を去り、さらに西へ向かったものと考えられる。二人の交流が深まるのは、この後長崎に於いて再会後である。河井はその後も松山で山田方谷に師事するが、藩命による方谷の江戸出府中の期間を利用して九州遊歴を志したものである。日付は先に飛ぶことになるが、十月五日、佐賀を経て諫早を抜けたところで、帰路を急ぐ様子の土屋鉄之助と出会い、秋月が長崎にいることを聞いている。そして翌六日から十七日まで長崎に滞在することになるのだが、『塵壺』は長崎滞在中の記述が最も詳しい。長崎では当初「万屋」に宿泊するが、十一日からは西浜町「山下屋」に移っている。「山下屋に移る後は秋月悌次郎同宿、同間にあらず。」と記しているように、以後常に二人は行動を共にしている。「唐館、蘭館を見る事、通詞と懇意になる事、皆、秋月の取持ちなり。他日、江戸に会わば、一杯を進ず可し。観光丸へ行きし事も亦然り。彼是世話に成りしなり。」と記された如くである。また、長崎での見聞の最後に「会津の用足・小川皆五郎に懇意の事。」と付記されているが、これも秋月の紹介によるものであろう。そして、河井が長崎を去る十八日の朝、秋月は河井が謝絶するにもかかわらず、見送りに出た。「町はずれ、山の余程上迄送る。弱一里もあらん。卵二ツと酒壱合にて別る。おかしな男なれども、親切な処あり、忝なき事なり。」とあるのが、長崎に於ける二人の別れであった。

ここで、秋月の遊歴順路に戻れば、『塵壺』の長崎での記述中に、「秋月、薩摩其の外諸藩の言を記する事委し。再会せば、頼み見ん。」とか「秋月の話にて、〈薩摩、旅人など厳重、国界も厳し。〉」などの文字が見られ、従来、秋月は先に鹿児島迄足を延ばした後、長崎に廻ったのではないか、と考えられて来た。しかし『観光集　巻七』〈鹿児島〉を閲読するに、「桜島ノ蜜柑大根亦珍トスヘシ。余カ此ニ来ル十一月ナリシカ、大根ノ径リ七八寸ナルヲ藩士ヨリ贈ラル」との記述が見出せる。つまり、秋月が鹿児島城下に到達したのは十一月であったことが判明する。したがって、長崎を経た後に薩摩に向かったのであると確定することが出来る。それでは、河井は何故長崎で「秋月、薩摩其の外諸藩の言を記する事委し」などと書いたのか。『観光集　巻一』の冒頭には十項目の「凡例」が記されているが、その最初に「一　余江戸ニ在ル久シク已ニ列国ノ人ニ交ル事多ケレバ、ソノ制度風俗固ヨリ聞キ知ル事少カラス。今日ノ実歴ニシテ見聞スル事ヲ得ル者亦多シ。今皆前後参考シテコノ巻ヲ編ミ作ル者也」とある。つまり、昌平黌在学中、在学諸藩士を通して知り得たことを事前にまとめていた可能性が高い。また、同藩の友人南摩羽峰が、安政二年から四年にかけて西国遊歴をし、その見聞を『負笈管見』にまとめているが、秋月は当然これにも目を通し、必要な箇所は筆録していたものと思われる。周到な秋月は、河井からも「余程の文字好き」と評されたごとく、遊歴予定の土地に関しては、事前に知り得た情報をまとめ、それを携行していたと考えられるのである。河井が目にしたのも、遊歴前の土地も含めて、そうした予備知識や情報を記録した冊子のことであろう。『観光集』の記述スタイルを閲するに、以上の推測を裏付けるに足る記述が見られる。例えば、『観光集 巻五』に収録された「備中松山」（河井継之助と最初に出会った所である）には次のような記述が見られる。先ず、「制度」「学制」を述べた後、「余嘗テコレ等ノ事ヲ聞ケリ。今コノ地ニ来リ、ソノ学堂ニ上リ諸氏ニ接シ更ニ感嘆スル事アリ」として、現地に来て新たに感じた所見を書き付けている。こうした記述スタイルが全てではないが、これから判断しても、秋月が事前に記録し用意した冊子を携行していたであろうことは、容易に推察出来るのである。したがって、薩摩に関しても昌平黌同窓の重野厚之丞（安繹、成斎）や堀仲左衛門（伊地知貞馨）、高橋祐次郎（美玉三平）、上原源之丞など薩摩人から情報を得ていたであろうし、先に遊歴を終えた南摩羽峰の『負笈管見』中の「薩摩」に関する記述も参考にしたであろう。因みに、南摩も自らの遊歴前に佐賀藩の永山武貞が天保年間に東北諸藩を遊歴した記録『庚子遊草』を昌平黌書生寮で筆録、序文を記している。つまり、河井が見たものは、秋月が携行していた、そうした類の事前情報を筆録した冊子と思われる。また、河井に語った薩摩への入国の厳しさも、これから足を延ばす地への事前情報に基づいた話題としてであったと考えられる。したがって、秋月の遊歴は十月の長崎滞在を経て十一月に鹿児島に達したと確定できる。その後の足跡に関しては、新たに巻八の存在が確認されたことによって、多少の新見を加えることが出来る。すなわち巻八の飫肥藩の「総記」の箇所に次のような記述が見られる。

　余薩摩ヲ経テ日向ニ至ル、時ニ冬十二月ナレト温暖ナル事吾カ郷三月ノ候ニ異ナラス。処々菜花爛慢トシテ開キ、又路傍種々ノ野花ヲ見ル。余有詩云ク、路傍幾種青々色　野草隆冬不見霜ト。蓋実見ナリ。

　この記述から判断すれば、十一月の薩摩滞在を経て、十二月に日向に向かったことが判明する。なお、『韋軒遺稿』には七絶と見られる右の詩は収録されていない。さて、巻八には、この他、「高財」「延岡」の記述があり、これが『観光集』本巻の尾巻と見られるが、結論はなお保留としておきたい。南摩綱紀の『負笈管見』は、乾坤二巻で、会津若松市立会津図書館所蔵の写本は一冊にまとめられており、さほど厚冊ではない。これに比して秋月の『観光集』は「薩摩」のみで一冊をなすほど内容量は豊富である。ただ南摩は、『負笈管見』の巻末に遊歴を踏まえた総括とも言うべき改革案を九頁にわたり記しているが、『観光集 巻八』にはそれに類する総括は見られないからである。あるいは『観光集』の「付録」として編まれた『列藩名君賢臣事実』の尾巻に収録された可能性も考えられるが、現在のところ詳らかではない。巻八を尾巻と見做せば、総括の類は無かったことになるが、その可能性も否定できない。秋月はこの後、豊後・豊前と北上し瀬戸内を海路で大坂に向かったと推察される（河井継之助も帰路は小倉から海路を利用）が、これも現在のところ詳らかにしない。年を越して安政七年（一八六〇）となり、三月三日、江戸桜田門外の変を契機として元号が万延と改められたのは三月十八日のことである。恐らく江戸の変を未だ知らない東帰途上の七絶が残されている。『韋軒遺稿』にある遊歴に関わる最後の作である。

三

東帰至浪華舟中作　（東帰浪華に至る舟中の作）

柳緑花紅歳已周　柳は緑花は紅にして歳已に周る。
春風載夢駕扁舟　春風夢を載せ扁舟に駕す。
豫山讃岳如相識　豫山讃岳相識るが如し。
即是前年経過州　即ち是前年経過の州。

『観光集』には「凡例」の後に「目録」があり、各藩等の記述項目を列挙し、簡単な解題がなされている。項目は「制度」「学制」「田制」「賞罰」「風俗」「操練」「海防」「器械」「城郭」「人物」「議論」「処事」「物産」「交易」「雑記」「総記」の十六項目であり、例えば、「制度」は「コレ各国ノ官員法度ヲ記シ間亦ソノ国体政事ニ及フ」、「学制」は「学問所ノ制度ヲ記シ武術モ兼ネテコノ内ニアリ。又ソノ盛衰得失ニ及ビ蓄学ノ類ソノ他稽古ニ係ル事ハ皆此ニ附ス」といった解題である。ただし各藩全てにこれらの全項目が適用されているわけではない。最も詳細と思われる「鹿児島」についても「海防」「人物」「議論」「処事」を抜いた十二項目から成り、少ない藩は一、二項目に過ぎない。しかし、これを見ても秋月の記述が総じてかなり綿密詳細であることが窺われる。小川渉『会津藩教育考』によれば、会津藩の幕末期に於ける遊学・遊歴に関し「その人の材識観光察俗に可なれば、予め諸藩に通牒して四方に遊歴を命ぜらる、遊歴生は乃ち見聞せし所ヲ筆記して帰国の後出すを例とせり。」と述べられている。秋月の遊歴に関して言えば、前述の和歌山藩などは藩からの通牒が事前にあったことを窺わせる記述が『小梅日記』に見られたが、それは経過諸藩の中で主要な藩だけであろう。南摩綱紀の遊歴を見ると、遊歴先の人物に直接紹介状を次々と書いてもらいつつ諸藩を巡っている。当然秋月も昌平黌在学時の人脈を元にそうした伝手を利用したものと推察される。小川渉は先の引用の後に、秋月の『観光集』に触れ、次のような秋月の直話を紹介している。

　その秋月が筆記せしもの観光集と題し今尚ほ存せしが当時の風各藩とも政事に係ることは書生に語らざるの風なりし故、物に触れ事に接し心なげに聴訊し、筆記したるはいと労せしことなるべしと推読せらる、当時の風到る所駐れば必ず饗応あり、酒宴の間と雖も酔ふこと能はざりしと胤永自ら語りき。

こうした遊歴中の苦心や事前の周到な準備によって、『観光集』は質量共に南摩の『負笈管見』を凌駕する記録となっているが、未だその全貌は明らかではない。ここでは、河井継之助も関心を示し、秋月も「国界は厳し」と語った「鹿児島」の記述の一端のみを紹介するに止めたい。仙台藩の岡鹿門（千仭）の『在臆話記』によれば、「薩士ハ、鎖国ナルニ、千百人ノ同窓友、上田藩ノ桜田純蔵、会津ノ秋月、土屋二人ニ限リ、一ハ游学、一ハ游歴ヲ許ス。此時、上田侯ハ閣老、会津ハ福井ト名望ヲ斉フス。鎖国ノ国法アルニ、其游学、游歴ヲ許セシハ、或ハ野心アル上ノ事ナラン。如何」と述べ、昌平黌同窓中、薩摩に入国したのは、上田藩の桜井純蔵と会津藩の秋月悌次郎、土屋鉄之助の三人のみと記している。南摩羽峰の名を逸している理由は詳らかではないが、当時薩摩入国は極めて困難な状況であったことが窺われる。岡鹿門も自らの遊歴の時、薩摩に入国したいと切望し、昌平黌同窓で薩摩藩の江戸藩邸学識を勤めていた堀仲左衛門（伊地知貞馨）に懇請したが、「従前鎖国藩法」と断られたという。とすれば、幕末期における薩摩藩の見聞は貴重な情報というべきであろう。その薩摩に足跡を印した秋月韋軒の感慨は次の七絶から窺うことが出来る。

至薩州（薩州に至る）

観光適及薩摩州　　観光適に薩摩州に及ぶ
已是蜻蜓州盡頭　　已に是蜻蜓州の盡くる頭
絶海茫茫何所見　　絶海茫茫何所をか見る
大濤如屋自琉球　　大濤屋の如く琉球よりす

また、薩摩での再会をひそかに期していた昌平黌の旧友重野厚之丞（成斎）は、この時罪を得て奄美大島に遠島になっていた。

懐重野士徳在大島（重野士徳の大島に在るを懐う）

憶昔都門共嘯歌　憶う昔都門共に嘯歌す
奇才海内料無多　奇才海内多く料る無し
故人不識今何在　故人今何れに在るを識らず
洶湧唯看万畳波　洶湧唯万畳の波を看る

四

『観光集』総体の紹介と意義に関しては、稿を改めることとして、ここでは、巻七「鹿児島」の中から僅かだが「操練」「器械」の項と「総記」の按語の部分のみを紹介しておく。底本として鹿児島県立図書館所蔵写本に依拠した。（異体字・略字・合字などは通行の字体に改め、句読も適宜これを補った。）

鹿児島　松平修理大夫

操練

先侯祖宗ヨリ伝ヘ来ル兵法ト西洋流ト取捨折衷シテ一箇ノ陣法ヲ作リ、総シテ銃隊ニ改ム。総ルニ十カ七八ハ西洋ヲ取ルト云。侯英名独決ニシテ自身軍師トナリ示教セラル、事故、諸臣異議スル者無ク、余藩ノ新故銃利害ノ議紛争スル如キニアラザルヨシ。

銃隊騎隊アリ、歩隊アリ。歩隊ハ皆ケーヘル筒ヲ用ユ。騎隊ハ馬上銃ナリ。已ニ敵近カノ場合ヒニ至レハ、ヒストールヲ用故ニ騎兵ハ皆短筒ヲ腰ニス。家ノ子郎党弓槍ノ類得手道具ヲ持後ニ在リ、已ニ接シ乱軍ニナレハ、コレヲ用ユルト云。

軽卒ハ甚タ少シ。兵士ト配用セス別隊ニ用ユ。或ハ使令ニ供スルノミ。

城下海岸台場厳重ニシテ大砲数十挺在リト見ユ。ソノ詳カナル知ル事ヲ得ス。

坊津大泊始メ諸港海岸并三島（島名見後）皆砲台ヲ備ヘ戍兵ヲ置ク。近時尤厳ニストナリ。

器　械

蒸気船二艘、軍艦八艘、自国ニテ造ルアリ、西洋ヨリ買ヒ入ル、モアリ。蒸気一艘ハ尤小ニシテ十三間アリ。飛船ニ用ヒテ便トナス。又十八間位ノ軍艦二艘ヲ引カスヘシトソ。藩士ノ西洋船製ニ熟練シ自在ニ運用スル者十余輩アリト云。

藩士某云。舟ハ治乱兼ネ用ユルヲ便トス。十八間ノ軍艦エ大砲十二挺備ヘテ一万二千両位ニテ造ル事ヲ得ヘシ。但シ本邦ニテ船ヲ造ル料ノ高下ハ、船材ノ値段ト材ヲ山分ヨリ運送スル運賃銀ニアリ。故ニ作料一定シガタシ。近時列藩洋法ノ船艦ヲ造ル者少カラス。然フシテソノ国ノ製造法ヲ得テ運用自在ナル蓋天下比類無カルヘシ。此、ニ於テ防禦ノ備ヘ尽セリト云フヘシ。

鋳製方ト云一局アリ。コノ局内鎔鉱炉返射炉アリ。大小の銃ヲ造ル。銃ヲ製スル鉄ハ精ナルヲ善シトス。粗ナレハ破裂ノ患アリ。故ニ先ヅ返射炉ニテコレヲ鎔シ、又溶鉱炉ニテ鑄造スル時ハ精鉄ヲ得テ破裂ノ患ヘナシ。或人云、佐賀製ノ鉄銃破裂スルハ鎔鉄ノ加減モアルヘケレト、一ハ返射炉計リニテ溶鉱炉ヲ用ヒサレハナリ。藩人云、二炉造料大小ニ因リテ高下アレトモ、吾藩ノ如キ返射炉ハ千五百両、溶鉱ハ三千両ニテ成レリト。

船艦ノ製造総体皆コノ局内ニ在リ。又ヒートロ、キヤマン類諸細工モ此、ニ造ル。国用ニ供スルノミナラス他邦ニ売リ出シ国利トス。

製薬方ノ局アリ。コレハ火薬始諸薬品皆此、ニ製ス。コノ局内亦ヒートロヲ造ル所アリ。橙皮油菊油薄荷油ノ如キ水薬皆ヒートロ壜ニ入ル。右諸薬領国撫恤ノ為メトテ甚タ下値ヒニナル事ナリ。又他売少カラス。城下市間別ニ小売リ場所ヲ設ク。

先侯卒去ノ後、隠居君稍政務与カリ聞カレ、返射炉等取リ崩シノ沙汰アリ。今侯ノ取リ扱ヒニテ崩ス事丈ケ止ミニナル由。ソノ勢ユヘ当時ニ炉共ニ廃シテ用ユル事無キ様子ナリ。故ニ余人ニ示スハ好マサル体ニテ、余皆見ルニ及ハズ。

水車ヲ以テ機を仕掛ケ、車三機ヲ設ク。此ノ如キ者三ケ所アリテ、絹綿ノ類ヲ織ル。何ニ程モ広幅ニ織ル事ヲ得ヘシ。糸ノ切レタル時、傍人コレヲツナグノミ。ソノ他人功ヲ用ヒスシテ成ルト云。皆国利ヲ謀ル為メト聞ユ。尤ヒートロ細工織リ物ノ類、皆先侯西洋ノ説ニヨリ自己経験ノ上作ラル、モノ多シト云。然其製法ノ詳ナル未タ知ルアタハス。

造リ硝石ヲ製スル所二ケ所アリ。城下近カ海辺ニモ見ヘタリ。藩人云。硝薬ヲ造ル所ハ西北ノ閉チテ東南ノ開ケタルヲ善トス。

総　記

（前略）

列藩国ヲ立ツル皆五穀ヲ以テ本トス。コノ国ハ然ラズ。交易金銀ヲ主トス。農政は二三ナリ。コレ人情風俗ノ他邦ニ異ニシテ農政ノ届カサル所以ナリ。全国已ニ五穀ヲ得ル事少ク、又琉球始メ諸島ニ送致スル者少カラス。故ニ米豆ノ類多ク近国ヨリ買ヒ入レ、米価常ニ貴ク、奸商時アリテコレヲ擁シ、農商大ニ苦ム者アリ。故ニ先侯常平倉ノ設ケアリ。因リテ上下ソノ恵ヲ受クル大ナリ。士農商共ニ先侯仁恵ノ政ヲ追慕シ、上下コレヲ称シテ口ニ容レス。余士人ニ導カレ、侯ノ墓ニ過ギル。今ニ士庶陸続来リ拝ス。恵政人ニ入ルノ一班ヲ知ルヘシ。

余久シクコノ地士人ノ朴実剛武ナルヲ聞ク。余来リ見テ大ニ感スル所アリ。外城郷士ノ如キハ気象渾厚朴素ニシテ刀剣衣服ノ類ニ至ルモ絶ヘテ外飾ナク疎野甚シキ者アリ。城下ノ士ハ然ラス。威武激励ノ風アルモ、往々客気ニ生シ自然ニアラサルヲ覚ユ。又衣服器械鮮麗ナルアリ。軽環功利ノ徒モ少カラスト聞コユ。蓋郷士ハ薩人古風ノ本色ニシテ、城下士人ノ如キハ後世風習染移スル所ナリ。何ニトナレハ重豪侯専ラ都様繁華ヲ好マレ此、ニ於テ風俗大ニ変シ、一国ヲ挙ケテ豪靡軟ニ帰ス。抑コノ国交易ヲ主トシテ上下既ニ財利ノ間ニ従事シ調所氏又利政ヲ起シ、藩俗専ラ貨殖財利ニ赴キ、前キノ奢靡ナル者ト財利ノ習ト重畳染習シテ一風ヲ成スニ至ル。蓋ソノ本色ヲ失フ者多シ。郷士ノ如キハ常ニ城下遠ニアリテ、ソノ風習ニ移ル少シ。故ニ能ク古風ヲ失ハサル者アリ。重豪侯ノ為ル所論スルニ足ラス。聞調所氏国計窮蹙ノ日ニ当リテ、財ヲ理スル頗ル統紀アリ。数百万ノ借金ヲ復シ、府庫充実スルニ至ル。一木大廈ヲ支ユルノ勢ナリシ。然ルニ功ヲ一時ニ奏スト雖、禍ヒヲ後世ニ齎ス多シ。本邦武門ノ国ヲ建ツル、西洋諸蛮ノ交易ヲ主トシ専ラ財利ヲ事トスルト大ニ異ナリ。故ニ近小ノ利益ヲ急ニシテ道義ヲ忽カセニスヘカラス。然ラサレハ、コレカ後ヲ承クル者ソノ流弊ニタヘサルアリ。凡ソ創業改革スル者、必今日ノ為ル所ニヨリテ後世ノ廃興得失スル所以ヲ考ヘ、終ヲ要シテ始メヲ慎ムヘシ。

五

秋月の入薩は、英名を謳われた薩摩藩十一代藩主島津斉彬が急逝した安政五年七月の翌年に当たる。斉彬は近代洋式工業を導入、産業・経済・軍事の近代化を強力に推進して来たが、その成果が書き留められており、極めて興味深い。

因みに、二年前の安政四年に入薩した南摩羽峰も『負笈管見』に斉彬の開明政策の成果を詳しく書き留めている。「今侯ハ大ニ蘭学ヲ好ミ蘭書ヲ読（ム）者ヲ召抱ヘ、優ニ俸ヲ賜ヒ細々吟味セラル、故、不日ニ本法ニ改マルベシ。返射炉ヲ作リ大砲ヲ鋳ル。炉ハ一ナリ。西洋流騎馬調練アリ。百疋許リ慣レタル馬アリト云。凡ソ調練ニ用ル砲一月ニ一万七千五百発ト云。」「ケベル銃ヲ造ル者三十人、日々造ル毎月二十四五挺ヅツ出来ルト云。其外砲墩及船製造皆局ヲ分チ役人モ各自分レテ之ヲ司ル。軍艦五艘造リ、内二艘ヲ幕府ヘ献ジ、幕府ヨリ金八万両賜ハル。実ハ一艘ニテ諸費一万両許リノ由。」といった具合である。この時南摩にとって蘭学の師であった石井密太郎が、故あって山田正太郎（間もなく石河確太郎と改名、後石河正龍）の変名で薩藩に招聘されており、斉彬による総合的な近代洋式工業化の推進に尽力していた。南摩はこの旧師に再会を果たしており、軍事機密に関わる右のような情報は石河からの提供によるものと推察される。あるいは秋月にも南摩による紹介状が手渡されていたのかも知れない。

因みに、岡鹿門によって『在臆話記』に、昌平黌千百人の同窓中、薩摩に入国出来たのは、会津の秋月悌次郎・土屋鉄之助と上田藩の桜井純蔵の三人のみと記されていたことは先述した。南摩の名を逸した事情は不明だが、ここで土屋鉄之助について触れておきたい。土屋と秋月は所々で合流しながら、同時期に遊歴を続けていたことはこれまでの記述でも触れたごとくである。河井継之助の『塵壺』には、長崎に入る直前に帰国を急ぐ様子の土屋と出会ったことが記されている。「彼は親の死す為の様子。用事ありて急に帰ると計り申しける。」と河井は推察している。その後、長崎で秋月と出会った河井は、熊本に待機しているらしい土屋を幕府の観光丸に便乗させて江戸まで帰すための交渉をしている秋月の行動を書き留めている。秋月は観光丸搭乗の幕臣矢田堀景蔵とは昌平黌で旧知であったようである。結局この交渉は不調に終わり、土屋はそのまま帰国の途に就いたものと思われる。土屋の遊歴記録はその有無すら詳らかではない。幕末期の会津藩の記録では、土屋は「御近習一ノ寄合二〇〇石」とあり、戊辰戦争では新練隊長を勤め、白河口などで戦っている。だが、維新後は知友とも関係を絶ち、自ら韜晦したらしく、その後半生は不明なところが多い。岡鹿門の『在臆話記』によれば、「連盟乱中ハ、土屋ハ会計担当、盛ンニ贋金ヲ鋳造、軍用ニ供ス。謝罪後、猶隠密ニ鋳造。此罪最大、生路ナケレバ、姓名ヲ湯沢某ト改メ、秋田ニ潜匿。此上ハ蓄財殖金、此ヲ以テ身ヲ発スル外ナシト決心」したという。そして、潜匿十数年間に鬱然たる資産家となり「買田歌」という長編七古を作り、突然送って来たという。驚いた岡が秋月と共に和韻して土屋のもとに送ろうとしたところ、秋田から訃音が届いたと記している。土屋の潜匿のことは同藩と雖も互いに聞知せずと岡は付記している。この岡の回想が事実とすれば、数奇な運命を辿ったという他はない。

ところで、小川渉の遺著『会津藩教育考』には一箇所だが、「秋月胤永、当時悌次郎　南摩綱紀、当時三郎　野出伴介（ママ）、当時土屋鉄之助」という記述が見られる。此の著書の刊行は昭和六年だが、小川の序は明治十八年である。さらに同書には生前の秋月・南摩・廣澤安任の頭評が付されている。小川も含めて全て幕末期昌平黌に学んだ会津藩士である。とすれば、明治維新後、土屋鉄之助は野出伴介と名乗っていたことは確かであろう。岡の言う「湯沢某」と名乗った時期もあったかも知れないが、確証が得られない。土屋鉄之助の後名が野出伴介であれば、私が所蔵する南摩綱紀宛書簡類の中に「野出伴助」名のものが一通存在する。明治十八年三月二十八日付、東京の南摩綱紀宛の「持たせ文」である。差出人は「羽後国南秋田郡本町五丁目一番地　野出伴助」である。岡鹿門の記述を裏付けるごとく、屈折した心情が散見される。数回の南摩からの手紙に漸く返事を書いたもののようである。その一端を紹介すれば、「僕ハ先ニ筆変リ光ルものハ目ハカリ如何ナル蝿頭（ようとう）細字読ムニモ書クニモ眼鏡ナシニ、牢ナルものハ歯ハカリ、砂豆ヲ嚙テ英雄ヲ罵リ、此ハ艾（がい）寒士之一得、其故ハ甘肴口ニ不入レハ歯ヲ労スルナシ。故ニ歯牢也。美色の目ニ入ルナクシテ眸ヲ凝スナシ。故ニ目明カ也ト。自誇自笑。猶如何セン心之死灰枯木、曾テ人間ノ用ヲ為サズ、真ニ残生曾死。茗囂親睦会序文ヲ見ルニ、高鋭一僕の籍ヲ鬼録ニ送レリ。活眼ト云ハザルヲ不得」といった具合である。岡鹿門も「同窓旧友ホド老後ノ感情ニ切ナルハナシ」と語っているが、土屋鉄之助の後半生にはその感が深い。先述のごとく土屋の遊歴記録は伝わっていない。その詩文なども全く知ることを得ないのだが、古い『会津会会報』（大正六年六月）に僅かに一首を見出すことが出来たので、ここに紹介しておきたい。

早春有感　（早春に感有り）東渓　土屋鉄之助

紅塵堆裏又添年　　紅塵堆裏に又年を添ふ
嗟我身同不繫船　　嗟（ああ）我身繫がざる船に同じ
安得故山帰穏日　　安（いず）くにか故山帰穏の日を得ん
閑雲野鶴了天然　　閑雲野鶴天然に了す

これにより、土屋鉄之助が「東渓」と号していたことが知られる。紹介者は佐藤竹浦と見られる。右の七絶に付評を寄せた佐藤は、既に故人となって久しい土屋を「余少時先生の名を聞く」と「先生」と記している。大正六年のこの年、佐藤は七十三歳である。「金玉之篇蓋し亦少しとせず」とも記しているが、管見の及ぶところ、土屋の詩は他に見出すことは出来ない。岡鹿門『在臆話記』によれば、土屋は慶応年間にも東北諸藩や新潟などを探索遊歴し仙台に岡を訪ねているが、右の七絶はそうした寧日ない遊歴を重ねる日々の感懐であろう。

六

河井継之助の『塵壺』によれば、長崎から急遽帰国を急ぐ様子の土屋に出会った河井は、その理由を「親の死す為の様子」と書き記している。ところが、戊辰殉難者七十年祭典（昭和十二年）の折出版された『戊辰殉難名簿』（会津若松市役所）によれば、「二〇〇石　鉄之助父　側医師　土屋一庵　七〇　八月二三日自宅自刃」と記載されている。この日付は新政府軍が会津城下に侵入した日である。とすれば、遊歴時に逝去したのは母親の方であったとも推察されるが詳らかにしない。ともあれ遊歴途上で帰国を余儀なくされた土屋鉄之助の遊歴記録は伝えられていない。したがって、幕末期の会津藩士による諸国遊歴記録は、南摩綱紀の『負笈管見』と秋月胤永の『観光集』のみと言えよう。前稿で記したように、秋月の『観光集』は巻二・巻三及び巻六が未発見であり、巻八が尾巻であるか否かも判断を留保せざるを得なかった。それゆえ、『観光集』の全貌については現在のところこれを窺うことはできないが、巻一の京都・大坂・長崎、巻五の備中松山・長門萩、巻七の鹿児島など重要な遊歴地の観察記録が初めて明らかになった意味は大きい。

さて、秋月の遊歴体験が彼にもたらした思想的意味については、尾巻に記されたかもしれない総括的記述が明らかでない以上早急に論ずべきではないだろうが、とりあえず次のことは言えるであろう。すなわち遊歴に際して昌平黌時代の人脈を基盤にしてさらに諸藩への人脈を拡大したことは、各地への見聞の広さと相俟って、この後幕末の動乱を迎える秋月をして、時勢への観察眼をいっそう深化させたであろうことは間違いない。文久二年、藩主松平容保が京都守護職を勤めることになった時、秋月が公用方に選ばれたのも、こうした経歴が高く評価されたであろうことは容易に推察される。遊歴時の新たな交友人脈に限っても、先に触れた河井継之助との交友が後に大きな意味を持つに至ることは言うまでもないが、ここでは長州の奥平謙輔との出会いに触れておこう。戊辰戦争時、会津落城を軍事奉行添役として迎え、敗軍の将となった秋月のもとへ敵軍の長州参謀奥平謙輔から一書が届けられた。これは賊軍となった会津藩への同情と敬意に満ちた情理兼ね備えた名文の書簡として知られるものである。そしてこれに答えた秋月の書簡も劣らず名文として人口に膾炙するところとなった。

奥平の書簡は「相見ざること八九年。何ぞ月日の我を待たざるや。」で始まり、「夫れ貴国幕府の為にする亦至れり。貴国無くんば徳川氏の鬼、祭られず。臣各々其の主の為にするは職なり。詩に曰く他山の石以て玉を磨くべしと。天下石無きこと久し。今貴国頑然石と為り、天下をして各々玉を磨かしむ。則ち貴国独り旧幕府の為に其の節を罄すのみならず、海内に大造有ることも亦大なり。則ち弊邑亦與りて其の賜を被むる。」とひとり節を曲げず時代の犠牲となった会津藩への敬意と同情を披瀝し、「其の徳川氏に報ずる所以のものを以て之を朝廷に致し、以て其の自新の心を表せられんこと、足下其れ之を思へ。」（原漢文）と訴え、秋月をして泣かしめたという書簡である。これに対して秋月の返書も漢文による見事な長文の書簡である。その一部を紹介しておけば、「来書に曰ク、其之徳川氏に報ずる所以のものを以て之を朝廷に致せと。言の懇篤なる、足下に非ずんば豈能く此の如くならんや。読みて此に至り泫然として涕を流す。足下微かりせば、僕亦豈之を盡言せんや。」「今春伏水の一挙人の皆知る所故に復た贅せず。老寡君東帰、過を思ひ使を列藩に遣はし罪を朝廷に謝し、屏息罪を待つこと月余日、何ぞ料らん道路梗塞して至情達せず。大兵堺を圧し四面敵を受くるに及び、一に残人あり、我財貨を略し我子女を害し、曾て王師の弔恤の意なし。故に我甲兵を尽して以て之に応ず、亦武門の常事のみ。」「嗚呼包胥哭庭の使未だ帰らずして鄭伯牽羊の辱已に見はる、時勢此に至る復た何をか言はむ、弊邑の罪載せて朝典に有り、斧鉞の誅甘じて受くる所なり。」云々と綿々と続く名文である。重野成斎（安繹）はこれを評して「国変の際、方寸裂くるが如し。此の時に当り神気乱れず、言を発して章を成す。素養有る者に非ざれば能はず。」と述べ、南摩羽峰は「論じ去り論じ来たり、満腔の丹衷を吐露し、血の紙表に滴るの思い有り。読者誰か感愴断腸せざらんや。」（『韋軒遺稿』）と評している。

秋月と奥平の出会いは安政六年の遊歴時に遡るが、この時秋月は三十五歳、奥平は二十歳であった。『観光集　巻五』には萩の藩校明倫館について詳細に記述し、「文武館ノ設ケソノ備ハル事コノ藩ノ如キ比類少シ」と称賛している。そして生徒には怜悧慧巧の人が目につくが、教える方が家柄によって師となるので、教化陶容の才徳に乏しく、折角の人材が育っていない、と述べている。奥平は安政六年明倫館に入り、その居寮生となっているから、秋月とは明倫館で出会っているはずである。奥平が「相見ざること八九年」と書き起こしているように、これ以後秋月への変わらぬ敬愛の情を持ち続けていたことを考えると、よほど印象的な出会いであったものと推察されるのだが、残念ながら『観光集』からはそれを窺い知ることができない。

【付記】
本稿を成すに当り、「新村出記念財団重山文庫」「もりおか歴史文化館」「鹿児島県立図書館」「会津若松市立図書館」などにお世話になった。記して謝意を表します。

余滴6　『観光集』の伝存状況

『観光集』の伝存状況については、鹿児島県立図書館と東京大学史料編纂所に第七巻の写本（島津家本からの大正期の写本）があることが知られ、新村出記念重山文庫に一・二・七巻の写本が存在し、近年盛岡中央公民館蔵の「慶応丁卯雑記」中に、五巻および八巻の写本が含まれていることが東大史料編纂所の調査により明らかとなった。とりわけ、盛岡本は従来全七巻と考えられてきた『観光集』に第八巻があることが判明、興味深い発見であった。以上の伝本にはすべて目を通す機会を得たが、新村出が後年いささか気になる記述を残している。昭和二十九年の『観光文化』に、『観光集』は大正初年に京都竹苞楼で掘り出したこと。「八巻のうち五巻だけであった」こと、「大学図書館でも写本を作ってある筈」だということ。さらに「内田銀蔵君も何かに紹介し、私（新村）も『藝文』に紹介したことがある。」と記していることだ。既に全八巻であることを知っていることや、その内の五巻を手に入れたと述べていることが興味深いのだが、重山文庫には一・二・七巻の三冊しか残されていない。それでは残り二冊は失われたのか？

いっぽう『藝文』には、新村が「紹介したことがある」という一文は見当たらないし、「内田銀蔵著作目録」にもそれらしい一文は見当たらない。ところが、『藝文』には、古田良一「『観光集』を読む」（大正八年七月、10巻7号）が載っていた。どうやら新村の「内田」と「古田」を取り違えた記憶違いであったようだ。古田によれば、「一、二、七、の三巻は新村博士が蔵せられ、三、五、八の三巻は著者の養子秋月胤継氏が蔵して居られる。京都帝国大学付属図書館には以上二氏の所蔵本によって謄写したものがある」とのこと。古田は新村の好意でこれらを貸与され、この一文を草したという。とすれば、新村が竹苞楼で掘り出したものは、最初から現存する三冊であったことになる。新村が全八巻であることを知ったのは、秋月胤継蔵書に拠ったものであろう。というわけで、京大図書館の写本が伝存すれば、未見の第三巻が見られることになるのだが、同図書館からの報告では、残念ながら、これらの写本は現在確認できないとのことである。秋月胤継旧蔵の三冊については、その後の伝存は詳らかではない。古田によれば、第三巻は南海道を中心に記されているとのことである。これを含め、第四、六巻の伝存はなお不明のままである。

余滴7　秋月韋軒と水島閑鷗の和韻

水島純（閑鷗）に秋月の「亀城幽囚中作」に和した「亀城幽囚中和秋月先生韻」と題する七言古詩がある。秋月の詩も『韋軒遺稿』に洩れており、ともに興味深い作と思われるので、ここに改めて紹介しておく。会津落城後、二人共に猪苗代湖畔の亀ヶ城中に幽閉されていた折の作である。大正五年の『会津会々報』に掲載されたもので、これを掲載した佐藤忠惇（竹浦）の付評によれば、「閑鷗君と韋軒先生は倶に国難に会して軍議に参し、遂に楚囚となる。其の惨苦想う可し。此の唱和作一字一涙、卒読に堪えず。其の誠忠君愛の情、紙表に溢る。而して今に至りても取出し人に示されず。今請い得て此に掲ぐ。」云々（原漢文）とある。これから判断するに、未だ存命であった水島純に直接請うて掲載に至ったものと思われる。

亀城幽囚中作　　韋軒　秋月胤永

君在東京親病床
南顧西望起彷徨
徴書到日臣在越
帰来幽囚欲断腸
仮令不徴固将行
況復特旨出東京
落々心事元明白
豈無天王識忠誠
決然欲走亦非宜
唯愁或失有為機
抱膝一室夜偏永
暗涙滴々落弊衣
雁魚寥々路遥哉
或恐明公登釣台

又喜王所春已動
我公応有看早梅
抱懐欲語又忘言
雪漫々兮暗乾坤
已有扈従諸老在
区々書生何足論

君は東京に在り　親は病床
南顧西望して起きて彷徨す
徴書到るの日　臣越に在り
帰り来たりて幽囚腸を断たんと欲す
たとえ徴されずとも固より将に行かんとす
況んや復た特旨東京に出づるにおいてをや
落々たる心事元より明白
豈に天王忠誠を識る無からんや
決然として走らんと欲して宜非らず
唯愁う或るいは有為の機を失うを
膝を抱えて夜偏えに永し
暗涙滴々として弊衣に落ち
雁魚寥々として路遥かなり
或るいは恐る明公釣台に登るを

又喜ぶ王所の春已に動き
我公応に早梅を看る有り
抱懐を語らんと欲して又言を忘る
雪漫々として乾坤暗し
已に扈従の諸老在る有り
区々たる書生何んぞ論ずるに足らん

猪苗代謹慎中、長州の奥平謙輔に会見するため、真龍寺の僧智海（河井善順）の従僕に身を窶（やつ）して謹慎所を密かに抜け出し、北越に潜行した帰途に詠まれたいわゆる「北越潜行詩」は既によく知られているが、この詩はこれまでの秋月韋軒論でも触れられることは無かったようである。秋月が北越潜行中に主君松平容保は既に東京に護送されていた。秋月も主君と共に徴されていたのだが、脱走中ゆえに応ずることができず、猪苗代謹慎所に戻るや、官軍陣所に幽囚され、期を逸した思いに苛まれながら再徴の特旨を待つことになる。一ヶ月余を経て漸く遅れて徴されることになるのだが、この間の幽囚中の衷情を詠んだもので、これもまた胸に迫る秀作であるが、如何なる理由か『韋軒遺稿』には収録されず、大正五年のこの時に至って初めて紹介されたものである。「応徴日札」によれば、十二月十二日に至って、海老名郡治藩相、井深茂右衛門・田中源之進両参政の外、小森一貫斎、井深守之助、辰野源之丞、春日郡吾、桃沢彦次郎と秋月の九名が即時上京すべしとの命を受けた。その時「余時ニ風疾ヲ感ジ被ヲ被リテ臥ス。命ヲ奉ジ躍然トシテ疾ノ身ニ在ルヲ覚エザルナリ。弟胤家、周旋行李ヲ理シ、水島弁治贈ル二言ヲ以テス。」云々とある。ここに記された水島弁治が贈った「言」が、即ちこの「亀城幽囚中和秋月先生韻」に他ならない。

秋月の「亀城幽囚中作」に対して、この水島純（閑鷗）の唱和作も胸に迫り、両作相俟って当時の会津藩士の苦衷を代弁していると言えよう。

亀城幽囚中和秋月先生韻　　閑鷗　水島純

残燈影暗伴病床
請室夢覚起彷徨
惆悵細憶疇昔事
江声月色空断腸

君臣相将為南行
時々挙首望東京
仰訴天兮俯哭地
楚囚何処表至誠
国是元非失時宜
大謀最要察幾微
白面将相無韜略
方寸已乱涙湿衣
遥思五馬何在哉
無復当年旧邸台
挙目応異昔日景
唯有乱後見早梅
一身栄辱何足言
浮雲蔽日暗乾坤
誰道蓋棺事則定
千載之後待弁論

残燈影暗く病床に伴う
請室夢覚めて起ちて彷徨す
惆悵す細憶疇昔の事
江声月色空しく腸を断つ

君臣相将に南行を為さんとす
時々首を挙げて東京をのぞみ
仰ぎて天に訴え俯きて地に哭す
楚囚何処に至誠を表さん
国是元より時宜を失うに非ず
大謀最も幾微を察するを要す
白面の将相韜略無し
方寸已に乱れて涙衣を湿おす
遥かに思う五馬何れに在りや
当年の旧邸台を復する無く
目を挙ぐれば応に昔日の景に異ならんとす
唯乱後早梅を見る有り
一身の栄辱何ぞ言うに足らん
浮雲日を蔽いて乾坤暗し
誰か道（い）う棺に蓋して事則ち定まると
千載の後弁論を待たん

いくらかの註を加えておけば、「請室」は〈牢獄、処罰を待つ部屋〉・「惆悵（ちゅうちょう）」は〈気落ちして歎きいたむ〉・「疇昔（ちゅうせき）」は〈先日、昔日〉・「韜略（とうりゃく）」は〈兵法の書、「六韜」と「三略」〉。また「五馬」とは、先に東京に赴いた松平容保・容大父子と内藤・梶原藩相に手代木の五人を指すか？

黒河内良は「韋軒先生の詩名已に世に在り、閑鷗先生亦昌平校に入り余力を芸に游ぶ。詩文異彩を放つ。戊辰役両先生帷幕に参す」「乱後の詩篇、我名士の作少なからず。而して斯の両篇実に雙璧を為す。」（原漢文）と評している。この両作が大正初期まで埋もれていた事実は、はなはだ遺憾なことと言わなければならない。ここにあらためて紹介する所以である。

第三部　幕末維新の残影

一　フランク松浦と島崎藤村――〝黒船〟の残影

一

一人の忘れられた写真家が甦った。死後六十年を経て、その驚嘆すべき作品が発見され、俄かに脚光を浴びた。だが彼の生涯は依然として謎に包まれている。

一九七五年、アメリカ・ワシントン州のカナダ国境に近い峡谷の町オカノガンにおいて、フランク・S・マツラという人物が撮影した西部開拓時代の厖大な写真が発見された。しかも安岡章太郎によって、〈その一枚一枚に、或る威厳――というかまるで聖画を見るような一種の敬虔さ〉[1]が感じられると評されたごとく、ほとんどがガラス版写真でありながら、まことに良質でみごとな作品という他はない。映像のみを残して自らを消し去った、このミステリアスな日本人に惹きつけられたジョアン・ロー女史により、一九八一年に漸くフランク・マツラの写真集がシアトルで刊行された。そして二年後、日本においても翻訳出版[2]された他、テレビ朝日によってドキュメンタリードラマ[3]が制作放映された。また移民史研究家（後作家）石川好により「謎の写真家フランク松浦」と題する一文が『歴史と人物』[4]誌に発表されたのをはじめ、新聞、週刊誌[5]などでも紹介されるなど俄かに注目を浴びつつある。こうしてフランク松浦の生涯も深い霧の中からかすかにその輪郭をあらわしつつあるが、依然として霧にとざされた部分が多い。

ジョアン・ローは前記写真集の「フランク・マツラについて」と題する一文の冒頭に、〈彼らはこれに薬を塗り、棺に納めて、エジプトに置いた。〉という「創世紀」の一節を引き、次の如く書いている。

一九一三年六月、聖書の一節にあるように、日本人の男が祖国をはるか離れたワシントン州オカノガン市で棺の中に眠っていた。聖書中の人物イスラエル人ヨセフのように、フランク・マツラはたった一人で異国にいた。親族の誰一人お悔みに訪れることなく、また日本からは一通の弔文も届かなかった。タコマ市の日本領事館からは、そっけない調子の「当地に葬るように」とのメッセージが届いただけだった。しかし、フランク・マツラは一人ぼっちではなかった。彼の葬儀は、余りに参会者が多かったので教会にはおさまり切れず、町の公会堂で催されたのである。

白人、インディアンを問わず三〇〇人もの人間が、この土地に自らの家と自分の将来を求めた彼のために、お祈りに集まったのだ。

日本人としての過去を完全に消し去り、異郷で孤独な死を遂げたかに見えるフランク・S・マツラの前半生は、ジョアン・ローをはじめ、頌栄女子学院[6]、小栗謙一[7]、石川好などの執拗な調査により、漸くわずかながらその一端が浮かび上がりつつある。これらの調査結果に依拠しつつ、彼の経歴を簡単に記せば、本名は松浦栄（まつら）。明治六年六月二十七日、父松浦安、母ヒデの長男として東京入舟町に生まれた。祖父松浦安右衛門は幕府与力職であったという。発見された出生届によれば、出生後二年も「失念」していたため届出が遅延した上に、明治十年栄三歳の時、早くも家督相続届が提出されている。これは父安が病弱の為隠居という理由が附されているが、以上の事実から石川好は没落士族の暗い影を窺うことができると推察している。また父の弟松浦正が頌栄学園の創立者岡見清致の妹寿海と養子縁組を結び岡見正となったところから、栄も叔父の世話になりながら頌栄学園に学び、やがて学園の事務員として勤務していたと推測されている。この間、明治二十一年木村熊二により洗礼を受け、渡米したのは明治三十四年と見られる。発見された旅券申請用紙によれば、旅券番号は一八七一八。下付日は五月六日。旅行地名米国タコマ、シアトル。旅行目的は商業実習とある。年齢二十七歳十一ヶ月。

以上が現在までに明らかになったフランク松浦の略歴である。さて、こうした略歴を眺めて見る時、私には他ならぬ島崎藤村との関係が浮かび上がって来て興味深い。

二

松浦栄が木村熊二から洗礼を受けたのは明治二十一年十一月四日、台町教会（現、高輪教会）である。「台町教会小会記録」によれば、〈明治二十一年十一月一日、木村牧師宅にて小会を開く。議長木村牧師、長老加藤順蔵、岡見正、書記は原素平〉とあり、その他列席者九名の名が続き、〈右各信仰を言顕すにより、来日曜日会堂において洗礼執行することに決す。〉と記され、九名の名前の中に〈岡見正方寄留松浦栄〉と記されている。そして「台町教会日記」により十一月四日に洗礼がなされたことが確認されている。(8)

一方、同じ「台町教会日記」の明治二十一年五月十日の条に、洗礼志願者として五名の住所氏名が記され、その中に島崎春樹の名がある。そして〈右明治学院生徒ナリ来ル安息日試験ノ上授洗ス〉と記されている。さらに「台町教会小会記録」明治二十一年六月十七日の条に次の如く島崎藤村の受洗記録が見られる。(9)

議長木村教師長老岡見辰五郎岡見正加藤順蔵列席議長祈禱開会議事洗礼志願者桜井弥太郎福田仁太郎富永兵

満関友三島崎春樹ノ試験ヲナス五名ノ信仰ヲ言露スニ付洗礼ヲ施シ入会ヲ許ス事ニ議決当日会堂ニテ木村教師洗礼ヲ施ス

明治廿一年六月十七日入会

兵庫県兵庫小西屋町四十番地　桜井弥太郎

同　千葉県甘楽郡富岡町四百八十番　福沢仁太郎

同　同県甘楽郡宮崎町七拾三番地　富永　兵満

同　信濃国佐久間（ママ）郡小諸村　関　友三

同　信濃国西筑摩小馬籠駅　島崎　春樹

フランク松浦と島崎藤村の接点が見出されるのはここである。二人は同じ明治二十一年に木村熊二から台町教会で洗礼を受けているのである。これは単にそれだけの事実以上に二人の人生の交錯を浮かび上がらせてはいないだろうか。翌二十二年、木村熊二は頌栄学園の二代目校長にも就任、経営者の岡見一族に連なる叔父岡見正の家に寄留していた松浦栄との関係は二重に深くなることになる。他方、島崎藤村にしても木村は共立学校在学当時の恩師である上に、明治学院在学中は一時木村の家に寄寓していたこともある。まして後年木村の創立にかかる小諸義塾への赴任を想起するまでもなく、木村と藤村の関係は非常に深い。とすれば、若き日の一時期、フランク松浦と島崎藤村は木村熊二という二人にとって忘れがたい人物を軸にして、互いにその人生の一端を交錯させていた可能性が強い。そればかりでなく、明治五年生まれの藤村と明治六年生まれの松浦栄は教会を中心とする青年会の活動を想像すれば容易に接点を見出だすことができよう。藤村と頌栄学園との直接の関係も「桜の実の熟する時」などから推察することもできる。「木村熊二日記」の明治二十二年四月一日（月）の記事によれば、[10]〈伊藤尾崎布屋捶井福田嶋崎等来りて青年会の事を議す〉という記録もあり、こうした青年会が活発に開かれたとすれば、フランク松浦は若き日の島崎藤村の周辺人物としての意義を初めて現わしたと言えよう。

フランク松浦と島崎藤村。その後全く異なる人生を歩いた二人の人間が、若い一時期に共に過ごした日々があったことを想像することは興味深い。そして藤村文学の軌跡にフランク松浦という人物の存在を視界にとりこんで眺めて見た時、人は『破戒』の結末を想起しないだろうか。瀬川丑松の〝テキサス行き〟である。従来この結末は読者に唐突な感を抱かせさまざまな論議を呼んでいる。例えば、平野謙によって〈その救ひもテキサス行きといふやうな架空的なすがたでしか解決し得なかった。[11]〉と批判されたのをはじめ、瀬沼茂樹により丑松を〈部落解放運動の門出へ導かず、テキサス行きといふ一種の社会外への小説的解決に終らせることにもなった。[12]〉と批判されている。これらの批判に対して吉田精一は杉浦天台の「樊噲夢物語」や柳瀬勁介「社会外の社会」を例に挙げ、当時の部落問題の具体的解決策として移民が提唱されていた事実を指摘、〈これらの事情を考へると、藤村の「破戒」に於ける結末は「架空」ではなくしてレアリテをもってゐたのである。[13]〉と論じている。また石川好によれば、〈明治20年代後半から本格的になった北米大陸移民は明治29年日本郵船がシアトル航路を開設したことにより、シアトルはサンフランシスコ以上に初期日本人移民の集合地となった。[14]〉と移民自体の隆盛を指摘している。こうした移民ブームを背景に考えれば、瀬川丑松のテキサス行きもさほど不自然で唐突な着想ではなかったと思われる。しかしそれ以上に藤村の念頭には松浦栄のアメリカ行きという具体的事実があったのではないか。松浦の渡米が明治三十四年、藤村の小諸義塾赴任は明治三十二年だが、小諸義塾が他ならぬ師木村熊二の創立にかかるものであり、木村の強い慫慂による赴任であったことを想起すれば、松浦栄の渡米を知り得た可能性は大きい。後述するように松浦に写真技術の習得や渡米を示唆したものも木村熊二であったと推測されるからである。そして何よりも「破戒」は小諸義塾在職中に想を得た作品であり、瀬川丑松のテキサス行きという結末も最初から構想されていたのではあるまいか。このように考えてあらためて「破戒」を読み返してみると次のような興味深い記述も見られる。

> 大日向は『テキサス』にあるといふ日本村のことを丑松に語り聞せた。北佐久の地方から出て遠く其日本村へ渡った人々のことを語り聞せた。一人、相応の資産ある家に生れて、東京麻布の中学を卒業した青年も、矢張その渡航者の群に交ったことなぞを語り聞せた。　（第弐拾参章）

こうした記述は松浦栄を念頭に置いた表現のように思われてならない。そして結末のテキサス行きという構想も松浦の渡米から着想されたものではなかろうか。山田晃は、木村熊二の都落ちと小諸義塾の創立、さらにはその教育事業を手伝う藤村という図式は〈大日向を助けることを志した丑松のこころに通うものであったに違いない。[15]〉と指摘し、〈かくして、丑松をテキサスに送り出す藤村は、その後影に、かつての自分を眺めていたのはほとんど確実と思われる。〉という興味深い指摘をしている。大日向の役割に木村熊二の存在を読み取るとしたら、先の引用文はいっそう興味深い。瀬川丑松のモデルが松浦栄であると言うのでは毛頭ない。しかし結末のテキサス行きという着想には松浦のアメリカ行きが念頭にあったのではないかと想像されるのである。

三

松浦栄の祖父松浦安右衛門は幕府与力職であったと先に記した。さらに初代駐日領事タウンゼント・ハリスが下田から江戸に向う道中を護衛した武士の一人だと報告されている。[16] 私はこの祖父安右衛門は他ならぬ吉田松陰とも無縁な人物ではなかったと考えている。周知の如く、松陰は安政元年再び日本を訪れたペリー艦隊に国禁を犯して搭乗し渡米しようと企ったが事ならず自首、やがて江戸に檻送されて北町奉行の取調べを受けることになる。ここに松浦という北町奉行所留役の与力が登場する。翌年野山獄にあった松陰の書き残した「回顧録」[17] によれば次の如くである。

四月十五日、保土谷を発し、江戸に着し、直ちに北町奉行の第（やしき）に至る。玄関脇にて吾れら二人を奉行所へ引渡す。夫れより仮牢へ入り、綱・手錠・ほだを脱す。少頃にして呼入れ、留役二人（松浦・磯貝。磯貝は吾れ等の事、未だ結局せざる前に病死す、高橋是れに代る。）我が輩の逐一を糺し終り、渋生は原の仮牢に返す。余は玄関際の一間に屏風を囲み、同心両人番人をなす。

（傍点小林）

結論から言えば、私はこの松浦安左衛門がフランク松浦の祖父松浦安右衛門と同一人物であると考えている。当時与力職は南北両町奉行に二十五騎ずつ、わずか五十人、全て世襲[18]であったというから松浦という与力が二人いたとは考え難い。文久二年の尾張屋清七板「八町堀細見絵図」には北町奉行与力として「松浦安右ヱ門」の屋敷が確認できるがその他、南北与力を含めて松浦という与力の屋敷は確認することが出来ない。

さて、この事件に連座した松陰の師佐久間象山も共に取り調べを受けたこともよく知られている。事ならざる上は万死も期するところと覚悟していた熱情家松陰と異り、理論家象山は徹底的な法廷理論闘争を展開したようである。〈象山吏に対するの間、奉行を諭し、幕府の陋禁を弛べさせんとの志あり、其の言慷慨過激なること多し。〉（野山獄来翰節略[19]）と松陰も記している。象山のこの鋭い言説には北町奉行井戸対馬守も辟易したらしいが、これは与力松浦安左衛門も同断であった。やはり松陰の書き残した書翰によって与力松浦安左衛門の人物像をわずかに窺い知ることができる。「野山獄来翰節略」の中に〝佐久間象山と松浦〟と見出しのあるものがある。

松浦初めの程は数々怒声を以て象山に加ふ。一日象山罪に伏せざるに因り松浦怒りて曰く、「修理其の方和漢古今に博渉し、大儒碩学なることは吾れも承知せり。然れども余此の府に居る、幕朝の律令千万巻悉く諳記し、鞠訊に長ずるを以て特に此の職を奉ず。此の府に居る者吾れ一人のみならず、皆然らざることなし。故に今上命を奉じ、厳重に其の方の罪を糺せよとの事故、修理大儒碩学にも負けはせぬぞ、修理負けはせぬぞ。若し書を把りて講を聴く時は、一二の間より拝することは因よりなり、然れども今日の事は少しも譲りは致さぬぞ」と、高声に罵ること数度に及べり。（原文朱書という）

事件そのものの重大さに加え、役目とは言え、一代の碩学佐久間象山を鞠訊しなければならぬ重荷と、自らの職能に対する自負が相俟って安左衛門の気負いを増幅させ、象山の傲岸な態度に立腹したらしい。松陰の筆も安左衛門の肉声を生々しく伝えていて興味深い。これらから判断すれば、松浦安左衛門は実直で自負心も強い典型的熟練官僚であったと想像することができよう。さらに、二人の調書を覆読した時、「沿革」をうっかりハンカクと誤読したため、たちまち象山につっこまれ愈々激昂したこともあったと松陰は書き残している。だが〈然れども後には松浦も大いに和す。蓋し初めは象山を以て吾れを侮るとのみ思いたりと見ゆ。後初めて其の心を知りたるなり。是れ亦一咲柄〉と松陰も記している如く、後には大いに理解を示し相和したという。是れ亦一咲柄（笑いぐさ）と松陰が書いているところから判断すると、松陰は安左衛門に悪い感情を持ってはいないらしい。松浦安左衛門には誤解がとければこだわりを残さぬ人の好さがあったのかも知れない。

この吉田松陰の歴史上高名な下田踏海事件の取調べに当った人物がフランク松浦の祖父であったことは興味深い。国禁を犯してアメリカに渡ろうと企て獄に下った人物を断罪した人物の孫が、やがて如何なる動機からか忽然と海を渡り、現地の人々に愛されながら異郷で死んだ。彼の渡米の動機が奈辺にあったか必ずしも明確ではないが、渡米途上の船中で、この祖父の事歴がフランク松浦の想念をよぎったかも知れない。

四

祖父松浦安右衛門に関してはいま一つ触れておきたいことがある。他ならぬフランク松浦が何故写真に興味を抱き、どのように写真技術を身につけたかということに関っている。松浦の遺品を入れた三、四個の箱を保管し、自らの死に至るまで箱を開けようとしなかった（それ故奇蹟的に松浦の写真作品が甦った）親友のブラウン判事は、フランク・S・マツラは〈写真家としてのなみなみならぬ才能を日本からオカノガンに持ちこんだ[20]〉と述べている。即ち既に習熟した写真技術を日本で身につけた後に渡米したと見られるが、それはどのような経緯によるものなのか。渡米動機と共に依然として謎である。現在推測されているのは矢張り木村熊二の影響である。木村は弘化二年出石藩儒臣桜井石門の次男として出生。父の死後八歳で伯父をたよって江戸に上るが、翌年伯父の死に会い、後に父の高弟で昌平黌都講木村琶山の養子となる。幕臣として維新を迎えた彼は一家離散の辛酸の中で、明治三年森有礼渡米に際し留学生として一行に加わり、亡名者の如く米国に去った。渡米後小学課程から始め、ラトガス大学の神学校に進み宣教師の資格を得て明治十五年帰国した。こうした木村熊二の経歴は同じ幕臣の家に生まれた松浦栄に影響を与えなかったはずはない。また木村の妻「木村鐙子小伝」[21]によれば、戊辰戦争時、彰義隊に参加した熊二はやがて敗走するが、〈官軍余党を踪索して置かず、熊二君の如き尤も危険なりき、則ち写真師下岡蓮杖の弟子となり屡ば京浜の間に往来し、遂に君及び田口氏をして横浜の根岸村に移らしめ、単身静岡に至り、別に計画する所ありき。〉（傍点小林）とある。文久二年我が国最初の写真館を横浜で開業した下岡蓮杖の弟子として、しばしば京浜間を往来したという記述はやはり興味深い。しかし青山なをは、木村熊二自身が書いた「報知漫筆」の〝危機一髪〟を参看、実際に蓮杖の弟子になったのではなく、〈「下岡蓮杖の弟子となり」は、当座に「蓮杖の弟子になりすまし」といふべき事実であることがあきらかになる。（略）途中佃島で官軍の訊問にあひ、「洋服断髪」革袋を肩にした熊二は、絶体絶命のとっさの機転で蓮杖の弟子蓮節であると称して写真師になりすまし、その場をのがれたことがしるされてゐるのである。[22]〉と訂正している。そうとすれば、木村熊二が下岡蓮杖の弟子になったということは信を置けないにしても、窮地にあって、とっさに下岡蓮杖の名が浮かんだ事実から推測して、やはりなんらかの間接的関係があったか、少くとも木村が写真に興味を抱いていたことをあらわしていると言えよう。後に木村が教会活動を通して青年の職業教育にも熱心であったこと[23]から推して、松浦栄にカメラマンとしての道を示唆した人物として木村熊二を挙げることは私も異論はない。

　だが、祖父との関連でもう一つ触れておくならば、ほかならぬ下岡蓮杖に写真の基礎知識を最初に与えたのは、初代駐日総領事ハリスの通訳官ヒュースケンであったという事実である。蓮杖が下田でヒュースケンの給仕となり、写真の基礎知識を習得した事実は、我が国の写真の黎明を告げる興味深い出来事であった。とすれば、そのハリス一行を下田から江戸へ護衛した幕府与力松浦安右衛門との関係も新たに浮かび上がって来るのではあるまいか。現在のところ祖父安右衛門が何時まで存命であったかも明らかではない上に、その他の事歴も詳らかにしえないので断言できないが、フランク松浦にとって、木村熊二と共に祖父安右衛門の影響も無視できないのではないだろうか[24]。それは単に写真への影響にとどまらない。木村熊二がそうであったように、フランク松浦が描いた生の軌跡に微妙な影を投げかけているように見える。一つの仮説に過ぎないことは自明とわきまえた上であえて記せば、祖父松浦安右衛門や木村熊二という「存在」が投げかける「歴史」の影と言えばよいであろうか。

五

一九一三年六月十六日夜、既に結核に侵されていたフランク松浦はオカノガンの路上で喀血し間もなく絶命した。享年三十九歳であった。前述した如く、日本領事館からは、親族に関する情報は何もないので、オカノガンの住民が現地に埋葬するようにとの返事しかなかった。だが葬儀を行ったオーディトリアムは立錐の余地もないほどだったという。肉親を含めて日本人の会葬者が一人もいなかったという意味では、まさしく孤独な客死であった。しかし、インディアンはじめ多数のアメリカ人が会場を埋めつくしたという点では、必ずしも孤独な死ではなかった。そして松浦自身、自分の過去を語りたがらなかったと伝えられているように、彼の墓石も三十二歳と誤って刻まれているという。石川好は、松浦自身が忘れられようとどこかで意識していたのではないかと思いたくなると記しているが、そういう意味では、フランク松浦は過去を完全に消し去り、アメリカ人として死んだと言えるだろう。だが、彼がパーティーなどでよく刀を差して〝日本の伝統的な踊り〟を披露したと語り伝えられている事実[25]や、彼が現地の新聞に寄稿した「日本女性の教育[26]」と題する一文の断片を読むと、やはり武士の家に生まれた誇りを終生持ち続けていた人物でもあったと思わざるを得ない。そうした意味では、アメリカに十二年間留学し、いちはやく西欧的な近代的知性や習慣を身につけながら、晩年は漢詩の世界に安らぎを見出した木村熊二[27]との精神的類似性を思わないではいられない。

石川好はフランク松浦の写真について述べている。[28]

彼は徹底的に自己を語らず、「写真」という映像を残した。残したものが風景だけに、われわれはそこから多くのものを感じるのだが、一つだけ言えることは、彼の写していた風景は全て、間もなく歴史の中に消えていく人々の営みばかりであったという点であろう。

二十世紀初頭のワシントン州のカスケード山脈の山あいの町とは、新大陸に存在した唯一、最後の辺境であり、インディアンも、カウボーイも、西部の生活も、文明に直前まで迫られている時代である。特にインディアンは没落直前の生活をしていた。マツラは、そうした没落していく種族に限りない愛着を感じていたのかもしれない。

つまり、アメリカ最後の西部を写したカメラマン・フランク松浦は、没落士族としての崩壊感覚や一つの時代の崩壊をオールド・ウェストの崩壊に重ね合わせ、そうしたものへの愛惜を「写真」という映像に残したということだろう。私もまた同じ思いである。

黒船来航以来、明治維新まではわずか十五年である。その間日本の歴史は大きな転回を見せ、その後西洋文明の波は日本の文化を大きく変貌せしめた。それらと直接かかわった祖父松浦安右衛門をはじめとする自らの家系や恩師木村熊二を通して、一つの時代の終焉を意識したとき、失われゆくものへの愛惜の思いが芽生えてきたのではないだろうか。彼がシアトルなどの在留邦人社会から離れて[29]、最後の西部と言われる地域へたった一人で住みついた離群的性格も、そうしたものと無縁ではあるまい。彼の映像に見られる〝聖画のような厳粛さ〟とは失なわれゆく何ものかへの痛みと言えばよいだろうか。

六

フランク松浦がアメリカで孤独な死を遂げた一九一三年、即ち大正二年、奇しくも島崎藤村も初めて海を渡って異郷へ向かった。所謂〝新生事件〟の渦中からの逃避行であった。しかし、このフランスへの孤独な遁走の中で、藤村は父正樹の生涯に思いをはせる。黒船に強い衝撃を受け、攘夷と王政復古に奔走した正樹は、やがて実現した明治政府に失望して悲惨な狂死を遂げた。藤村はフランスに渡るエルネストシモン号の中で父の生涯を反芻している。

かつて姉の家で粗末な木版刷の黒船の図を見た時、それはまるで幽霊の図だと思い、〈全く別の世界を暗示するかのやうな、迫り来る外来の威力の象徴とも見るべき幻の船〉がいかに青年時の正樹の心を悩ましたかに想到したことを思い出す。そして船がマルセイユへ着いた時、次のように書いている。(30)

父上。私はあなたの黒い幻の船に乗って、あなたの邪宗とせられ異端とせらるゝ教の国へ兎も角も無事に辿り着きました。この私の旅は恐らくあなたから背き去る行為であったかも知れません。外来のものと言へば極力排斥せられ敵視せられたあなたが仮りに今日までも御存命で、子としての私を見まもって居て下さるとしたら、そも〳〵私が英語の読本を学び始めようとした少年の日にそれを私に御許し下すったあなた自身の寛大さを今更のやうに後悔されたかも知れません。けれども私のために御心配下すったあなたの心は長く私に残りました。そのあなたの心は私のたましひの奥底にとぼる一点の燈火のやうに消えずにありました。あなたの前ではありますが、私は無暗と西洋を崇拝するために斯の旅に上ってまゐつたものでもございません。私に取っては西洋はまだ〳〵黒船でございました。幻でございました。幽霊でございました。私はもっとその正体を見届けたいと存じました。そして自分の夢を破りたいとぞんじました。その心をもって私は更に深く異郷に分け入り一筋の自分の細道を辿り行かうと致して居りました。

長い引用になったが、こうした思いは、これより十二年前の明治三十四年、一人アメリカに渡る松浦栄の想念にも似通ったものがあったのではないかと想像される。かつて吉田松陰渡航未遂事件を裁いた祖父、ハリスを護衛した祖父、戊辰戦争を境に没落した自己の家系への思いは松浦の想念を大きくよぎったに違いない。

島崎藤村とフランク松浦。〝黒船〟の残影は、このあまりにも異なった人生を辿った二人の意識に、その深いところで共通して蟠る核のようなものであった。やがてそうした歴史の転換の意識を、フランク松浦は最後の西部の姿に託して厖大な映像として定着させ、島崎藤村は「夜明け前」という大作に紙碑として定着させた。そんな思いを禁じえない。

【注】

（1）「写真集　フロンティアの残影――日本人松浦の撮った西部」昭和58年11月平凡社刊の帯。

（2）同右

（3）「グッバイ・フランク」と題して昭和58年10月16日放映。ディレクター小栗謙一。なお、これに先立ちＮＨＫでも昭和56年11月5日、昭和57年1月5日のニュース・ワイドでフランク松浦を紹介している。ディレクター林新。

（4）昭和58年11月号、中央公論社。また石川は前記写真集の翻訳にもあたっている。
（5）「週刊朝日」昭和57年2月5日号。六月一日（増刊）号。
（6）昭和57年7月10日に頌栄女子学院で行われた座談会「岡見慎二校長と松浦栄について」速記録。
（7）前記ドキュメンタリードラマの制作・演出にあたった。
（8）前記座談会速記録より引用、岡見璋氏の発言に〈記録としてはただそれだけなんですが、松浦栄が、島崎藤村（六月十七日受洗）と同じ年に、同じ教会で同じ本村牧師から洗礼を受けていたことがわかったんです。〉とある。
（9）笹淵友一「島崎藤村とプロテスタンティズム」昭和24年5月『国語と国文学』による。
（10）青山なを「木村熊二と島崎藤村」昭和37年2月　東京女子大学『比較文化』による。
（11）「島崎藤村」昭和22年8年、筑摩書房刊。
（12）「島崎藤村」昭和32年5月、角川文庫版。なお瀬沼は「評伝島崎藤村」（昭和56年10月、筑摩書房）で、〈この吉田の議論には承服できない。柳瀬が部落問題を内外の植民によって解決しようと考えたこと自体が空想的であるが、こういう説があるから、藤村はリアリストとして、正確な眼があるというのは論理にかなっていない。〉（補注）と吉田精一説を批判している。
（13）「自然主義の研究」下巻　昭和33年1月、東京堂。
（14）前記「謎の写真家フランク松浦」
（15）「日本近代文学」第11集「『破戒』論ノート」
（16）前記石川好の一文。
（17）大和書房版『吉田松陰全集』
（18）「旧事諮問録」（昭和39年10月、青蛙房）。明治25年4月16日の旧幕町奉行附与力谷村正養の証言による。
（19）注（17）と同じ。
（20）前記写真集。

(21) 青山なを『明治女学校の研究』(昭和45年1月、慶應通信刊) による。
(22) 同右
(23) 前記頌栄女子学院座談会。
(24) 前記座談会において岡見ふく子氏は〈それは安右衛門というのが非常に絵を画くことが好きだったようです。仕事は与力でございましたけれども、しょっちゅう座敷で色んな絵を画いていたようです。〉と祖父安右衛門の芸術的な一面を紹介し、松浦栄への影響を指摘している。また父安も陶芸に凝っていたという。
(25) 前記写真集所収ジョアン・ローの一文。
(26) 同右。日本女性が家を守り、いざという時には自害するため短刀を身につけていたことなどを述べている。
(27) 島崎藤村も「木村熊二翁の遺稿」(昭和11年5月『信濃教育』) において、〈あれほど亜米利加風の生活をなつかしまれ、また早くそれを採り入れられた先生の長い生涯も、その晩年には青年時代の漢詩に帰り、結城蓄堂氏の偏輯する『詩林』詩上に寄稿することを何よりの慰めとされたらしい。〉と述べている。
(28) 前記「謎の写真家フランク松浦」
(29) 同右。当時シアトルやタコマには相当数にのぼる在留邦人がいたが、彼等とつながりを持っていた痕跡はないという。
(30) 島崎藤村「海へ」大正7年7月実業之日本社刊。

【付記】

本稿をなすにあたり頌栄女子学院資料室から座談会「岡見慎二校長と松浦栄について」の速記録コピーを提供された。記して謝意を表したい。

余滴8　岡谷繁実と偽勅使事件

島崎藤村の『夜明け前』にも、相楽総三の赤報隊が東山道先鋒嚮導隊として馬籠宿を通過したが、やがて新政府の方針変更により偽官軍として下諏訪で処刑されるに至った顚末が印象深く記されている。明治維新の転換期に起きた「偽官軍事件」とも称されるこの悲惨な出来事は、その雪冤（せつえん）を期した執念の書とも言うべき長谷川伸『相楽総三とその同志』によって今日では良く知られている。しかし、相楽隊と前後しつつ東山道を進み、同様な結末を辿ったもう一つの事件があったことは、意外に知られていない。岡谷繁実（おかのやしげざね）（当時は斯波弾正と称した）と小沢雅楽助（おざわうたのすけ）（一仙）が、公卿高松実村を擁立して結成した高松隊である。こちらも東山道を経て沿道諸藩を帰順させつつ甲府城の奪取を目指した。わずか十七名の同志で京都を出発したが、沿道諸藩の兵を糾合し、甲府に到着した時には三千名の軍に膨れ上がり、難なく甲府城を受取ったという。しかし、この突出が、かえって京都の反発を招き、偽勅使の汚名を着せられることになる。京都からの召還命令に応じて、やむなく高松卿と共に辛くも京に戻った岡谷は軽い罪に処せられたものの一命は保った。いっぽう甲府に残った小沢等は斬罪の上その首級は河原に晒された。相楽総三ら赤報隊〝偽官軍事件〟の陰に隠れたもう一つの悲劇である。

　小沢雅楽助（一仙）は、名人気質の宮大工石田半兵衛邦秀の長男として伊豆江奈村（現松崎町）に生まれたが、長じて甲州の名望家天野開三や武藤外記の知遇を得て、父子で甲州に移り住み志士的活動に入ったようである。したがって甲州地方には父子の作品がいくつか残されている。武藤外記が兼武神主を勤めた檜峰神社拝殿には、龍の彫刻の裏面に「当国上邑住人一仙斎信秀作」と刻銘がある。その他、私の見たものの中で、都留市の天満天神社は小さな拝殿だが、その彫刻は壮麗で気品に満ちた名品という印象を受け忘れがたいものである。

　さて、小沢雅楽助の首級は武藤外記が引き取り、黒駒村にある武藤屋敷の竹藪の中に密かに葬られたらしい。その武藤屋敷も今は無いが、黒駒の共同墓地に武藤家の墓域があり、そこに武藤一族の墓に囲まれて小沢雅楽助の小さな墓石がある。すでに文字も磨滅して判読しにくいが、「石田半兵衛邦秀　小沢一仙信秀」と二行に分けて刻まれている。私がようやくの思いでその小さな墓石を見付け出した時、枯れて久しい花が供えられたままになっていた。それでもその無残な死を悼んで誰か香華を手向ける人もいるのであろう。小沢雅楽助が処刑されたのは、慶応四年三月十四日のことであった。享年三十九歳。

ちなみに生き残った岡谷繁実は、維新直後は新政府に取り立てられたが、やがて官界に望みを絶ち歴史家として『名将言行録』などの著書を残している。晩年に史談会の席上で相楽総三の「偽官軍事件」に関する談話をなし、自らも関わった「偽勅使事件」にも触れながら、維新史の汚点として、「官軍が官軍を殺した」「岩倉公は、東京にお這入りになるのに、賊を斬らぬで、官軍を八人殺して居ります」と断言している。岡谷繁実の後半生は田山花袋の『時は過ぎゆく』に間接的に描かれている。館林藩出身の岡谷は田山一族の主人筋にあたり、兄実弥登の師ともいうべき存在であった。岡谷繁実は、大正九年十二月九日新宿角筈の旧館林藩下屋敷であった自邸（寒香園）で没した。現在の高層ビル街、東京都庁の近くである。八十六歳の長命であった。岡谷の墓は埼玉県深谷市の清心寺にある。住職の談によれば、既に遺族との連絡は途絶えて久しいとのことであった。

余滴9　岡谷繁実と大庭恭平

岡谷繁実は維新直後は人材不足の新政府に重用され、栄達の道を歩むかと思われた。明治二年五月は兵乱後の余燼が燻ぶる会津に岩代巡察使付き民部官判事として派遣されている。巡察使は侍従四條隆平（しじょうたかとし）である。兵乱後の会津への赴任は四條の前に七人が尻込みをして辞退したという。悲惨を極めた会津戦争直後において、混乱をきわめる城下の秩序を取り戻すのは容易なことではなかったからである。岡谷は僅かに焼け残った民家を宿舎にし、一つの盥で洗面・炊事・洗濯を兼ねたという。人心の混乱はひととおりでなく、贋金が横行し物価は高騰、警備に当る他藩士への暗殺も頻々と起る有様であった。岡谷の宿舎にも夜半に銃が撃ち込まれたこともあったという。そうした中、旧知の会津藩士大庭恭平が越後高田藩の謹慎所を脱走して岡谷の宿舎を訪問したのである。大庭は足利将軍木像梟首事件に連座した慷慨の士として知られる。大庭の脱走は既に高田藩から東京へ通知され、東京軍務官から会津へ逮捕状が廻って来ていた。しかし、大庭は旧知の岡谷に書を投じて、堂々と会津に現れたという。漢文による大庭の書簡の一端を読み下して紹介すれば、次のようなものである。

> 八月二十日大庭恭平謹みて書を岡谷大兄足下に奉る。往年東京に相見え、毎に天下の事務を談じて意気慷慨、言論激切して或は流涕に至る。索居（友と離れ一人でいること）すること経年と雖も疇昔（きのう）のこと未だ嘗て一日も忘懐せざるなり。以て僕の大兄を思い、また大兄の僕を忘れざるを知る。而して未だ大兄の近状如何を審らかにせず、僕また事変に際会し、決死を数うるも未だ死せざるなり。この頃官員録を閲し、大兄の若松に臨めるを知る。（以下略）

このように越後高田藩の謹慎所で『官員録』を見て岡谷の会津赴任を知り、岡谷に会い嘆願するところがあって脱走に及んだものである。岡谷は「旧友の法を犯したるとは雖も死を決し国の為に一言を吐かんとするを聞かずして縛するに忍びず」との思いで、あえて捕縛することなく大庭と面談した。

さて、大庭の言うには、主君松平容保には、この六月に生まれたばかりの慶三郎という男子がいる。巡察使からこの慶三郎に取り締まりを命ずれば暗殺などの混乱は収まる。もし収束すれば、松平家の家名存続に尽力してほしいとのこと。岡谷は四條を説き大庭の建策に従い慶三郎に取り締まりを命ずる通達を出した。すると大庭の建言どおり暗殺などの混乱はピタリとおさまったという。その後大庭の懇願を容れ、松平家の家名存続を新政府に取次ぐことになった。岡谷と四條が東京に向け出発するとき、大庭をはじめ五人の藩士が会津藩を代表して見送り、事が成った暁には生祠を建てて祀るとまで言って謹慎して恩命の下るのを待ったという。岡谷等は太政官に出頭し、猪苗代五万石に封じ松平家の家名存続を建議した。これに対し新政府内で曲折があったが、結果的に斗南三万石に決まった。会津松平家の家名存続の功は、大庭恭平の決死の脱走と嘆願・献策にあるという。「此保證は繁実が致します」と岡谷は後に史談会において断言している。

ところで、岡谷繁実と大庭恭平の出会いは京都であろうと推察していたが、右の大庭書簡によれば、「往年東京に相見え」とあるので江戸において交友が始まったことがわかる。しかし、どのような経緯であったかは、遺憾ながら詳らかにしない。しかし、岡谷は江戸において、藤田東湖・藤森弘庵・安井息軒・塩谷宕陰等の文会に加盟したり、広尾会議と呼ぶ有志の会合に参加するなど多くの人物と交流しており、大庭恭平ともそうした会合で出会った可能性が高い。広尾会議には、会津藩の武井完平が参加しており、外島機兵衛・野村左兵衛・秋月悌次郎とも旧知であった。また、会津藩主松平容保が京都守護職を受諾した時、先行して上京する野村佐兵衛に京都事情を説明したり、外嶋機兵衛に正親町三条実愛宛て紹介状を書くなど、会津藩士との交流も深いものがあった。

ちなみに岡谷繁実も昌平黌に入学している。『書生寮姓名簿』によれば、安政六年の入学である。退寮年月は記載されていないが、あまり長くはなかったと見られる。在学中最も親しかった者は、長州の高杉晋作と佐賀の草場又三（父は藩儒草場佩川）であったという。この頃昌平黌に在学した会津藩士は、廣澤富次郎（安任）・牧原八蔵・安部井茂松である。

二　中根香亭――あるいは『兵要日本地理小誌』伝説

一

玉疵（たまきず）も瘤（こぶ）となりたるさくら哉。これは旧幕臣戸川残花の上野彰義隊回顧の句だが、子母沢寛にこの句を踏まえた『玉瘤』(1)と題する短編小説集がある。言わば心に負った戊辰戦争の〈玉疵〉を抱えて明治という時代を生きる旧幕臣たちの姿を描いた作品が大半を占めるが、その中に「香亭先生伝」(2)と題する香亭中根淑の肖像を描いた一篇が収められている。先の戸川残花が旧幕の遺臣中「風変わりな俠骨」としてその第一に挙げ、杉浦重剛が「希有な高士」と折紙をつけた人物である。晩年は〈当世に有功なる人々と一寸合ひ難き所有之候〉(3)と自ら韜晦し、妻子の長逝を機に家系を絶ち、〈骨ヲ留メズ〉と遺命したゆえに後世知る人は漸く少なくなりつつあった。戦後の永井荷風が屢々その日記に敬慕の念を記したのは寧ろ例外に属する。その後、子母沢寛が「香亭先生伝」を執筆したのも荷風の心情と相通うものがあったゆえと思われる。子母沢は、小笠原長生の回想や証言をちりばめながら香亭の風貌を描き出しているのだが、小笠原は少年時代に父である旧幕府閣老小笠原長行の懇請により中根香亭の薫陶を受けた数少ない門下生の一人である。小説は親友伊庭八郎との交流、鳥羽伏見の敗戦、勝海舟の麾下となるも背いて榎本艦隊に投じ北走、搭乗艦美加保丸での伊庭との再会、銚子沖での難破、上陸潜伏、伊庭を箱館へ送り出すべく奔走、徳川家静岡移封、沼津兵学校教授から陸軍参謀局出仕と『兵要日本地理小誌』編纂、陸軍及び文部省辞職から隠遁に至るまで、主要な事歴を独特の語り口で伝えている。そして終局部の主要なエピソードとして、名高い『兵要日本地理小誌』問題が据えられていることは言うまでもない。少しく長い引用になるが、子母沢寛はこの挿話を次の如く書いている。

しかし兵学校が無くなると同時に陸軍参謀局出仕を命じられた。余りうれしくなかったが、とにかく陸軍少佐になった。ここで山県有朋のすすめで、「兵要日本地理小誌」というのを編纂、その草稿が出来た。これが大問題になった。

書中戊辰の役を叙して、幕府の軍はこれを「東軍」と称した。

長生翁「昔ばなし」

中根先生の腹の中では、薩長は別に官軍などと誇称するもんじゃあない。詰りは西からやって来る西軍に過ぎない。幕府の軍も彼等が云うように賊軍なんてもんじゃあない、東軍であるという考えだ。

ところが鳥尾小弥太という人がある。長州の出身で当時少将、陸軍省の第一第二第六局長を兼ねた云わば飛ぶ鳥を落とす勢であった。（略）

こんな人物だから中根を呼んで、

「幕軍は賊である、東軍などとは怪しからんことだ、直ちに賊軍と改めよ」と破鐘のような声で怒鳴り立てた。中根はむかっとしたらしかったが、冷やかな目つきで、「戊辰の際はわが国是は未だ確と定まって居りません。従って各藩の兵を挙ぐるは只臣民たるものの国に尽くすの至誠によったのです。これを以て何ぞ乱臣賊子と称されましょう。わが輩は幕臣であります。いま東軍を以て賊となすは、理義共に許しません」

と静かな声で応じて、そのままさっさと室を出て終った。

それから鳥尾は毎日中根をよんだ。真っ紅な顔をして咬みつくように「賊軍」と訂正すべき事を命じた。が中根は時にはうんともすうとも答えずに帰って終う事がある。（略）
一箇月余に及んで、流石一徹の鳥尾も文句を云わなくなった。（略）
この書がいよいよ出版されてからの評判は大変であった。

『兵要日本地理小誌』は言うまでもなく地理書であるが、地理を記述すると共に各地の風光・人情にも及び、あわせて歴史上の合戦地にはその概略や地勢を記している。〈兵要〉たる所以であり、地理と歴史を関連付けて著した最初の教科書とも目されている。自らの記憶に生々しい戊辰戦役に論がおよぶのも故無しとしない。さて、子母沢の「香亭先生伝」によれば、香亭は幕軍を東軍と書いたとあるが、倒幕軍を何と表記したかは触れていない。ただ、小笠原長生の証言をすかさず挿入することにより、〈腹の中では〉と但し書きがありながらも、読者は東軍・西軍と表記したのだろうと印象付けられる。ところで、小笠原長生は、中根香亭の死後二十年程経た昭和七年に二つの回想を残している。「中根香亭先生を憶ふ」[4]と「中根香亭先生の人物」[5]である。前者には東軍・西軍の表記に関して触れることがないが、後者には興味深い記述がある。それによれば、鳥尾得庵（小弥太）との激論の論点は二つ。一つは東軍・西軍の表記、いま一つは徳川家康を東照公と記したことだと云う。そして、東軍・西軍については、〈得庵と非常の激論を闘はせた末、東兵西軍と書することになつて事が落着した。〉また〈中根の著とせず、先生の名を記せずして単に陸軍文庫出版として、東照公の三字に代ふるに家康の二字を以てすることになつたのである。〉と述べている。つまり、問題の表記は〈東兵・西軍〉となり、明治六年の初版は、中根淑（香亭）の著書としなかったと云う。これは子母沢の叙述と微妙に異なる。実のところ、『兵要日本地理小誌』をめぐるこれらの言説は明治時代から既にユレが認められるのだ。

＊　　＊　　＊

如何なる理由によるものか詳らかにしないが、日露戦争の前後、既に隠遁し諸国行脚を専らとしていた中根香亭が幾つかの新聞雑誌などに話題にされたことがあった。管見の及ぶところ、鈴木光太郎『現代百家名流奇談』(6)、『東京日々』の「明治逸士伝」(7)（春風道人）、『文芸倶楽部』の「明治奇人伝」中の岸上質軒「中根香亭先生」(8)、ちょっと遅れて『日本及日本人』の戸川残花「風変りな俠骨」(9)などである。中根自身はこれを〈余は先年来意外にも屢雑誌記者の玩物となりて其事歴を紙上に晒すことゝなれり〉（杵邨源二郎宛書簡）と述べている。この内、鈴木の『現代百家名流奇談』（明治36年）は〈香亭の筆は幕府方を東軍と記し、京師側を西軍と書いて、一切官軍だの賊軍だのと云ふ文字を使用（つかは）なかツたので、参謀本部内に議論が起り、〉訂正を要求したが、香亭は頑として応じない。〈官賊の文字の如きは大義名分に関する差異の著大なるものである、後世の誤解を招くことがあツては実に容易ならざる事実である故、拙者の意に反し事実に違ふ訂正は承服致しかねる、強て訂正せねばならぬといふのであらば、中根淑の著名は削除せられたい、と参謀本部を困らせたとのことである〉とあり、〈東軍・西軍〉を貫いたとの説である。これに対し春風道人の「明治逸士伝」（明治38年）は日露戦争中の事とて新聞の一面に軍人たちの写真に交じって「有髪比丘根香亭（うはつびくこんこうてい）」の記事が連載されている事自体なかなか好配合の紙面だが、問題の部分は「維新の戦を記して、東軍西軍の文字を用ゐたること是なりき。是も八釜しき議論の末、遂に東兵西軍と書することとして事了せり。」と述べられている。その他の部分も先の小笠原長生と説を同じうするが、全体の叙述や言葉使いから見て、むしろ小笠原がこの春風道人の記事を下敷きとして先の「中根香亭先生の人物」を書いたことは明らかである。他方、岸上質軒「中根香亭先生」（明治39年）は〈予が少年の頃、「兵要日本地理小誌」といふものを見て、愛読殆ど手を釋く能はざる程であつた。三冊物であつたかと思ふ、併し今は疾くに紛失して、よくは分からぬ。当時中村敬宇先生の「西国立志編」、福沢諭吉先生の「西洋事情」、内田正雄先生の「輿地誌略」などと共に、諸生必読の書といふ有様で、何れも洛陽の紙価を貴（たつと）からしめた。〉と述べるが、東軍・西軍の件には触れず、〈但し当時は故あつて、著者の名を署さかなつたのであるが、後年改版の時から、中根淑著と署名する事になつた。〉と記するのみである。また、戸川残花「風変わりな俠骨」（明治44年）は、幕府を賊と呼ぶことをめぐって〈山縣さんと大激論をして辞職をし、夫れから以後、身を雲水に任じて、所在が解つて居らぬ〉と大雑把に断言し、詳しい言及は見られない。

以上見てきたごとく、明治三十年代後半以降の『兵要日本地理小誌』をめぐる言説は既に伝説とも云うべき形でユレを示している。初版出版から三十年以上の時の経過を数え、現物を確認することもなく、出版時の喧伝が少しずつ形を変え、日露戦争前後には、既に伝説的言説とでも云うべきものが形成されていたと言って良い。

さてここで、いま一つの文献を参照しておきたい。田口卯吉（鼎軒）編纂『大日本人名辞書』[10]の【中根香亭】の項目である。田口は沼津兵学校時代の中根の教え子であり、終生中根を先生と呼び敬愛した。（田口が先生と呼んだのは他に尺振八のみと云う）中根はこの辞書に力を貸し、明治二十四年十月の日付をもつ再版序文を寄せている。【中根香亭】の項は「（木村架空氏稿）」とある。架空は中根に私淑した若年の友人木村正三郎である。この項目は大正二年の中根の死後、すなわち第八版以降に掲載されたものと見られるが、この稿が成った時期は遺憾ながら明らかではない。（引用は昭和十二年の新訂版に拠り、句読は適宜これを補った）

五年徴されて陸軍参謀局に出仕し、尋で陸軍少佐に任ぜらる。香亭の参謀局に在るや命を奉じて兵要日本地理小誌を編す。書中戊辰の戦役を叙し幕府の兵を称して東軍と云う。鳥尾得庵以て不可なりとし、命じて賊軍と改めしむ。香亭聴かず。曰く当時我が国是未だ定まらず、幕士の兵を挙ぐるまた臣民国に尽す所以のみ。何ぞ目するに乱臣賊子を以てせん。且つ我輩幕臣より出づ。今東兵を以て賊となすは理義共に許さざるなりと。

激論月を越え、香亭将に其の稿を焚かんとす。或人間に居て調停す。得庵其の遂に屈すべからざるを知り敢へてまた強ひず。而して其の書一たび出づるや文名一時に高く天下伝誦し、諸学校採りて教科書となすに至る。

当該箇所のみの引用だが、ここには、幕軍を東軍と記したことしか述べられておらず、対するに西軍としたか否かは触れるところがない。因みに先に見た子母沢寛の「香亭先生伝」の当該部分は、この木村架空の稿を下敷きにしていることは、鳥尾に対する香亭の反論を見れば明らかである。子母沢寛はこれに続けて小笠原長生の回想を附加させたことにより、読者は中根香亭が東軍・西軍と書いたかの如く印象付けられると前に述べた。先走って言えば、子母沢はかなり慎重であったと言えよう。

さて、ここまでを振り返ってみると、中根香亭『兵要日本地理小誌』の〈東軍・西軍〉〈官軍・賊軍〉表記をめぐって、以下の如き諸説が見られたと要約できよう。

① 幕軍を東軍と表記。討幕軍（西軍もしくは官軍）には言及せず。（木村架空、戸川残花）

② 幕軍を東軍、討幕軍を西軍と表記。（鈴木光太郎）

③ 最初は東軍・西軍と書き、東兵・西軍と改めた。（春風道人、小笠原長生）

二

厳密にみれば、子母沢寛も①に属することになるが、巷間伝えられるのは、現在でも鈴木の説の如く語り伝えられることが多い。すなわち、東軍・西軍と書き、鳥尾の命令にも自説を曲げなかったと云うものである。また、為に職を辞したとも言われている。こうした伝説的言説を検証するためにも、先ずは、『兵要日本地理小誌』の現物を閲読してみよう。因みに、岸上質軒等も述べる如く、初版は中根淑の著者名も無く、探書には難渋した。ことは、用語表記の問題である以上、初版及び改訂版双方を異版も含めて参酌しなければならぬと考えたからに他ならない。

まず図版①を参照願いたいが、見返しに〈紀元二千五百三十三年刻　兵要日本地理小誌　陸軍兵学寮印〉とあるものが初版で、他に刊記らしきものは無く、著者名も見られない。和装三冊本である。紀元二千五百三十三年は〈皇紀〉と称していたもので、明治六年に当たる。さて、我々の問題に関わる箇所の本文は、例えば次の如くである。


戊辰ノ乱ニ徳川氏ノ軍西京ニ敗レ江戸ニ還ル既ニシテ官軍来リ征ス徳川氏城ヲ開キテ之ヲ致ス其臣相集リテ東叡山ニ拠ル者アリ官軍山ヲ囲ミ撃テ之ヲ抜ク余衆走リテ東兵ニ投ス東兵ハ北国諸侯ノ官軍ニ抗スル者ナリ其冬今上天皇東征シ鼎ヲ此地ニ定メ玉フ尋テ江戸ヲ改メテ東京府トス　（武蔵誌）

このように、初版においては〈東軍・西軍〉ではなく、〈東兵・官軍〉と表記されている。とすれば、先に要約した①②③の諸説は全て正確ではなかったことになる。最初は〈東軍・西軍〉と書き〈東兵・官軍〉と改めさせられたのか、もしくは〈東軍・官軍〉を〈東兵・官軍〉と改めさせられたのか、いずれかであろう。それでなければ、敢えて中根淑著と署名しなかった理由が理解出来ない。中根にしてみれば、〈賊軍〉の表記のみは進退を賭して拒否したということであろう。

次に改訂版はどうか。図②がその最も早い出版と見られるものであるが、これにより、初版が明治六年一月刊と判明し、改訂版は明治八年七月と知られる。ここで陸軍文庫と明記されるが、その他刊記らしき記述は無い。但し、図③のように各巻本文の冒頭頁に〈中根淑著〉の文字が小さく見られるようになる。著者名が明記され改訂版とあれば、何が改訂されたのか、興味深いところだが、残念ながら我々の期待する改稿は見られない。行政区分の変化に従い全国三府六十六県が三府六十県になり、それぞれの県庁所在地が付記された他、戸数や人口など必要最小限の改訂がなされたに過ぎない。すなわち問題の〈東兵・官軍〉の表記は初版と異なる所はない。図④の如く②と同じ陸軍文庫だが、巻末に刊記が付されたものや、図⑤・図⑥・図⑦の如く陸軍文庫ではないものもあるが、事情は同じである。ちなみに、明治十二年八月には、中根淑著『日本地理小誌』と〈兵要〉の文字の無い異版も上梓されている。

　金港堂編集局で中根と机を並べ、以後深く中根香亭に私淑し、後に『香亭遺文』(11)を編んだ新保磐次（一村）は、香亭の訃音を聞き回想を数回にわたり雑誌(12)に書いているが、その中で『兵要日本地理小誌』は、〈東軍〉と書き〈賊軍〉と書き改めることを峻拒したことにつき、〈あの一字に進退を賭した〉との中根の言葉を書き留めている。明治二十年頃、帰省した新保がその父に新著『香亭雅談』(13)をみせたところ、「面白いな。此の人の書かれた兵要地理小誌に、維新の戦争の佐幕軍を賊軍と書かずに東軍と書いてある。兵学寮で書いたのにしては去りとは剛直な人だと感服していたが、斯いふ洒落た物を書かれようとは思ひもよらなかつた。」と述べたと云う。それを聞いた香亭は「ああ左様でしたか、朝廷に敵対するのでない、政治上の意見を異にして戦ふ者を賊といふ道理はないと、私は此の一字に進退を賭したのだが、当時誰れも同意してくれる人もなかつたのに、百里の外に已に私の苦衷を察した活眼の人のあつたのは嬉しい」と述べ〈是れから先生と父とは未見の知己となられた〉という。これに続けて新保は次の如く書いている。

　自分は先生から「進退を賭した」といふだけしか聞かないが、よく知ってゐる人の話によれば、当時兵学頭は鳥尾中将で兵学権頭が曾我中将であつて、何分にも維新早々薩長万能時代であつたから、鳥尾中将は遮二無

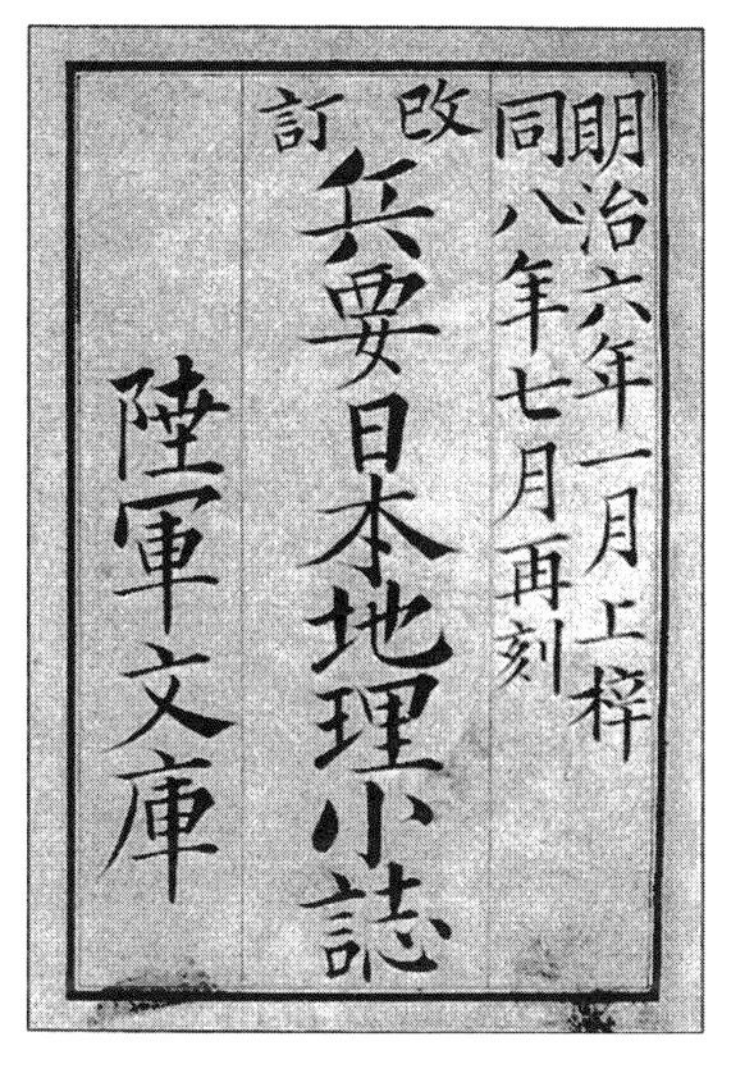

図版②　改訂版見返し
（陸軍文庫）

図版①　明治6年初版見返し
（陸軍兵学寮）

兵要日本地理小誌巻之一
位置
中根淑　著
我大東日本國ハ東半球亞細亞ノ東邊ニ表立シ
緯線赤道ノ北三十度ヨリ起リ四十五六度ノ間
ニ盡ク經線東京偏東十一度ヨリ起リ偏西十一
度ニ盡ク其地北ハ西伯里ニ密邇シ東南太平洋
ニ枕シ而メ西ハ支那朝鮮及ヒ滿州ト遥々海水
ヲ隔ツ其地東北ヨリ斜ニ西南ヘ至ル綿亘六百
餘里廣袤或ハ三十里或ハ六十里齊カラス而ノ

図版③　改訂版〈中根淑　著〉とある

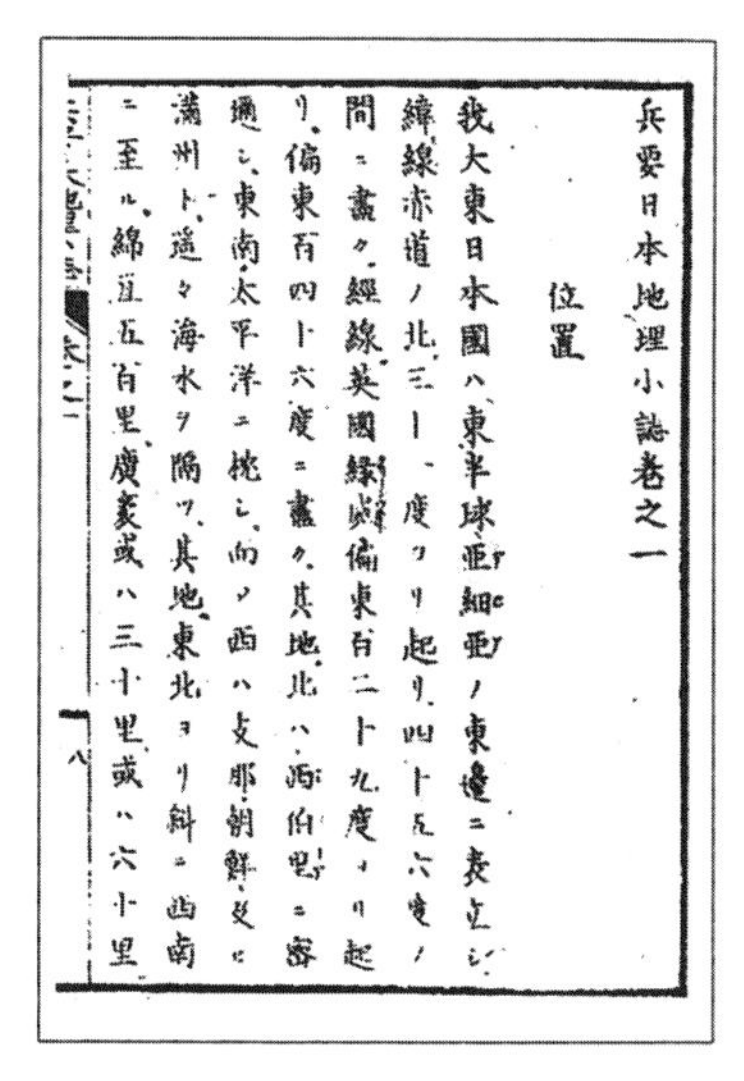
兵要日本地理小誌巻之一
位置
我大東日本國ハ東半球亞細亞ノ東邊ニ表立シ
緯線赤道ノ北三十一度ヨリ起リ四十五六度ノ
間ニ盡ク經線英國緑威偏東百二十九度ヨリ起
リ偏東百四十六度ニ盡ク其地北ハ西伯里ニ密
邇シ東南太平洋ニ枕ミ西ハ支那朝鮮及ヒ
滿州ト遥々海水ヲ隔ツ其地東北ヨリ斜ニ西南
ニ至ル綿亘五百里廣袤或ハ三十里或ハ六十里

図版①　初版　著者名なし

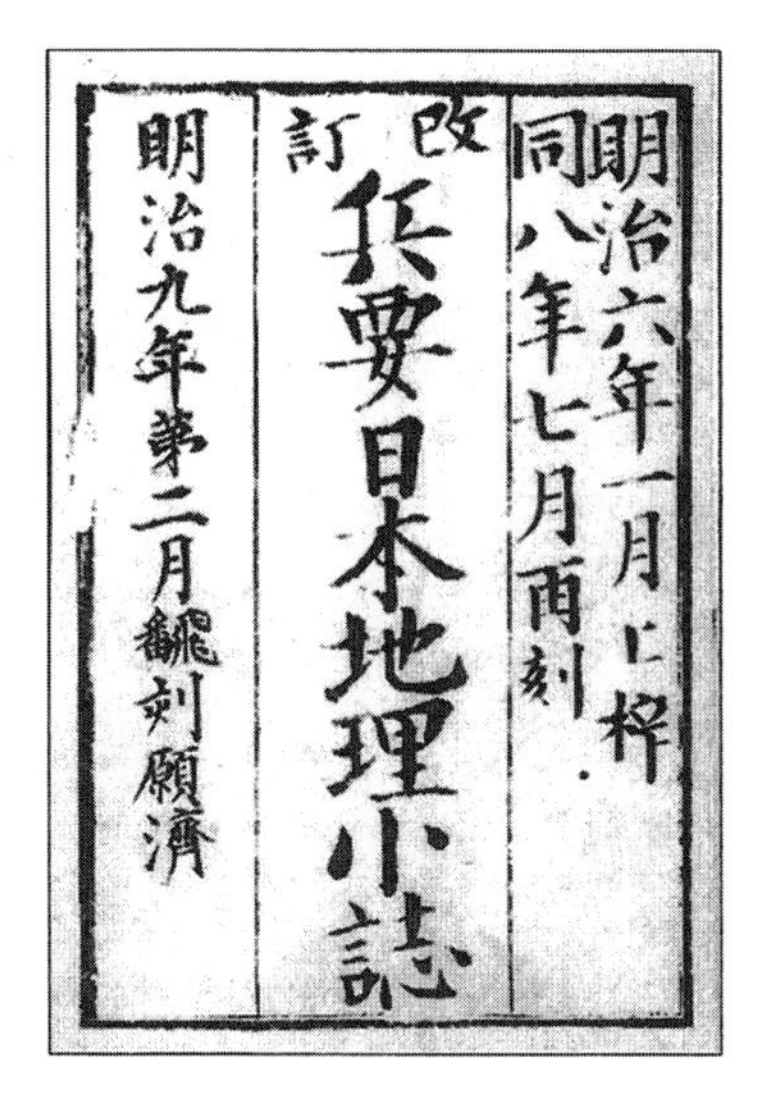
明治六年一月上梓
同八年七月再刻
改訂
兵要日本地理小誌
明治九年第二月飜刻願濟

図版⑤　陸軍文庫の表記なし

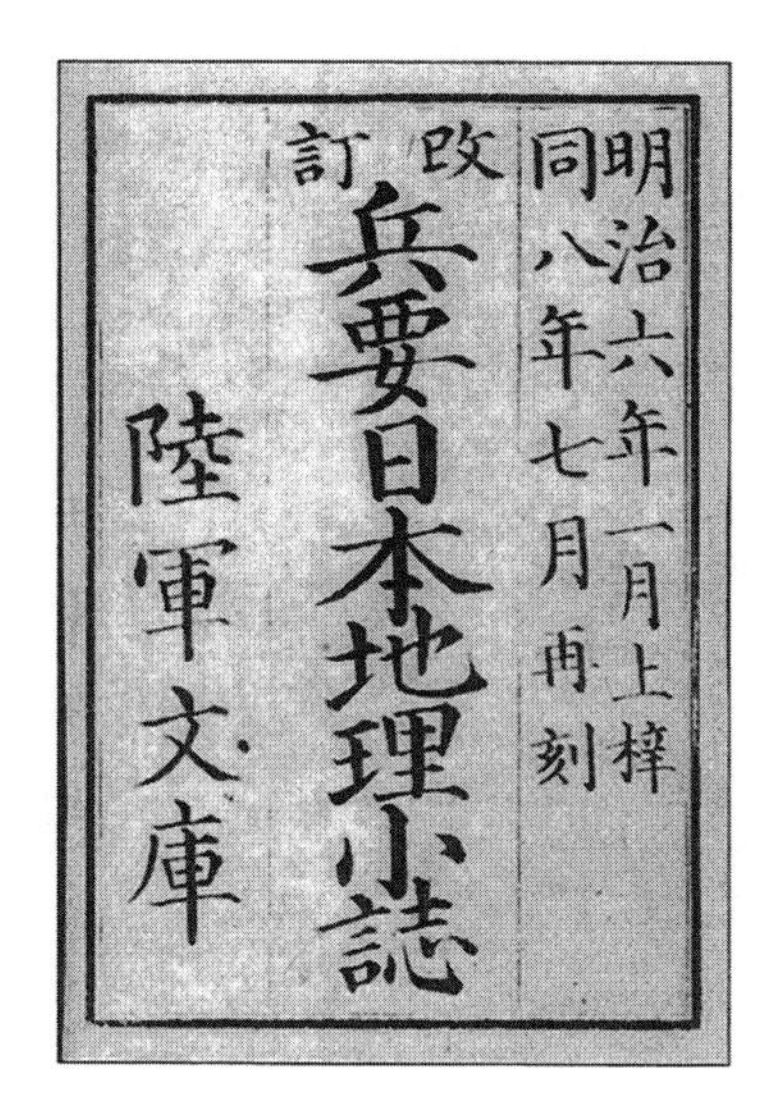
明治六年一月上梓
同八年七月再刻
改訂
兵要日本地理小誌
陸軍文庫

図版④　陸軍文庫だが巻三の
巻末に下図の刊記がある

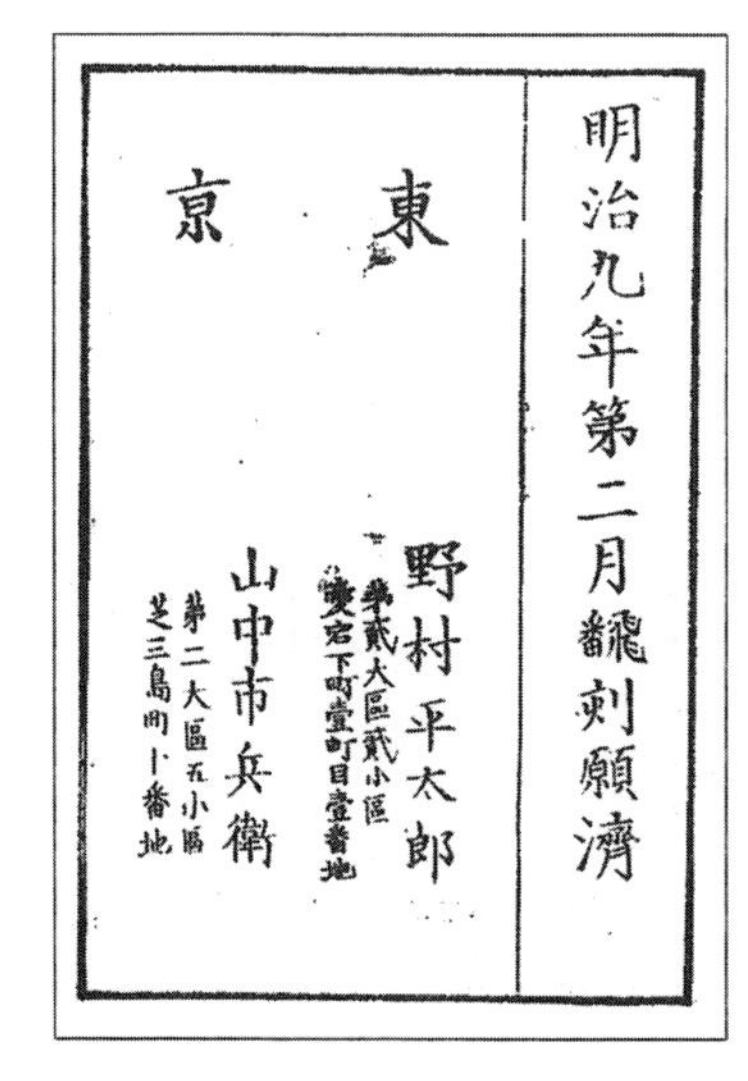
明治九年第二月飜刻願濟
東　第貳大區貳小區
愛宕下町壹町目壹番地
野村平太郎
京　第二大區五小區
芝三島町十番地
山中市兵衛

図版⑤　刊記

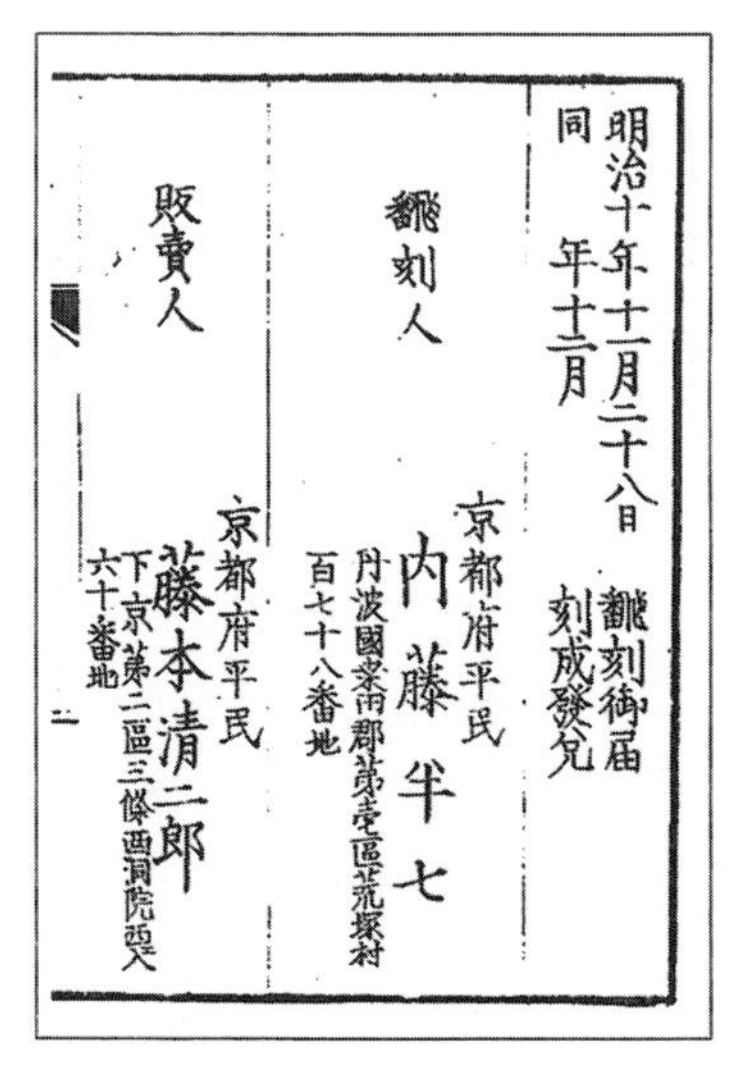
明治十年十一月二十八日　飜刻御届
同　年十二月　刻成發兌
飜刻人　京都府平民
丹波國桑田郡第壹區荒塚村
百七十八番地
内藤半七
販賣人　京都府平民
下京第三區三條西洞院西入
六十番地
藤本清二郎

図版④　刊記

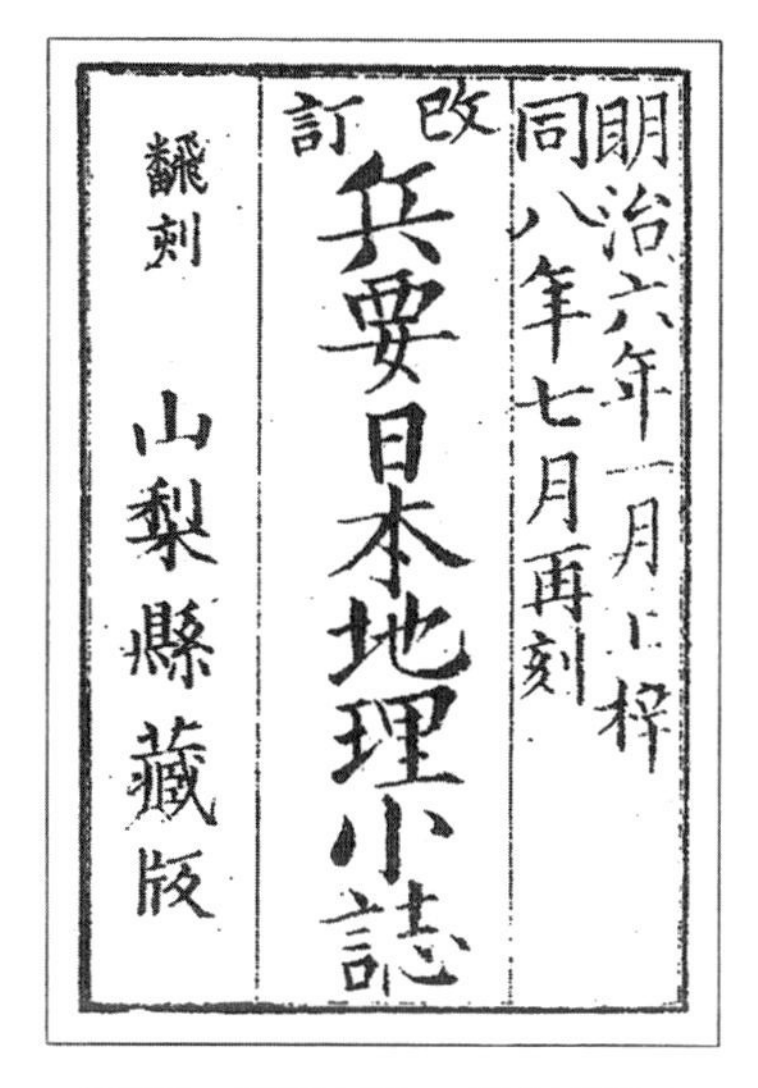

図版⑥　〈陸軍文庫〉の表記が消える

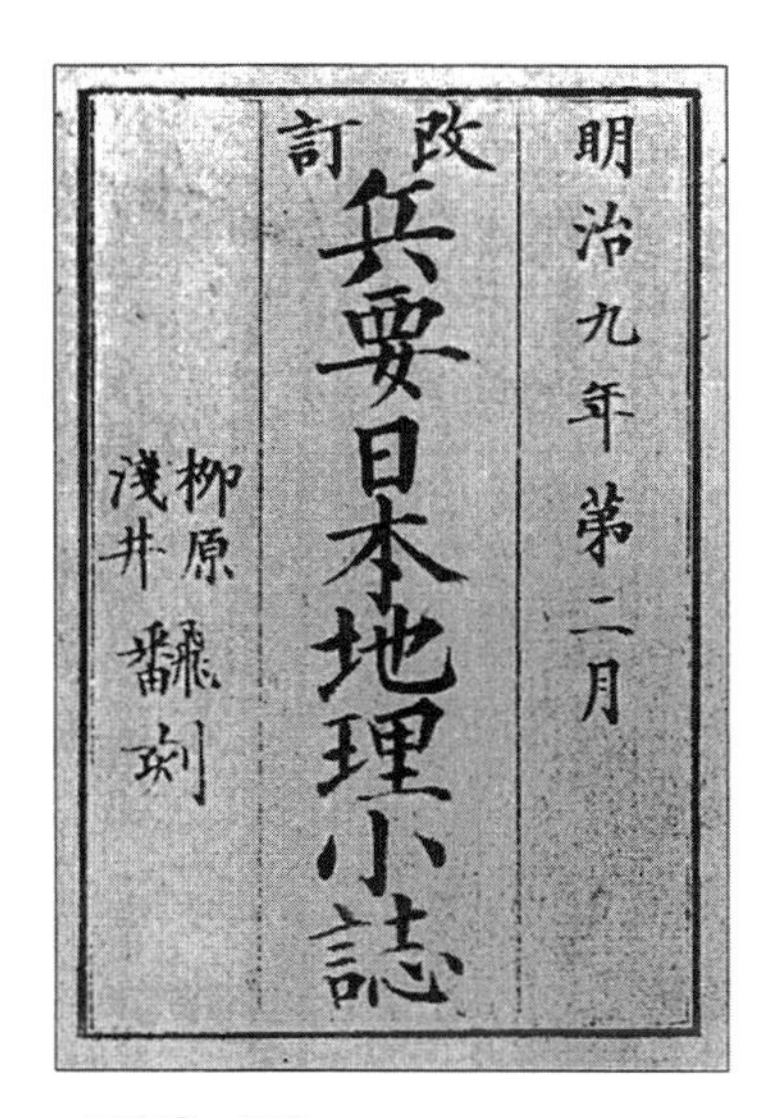

図版⑦　同右

香亭先生六十八歳小照

『香亭遺文』（大正５年、金港堂）より

二「賊軍」と訂正せよといふ、先生は訂正せぬといふ、どつちも剛情で非常な激論になつたから、曾我中将が仲裁して「東軍」の字は其儘にして先生を辞職させたのださうな。勿論表面は病気のつもりだから先生の自叙伝にも病気と書いてある。其と同時に自ら願つて位記も返上されたといふことだ。（傍点小林）

後年、中根の身近にいた新保も〈東軍〉と誤伝を踏襲しているが、事実は〈東兵〉であることは既に見た如くである。おそらく当初〈東軍〉と書き〈東兵〉と改めたのであろうが、香亭の信念は〈東軍〉で在ろうと〈東兵〉であろうと〈賊軍〉と書くことだけは進退を賭して峻拒する、というところにあったと言えよう。

ところで、大方の伝説と異なり『兵要日本地理小誌』の初版・改訂版共に〈東兵・官軍〉と表記されていることは、先に検証した如くであるが、巷間伝えられる伝説の如く最初〈東軍・西軍〉と書いたことは、本当になかったのであろうか。なお仔細に検証してみると、一カ所のみ〈官軍〉ではなく、〈西軍〉と記された箇所がある。局地戦に過ぎないが、有名な甲陽鎮撫隊（新選組）による甲州勝沼の戦いである。

戊辰ノ乱東兵柵ヲ勝沼駅ニ設ケ西軍ヲ拒キ敗レテ東ニ去ル　（甲斐誌）

僅かにこの一文のみ〈西軍〉表記である。これは、著者名を記さなかった初版ばかりでなく〈中根淑著〉と記された改訂版も同様である。推察するに、中根はやはり最初〈東軍・西軍〉と書き、其れが鳥尾との激論の結果〈東兵・官軍〉と改変されたのだが、この一カ所のみ見落とされて元の表記のまま残ったものと見られる。鈴木光太郎や春風道人のような伝説が後に生まれた所以である。出版された現物よりも出版以前の鳥尾小弥太との激論の経緯が強く伝えられた結果と思われる。言い換えれば、こうした伝説も、単に伝説とばかり言い切れず、中根香亭の意図と『兵要日本地理小誌』の当初の姿を正確に伝えていたと言うことが出来ようか。

＊

教科書に〈賊軍〉と書け、という鳥尾の命令は、今日から見てかなり理不尽な要求とも見られる。しかも明治六年といえば、著者の中根にとっては勿論のこと、世間にとっても未だ戊辰の戦争は記憶に生々しい数年前の出来事である。『兵要日本地理小誌』初版の刊行が明治六年一月とすれば、鳥尾との激論は明治五年のことと思われる。この時代状況の中で、中根の苦衷は察するに余りあるが、鳥尾の要請を単に理不尽とみたのでは、それに抵抗した中根の剛直にして正当な姿勢をかえって見誤ることになる。そうした事情を充分に推し量るためにも、当時の類書を検証する必要があろう。既に見たように『兵要日本地理小誌』は地理書であるが、地理と歴史を関連付けて書かれた最初の教科書であり、我々の当面の問題が戊辰戦争に関わるものである以上、当時の歴史書を参照することが適切な措置であろう。

まず、明治五年八月刊の南摩綱紀『内国史略』[14]に触れておきたい。南摩は旧会津藩士であるが当時京都府学職の身分にあった。明治の新時代に相応しい歴史教科書の編纂を思い立ち、著述したものがこの『内国史略』（全四冊）で、神代から仁孝天皇の時代までが扱われている。ところが、此の書の序文と異なり、南摩の遺稿『環碧楼遺稿』[15]稿本に収められた「内国史略序」には孝明天皇の時代までを扱ったと記されている。明らかに当初は自らも深く関わった会津藩の京都守護職時代を含む幕末史までが書かれる予定であった。にもかかわらず刊本は一時代後退した仁孝天皇までで擱筆されている。ここには幕末維新史において最も辛酸を嘗めた旧会津藩士として、簡潔を要とする教科書的記述には対象化しえぬ生々しい体験が作用していたものと思われる。ところが外国に対して『内国史略』と名付けた如く、世界史を意識した新時代の教科書として広く採用されるところとなり、必然的に南摩は書肆から続編を懇請されることとなる。そして明治七年九月に『内国史略後編』[16]（二冊）が刊行される。しかしこれは

〈南摩綱紀閲・石村貞一編次〉とある如く実質的には石村の著述であった。南摩は是にも序を寄せているが、自ら編述出来なかった理由を東京赴任（この年京都から正院十等出仕に転じた）による繁忙としている。しかしこの序文の淡泊さから見て自ら編述出来なかった理由がそればかりではなかったことは容易に推察されるところである。さて、南摩と石村との関係及び石村に委嘱した事情は詳らかではないが、長州出身の石村の編述になる『内国史略後編』を見てみよう。鳥羽伏見の戦いは次の如くである。

四日仁和寺宮ニ征討大将軍ヲ命ジ錦旗ヲ賜フ山田孫一郎伊集院金次郎等宮ヲ奉ジテ伏見ノ賊ヲ撃ツ（略）賊軍遂ニ淀ニ退キ淀城ニ拠ントス淀藩拒テ納レズ賊軍城外ニ舍シ淀橋ヲ隔テ官軍ヲ防グ

見られる如く〈官軍・賊軍〉の表記が明確であり、これは箱館戦争まで一貫している。なお、石村にはこの他に自ら単独で編述した『明治新刻国史略』[17]（全七冊）があるが、この表記も同様である。鳥羽伏見の戦いについて開戦の三日の記述から、〈賊軍自二道進。官軍力拒〉とか〈官軍諜知賊軍伝餮鳥羽。襲之。賊軍狼狽〉などの記述が続く。箱館戦争に至っても〈賊榎本鎌二郎大鳥圭介等。奪函館拠之〉〈官軍逆撃退之〉等、〈官軍・賊軍〉の表記は一貫して変わらない。次に長州出身以外の著者による類書を見てみよう。

石津賢勤（灌園）『近事紀略』[18]（全四冊）は明治六年の刊になるが、嘉永六年のペリー来航以降の幕末史を簡潔に叙しており、戊辰戦争は極めて簡略な叙述に過ぎないが〈王師〉に対して〈賊将榎本鎌二郎大鳥圭介〉の文字が見られる。

山口謙（椒山）『近世史略』[19]（全五冊）は明治八年の刊行だが、鳥羽伏見の戦いを、三日は〈京軍・東軍〉だが、四日の途中から〈官軍・賊軍〉に変わり、以後〈五日昧爽官軍淀ヲ攻ム賊兵之ヲ淀堤ニ防グ〉のごとく官軍に対し賊軍賊兵の表記が続く。

旧笠間藩儒棚谷元善（桂陰）の『国史攬要』[20]（全八冊）はどうか。明治九年の出版だが、鳥羽伏見の戦は、三日が、京軍・坂軍、四日になると京軍と共に官軍表記となり、五日は官軍・東軍と表記されている。ユレが見られるが、棚谷の見識を窺う事が出来よう。だが、これ以降は〈官軍・賊軍〉の表記に統一されている。前引の『兵要日本地理小誌』と同じ〈勝沼の戦い〉の箇所を引用しておく。

徳川の臣、府城ニ在ル者、近藤勇ト謀ヲ合シ、之ヲ勝沼駅ニ拒ム、柵ヲ設ケ橋ヲ徹シ、官軍来リ撃ツニ及テ近藤衆ヲ督シ、大砲ヲ以テ撃テ之ヲ退ケ、又火ヲ其背後ニ放ツ、官軍大ニ困ス、官軍兵ヲ分ツテ山上ヨリ砲撃ス、賊軍遂ニ敗レテ走ル

棚谷は出来るだけ賊軍表記を避けようとの配慮がみられるが、やはり大半は〈官軍・賊軍〉表記を踏襲している。その他、山田俊蔵・大角豊二郎『近世事情』[21]（全七冊）明治七年も官軍・賊軍で一貫しており、吉村明道『近世太平記』[22]（明治八年）の如き実録物に至っても同様である。このように、『兵要日本地理小誌』と同時代の類書を検証してみると、当時は総じて〈官軍・賊軍〉表記が当然のごとく使用されており、新時代の教科書として広く採用されたものも例外ではないことが明確となる。すなわち進退を賭して〈賊軍〉表記を峻拒した『兵要日本地理小誌』の突出した位置がいよいよ明瞭となろう。また、〈賊軍〉と改めよという鳥尾小弥太の不当な命令もあながち理不尽とばかり言えず、当時の歴史認識における一般的通念と決して懸け離れたものではなかったことがわかる。中根の見識が際立っていたのだ。明治六年一月に無著名で陸軍兵学寮から出版された『兵要日本地理小誌』だが、その評判とともに出版に至る迄の鳥尾との対立の経緯も一部巷間に流れた形跡がうかがわれる。それが『兵要日本地理

小誌』伝説として後世に流布したのであろうが、出版当時『兵要日本地理小誌』の孤絶した位置に共鳴し影響されたと見られる発言も絶無ではない。明治八年の西村茂樹「賊説」[23]がそれである。西村は、アメリカの南北戦争を例に挙げながら〈朝敵ヲ称シテ賊ト云フハ、外国ヲ称シテ夷荻ト云フト同ジク、共ニ智識狭隘ノ致ス所ナリ〉と注目すべき発言をしているが、この卓説も当時世に受け容れられることなく終わった。それは、その後の歴史書も総じて〈官軍・賊軍〉表記を踏襲している事実を見ても明らかであろう。

三

子母沢寛の「香亭先生伝」に登場する鳥尾は、無教養で権力を笠に着て高圧的態度にでる典型的軍人のように描かれているが、これはいわば適役をふられた小説的虚構であろう。得庵と号した鳥尾は、禅学に秀で詩文もよくした。また『兵要日本地理小誌』をめぐる対立以後と思われるが、私交においても二人は交誼厚く、禅学においても鳥尾は中根を師兄の立場に置いて遇したようである。鳥尾得庵著『慧眼』[24]（明治9年）にも中根は跋文を寄せているところからも二人の交友の一端を窺う事が出来る。また後年、中根家伝来の軸物が戊辰の混乱の中で失われてしまっていたのを知った鳥尾は、数年かけて是を探し出し黙って中根に贈ったというエピソード[25]など、中根に対する並々ならぬ好意を示している。広範にして深淵な学識を持ち、剛直にして洒脱な一面もある高潔な中根の人格的魅力に惹き付けられた人物は多い。信夫恕軒など『香亭雅談』を読み「真敬真服」して欣慕に堪えず、共通の友人依田学海の紹介を待てず、自己紹介の書簡を発して「知交中」の一人に加えてもらえないかと懇願している。この書簡は『零砕雑筆』[26]の紹介するところである。

中根香亭は天保十年二月十二日、江戸下谷に生まれた。父は幕臣曾根直、得斎と号した儒者。母は鴻儒朝川善庵の女。幼くして両親を失い中根氏の養うところとなった。幼名造酒、名は淑、字は君艾、香亭はその号である。長じて武技を好み、近くの心形刀流伊庭道場に学んだ。伊庭の小天狗と謳われた伊庭八郎とは幼時からの親友である。香亭も伊庭門中有数の剣客と称された。学は少時清水純斎に師事したとするものが多い〈春風道人・岸上質軒・小笠原長生〉が、香亭自身はこれを否定している。羽倉簡堂・生野臨犀の講席に暫く連なったが、師と呼ぶ程ではないとも云う。また朝川家も遠方ゆえ一字も教えを受けず、と杵郁源二郎宛書簡[27]に述べている。また官学である聖堂流の学問を嫌った結果、友人等との研鑽や独学であると云う。そうとすれば、その博覧強記は驚嘆にあたいする。死の床で口授した「香亭自叙伝[28]」にも〈学無師伝〉とある。特定の師に就かずこれだけの学の深さに達した人物も稀であろう。詩については、中根家の隣家が大沼枕山ゆえ裨益されたこと多く、門人ではないが門人と誤伝されても辞さずとも述べている〈杵郁宛書簡〉。木村架空は〈其の学古今に博渉し凡そ文学の事、和漢雅俗究め尽さざるなし最も文章に長じまた書画を善くし略々音律に通ず[29]〉と記している。また英学は幕府の開成所にも通った他、友人乙骨太郎乙・小林弥三郎・薗鑑三郎等に学んだ。画は山崎薫詮に学び、文人画を善くし音律に関しては真鍋秦斎に就き一絃琴を学び名人の域に達したと云う。香亭に「一絃通志[30]」及び「七絃琴の伝来」の文がある。依田学海は、香亭を評して〈容貌清癯風格極めて高し静坐琴を弾ず定めて是れ好状貌ならん〉と記しているが、香亭は趣味もまた多芸多才であった。

＊　＊　＊

ところで、戊辰の年に幕府御家人の子として生まれた内田魯庵も中根香亭に惹かれた一人である。『おもひ出す人々[31]』に、山田美妙を初めて金港堂に訪ねた時、同じく初対面の中根香亭に美妙よりも強い印象を受けたことを書き留めている。

却て当の美妙斎よりは其の時美妙に紹介された同席の中根香亭の清痩鶴のやうな表表たる高人の風貌が今でも猶ほ眼に残つてゐる。香亭は幕人であつた。亡朝の遺臣として声利を謝し聞達を求めず『天王寺大懺悔』[32]一冊残した外には何の足跡をも残さないで、韜晦して終に天涯の一覊客として興津の逆旅に易簀したが、容易に匹を求められない一代の高士であつた。

魯庵は是を明治二十一年十一月頃のことと書いているが、中根は陸軍を辞めた後、暫くして文部省に籍を置いたが、ここも故あって辞し数年家居したが、明治十九年請われて金港堂に一時席を置き編集局を督していたことがある。魯庵は『兵要日本地理小誌』や『日本文典』[33]『香亭雅談』も記憶に残らなかったのか、『天王寺大懺悔』のみを香亭の著書としている。『天王寺大懺悔』は片々たる小冊子だが、香亭の洒脱な一面を知るには恰好の書物であり、確かに魯庵の推奨するに相応しい作品と言えよう。香亭にとってはあくまでも余技であり、戯著に過ぎないが自ら充分に愉しんだ形跡が窺われる。これは、小寺苦斎（おてらくさい）の偽名を使い、谷中天王寺の共同墓地に葬られた諸名士が五重の塔に安置されたる毘沙門天王の前に出て、娑婆に在った時の誤魔化し素人おどし見栄坊付け刃などを懺悔する趣向だが、登場するのは、菊池容斎・島田一郎・鷲津毅堂・関雪江・井上正鐵・坂谷朗廬から高橋お伝・玉乃世履・佐藤尚中・川上冬崖・江木鰐水・巻菱潭など香亭の知人も含めて多士済々である。各人の懺悔内容も傑作だが、口調や衣服・所作にいたるまで生彩に富み正に爆笑ものである。機知、洒落、皮肉、ユーモアの妙はちょっと類例がない。当時の新聞雑誌評[34]も〈中根香亭氏の戯著天王寺大懺悔を読て人々この隠し芸輙く測る可からざる者あるを知れり香亭氏の支那古文辞は余輩幾度か見たることありて善く之を知れり而れども未た其の馬琴の胡蝶物語三馬の浮世風呂の如き一種の筆あらんとは思ひ設けさりし〉（報知新聞）とその意外性を披瀝し、或いは〈此書ハ小寺苦斎先生ノ戯著ニシテ天王寺ニ葬レル有名家ガ毘沙門天ノ前ニ於テ懺悔セル事共ヲ書キ綴レルモノナリ（略）誠ニ自在ナル筆ト云フベシ〉（東京経済雑誌）、〈近来の一大戯著にして諷刺の寓意洒落の文中に隠れ隠現出没冷罵し去て一豪も仮借せざる愉快の筆滑稽の文〉（絵入自由新聞）、〈真に是れ怒罵嬉笑の文真に是れ痛絶快絶の筆〉（国民之友）とすこぶる評価は高い。次に内容の一端を窺う事が出来る新聞評を紹介しておく。

容斎派と称する一派を開きたる画伯菊池氏も其源を索ぬれば清人竹荘の晩咲堂画伝より来れる事を亡者の口から白状せしめ儒者の名ある毅堂鷲津氏が娑婆に居た時従五位権大書記官を鼻に掛けた事を懺悔する所より佐藤尚中国手の石碑を見てオヤ大キナ石ノツイタテガ出来タ、ハ、ア医者ダナ道理デ効能書ガ多イと云ヒ巻菱潭の碑文ト菱湖の碑文とを比較して墓ガ段々立派ニナルダケソレダケ書ノ方ガアヤシクナルモノダと云ふ所などは可笑味の中に世の通弊を諷するの傑作なり此の戯著者は誰そ中根淑氏にして発行所は日本橋区本町三丁目金港堂なり　（毎日新聞）

今この小説（『香亭遺文』は［小説類］に分類している）に詳しく触れる余裕はないが、先の「報知新聞」が〈軽刺妙諷打ちて傷けさる手加減は亦一段の本事〉と述べる如く、鋭利な風刺の底に、相手に決して致命傷を与えぬ香亭の暖かな人柄が流れていることが感じられる。それにしても、あの中根香亭がこのような戯著をものしたことは、当時の読者には意外の感を与えたであろうことだけは確かである。要するに『兵要日本地理小誌』に見せた剛直と『天王寺大懺悔』に見る洒脱、そしてこの両端の中心に『香亭雅談』等に見られる博覧強記ともいうべき学識と深い禅学に支えられた人格があり、あわせて諸芸に通じた人品の良さと云ったものがある。これらが一体となって中根香亭の人間的魅力を形成していると言えよう。それ故自らを韜晦させた後もなお心ある人々を惹き付けていたものと思われる。

＊　＊　＊

『天王寺大懺悔』で著名人の墓を嗤い死者を揶揄した香亭は、それでは自らの人生にどのような決着をつけたのか。大正二年一月二十日興津の仮寓で静かに死を迎えた中根香亭は、自らの墓を作らせなかったばかりか骨を留めるなと遺命した。〈於同地松林中火滅。遺命不骨留。非敢行怪。徒其所好也〉[35]というものである。火滅は早世した長男にも生前に遺命していたという。してみれば、これは香亭の早くからの宿志であり、〈敢えて怪を行うに非ず、其の好む所に従うなり。〉というところは、いかにも香亭らしい。その臨終の様子は小笠原長生の伝えるところである。病重しとの報に興津に駆けつけた彼は、生死を超越した香亭の言葉に、〈恰も神仙にでも接するやうな崇高の念に打たれ[36]〉たという。そして四日後の臨終には間に合わなかったが、聞く所によると、〈当日になると身体を人に拭かせ、衣類を着替へて座禅を組まれ、ア、今、目が見えなくなつた。もう耳が聞こえなくなつたと言はれながら、遂に全く息の絶ゆるまで泰然として恰も眠るが如くに寂滅せられたさうで、其の態度の立派なことは、古の高僧の寂然として涅槃に入るのと同様であつたとのことである〉と記している。それでは遺命はどのように守られたか。これは木村架空の文に〈松林中に火化し残灰を海中に棄つ[37]〉とある。行年七十五歳。

【注】

（1）　昭和40年11月、新潮社刊。

（2）　『オール讀物』昭和39年6月。

（3）尾崎周逸宛書簡、『香亭遺文』所収。
（4）「中根香亭先生を憶ふ」昭和7年8・9・12月『斯文』（3回）。
（5）「中根香亭先生の人物」昭和7年11月『同方会誌』。
（6）明治39年4月、実業之日本社刊。
（7）「明治逸士伝」［有髪比丘根香亭］明治38年6月14・16・18・19・20・23・24・25・26・29日『東京日々新聞』（10回）。
（8）『文藝倶楽部』臨時増刊「明治畸人伝」明治39年4月（博文館）。
（9）『日本及日本人』［現代諸家の俠的人物観］明治44年1月。
（10）田口卯吉編纂『大日本人名辞書』明治19年4月、東京経済雑誌社より初版刊。中根の序のある再版は、明治24年11月出版。
（11）『香亭遺文』大正5年8月、金港堂刊。これは『酔迷余録』『零砕雑筆』などの随筆類を始め評釈・研究・小説・紀行・和歌の他、書簡も収めた八三二頁に及ぶ大冊である。漢詩文は別に『香亭蔵草』（全五冊）大正3年（本間光輝編）がある。
（12）「柳暗花明」（一村居士）大正2年4・5・6月『教育界』時評欄。
（13）明治19年7月刊。後大正9年6月、吉川弘文館再刊。
（14）『内国史略』（全四冊）明治五年壬申三月御免、同年八月彫成。羽峯書屋蔵版。
（15）国会図書館蔵『環碧楼遺稿』稿本の「内国史略序」は明治4年12月の日付があるが、刊本『内国史略』の序は明治5年春正月の日付である。刊本「序」も孝明天皇から仁孝天皇に変わっている。
（16）南摩綱紀閲・石村貞一編次『内国史略後編』（全二冊）。桐蔭書屋蔵版。明治七年九月官許。東京書林弘成堂及び芳潤堂発兌。
（17）『明治新刻国史略』（全七冊）明治9年10月、東生館出版。

(18) 石津賢勤編次『近事紀略』官許開版明治6年10月。西京三書房発兌。
(19) 山口謙『校補近世史略』明治8年7月再刻　山口氏蔵版、第三篇は明治13年3月刊
(20) 棚谷元善『校正国史擥要』（全八冊）明治9年9月版権免許11月出版、萬蘊堂・魁文堂発兌
(21) 『近世事情』（初編・二編・三編）全7冊、明治7年8月、山田氏大角氏蔵版。
(22) 『近世太平記』（第一編）三冊、明治8年12月・（第二編）三冊、明治12年2月、東壁堂蔵版。
(23) 『明六雑誌』明治八年三月（33号）。
(24) 鳥尾得庵居士著『慧眼』明治九年九月、明教社発兌。
(25) 『香亭雅談』（前出）にある。上巻に紛失した事情とその特徴を記し〈若或有獲之者、幸愛重焉〉と結んでいる。ところが、下巻に〈今茲癸未十一月、得庵居士過吾廬、齎来一幅授我、即曩時所亡楠公肖像也〉とその喜びを語っている。
(26) 『香亭遺文』（前出）所収。
(27) 『香亭遺文』（前出）所収。
(28) 大正二年一月、臨終を目前にした香亭が門人伏見道太郎を枕頭に呼び、口授して筆記せしめた短い自叙伝。臨終の日付を入れ、『香亭遺文』に所収。
(29) 『大日本人名辞書』（前出）所収の木村の文。
(30) 『香亭遺文』（前出）所収
(31) 『おもひ出す人々』大正14年6月、春秋社刊。魯庵は『バクダン』（大正11年11月、春秋社）でも「葬式」の項で香亭に触れ、『天王寺大懺悔』を〈世に背き世に容れられなかつた時代の犠牲者に代わつて香亭一流の満腔の磊塊をそそいだもの〉と述べた他、香亭の葬式に就いて記している。
(32) 『天王寺大懺悔』明治20年4月、金港堂刊。
(33) 『日本文典』（上・下）明治9年3月上梓、中根氏蔵版、書肆森屋治兵衛。

（34）金港堂発行の出版物の巻末に収録された自社出版物への「諸新聞雑誌評」に拠った。本稿は『浮雲』第一編（明治20年4月）所収のものから引用した。他に「時事新報」「絵入朝野新聞」「やまと新聞」評も紹介されている。
（35）前出、伏見道太郎に口授した「香亭自叙伝」。他に〈有著書若干巻、皆不足観也〉の文字もある。
（36）「中根香亭先生を憶ふ」前出、「中根香亭先生の人物」にも同様の記述あり。
（37）注29に同じ。

三　飯島半十郎と飯島虚心——そして『家事経済書』のこと

飯島半十郎と言えば、幕末史に通じた者ならば、幕府崩壊後も伊庭八郎等と共に、脱走した幕府遊撃隊等を糾合して箱根で新政府軍に抗戦し、遂には榎本武揚に従い箱館五稜郭まで転戦した人物として記憶している人もあるだろう。他方、飯島虚心と言えば、美術史に関心のある者は、明治期に『葛飾北斎伝』などを著した浮世絵研究のパイオニアとして想起するだろう。しかし、これが同一人物だと言われた時、その人物像が容易に結びつかず、その落差から一種のとまどいとともに、いっそうこの人物に関心を抱くのではないだろうか。少なくとも私にとってはそうであった。飯島は中根香亭や伊庭八郎の周辺に見え隠れする存在として記憶に留めていたのだが、三十年前の昭和五十九年暮に飯島虚心著『河鍋暁斎翁伝』が出版されるに及んで、初めて半十郎と虚心が同一人物であることを知った。同書は稿本のまま国会図書館に眠り続けていたもので、脱稿後八十年にして初めて出版されたものであった。この書の解説（吉田漱）によって、飯島半十郎（虚心）という人物の輪郭が断片的ながら初めて明らかになった。（もっとも中根や伊庭との関係には触れられていないが……）

飯島は天保十二年に幕臣飯島善蔵の長男として下谷御徒町に生まれた。つまり中根香亭や伊庭八郎とは同じ町内の竹馬の友であったと推察される。父善蔵は御徒士衆であったが、佐渡奉行支配組頭や御広敷頭になった。半十郎も昌平黌に学び、幕末期は騎兵頭成島柳北の配下として騎兵差図役を勤めた。幕府が瓦解するや、脱走して新政府軍に抗戦し続けたのは、この直後である。そう言えば榎本武揚も下谷御徒町の生れであった。榎本が天保七年、中根が天保十年、伊庭は天保十四年の生れである。その後、平成十一年に『葛飾北斎伝』が岩波文庫に入り、その解説（鈴木重三）によって、また新たな事実が加わった。その一つは、飯島の名が文久三年に幕府から派遣された上海視察団の中にあると判明したことである。軍艦奉行支配頭格・箱館奉行支配調役並山口錫次郎を中心とする視察団だが、その中に箱館奉行支配書物御用出役飯島半十郎為己の名がある。つまり騎兵差図役のような武官の前に、書物御用役という文官も勤めた経歴があったことが注目される。また、後年箱館五稜郭に転戦することになるが、箱館は初めてではなく旧知の土地であったことも興味深い。

＊　　＊　　＊

いっぽう御徒士の生活を知る資料としては、山本政恒が記した『政恒一代記』が知られており、これは昭和六十年に『幕末下級武士の記録』と題して出版されている。興味深いことに、山本も天保十二年生まれで飯島と同年である。しかも彼が描いた屋敷図を見ると、仲御徒町通りを挟んで斜向かいに飯島の屋敷がある。とすれば、一組三十人で構成される御徒衆で飯島と山本は同じ組であった可能性が高い。事実、山本は「御徒に出し時、同組人名」として、組構成員の名を書き出しているが、その中に出役として、半十郎の父飯島善蔵の名がある。安政三年のことであるから、善蔵は佐渡奉行支配組頭として出役中であったと思われる。山本政恒と同年の半十郎は、この時十六歳であり、江戸に居たとすれば、昌平黌寄宿寮に在学していたと推察される。ところで、山本の手記の中にもう一箇所飯島の名が登場する記述がある。

飯島善十郎を見送る。同人は同組にて佐渡組頭に成、発足に付、明け番帰りより劔持と連立、板橋宿へ赴き、旅店にて祝酒を受け、出立を見送り、夫より王子へ廻り、滝の川にて水を泳ぎ、又滝にかゝり抔して遊び、七つ時頃帰りたり。

「善十郎」とあるのは「善蔵」か「半十郎」の記憶違いと思われる。この記述は酒の上の失態を回想したもので、あいにく年代が書かれていないため確定はできないが、父善蔵であるとすれば、佐渡組頭で間違いはないが、半十郎であれば文久三年のことで、箱館書物御用出役ということになり、この可能性も否定できない。いずれにしても、山本政恒も飯島半十郎の周辺にいた人物であることが窺われて興味深い。ちなみに、幕府瓦解時、山本は幕府遊撃隊に属し、井上八郎を頭取とする四十人ほどの一隊の一員であった。彼らの隊にも脱走の働きかけがあったが、井上の統率の下これには応じなかったという。飯島半十郎は騎兵指図役を勤めていたが、伊庭八郎らと脱走して遊撃隊脱走組などを糾合し、箱根で抗戦したことは既述したとおりである。このあたりのことは、飯島自身による回想が、柴田宵曲編『幕末の武家』に収録されている。

飯島半十郎は、このあと榎本武揚艦隊に投じ、箱館に向かい抗戦を続けることになる。鈴木重三も前記『北斎伝』解説で、「回天丸に乗艦して箱館五稜郭の戦闘に関与する。明治二年五稜郭陥落して降伏、監禁を受けるも翌三年に赦免。」と記している。大筋で間違いないのだが、こうした見解とはいささか異なる記述を、しかも意外なところで見出したので、ここに紹介しておきたい。南部藩士那珂梧楼の『幽囚日録』である。那珂も戊辰戦争で朝敵となった南部藩の戦犯として、東京芝の金地院に謹慎の身となったが、これはその折の日記である。その明治二年五月十七日の項に次の記述が見られる。

老之助来る。通鑑覧要かりたりしを返しやりぬ。幕臣成し飯島半十郎といへるハ我門成よし。父と函館ニ脱走せしを、此頃帰り来り、浅草ニ住せるニ逢たりとて、その伝言を通したりき。

五稜郭の陥落は五月十八日なのに、その前日に浅草に出没しているのは、少し早すぎるのだ。しかも降伏の後監禁され、翌年赦免されたようには見えない。箱館戦争において、七日の港内海戦での回天丸の航行不能と八日の大川戦の逆転敗退は、榎本軍にとって致命的であった。どうもこのあたりで、抗戦に見切りをつけたか、何か画策することがあり、もう少し早目に東京に立ちもどったのではないかと推測される。箱館まで転戦した彰義隊士が書き残した「箱館降伏人名簿」には、「飯島善三」の名がある。これが父善蔵であろう。また実弟「黒沢正介」の名も見られるが、半十郎の名は見出すことが出来ない。父と弟は五稜郭陥落まで榎本と行を共にしたと見られるのである（伊庭八郎は戦死）。

もう一つ、『幽囚日録』の記述で興味深いのは、飯島半十郎が那珂梧楼の門人だったという事実が判明したことである。那珂が東条一堂の瑶池堂塾で代講を勤めた安政五、六年頃のことであろうか。維新後の明治五年頃、飯島半十郎は文部省編輯局に入り、教科書の編集に従事したが、ここで大槻如電・大槻文彦・那珂梧楼（通高）等を知り、明治八年『洋々社談』が発行されると、その編集に従った。「洋々社」のメンバーは、他に西村茂樹・黒川真頼・依田学海・阪谷素・島田重礼・那珂通世・木村正辞等である。だが、『幽囚日録』の先の記述によれば、文部省に籍を置く以前に、飯島は既に那珂梧楼に師事したことがあり、旧知の関係であったことになる。

＊　　＊　　＊

さて、前置が長くなったが、ここで紹介する飯島半十郎著『家事経済書』は、飯島が文部省にいた折に書いた教科書と思われる。五、六年前、S書林の目録で見つけて入手した。（これは、明治十五年に刊行されたものを、明治二十二年に文部省から払い下げを受け、明治二十六年に博文館が刊行したものである。）幕臣としての意地を貫き箱館まで転戦した武人としての顔と、浮世絵研究の先駆者となった文人という二つの顔を持つ飯島に関心を寄せていた私は、この書名にまた新しい顔を発見した思いであった。内容は、第一編「衣服の部」第二編「飲食の部」第三編「家屋の部」第四編「経済の大旨」から成るが、それぞれに興味深い。第二編では、魚の捌き方より前に諸鳥の捌き方があり、家庭で一般的に鳥も調理されていたことが知られる。さらに面白いのは、「包丁のつかひ方ハ、大略左の如し」として「鶴、白鳥、雁鴨ハ、先ツ首を前になし、俎のまん中になほし」云々とあるところだ。鶴も食べていたのか、と驚かされたのだが、前記山本政恒の手記には、慶応四年の正月（つまり鳥羽伏見の開戦前夜）、銃隊として大坂城に居た山本は、「鶴の御雑煮」をいただいたと記していたのを思い出して納得した。昔から鶴は食されていたらしい。また、煮魚の料理法は「三杯」の加減でとあり、茶碗に味醂一杯醤油一杯水一杯などとあるので、この豪快なやり方や他の簡単なレシピを自分でも試したりして、御家人料理の味をひそかに楽しんだりしている。他に、女性の島田髷や丸髷

飯島半十郎（『浮世絵師歌川列伝』（畝傍書房、昭和16年））

家事経済書（博文館、明治26年）

の結い方が図入りで説明してあったり、家計簿のつけ方まで載っており、全体的に見て極めて興味深い書物である。

ところで、飯島半十郎の兄貴分である中根香亭は乙骨太郎乙宛の書簡（明治26年）に次のように書いている。「先日根岸の虚心道人来臨、久々にて閑談、独身もの家事経済などの伝授を受け申候、キヤツは何事にも実に黒うと也」と。孤高の隠士中根香亭も飯島から家事の手ほどきを受け、その多才ぶりに感嘆している。中根は飯島の人柄を愛し、酒豪の飯島に酒銭を送り続けていたと伝えられる。

虚心飯島半十郎は明治三十四年八月一日、六十一歳で没した。〝笛竹の根岸の里に住みぬれど世にならすべき一ふしもなし〟の自詠がある。また、〝主もなくおやもなき身の楽寝かな〟の辞世を残した。大槻如電の代筆という。

初出一覧

第一部　南摩羽峰　考証と論究

一　羽峰・南摩綱紀論　……………………………「立教女学院紀要」第11号・12号、一九八二年四月・一九八三年五月

二　幕末維新期の南摩羽峰　……………………………「實踐國文學」第28号、一九八五年十月

三　高田藩謹慎と赦免後の正心学舎……「実践女子短期大学　評論」第7号、一九八六年二月、原題「幕末維新期の南摩羽峯　補遺」

四　大坂滞在と西国遊歴………………「蟹行」創刊号、一九八六年七月、原題「幕末・維新期の南摩羽峰―西国遊歴を中心に―」

五　遊歴記録『負笈管見』
…「歌子」第21号、二〇一三年三月、原題「秋月胤永の幕末期西国遊歴考（下）――『観光集』と『負笈管見』の『負笈管見』の部分

六　攘夷と洋学と―遣米使節随行の挫折……「實踐國文學」第41号、一九九二年三月、原題「幕末維新期の南摩羽峯―攘夷と洋学と―」

七　明治初年の南摩羽峰―乃チ甲冑ヲ解キ儒冠ヲ著ク（永訣詞）
……………………「蟹行」第5号、一九九五年六月

第二部　羽峰の周辺

一　松田正助―大阪本屋仲間行司
……「歌子」第7号、一九九九年三月、原題「幕末維新期の南摩羽峯―大阪本屋仲間行司松田正助のこと―」

二　石井密太郎―埋もれた洋学者
……「歌子」第9号、二〇〇一年三月、原題「幕末維新期の南摩羽峰―埋もれた洋学者石井密太郎のこと―」

三　松浦武四郎―羽峰の蝦夷地代官時代を中心に
……「会津人群像」No.31（歴史春秋社、二〇一五年十二月）、原題「幕末期の南摩羽峰と蝦夷地」を改稿

余滴1　杉田成卿のこと……「歌子」第23号、二〇一五年三月、原題「幕末維新期の南摩羽峰・余滴」の1

余滴2　石井密太郎　その後……「歌子」第23号、二〇一五年三月、原題「幕末維新期の南摩羽峰・余滴」の2

余滴3　羽峰と晩年の武四郎……「歌子」第23号、二〇一五年三月、原題「幕末維新期の南摩羽峰・余滴」の3

余滴4　蝦夷地の羽峰・余滴5　蝦夷地の平山省斎との交流
……「歌子」第24号、二〇一六年三月、原題「幕末期蝦夷地の南摩羽峰・余滴」の1および2

四　安達清風―新出日記に記された桜田門外の変
……「蟹行」第2号、一九八七年二月、原題「新たに発見された安達清風日記―記録された万延元年の証言―」

五　柴秋村―枕山の妻あるいは『下谷叢話』の一挿話
……「歌子」第5号、一九八七年三月、原題「枕山の妻あるいは『下谷叢話』の一挿話」

六　秋月韋軒―西国遊歴と『観光集』
……「歌子」第20号、二〇一二年三月、原題「秋月胤永の幕末期西国遊歴考（上）―『観光集』と『負笈管見』（南摩綱紀）―」

余滴6　『観光集』の伝存状況……書きおろし

余滴7　秋月韋軒と水島閑鷗の和韻……「歌子」第24号、二〇一六年三月、原題「幕末期蝦夷地の南摩羽峰・余滴」の3

第三部　幕末維新の残影

一　フランク松浦と島崎藤村―〝黒船〟の残影
……「立教女学院紀要」第13号、一九八三年三月、原題「フランク松浦と島崎藤村劄記―〝黒船〟の残影―」

余滴8　岡谷繁実と偽勅使事件……………………「会報」第39号、一九八七年三月「文学散歩・墓地散策」の後半部分
余滴9　岡谷繁実と大庭恭平……………………………………………旧稿未発表
二　中根香亭―あるいは『兵要日本地理小誌』伝説……………………「歌子」第11号、二〇〇三年三月
三　飯島半十郎と飯島虚心―そして『家事経済書』のこと
…「日本古書通信」二〇一四年一月、原題「箱館戦争の幕臣飯島半十郎と浮世絵研究家飯島虚心―そして『家事経済書』のこと」

あとがき

永井荷風晩年の随筆に「木犀の花」（昭和22年）と題された回想がある。高等師範の付属中学に通った少年時代を回顧したものであるが、次のような印象的な書き出しである。

木犀の花がさくのは中秋十五夜の月を見るころである。
甘いやうな、なつかしいやうな、そして又身に沁むやうな淋しい心持のする匂ひである。
わたくしはこの花の香をかぐと、今だに尋常中学校を卒業したころの事を思出す。

荷風が通い始めた頃は神田一ツ橋に校舎があった。「わたくしは此処で儒者南摩羽峯先生の論語講義を聴いた。羽峯先生は維新前には会津の藩儒として知られてゐた学者である。」と、外祖父鷲津毅堂と親交のあった南摩羽峰の講義を思い出している。ところが「わたくしが病気の為再度落第をした頃、羽峯先生の論語講義は廃せられ、その教室には突然畳が敷詰められて柔道の練習場にされてしまつた。」という。それは師範学校の校長高嶺秀夫が引退し、新しく「嘉納先生といふ柔術家」が熊本から転任して来たからだと述べている。そして新任の挨拶に武張った三人の門弟を引き連れて壇上に上がった新校長への反感と、突然授業に柔道が採り入れられたことへの反発が記され、人事に於いても、それまでの教師の大半が転任し「いづれも嘉納先生の講道館と云ふ私塾に関係のある人々に替へられた」と不満を披歴している。さらに「其時代には世間に薩長藩閥の語がまだ盛に云伝へられてゐたので、わたくしは其例證を教育界にも見ることを得たやうな思をなした。旧校長の高峰（ママ）先生は会津の出身であつたので、同郷の学者南摩先生の引退されたのも故ある事のやうに思ひなされた。」と、この一節を結んでいる。少年時代の学窓への懐旧の情と鷲津毅堂に連なる羽峰への思い入れの深さが、荷風の目をいささか曇らせていたとしても無理からぬところがあるが、この一文には誤謬がある。嘉納治五郎が熊本第五高等中学校長から転任して来たのは明治二十六年のことであるが、周知のように、嘉納は熊本出身ではない。したがって藩閥（薩長土肥）に連なる人物ではないし、この年羽峰が附属中学の講師を辞したとしても、高等師範の教授は続けているからである。また、附属中学における軟派生徒であった荷風が、嘉納新校長に反感を抱いたのもよくわかるが、嘉納は羽峰の人格学識を高く評価していたし、羽峰も嘉納を信頼し二人の息子を早くから講道館に入門させていた。長男綱夫は明治十六年の入門（「講道館修業者誓文帳」十番目に署名）であるし、次男紀麿は十八年の入門である。ちなみに草創期の講道館では、西郷四郎の〈山嵐〉とともに南摩四段の〈南摩落し〉という技が語り伝えられている。したがって、荷風の誤解は訂正しなければならないが、薩長藩閥への反感と朝敵とされた旧会津藩への同情の念は、永井壮吉少年の中にも強く流れていたことが窺われる。

　さて、「木犀の花」は以上が前半で、後半がある。嘉納校長が着任して間もなく、附属中学も御茶ノ水の本校構内に移転したがそこには木犀の古樹が林をなしていたという。それは江戸時代「湯島学問所に学んだ代々の学者たちの同じく仰ぎ見た其樹木である。」と述べ、その同じ香を嗅ぎながらこの頃共に学んだ旧友たちを懐かしんでいる。だが、その聖堂裏の木犀の林も関東大震災で焼け尽され、さらにその後「わたくしは老後兵火に家を失ひ、今猶人に笑はれながらも、文を売つて纔に口を糊してゐる。」と自嘲しつつ、戦後の荒廃した世相の中で、一夜木犀の花香に誘われて遠い学窓時代の旧友たちを想い出したのだと述ている。

この時荷風は、南摩羽峰も（そして外祖父鷲津毅堂も）、幕末期に湯島の学問所（昌平黌）で、同じ木犀の花香に包まれながら学んだことを想起していたであろう。そのことによってこの随筆の前半と後半が繋がるのだ。

さて、本書に顔を出す、秋月韋軒も岡鹿門も安達清風も重野成斎も中村正直も飯島半十郎も榎本武揚も、その他実に多くの人物が昌平黌に学んでいる。荷風に倣って、季節はずれの木犀の香に包まれる思いで、南摩羽峰を始めとする彼等の人生を辿り直してみたい。「あとがき」を書くに臨んで、荷風の一文を思い出した所以である。


ここに南摩羽峰（綱紀）を中心にして、長い間にわたり断続的に書き継いで来た幕末維期に関する論考を一本にまとめることとなった。最初に書いた「羽峰南摩綱紀論」が一九八二年だから既に三十五年前になる。顧みて内容の乏しさに忸怩たる思いを禁じ得ないが、如何とも為しがたい。いずれも目立たぬところに細々と書き継いで来たものばかりである。まして本書で採り上げた人物は、羽峰をはじめとして、現在ではほとんど世に知られぬ人物ばかりと言ってよいであろう。歴史の界面に僅かに顔を出したか、界面下ぎりぎりのところで何事か為しつつ、それぞれの生を終えた人物ばかりである。だが、世に有名無名あるいは有用無用の尺度を超えて、彼等の消えかけた生の痕跡を探索し、書き留めておきたい、私の関心はそういうところにあったようである。

第一部は、南摩羽峰の昌平黌時代から明治初期に至る事歴を行きつ戻りつ調査・考察したものである。その折々に判明考察した論考をまとめたもので、編年的な構成を成してはいない。本書を編むに当って出来るだけ重複を削り整序を心掛けたが、発表順序を大きく入れ替えることは出来なかった。

第二部は、羽峰と関連のある人物をそれぞれ独立させる形式で構成した。もともと「幕末維新期の南摩羽峰」のタイトルの下に、サブタイトルの形でそれぞれの人物を論じたものが大半なので、第一部との関連性が強く、引用など重複が目につくものになってしまった。安達清風と柴秋村に関しては、羽峰との関係は第一部に譲り、独立した内容を扱ったものである。

第三部は、羽峰と直接関わることのなかった人物を集めた。「フランク松浦と島崎藤村」に関しては、私の専門の文学的な論及が目につくが、あくまでもフランク松浦を主とし、藤村は従とした論考である。それに『破戒』論としても最早古びたものでしかないが、本書のテーマとした問題系から振り返って、古い反故の中から拾ってみた。余滴の岡谷繁実に関しても同様である。中根香亭や飯島半十郎に関しては古くから関心を持ちながら漸く拙稿をまとめることが出来たものである。

このように、私にとってはそれぞれ思い入れの深い人物であるが、一般的には知名度の低い人物ばかりである。したがって、一冊の書物として世に出す意義があるかどうか最後まで逡巡せざるをえなかった。今に及んでも懐疑的である。それ故、このような地味な本の出版を引き受けて下さった八木書店の八木壮一会長及び八木乾二社長に心から感謝の意を表したい。そして仕事を離れて私交においても親しい友人である滝口富夫氏が編集を手掛けてくれたことにも感謝したい。本書で扱った人物に興味を抱き献身的に編集を進めてくれたことが有難かった。また、歴史書が専門の柴田充郎課長が校閲を引き受けて下さったことにより、幾つかのミスを訂正することができた。さらに、日本で一番美しい文字を印刷する精興社が私の本を手掛けて下さったことも望外の喜びであった。見慣れぬ漢字や文字が頻出する読みにくい原稿を大幅な赤字校正も含めて献身的な取り組みで処理していただいたことには感謝以外言葉もないほどである。

最後に、本文中でお名前を挙げたが、本書執筆中、調査に協力して下さった多くの方々や公共機関にあらためて深甚な感謝を奉げたい。この上は、本書の内容の乏しさはさておき、一人でも多くの読者に出会えることと、併せて厳しい批判を願う他ない。

二〇一七年二月

小林　修

索　引

・本書中に記された人名・書名・事項などを、適宜採録して五十音順に配列した。
・採録項目が各論文タイトルに記されている場合は、その頁数を太字で示し、当該論文中に記された項目は採録しなかった。
・異名を有する同一人物などを採録するにあたり、本書中の表記にとらわれず、通行の雅号などを優先することとし、俗名・変名を適宜（　）内に記した。姓の異なる場合は、見よ項目として示したものもある。

【か】

【す】

【せ】

著者　小林　修（こばやし　おさむ）
1946年生まれ。立教大学大学院文学研究科修士課程中退。
実践女子大学短期大学部教授。
日本近代文学専攻。
主な編著書『徳田秋声全集』（八木書店：編集委員）、
『近代文学草稿・原稿研究事典』（八木書店、2015年）、
『争点日本近代文学史』（双文社出版、1995年）など。

南摩羽峰と幕末維新期の文人論考

2017年3月20日　初版第一刷発行　　定価（本体9,800円＋税）

著者　小林　修
発行所　株式会社　八木書店　古書出版部
代表　八木乾二
〒101-0052 東京都千代田区神田小川町3-8
電話 03-3291-2969（編集）-6300（FAX）
発売元　株式会社　八木書店
〒101-0052 東京都千代田区神田小川町3-8
電話 03-3291-2961（営業）-6300（FAX）
http://www.books-yagi.co.jp/pub
E-mail pub@books-yagi.co.jp

印刷　精興社
製本　牧製本印刷
用紙　中性紙使用

ISBN978-4-8406-9766-8